AF293657

Vers un profil convergent des fascismes ?
« Nouveau consensus » et religion politique
en Europe centrale

Cahiers de la Nouvelle Europe
2010

Série publiée
par le Centre Interuniversitaire d'Etudes Hongroises

Directeur de la publication
Patrick Renaud

Secrétariat de Rédaction
Peter Balogh, Judit Maár,
Martine Mathieu, Traian Sandu,

Adresse

1, rue Censier
75005 Paris

Tél : 01 45 87 41 83
Fax : 01 43 37 10 01

Sous la direction de

Traian SANDU

Vers un profil convergent des fascismes ?
« Nouveau consensus » et religion politique
en Europe centrale

Cahiers de la Nouvelle Europe
Collection du Centre Interuniversitaire d'Études Hongroises
N°11

L'Harmattan

Dernières parutions

Judit MAÁR, *Poétique du fantastique.* N°1, 2004

Traian SANDU, *Identités nationales, identité européenne, visibilité internationale.* Hors série, 2004

Traian SANDU, *Illusion de puissance, puissance de l'illusion. Histoire et historiographie de l'Europe centrale dans les relations internationales de l'entre-deux-guerres.* N°2, 2005

Judit MAÁR, *Littérature, fiction, témoignage, vérité.* N°3, 2005

János SZÁVAI, *Problématique de la littérature européenne.* N°4, 2005

Élisabeth du RÉAU, Christine MANIGAND, Traian SANDU, *Dynamiques et résistances politiques dans le nouvel espace européen.* N°5, 2005

Catherine HOREL, Traian SANDU, Fritz TAUBERT, *La Périphérie du fascisme, spécification d'un modèle fasciste au sein de sociétés agraires.* N°6, 2006

Jean BESSIÈRE, Judit MAÁR, *L'Écriture emprisonnée.* N°7, 2007

Jean BESSIÈRE, Judit MAÁR, *Frontières de l'histoire littéraire.* N°8, 2008

Eva HAVU, *Langues et identités finlandaises.* N°9, 2009

Catherine MAYAUX, János SZÁVAI, *Problématique du roman européen (1960-2007).* N°10, 2009

Patrick RENAUD, *Les situations de plurilinguisme en Europe comme objet de l'histoire.* N° 11, 2010

Jean BESSIÈRE, Judit MAÁR, *Histoire de la littérature et jeux d'échange entre centres et périphéries, les identités relatives des littératures.* N°12, 2010

Stanley G. PAYNE
Université du Wisconsin

Préface

Investigation of the "varieties of fascism" has advanced a great deal since it first became a field of study in the 1960s. The first generation of research had been devoted to case studies of aspects of the movements and regimes in Germany and Italy, giving only the briefest attention to other countries. When the pioneering work of Ernst Nolte, Eugen Weber, George L. Mosse and others opened the broader field of fascist studies for a second generation of scholars, much interesting new work appeared, but there was little consensus regarding many of the key issues of conceptualization and interpretation. Only a limited consensus finally emerged in the third generation of fascist studies toward the latter part of the century. Among a few scholars, at least, there still remained some doubt even about the appropriateness of the concept of generic fascism itself.

A broader understanding of fascism as a generic phenomenon was – and is – inherently more difficult than in the case of, for example, communism, because of the absence of a single clear-cut theory and sacred writings universally accepted by diverse movements, and because of the crucial role of nationalism, which led to an emphasis on national singularities. Certainly broader or generic fascism was not a "thing" in itself, and Mussolini's effort to create a kind of fascist international failed completely. When the Hitler regime sought to evoke a broader identity in the middle of the war, this was not done in the name of Fascism or National Socialism, but of a poorly defined European civilization and anti-Bolshevism.

Generic fascism must always therefore be understood simply as a heuristic model or an ideal type, for purposes of research, analysis and definition. Different communist parties differed among themselves, at least by the 1950s, but in an earlier phase the various fascist-type movements differed among themselves even more, even though a kind of German hegemony of an extremely loose sort began to develop by the late 1930s. At no time were the various fascist movements reduced to a single, simple common denominator.

By the twenty-first century the breadth of studies on fascism has expanded greatly, and there is now much more attention to movements in other countries. The bibliography dealing with fascist-type parties in Western and Northern Europe has grown greatly, but outside of the German – and Italian – speaking worlds fascist politics was more significant in East-Central Europe than in the aforementioned regions. Research on these countries has always been restricted by the languages involved, for few Western specialists possess fluency in these areas. Yet that has been only the first and most obvious limitation.

East-Central Europe is not a clearly defined region, and its boundaries are drawn by various scholars in different ways, though its core area is clear enough. Neither is it a single unified region in historic, political, economic or cultural terms, since it included lands of quite different religion and, to some extent, of cultural orientation, living in the early twentieth century at different levels of modernization and industrial development. A Lutheran and largely Scandinavian country like Finland, with a stable parliamentary system, is obviously a different kind of political and cultural entity from Bulgaria or Romania. Given this diversity, it is important to treat fascism in this region in terms of concrete case studies, the approach taken by this symposium.

These are rich and diverse studies in their content, but the most common denominators have to do with culture and religion. Fascist studies have come a long way since the days in which it was commonly believed that fascism had no culture or ideology. Moreover, the relationship of fascist movements to religion has been a problem that in most cases was relatively neglected, whether in terms of traditional religion or modern secular religion, and some of the studies that follow help to fill parts of this gap.

Though never reduced to a single common denominator, fascism was an important epochal phenomenon, represented by a trans-national set of movements that played roles of varying importance in many different European countries. This volume constitutes an important step forward in explaining the extent and diversity of the phenomenon within the full European context.

Traian SANDU
Paris 3-Sorbonne Nouvelle

Introduction : Le *new consensus* sur le fascisme est-il adapté à l'Europe centre-orientale ?
Les voies du populisme révolutionnaire dans les sociétés traditionnelles

> *« Je suis contre la démocratie. Tout comme je suis contre la dictature. A l'aube du matin, prend naissance un autre système, nouveau, jamais rencontré auparavant. C'est pour lui que je suis. »*[1]
> (Corneliu Codreanu, conférence de presse du 29 novembre 1937)

> *« D'un point de vue historique on peut dire, sur la base d'une vaste expérience, que tout régime doit s'appuyer sur le peuple. L'histoire a montré que là où manque ce fondement et le régime s'appuie seulement sur la force, dans le meilleur des cas il ne survit pas à la personnalité exceptionnelle qui l'a établi. »*[2]
> (Avis d'Hitler à Ion Antonescu à la veille de la répression de la Garde de fer)

La perméabilité du débat historiographique français au phénomène fasciste semble refléter l'état de l'acceptation d'un « fascisme français », ce qui est encore loin d'être le cas.[3] Or, alors que les historiographies des pays où les fascismes se sont transformés en régimes durables ont approfondi leurs cas nationaux, avec notamment la spécificité nazie du génocide juif, les pays anglophones ont développé une vue englobante donnant lieu à une approche comparative, voire à une synthèse « générique » du fascisme et à des efforts consécutifs pour le définir. Cette aptitude procède probablement de leur relative distance par rapport aux fascismes majeurs, de la certitude d'appartenir clairement au camp des vainqueurs – alors que l'historiographie française doit composer avec le « passé qui ne passe pas » des définitions des droites (et pas seulement !) ayant participé aux diverses phases du régime de Vichy, mais là encore, à la suite des travaux de l'Américain Robert Paxton[4] – et du caractère plus extraverti de la recherche britannique et américaine par rapport à la recherche française. Cet effort se situe toutefois en dehors des conceptions d'ensemble du fascisme issues du

---

[1] Corneliu Zelea Codreanu, *Circulări şi manifeste 1927-1938* (Circulaires et manifestes 1927-1938), 5ᵉ éd., Munich, coll. Europa, 1981, 294pp., conférence de presse du 29 novembre 1937, pp.220-223, ici p.222.

[2] Propos tenus par Hitler à Antonescu lors de l'entrevue d'Obersalzburg du 14 janvier 1941, *Antonescu-Hitler, Corespondenţă şi întîlniri inedite (1940-1944)* (Antonescu-Hitler, correspondance et rencontres inédites (1940-1944), édités par Ion Ardeleanu, Vasile Arimia et Ştefan Lache, Bucarest, Ed. Cozia, 1991, vol. I, 216pp., p.67.

[3] Voir le débat entre le Canadien Robert Soucy – « La Rocque et le fascisme français », *Vingtième Siècle*, n°95, juillet-septembre 2007, pp.219-236 –, Michel Winock – « En lisant Robert Soucy. La Rocque et les Croix de feu », *ibid.*, pp.237-242 – et Serge Berstein – « Pour en finir avec un dialogue de sourds », *ibid.*, pp.243-246.

[4] Robert Paxton, *La France de Vichy, 1940-1944*, Paris, Ed. du Seuil, 1973. C'est également lui qui est l'auteur en France d'un des rares articles comparatistes sur le fascisme : « Les fascismes, essai d'histoire comparée », *Vingtième Siècle*, n°45, 1995, pp.3-13.

marxisme, comme défense extrémiste de la bourgeoisie agressée[5], ou du libéralisme, comme parenthèse monstrueuse dans la voie ouverte par la révolution française vers la démocratisation et le progrès.

Cette tendance à la généralisation rompt avec le refus des historiens des années quatre-vingts à reconnaître une existence propre à l'idéologie fasciste, au profit d'une simple description de cas nationaux et même d'une prolifération intra-nationale sans effort comparatiste, donc sans généralisation des traits caractéristiques d'une définition du fascisme :

> « For several decades fascist studies in the parallel universe of Anglophone human sciences directly mirrored the chaotic situation prevalent in France, generating profound scepticism among historians about the utility of attempting to define generic fascism. In 1979 the cul-de-sac in the search for a consensual definition situation led the American historian Gilbert Allardyce to adopt a fundamentalist nominalism on the issue. In an article in the prestigious *American History Review* he argued that the term 'fascism' (or as he put it somewhat tautologically *'fascismo'*) should be banished from the political lexicon as a term that has 'no meaning beyond Italy' (despite the fact that the leaders of movements such as Le Faisceau, the British Union of Fascism, the Faisceaux Nationaux Européens, and Maurice Bardèche, the author of *Qu'est-ce que le fascisme?*, obviously thought it did).[*] »[6]

Cette tentative de rafraîchir scientifiquement un comparativisme définitionnel qui remonte, sous une forme empirique, à l'entre-deux-guerres[7], a fini par attirer partiellement certains historiens des fascismes majeurs, qui se sont ouverts à un prolongement européen, voire mondial, de leurs analyses nationales spécifiques, acceptant même, dans certains cas, que les traits généraux dégagés pour définir le fascisme servent en-dehors de la période « de référence » 1919-1945. Les cas les plus connus en France sont ceux de George Mosse[8], à l'origine spécialiste de l'Allemagne, et d'Emilio Gentile, spécialiste du fascisme nominal italien, dont les travaux ont été

---

[5] Voir l'article liminaire de Roger Griffin dans ce recueil.

[*] Gilbert Allardyce, "What fascism is not: thoughts on the deflation of a concept", *American Historical Review*, 84.2 (1979): p. 367. Note de l'auteur.

[6] Roger Griffin, "'Consensus? What consensus?' The Prospects for greater Entente between Francophone and Anglophone Fascist Studies", à paraître en traduction française dans *Vingtième Siècle*. Signalons que par cet article, Roger Griffin jette pour la première fois un pont solide entre recherches « fascistologiques » anglophone et francophone.

[7] Voir par exemple, pour ce qui est de l'aire géographique qui nous concerne, l'ouvrage des frères Jean et Jérôme Tharaud, *L'Envoyé de l'Archange*, Paris, Plon, 1939, 243pp. : le légionarisme comme religion politique proche du nazisme et destiné à survivre comme idéologie à la défaite politique affleure tout au long de l'ouvrage, mais particulièrement dans le discours fictif que les Tharaud attribuent à Codreanu pour sa défense lors du procès final de mai 1938 : « J'ai soulevé autour de la Garde un enthousiasme national et mystique comme on n'en avait jamais vu. Pourquoi ? Parce que j'ai dit tout haut ce que chacun sentait obscurément, que nos partis étaient pourris, nos politiciens vendus aux Juifs, et qu'une poignée d'étrangers sans foi ni loi exploitaient indignement un des pays les plus sains, les plus nobles du monde… J'ai réveillé l'idéal, j'ai voulu former un homme nouveau, j'ai inspiré à beaucoup ce désir : par là, mon œuvre me survivra. » Parmi les non-spécialistes éclairés, voir par exemple la dépêche n°413 du 4 décembre 1933 du ministre de France à Bucarest, d'Ormesson : « Le programme de la 'Garde de fer' se rapproche singulièrement, semble-t-il, de celui d'Hitler. …[Les] principaux points … sont inspirés … par les principes d'autorité, de régénération religieuse et morale, de purification de la race, de nationalisme, d'une part, par un souci d'unification nationale et de centralisation du pouvoir, d'autre part, enfin par des idées d'une démagogie extrême. » (Archives du Ministère des Affaires étrangères, série Z Europe, Roumanie, vol. 171, folios 87-89)

[8] George Mosse, *La Révolution fasciste*, Paris, Seuil, 2003, 269pp.

largement traduits[9], sans oublier l'auteur par lequel le scandale est arrivé en France, Zeev Sternhell, et sa démonstration des racines françaises, révolutionnaires et démocratiques, bref, modernes, du fascisme.[10]

Ainsi, depuis une dizaine d'années, un professeur d'Oxford, Roger Griffin[11], affirme l'émergence dans les deux dernières décennies d'un « nouveau consensus »[12] dans la définition d'un « minimum fasciste » autour de l'idée centrale de la prééminence d'une idéologie « positive », qui ne se contente pas des traditionnels rejets de la démocratie, du parlementarisme, du communisme et des minorités nationales – surtout juive, ce qui n'est pas une spécificité allemande, ainsi que les exemples centre-européens, parfois très radicaux, le prouvent dans ce volume –, mais qui fournit une solution articulée, d'un modernisme réactif – mais pas réactionnaire et antirévolutionnaire – aux défis de la modernité, d'un dynamisme proprement révolutionnaire face aux idéologies socialistes, mais aussi au libéralisme bourgeois. Ce dynamisme se fonde sur la renaissance – « *palingenesis* » – populiste et extrémiste de la nation[13], grâce à la révolution anthropologique de l'« homme nouveau » fondu au sein d'une société constamment mobilisée dans des cadres – mouvement, puis régime de l'État-Parti – aspirant à créer une nouvelle religion politique totalitaire. La synthèse de Roger Griffin prend donc en écharpe les résultats de la révolution idéologique fasciste de George Mosse et du fascisme comme religion politique d'Emilio Gentile. Elle intègre les deux autres grandes tentatives de définition fournies par la recherche anglo-saxonne à cette date, également marquées par la conviction d'une idéologie affirmée, dont on pouvait soit « lister » les grands traits caractéristiques chez Stanley Payne[14], soit suivre le développement généalogique au sein des traditions nationales chez Roger Eatwell[15] – en fait une combinaison des deux approches diversement dosées. Toutefois, son insistance sur la dimension idéologique correspond, certes, à la prédominance bien établie de l'utopie politique sur les réalités socioéconomiques dans le complexe fasciste, mais aussi à une certaine étape de l'historiographie avec la réaction « culturaliste » au structuralisme et au marxisme, ainsi que l'utilisation quasi-exclusive de sources publiées, souvent de nature philosophique, littéraire et artistique au détriment, par exemple, du rôle de l'organisation ou des institutions dans le mouvement et l'État totalitaires.

Cette nouvelle théorie a été amplement discutée dans le monde anglo-saxon et germanique, faisant l'objet d'évaluations très diverses que l'on peut trouver rassemblées

---

[9] Emilio Gentile, *La religion fasciste*, Paris, Perrin, 2002, 354pp. et *Qu'est-ce que le fascisme ? Histoire et interprétation*, Paris, Gallimard, Folio Histoire, 528pp.

[10] Zeev Sternhell, *La Droite révolutionnaire, Les origines françaises du fascisme*, Paris, Ed. du Seuil, 1978 et *Ni droite, ni gauche. L'idéologie fasciste en France*, Paris, Ed. du Seuil, 1983.

[11] Roger Griffin, *International Fascism*, Londres, Arnold, 1998 ; *The Nature of Fascism*, Londres, Pinter, 1991 ; *Modernism and Fascism, the Sense of a Beginning under Mussolini and Hitler*, Londres, Palgrave Macmillan, 2007.

[12] Roger Griffin, « The Primacy of Culture. The Current Growth (or Manufacture) of Consensus within Fascist Studies », *The Journal of Contemporary History*, 37(1), 2002, pp21-43.

[13] Roger Griffin, *The Nature of Fascism*, op.cit., p26: « a palingenetic form of populist nationalism ».

[14] Stanley G. Payne, *A History of Fascism: 1914-1945*, The Wisconsin University Press, Madison, 1995, 613pp.

[15] Roger Eatwell, *Fascism*, London: Chatto & Windus, 1996. Voir aussi la nouvelle edition : *Fascism. A History*, Pimlico, 2003, 402pp.

en volume.[16] Ainsi, la première critique pourrait procéder du camp même des interprètes du fascisme comme totalitarisme, donc du camp dans lequel se situe Roger Griffin. En effet, Emilio Gentile distingue entre définitions « unidimensionnelles » du fascisme, seulement appuyées sur l'étude de son idéologie comme chez George Mosse et Roger Eatwell – mais sans citer Roger Griffin – et définitions « multidimensionnelles » typologiques, prenant en compte l'organisation, les institutions et le style des mouvements et des régimes, comme chez lui-même, Juan Linz ou Stanley Payne.[17] Cette critique ne s'appliquerait à Roger Griffin que s'il prétendait rendre compte de l'ensemble du phénomène fasciste : il a toujours reconnu que son effort portait sur la reconnaissance de l'existence d'une idéologie fasciste :

> « ... I observed that there were signs of a convergence of opinion or 'common sense' beginning to emerge among both major theorists of generic fascism and specialists working on specific aspects of it (such as Nazism, Fascism) that it is to be treated on a par with other major political ideologies rather than as a special case defined primarily in terms of its destructiveness, its negations, its organizational forms, or its style. Within the emerging consensus scholars assumed that 'like conservatism, anarchism, liberalism, or ecologism, fascism is definable as an ideology with a specific "positive", utopian vision of the ideal state of society, a vision which can assume a number of distinctive forms determined by local circumstances while retaining a core matrix of axioms.' »[18]

D'autres critiques ont argué, plus fondamentalement, de l'inachèvement de l'idéologie fasciste, de son refus initial de programme bien défini, de son hésitation entre méthodes violentes et légalistes, de la capacité et de la nécessité des mouvements communément reconnus comme fascistes à composer avec les droites réactionnaires, voire avec les conservateurs et même avec certains démocrates modérés, pour remettre en cause l'aptitude des historiens à définir avec (trop) de précision les caractéristiques générales du fascisme. Très clairement, certains politologues comme Roger Eatwell, après avoir adhéré et eux-mêmes contribué à la définition du fascisme comme idéologie du renouvellement de la nation, proche ainsi des définitions de Roger Griffin, reviennent à des définitions beaucoup plus relativistes et plus nuancées. Certains ancrent ces définitions dans les histoires politiques nationales sur la longue durée – c'est le cas de Roger Eatwell[19] –, d'autres sont plus sensibles au caractère inachevé de l'idéologie fasciste et à son adaptabilité au contexte des alliances avec les diverses droites en vue de prendre le pouvoir – c'est le cas d'Aristotle Kallis, qui estime dès lors que le fascisme se révèle davantage une fois parvenu au statut d'idéologie officielle d'un régime[20] – et d'autres encore, comme Michael Mann[21], se montrent surtout

---

[16] Andreas Umland, Werner Loh, Roger Griffin (eds), *Fascism Past and Present, West and East: An International Debate on Concepts and Cases in the Comparative Study of the Extreme Right*, Stuttgart, Ibidem-Verlag, 2006, 510pp.

[17] Emilio Gentile, *Qu'est-ce que le fascisme, op. cit.*, p.89-92 : « l'orientation typologique des « définitions pluridimensionnelles » est plus apte à fournir un guide utile pour poursuivre la recherche dans des champs nouveaux et inexplorés du phénomène fasciste aussi bien qu'en vue d'une réélaboration théorique des nouveaux résultats que l'historiographie a ainsi obtenus. » (p.92)

[18] Roger Griffin, "'Consensus? What consensus?', op. cit.".

[19] Roger Eatwell, « The Concept and Theory of Charisma », in A. Costa-Pinto, R. Eatwell and S.U. Larsen (eds), *Charisma and Fascism in inter-war Europe*, Londres, Routledge, 2007 et « The Concept and Theory of Charismatic Leadership », *Totalitarian Movements and Political Religions*, vol. 7, n°2, pp.141–156, juin 2006.

[20] Aristotle Kallis, "Studying Inter-War Fascism in Epochal and Diachronic Terms: Ideological Production, Political Experience and the Quest for 'Consensus'", *European History Quarterly*, 2004, vol. 34, n°1, pp.9-42.

sensibles à une définition socio-idéologique du corpus fasciste et à la différentiation des espaces européens dans la réception du phénomène. Si Roger Eatwell semble rebuté par l'aspect « *cultural turn* » de son collègue d'Oxford sans remettre en question l'intérêt de l'effort de définir l'idéologie fasciste[22], Michael Mann rejette brutalement, sans véritablement la discuter, la prétention d'une étude des idées politiques à rendre compte du phénomène fasciste, optant ainsi pour une sorte de définition « unidimensionnelle » à rebours, qui insisterait sur l'organisation et le recrutement sociologique des mouvements fascistes et laisserait de côté l'analyse de leurs idées[23] ; la critique la plus amplement et finement argumentée provient d'Aristotle Kallis, qui pousse le scepticisme jusqu'à affirmer :

> « Here lies an ineluctable weakness of the minimalist definitions of generic fascism: that in their deliberately vague articulation of its 'ineliminable core' they pay less attention to the way in which long-term national beliefs and aspirations impregnated every corner of the fascist utopia in each country. The more that fascism gravitated towards a pro-system mentality (at the expense of its revolutionary origins and initial anti-system trend), the more it seemed compelled to appeal to the national past in order to draw legitimacy and inspiration for its own nebulous vision. ... Perhaps Allardyce was right – 'fascism' 'is less intelligible than we would like it to be' »[24].

Ce « *back to Allardyce* » semble toutefois passablement pessimiste quant aux acquis de la définition générique transeuropéenne, sinon trans-période, du fascisme. Les historiens qui, comme Georges Mosse, ont contribué au corpus dont se réclame le New Consensus, avaient déjà envisagé le fascisme comme une synthèse de courants idéologiques préexistants et bien établis, avec des teintes locales adaptées aux opinions particulières. Comme nous le verrons, des exemples pris à différentes périodes de la production de textes à portée idéologique, confirment le minimum fasciste, même s'il est facile d'interpréter tel document hors-contexte en partant d'une définition a priori – ce qui nous ramène à l'obligation d'articuler des traditions idéologiques nationales avec des récits chronologiques contextualisés et la définition générique proposée par le New Consensus. Ainsi, il ne nous apparaît pas que l'enrichissement de l'idéologie fasciste au cours des années change fondamentalement son projet initial de rénovation révolutionnaire nationale, et encore moins qu'il détermine l'apparition, dans un même champ national, de nouveaux mouvements fascistes qui puissent concurrencer le mouvement qui remplissait déjà ce rôle et correspondait à la définition. Ce projet, motivé par la volonté des jeunes élites issues des tranchées de redonner une nouvelle vitalité à la valeur de la nation qui risquait de sombrer avec les millions de morts, les pertes territoriales pour les vaincus ou les agrandissements tout aussi handicapants pour certains vainqueurs au faible potentiel intégrateur comme la Roumanie, reste constant tout au long de l'entre-deux-guerres. Les variations doctrinales qui interviennent à

---

[21] Michael Mann, *Fascists*, Cambridge University Press, 2004, 429pp.

[22] Propos conclusifs du colloque organisé par le Centre Interuniversitaire d'Etudes Hongroises et l'équipe d'accueil ICEE (Intégration et Coopération dans l'Espace européen) de Paris 3 - Sorbonne Nouvelle le 2 avril 2009: "Moreover, even among those who take fascist ideology seriously, there are notable differences about its content (for example, the role of economic ideas and policy) and the role of the leader and party qua organisation, and the importance of these to the crucial theoretical issue of explaining fascist support. ... In order to build a theory of the rise of fascism, we also need to look at much more than discourse..."

[23] Michael Mann, *Fascists, op. cit.*, p.12 : "Yet Griffin's idealism is nothing to be proud of. It is a major defect. ... Without power organizations, ideas cannot actually do anything."

[24] Aristotle Kallis, "Studying Inter-War Fascism...", op. cit., p.31 et p.37.

mesure des adhésions d'intellectuels prestigieux et du rapprochement tactique avec des hommes politiques bien établis au cours des années trente modifie à la marge et enrichit un fonds qui reste largement constant autour du potentiel révolutionnaire de renaissance nationale du mouvement légionnaire. Par ailleurs, les « anciens » jouent principalement, dans le cas roumain par exemple, le rôle de paratonnerres pour les jeunes fascistes auprès d'autorités abusives et brutales, et certainement pas de mentors doctrinaires très influents. Le corporatisme et l'orthodoxisme de Nichifor Crainic, le modernisme révolutionnaire des jeunes d'*Axa*, le fondamentalisme orthodoxe de Nae Ionescu – le mentor de Mircea Eliade et d'Emile Cioran –, le corporatisme de Mihai Manoilescu sont tour à tour adoptés, filtrés et ajustés par le tamis des écrits et des actions du « capitaine » Codreanu, éventuellement éliminés à mesure qu'ils entrent en conflit avec lui comme ce fut le cas de Crainic ; mais en aucun cas cela n'affecte le cœur de l'idéologie initiale, sans cesse répété et longuement repris dans l'*opus magnum* de Codreanu, *Pentru legionari* (traduit par *La Garde de fer*) datant de 1936. Suggérer que les intellectuels influencent le chef charismatique c'est, me semble-t-il, ignorer la puissance d'attraction du pouvoir politique sur le monde intellectuel et la capacité d'adaptation fascinée de ce dernier – ainsi que les pages de Mihai Sebastian sur la « fascisation » d'Eliade en témoignent – à l'idéologie du chef politique en échange de l'impression que celui-ci applique ses théories et le promeut dans une future hiérarchie publique. Comment expliquer autrement la permanence de ces thèmes dans des ouvrages aussi tardifs, qui reprennent longuement des textes du nationalisme traditionnel de Nicolae Iorga, de l'antisémitisme réactionnaire d'A.C. Cuza, ainsi que des textes « palingénétiques » de Codreanu dès 1919 ? Comment expliquer la « rébellion légionnaire » de son successeur Horia Sima contre Ion Antonescu lors de leur brève diarchie à la tête de la Roumanie entre septembre 1940 et janvier 1941, lorsque le jeune chef fasciste poussa l'outrecuidance jusqu'à refuser d'accompagner le militaire autoritaire à Berlin pour recevoir l'arbitrage d'Hitler entre le fasciste et l'autoritaire ? Comment expliquer que lorsque le groupe intellectuel Axa entra en bloc dans la Légion, Codreanu mentionna son existence par un simple additif au point 12 de son *Bréviaire du chef de nid*, quelque part entre les conseils de cuisine aux femmes légionnaires et l'activité des clubs estudiantins beaucoup plus anciennement ralliés à la Légion ? Surtout, comment expliquer la véritable révélation que Cioran décrit dans son intervention radiodiffusée sur « Le profil intérieur du capitaine », dans laquelle il rappelle son ralliement aux idées de Codreanu contre ses propres idées pessimistes sur le caractère irrécupérable de l'arriération roumaine, incapable de modernité fasciste ?[25] Tous ces indices convergent pour confirmer que si l'idéologie fasciste est capable de

---

[25] « Profilul interior al Căpitanului » (le profil intérieur du Capitaine), discours radiodiffusé du 27 novembre 1940, publié dans *Glasul strămoşesc* du 25 décembre 1940 ; voir le texte sur le site néo-légionnaire : http://miscarea.net/profilul-capitanului.htm : « Avant Corneliu Codreanu, la Roumanie était un Sahara peuplé. Ceux qui se trouvaient entre ciel et terre n'avaient aucun contenu, sinon l'attente. Quelqu'un devait venir. … Et il a rompu le doux silence de notre existence et nous a obligés à exister. Les vertus d'un peuple ont pris son aspect. La Roumanie, de tous ses efforts, se dirigeait vers la puissance. »
« Avec Corneliu Codreanu je n'ai eu que quelques conversations. J'ai compris dès le premier instant que je parlais à un homme dans un pays de riens humains. … Le monde des livres m'apparut dans son inutilité, les catégories inopérantes, les prestiges de l'intelligence, effacés, et les subterfuges de la subtilité, vains. »
« … »
« La foi d'un homme a donné naissance à un monde, qui laisse en arrière la tragédie antique de Shakespeare. Et ceci dans les Balkans ! »

plasticité et d'évolution, si les liens entre superstructure politique du mouvement et compagnons de route intellectuels sont sans doute complexes et à double sens, les idées de force sont relativement constantes.

Nous constatons la même approche, encore plus soumise à l'arbitrage idéologique et aux choix tactiques du Capitaine, à l'égard des idées politiques des alliés occasionnels de la Légion et de ses anciens mentors : le *sămănătorism* – sorte d'agrarianisme fondamentaliste – de Iorga, l'antisémitisme exclusif de Cuza, le *numerus clausus* de Vaida-Voevod, l'anti-camarillisme de Maniu sont tous successivement adoptés, utilisés, assimilés au – ou éliminés du – corpus principal sans le modifier lourdement : le profil historique de la Garde de fer témoigne amplement de l'autonomie de jugement du chef fasciste, de sa liberté de choix totale à la fois par rapport à ses alliés et envers les états d'âme de ses militants, une fois le projet palingénétique et ses corollaires de l'exclusivisme ethno-national et du modernisme idéologique acquis. Quelques bons exemples de cette autonomie, parmi de nombreux autres, se trouvent dans les circulaires de Codreanu à ses militants, qui articulent positions idéologiques et contextes politiques. La circulaire n°10 du 26 novembre 1935[26] est significative à deux titres : en demandant aux légionnaires de prendre leurs distances avec le journal antisémite *Porunca Vremii* parce qu'il n'est pas sous le contrôle de la Légion, le Capitaine affirme l'autonomie idéologique de la Légion par rapport aux idées d'extrême-droite des traditionalistes, qui n'enrichissent certainement pas une idéologie légionnaire cristallisée depuis longtemps déjà ; en critiquant durement les positions hostiles du journal à l'égard du démocrate modéré Maniu, Codreanu n'esquisse pas seulement l'alliance future avec le principal critique de la camarilla royale afin d'affaiblir d'un même mouvement les fondements du pouvoir monarchique autoritaire et le principal parti démocratique[27], mais il rend hommage au résistant qui s'appuie sur l'opinion et l'électorat pour la victoire de la démocratie comme Codreanu s'appuie sur les masses organisées et sur le mélange d'électoralisme et de violence en vue de l'établissement d'un régime qui n'est ni démocratique, ni dictatorial, mais consensuel autour du chef charismatique :

> « Je ne veux pas faire, dans ce chapitre, la critique de la dictature, mais je désire démontrer que les mouvements et les régimes nationalistes dans l'Europe actuelle, comme le mouvement légionnaire, le Fascisme, le National-socialisme, etc., ne sont ni dictatoriaux, ni démocratiques. … Par la contrainte et la violence, on pourrait à la rigueur gagner des voix et des majorités, arracher des larmes et des soupirs. Mais a-t-on jamais vu et verra-t-on jamais, même chez les peuples les plus inconscients, la ferveur et l'enthousiasme naître de la terreur ? »
>
> « Puisqu'il n'est pas dictatorial dans son essence, qu'est-ce alors qu'un régime national ? »
>
> « Est-ce un produit de la démocratie ? Pas davantage. Car le chef n'est pas élu par le peuple, et la

---

[26] Circulaire n°10, « L'établissement des rapports entre Porunca Vremii et le Mouvement légionnaire », *Circulări…*, *op. cit.*, p.69-70 : « vous légionnaires, lisez Porunca Vremii, mais soyez en garde à chaque article, à chaque mot, car elle n'est pas à nous. Quant à nous, nous ne savons où les choses commencent et où elles s'achèvent que pour ce qui nous appartient. … J'ai observé depuis un an après sa parution que tout ce qui y est écrit n'est pas sur notre ligne. Il y a même beaucoup de choses qui nous paraissent dictées par le cabinet du ministère de l'Intérieur. Les attaques incessantes et injustes à l'égard de M. Iuliu Maniu. … Pour le respect de la vérité, chacun doit savoir que Monsieur Maniu attaque non le Roi, mais la boue autour de lui, qui tue le Roi et anéantit la Monarchie. » (p.69)

[27] Rebecca Haynes, "Reluctant allies? Iuliu Maniu and Corneliu Zelea Codreanu against King Carol II of Romania" *Slavonic and East European Review*, 2007, n°1, pp.105-34 ; voir aussi Sandu, « Le conflit entre fascisme et monarchisme en Roumanie : données structurelles et déroulement », dans *La Périphérie du fascisme*, *op. cit.*, p.91-109.

démocratie est fondée sur le principe de l'éligibilité. Or dans les régimes nationaux, le chef n'est pas élu, *il est consenti.* »[28]

Ce consensus créé par le chef fasciste autour de l'adhésion populaire non-démocratique aux idées de révolution nationale fondée sur la révolution « anthropologique » de l'« homme nouveau » ne peut être interprété, à notre avis, que partiellement et temporairement dans les termes de Roger Eatwell de force centripète attirant autour du chef charismatique pour des raisons contradictoires artificiellement masquées par l'habileté manipulatrice de la propagande fasciste.[29] A terme, cette position est intenable et ne rend pas suffisamment compte de l'enthousiasme durable de catégories très diverses dès la période du fascisme-mouvement – lorsque le fascisme ne pouvait donc apporter que d'assez faibles bénéfices à ses militants, malgré les soupes populaires pendant la crise –, et non du fascisme-régime, lorsqu'un culte officiel peut enfin être rendu au chef – vivant ou mort, d'ailleurs.

Or ce *cultural turn* du *« new consensus »*, si débattu dans les pays anglophones, mais aussi en Allemagne[30] et en Italie et même parmi certains jeunes chercheurs roumains[31], a trouvé peu d'échos en France.[32] Le premier des buts de ce volume est donc de permettre à l'initiateur du « nouveau consensus » de présenter sa théorie et de l'illustrer avec quelques cas concrets pris au sein des interprètes, souvent jeunes, des théories modernes du fascisme.

Pourquoi avoir choisi l'Europe centre-orientale comme point d'application ? Avant tout, signalons l'évidence de la nécessité, pour le fascisme générique, de plusieurs termes de comparaison pour définir les grands traits du minimum fasciste. L'Europe centre-orientale a, dans l'espace européen et en dehors des deux fascismes majeurs, fourni les trois mouvements les plus affirmés, puisque la Phalange espagnole finit par se soumettre à Franco, alors que le chef des Croix Fléchées hongroises fut emprisonné et détint le pouvoir pendant une courte et dramatique période, que le

---

[28] Corneliu Zelea Codreanu, *Pentru legionari* (pour les légionnaires), Bucarest, 1936, utilisé dans sa traduction française : *La Garde de Fer*, Paris, Ed.Prométhée, 1972, 470pp., ici p.311.

[29] Roger Eatwell, *Fascism. A History, op. cit.*, p.15: « Although fascism at times could appear populist, it was essentially manipulative and often held common people in contempt. »

[30] Andreas Umland, Werner Loh, Roger Griffin (eds), *Fascism Past and Present, West and East…, op. cit.*, 2006.

[31] Outre les textes de Mihai Chioveanu et de Stelu Şerban dans le présent volume, l'ouvrage le plus complet et approfondi sur l'idéologie légionnaire est celui de Constantin Iordachi, *Charisma, Politics and Violence : The Legion of the « Archangel Michael » in Inter-war Romania*, Trondheim Studies on East European Cultures & Societies, décembre 2004, 190pp. Voir aussi les brefs essais de Valentin Săndulescu, « On the ideological characteristics of the Romanian Legionary Movement : a synthetic account », dans *Studia Universitatis Petru Maior*, Series Historia, 2005, 272pp., pp.141-154, et de Traian Sandu, « De l'antisémitisme au fascisme en Roumanie ; naissance du Roumain nouveau régénéré par la révolution de droite », dans *Analele Universităţii Bucureşti*, Année X, 2008, pp.32-46. Moins marqué par les références aux définitions modernes du fascisme, mais avec une solide connaissance des archives et du terreau roumains, voir les solides chapitres de Florin Müller, *Metamorfoze ale politicului românesc, 1938-1944* (métamorphoses du politique roumain, 1938-1944), Bucarest, Ed. Universităţii din Bucureştti, 2005, 359pp.

[32] Voir notamment les ouvrages d'historiens souvent inspirés par Emilio Gentile : Enzo Traverso, *La violence nazie. Une généalogie européenne*, Paris, Editions La Fabrique, 2002 ; Marie-Anne Matard-Bonucci et Pierre Milza (dir.), *L'Homme nouveau dans l'Europe fasciste (1922-1945). Entre dictature et totalitarisme*, Paris, Fayard, 2004 ; Jean-Yves Dormagen, *Les Logiques du fascisme: L'État totalitaire en Italie*, Paris, Fayard, 2007 ; Didier Musiedlak, *Mussolini*, Paris, Presses des Sciences Po, 2006.

« capitaine » des légionnaires roumains fut assassiné sur ordre du roi et que son mouvement détint le pouvoir aussi durant cinq mois, et que l'oustachi croate Pavelic rentra d'exil, massifia son mouvement devenu régime et détint le pouvoir plusieurs années durant. En outre, le débat sur le fascisme générique est obéré, dans le cas de la simple comparaison italo-allemande, par la monstruosité de l'excroissance génocidaire du nazisme – au point que Zeev Sternhell exclut le nazisme de sa définition du fascisme –, même si l'historiographie italienne fait des efforts de « rattrapage » en la matière autour de l'implacabilité de la répression en Ethiopie et de la mise en place consécutive de la législation antisémite. Donc presque par défaut, mais aussi en raison de leur dynamisme et de leur puissance, les cas centre-européens s'imposent. Ces trois mouvements ont donc été associés au pouvoir – certes de façon incomplète, sous la surveillance de plus en plus sourcilleuse du général Antonescu, qui finit par le réprimer en Roumanie, et sous tutelle de l'occupant allemand ou germano-italien en Hongrie et en Croatie. Enfin, leur caractère longtemps considéré comme atypique ajoute à la force de la démonstration d'un fascisme générique, présent dans toute l'Europe et même au-delà avec des traits aisément définissables : longtemps, le fascisme a été considéré, en raison de son caractère d'idéologie mobilisatrice des « masses », réservé aux espaces de la modernité, habitués aux rassemblements partisans et corporatifs au nom de catégories idéologiques comme la classe et la nation ; les « foules » paysannes supposées amorphes et les radicalismes à teinte plus traditionaliste donc plus religieuse et monarchiste, comme la Légion de l'Archange Michel, les Croix fléchées ou l'Oustacha, étaient censées représenter des terreaux moins propices et des idéologies moins abouties dans la vaste typologie des droites de l'entre-deux-guerres.

L'apport des sciences politiques et de la sociologie politique représentent, pour l'Europe centrale également, des voies fertiles pour le renouvellement de la question des fascismes. Pourtant, aucune étude n'a encore explicitement croisé, dans les cas des fascismes des pays ex-socialistes, pour des raisons conjoncturelles ou méthodologiques, la plongée dans les archives avec l'approche culturaliste du « *new consensus* ». Or c'est précisément un des reproches, facile à lever, à l'encontre de la définition générique du fascisme.[33] L'approche d'une documentation archivistique désormais abondante[34] peut enfin s'effectuer grâce aux outils fournis par la réflexion politiste sur le fascisme, enfin dégagé des errements marxistes orthodoxes – le fascisme comme adjuvent anticommuniste du grand capital – ou des minimisations libérales – le fascisme comme parenthèse délirante de l'histoire européenne –, mais aussi de l'enfermement

---

[33] Cf. Kallis, loc. cit., p.37 : « If, on the other hand, fascism is a broad ideological genus with abstract diachronic features, then its heuristic value for understanding whatever happened in inter-war Europe will remain essentially limited, so long as it continues to retreat into the realm of theoretical sophistication without engaging with the raw material of the 1920s and 1930s. »

[34] La Roumanie est le cas privilégié par l'approche moderne du fascisme, les chercheurs abordant les autres pays centre-européens avec ce type de lecture sont rares, même si ce volume en rassemble un certain nombre. Outre la série dirigée par Ioan Scurtu, *Totalitarismul de dreapta în România. Origini, manifestări, evoluţie* (le totalitarisme de droite en Roumanie. Origines, manifestations, évolution), vol. I, 1919-1927, 663pp. ; *Ideologie şi formaţiuni de dreapta în România* (idéologie et formations de droite en Roumanie), vol. II, 25 juin 1927-2 janvier 1931, 2000, 304pp., vol. III, 5 janvier 1931-7 juin 1934, 2002, 368pp., vol. IV, 7 juillet 1934-30 mars 1938, 2003, 448pp., nous renvoyons à notre futur ouvrage, *La Légion de l'Archange Michel/ Garde de Fer : la révolution fasciste dans une Roumanie en voie de modernisation*, et au corpus de milliers de documents d'archive décrit dans les « sources » en fin de volume.

méthodologique dans l'histoire descriptive dépourvue d'armature conceptuelle ou, du côté des politologues, dans des sous-sections réservées aux atypiques inclassables.

Si dans sa thèse Margit Szölösi-Janze[35] a eu accès aux archives hongroises, dans le cas roumain, la somme d'Arnim Heinen[36] ne pouvait pas les connaître pour cause de bouclage à l'époque de Ceauşescu ; elle s'attachait encore à une approche socio-économique dominante, même si elle faisait une part sérieuse aux idées du mouvement. Quant aux études portant directement sur l'idéologie légionnaire, souvent brillantes, soit elles se concentrent sur des personnalités devenues célèbres après la chute du fascisme historique[37] et qui n'ont pas forcément eu un impact déterminant et/ou précoce au moment de l'élaboration de la synthèse fasciste, soit elles portent sur les aspects idéologiques sans en suivre fermement les prolongements en matière de socialisation politique au-delà du simple concept de la propagande, ignorant notamment la mise en place d'une véritable religion civile au rituel et aux officiants plus ou moins strictement définis, visant à mobiliser les masses.[38] A l'inverse, certains chercheurs ont suivi l'impact des idées hygiénistes dans la naissance du racisme moderne[39], mais cette voie n'est qu'un aspect de ces nationalismes ethniques radicaux et purificateurs de la race.

Les approches des politistes, pleines de promesses et d'un intérêt interdisciplinaire fondamental pour sortir de la myopie d'une historiographie au plus près de l'évènement, n'ont que partiellement convaincu. L'essai d'Antoine Roger[40] ne fait qu'esquisser un modèle d'insertion du fascisme – qui n'est d'ailleurs pas vraiment nommé en tant que tel, à l'exception du titre de l'ouvrage ! – dans l'ensemble de la société agraire en voie de modernisation, sans compter que son approche reste largement déterminée par les « fondamentaux » socio-économiques même pour la structure organisationnelle de base, le « nid » – en fait véritable cellule d'incubation d'une nouvelle religion politique aux séances strictement ritualisées.[41] L'étude la plus aboutie conceptuellement et la mieux menée méthodologiquement, qui se réclame

---

[35] *Die Pfeilkreuzlerbewegung in Ungarn : historischer Kontext, Entwicklung und Herrschaft*, Munich, 1989, Oldenburg Verlag, 499pp.

[36] Arnim Heinen, *Die Legion « Erzengel Michael » in Rumänien : soziale Bewegung und politische Organisation, ein Beitrag zum Problem des internationalen Faschismus*, Munich, Oldenburg, 1986, traduction roumaine chez Humanitas, 1999, 546pp.

[37] Alexandra Laignel-Lavastine, *Cioran, Eliade, Ionesco, L'oubli du fascisme, Trois intellectuels roumains dans la tourmente du siècle*, PUF, 2002, 557pp ; Florin Ţurcanu, *Eliade, le prisonnier de l'histoire*, Paris, La Découverte, 2003, 540pp ; Matei Călinescu, « The 1927 Generation in Romania: Friendship and Ideological Choices (Mihail Sebastian, Mircea Eliade, Nae Ionescu, Eugène Ionesco, E.M.Cioran) », *East European Politics and Societies*, vol. 15, n°3, pp.649-677.

[38] Leon Volovici, *Ideologia naţionalistă şi « problema evreiască » în România anilor '30* (l'idéologie nationaliste et le « problème juif » dans la Roumanie des années '30), Bucarest, Humanitas, 1995, 254pp., version révisée d'un ouvrage publié à Oxford, Pergamon Press, en 1991 ; Zigu Ornea, *Anii treizeci. Extrema dreapta româneasca* (les années trente. L'extrême-droite roumaine), Bucarest, Ed. Fundaţiei Culturale Române, 1995, 470pp ; Alexandru Florian et Constantin Petculescu, *Idea care ucide, dimensiunile ideologiei legionare* (l'idée qui tue, les dimensions de l'idéologie légionnaire), Bucarest, Ed. Noua Alternativă.

[39] Maria Bucur, *Eugenics and Modernization in Interwar Romania*, Pittsburgh, University of Pittsburgh Press, 2002, 298pp. ; Marius Turda et Paul Weindling, *"Blood And Homeland": Eugenics And Racial Nationalism in Central And Southeast Europe, 1900-1940*, Central European University Press, 2007, 467pp.

[40] *Fascistes, communistes et paysans, Sociologie des mobilisations identitaires roumaines (1921-1989)*, Bruxelles, Éditions de l'Université de Bruxelles, 2002, 285pp.

[41] Voir notre article dans ce volume.

directement des théories modernes, appartient à Constantin Iordachi.[42] Politologue, l'auteur a néanmoins la tentation historique consistant à fournir plusieurs chapitres descriptifs organisés chronologiquement, mais sans faire appel aux sources d'archive, même celles publiées par Ioan Scurtu. Si l'exercice se justifie d'un point de vue méthodologique pour se cantonner au seul champ des idées politiques, il aboutit néanmoins à une distorsion de la problématique : Iordachi situe la principale tension dans la contradiction entre la référence religieuse affichée par l'idéologie légionnaire et la violence des méthodes. Or cette tension a été désamorcée par les légionnaires, grâce à une double argumentation idéologique et fonctionnelle. Codreanu y avait répondu par la distinction entre perfection du royaume du Ciel et royaume terrestre dans lequel il se mouvait et faisait de la politique, ainsi que par le rappel du rôle des Églises dans la légitimation de la violence officielle de la guerre – à travers la bénédiction accordée aux drapeaux avant le combat, les messes de célébration des victoires, etc..[43] La véritable problématique posée par le *new consensus* en Roumanie, en Hongrie et en Croatie, où le fascisme revendique également une dimension spirituelle transcendante, réside ailleurs.

Il existe en réalité une ambiguïté lorsqu'on évoque la religion dans le cas du légionarisme. Religion politique et religion en politique se télescopent et brouillent apparemment les cartes. Ayant surgi dans une société agraire et traditionnelle, donc en retard sur les modèles urbains et industriels dominants d'Italie et d'Allemagne, la religion orthodoxe fait partie intégrante de la synthèse idéologique légionnaire davantage que chez ses congénères athées ou païens. Le déplacement du sentiment religieux de Jésus vers Codreanu et ses acolytes-apôtres s'effectue donc à la fois plus aisément en pratique – en tant que néo-Messie qui utilise l'ancien Messie pour mobiliser les masses paysannes – mais aussi plus difficilement dans la distinction, en tant qu'interprétation des registres du transfert de sainteté : les paysans croient dans le néo-Messie en tant qu'il représente l'ancien, mais y croient-ils pour lui-même, pour sa propre valeur et pour les aspirations qu'il incarne ? Bref, Codreanu doit à la fois instrumenter la religion transcendante et s'en débarrasser, ou plutôt en vampiriser l'aura – tout comme il doit révérer en apparence la monarchie traditionnelle tout en faisant croire qu'il ne combat que la camarilla du roi. Il doit utiliser Jésus pour attirer les masses paysannes, puis l'évincer une fois la religion fasciste fonctionnant de manière autonome, sans l'appui de la béquille chrétienne. La problématique du charisme appliqué à la massification de la politique dans les pays agraires passe donc par la substitution de la religion politique à la religion en politique officiellement affichée, et non par l'analyse de la dichotomie entre idéologie religieuse et pratiques violentes. Seule l'histoire des phénomènes sociopolitiques peut véritablement confronter la réaction violente du fascisme aux réticences de la société à l'embrigadement total. Les

---

⁴² *Charisma, Politics and Violence… op. cit..*
⁴³ Circulări și manifeste 1927-1938 (circulaires et manifestes 1927-1938), 5ᵉ éd., Munich, coll. Europa, 1981, p.105-106 : « La ligne historique est une : celle que nous vivons. Car nous vivons dans le siècle. La ligne de l'Église est bien au-dessus de nous. Vers elle nous tendons, mais nous ne réalisons que peu. … Il me semble toutefois que l'Église aussi (ses représentants, les hommes) se sont éloignés de la ligne de l'Église, dans les faits. Ainsi, il y a peu : les prêtres bénissent de leur main les armes, les épées, les fusils, les mitrailleuses et les canons des armées, qui partent à la guerre. » Une autre illustration se trouve dans *Cărticica șefului de cuib* (bréviaire du chef de nid), Sibiu, 1937 (ed. originale juillet 1933), qui reprend le discours du jeune député Codreanu du 3 décembre 1931 au message royal : à un député qui lui reproche son apologie de la peine de mort qui choque dans la bouche d'un chrétien militant, il répond qu'il préfère la mort du voleur des deniers publics au dépérissement de sa patrie (point 85).

sciences politiques, en l'absence d'une utilisation des documents d'archive, doivent se contenter de la dimension de violence idéologiquement assumée comme héritage du darwinisme social passé au tamis de la guerre et de la « brutalisation » sociale.

Certaines études ont ainsi insisté sur la dimension morbide jusqu'au paganisme de l'attirance des légionnaires pour la mort[44], sans en faire un élément d'une nouvelle spiritualité politique radicale. D'autres ont assimilé avec perspicacité la Légion, surtout lors de ses confidentiels débuts, à un phénomène sectaire[45] ; mais l'intérêt de la religion politique réside à l'inverse dans la massification de la socialisation politique, et non dans son confinement élitiste, malgré l'esprit de hiérarchie pour maîtriser la massification et la phraséologie des *happy few* développée par ses promoteurs pour mieux attirer, précisément...

Le caractère révolutionnaire de masse des fascistes centre-européens est une analyse mieux partagée et répond, précisément, à l'interrogation sur sa sortie du sectarisme. Outre les déclarations des intéressés, leur affrontement avec le pouvoir établi prit des formes suffisamment radicales et violentes pour confirmer leur volonté de renversement et de transformation totale du régime, et non une simple prise du pouvoir. La forme – monarchique – du régime n'était d'ailleurs pas visée, le projet ayant des ambitions bien plus fondamentales. Au-delà de ses formes spectaculaires, ils pouvaient prétendre renverser l'ordre social existant grâce aux deux attributs caractérisant tout personnel révolutionnaire digne de cette œuvre : une cohérence sociale et générationnelle d'un groupe jeune et frustré et un projet idéologique fort et structurant, postulant la création d'une ère et d'un monde nouveaux. Ces deux aspects ont déjà été abordés pour les légionnaires roumains, pour le second aspect dans les études sur l'idéologie déjà évoquées, pour le premier dans le livre d'Irina Livezeanu.[46] Mais ces deux dimensions prises séparément sont insuffisantes pour rendre compte de la nature et du succès du fascisme centre-européen. Le phénomène générationnel caractérise de nombreux autres mouvements politiques et les analyses des idées politiques en tant que telles des fascistes se heurtent à leur refus des programmes précis et structurés. Finalement, le cœur spécifique incompressible qui subsiste de cette tentative d'approche idéologique n'est pas seulement l'ultranationalisme raciste « fin de siècle » hérité, dans le cas roumain, du vieil antisémite A.C. Cuza, parrain politique et proche de la famille du jeune Codreanu. Deux grands leviers caractérisent ce noyau dur. C'est d'abord la capacité de populariser l'ultranationalisme en synthétisant de nombreuses autres influences idéologiques qui inspirent une jeunesse très éclectique, ainsi que les listes de sujets de conférences abordés dans le cadre des associations estudiantines et des nids

---

⁴⁴ Cristian Sandache, *Istorie și biografie, Corneliu Zelea Codreanu* (histoire et biographie, Corneliu Zelea Codreanu), Bucarest, editura Mica Valahie, 2005, 412 pp., p.67. L'ouvrage relève d'ailleurs en bonne partie de l'hagiographie.

⁴⁵ Voir, entre autres, les articles « empathiques » d'Eugen Weber : « Romania », dans Eugen Weber (dir.), *Varieties of Fascism*, New Jersey, Princeton, 1964 ; « Romania », dans Eugen Weber et Hans Rogger, *The European Right. A Historical Profile*, Berkeley et Los Angeles, University of California Press, 1966 ; « The Men of the Archangel », dans Walter Laqueur et George Mosse (dir.), *International Fascism, 1920-1945*, *Journal of Contemporary History*, Londres, n°1, 1966.

⁴⁶ Irina Livezeanu, *Cultural Politics in Greater Romania: Regionalism, Nation Building, and Ethnic Struggle, 1918–1930*, Cornell University Press, 1995.

intellectuels de la Garde de fer en témoignent amplement.[47] C'est ensuite la dynamique inverse, soit la capacité de cristalliser ces tendances multiples, parfois contradictoires, en un système d'autant plus efficace que chacun y trouvait des aspirations idéologiques fusionnées dans un syncrétisme dont la force revenait aux pratiques collectives ritualisées. Cette analyse, qui innerve l'ensemble de l'œuvre de George Mosse[48], trouve un vaste champ d'application avec la synthèse légionnaire : par exemple, le simple appel aux morts débutant chaque réunion de nid combine l'appel militaire des casernes de l'État moderne bâti par les francs-maçons progressistes au XIXe siècle et l'évocation traditionnelle des morts à intervalles réguliers en pays orthodoxe dans une synthèse qui parle à l'ensemble de la palette des sensations de la population masculine jeune de Roumanie. Nous revenons ainsi à l'indissoluble lien entre étude des idées et de leur imposition, au sens politique et religieux, à la société civile. Comme nous y invite à juste titre le « nouveau consensus », il faut prendre au sérieux le refus des fascistes à élaborer des programmes construits[49] au profit d'essais suggestifs, de structures et de manifestations rituelles témoignant au sens fort d'une foi politique dont le simple contenu ultranationaliste, syncrétique et « régénérateur », déjà présent au XIXe[50], ne vaut que par le radicalisme de sa défense, la massivité de la mobilisation et la réalité de son application consécutives à l'expérience de la Première Guerre mondiale.

En Europe centrale comme ailleurs, les frustrations sociales consécutives à la guerre et les désordres apparents du jeu politique démocratique qui en est rendu responsable assignent trois buts paradoxaux à la mobilisation fasciste. D'une part, il faut secouer la chape que font peser les élites anciennes sur le corps politique, donc soulever ce dernier par des méthodes « révolutionnaires » de rupture. D'autre part, il s'agit de pérenniser cette mobilisation – en Roumanie, la dernière révolte contre le pouvoir, la jacquerie de 1907, hésitait entre soulèvement paysan archaïque et révolution moderne durable, encadrée par la petite intelligentsia des campagnes bénéficiant bientôt de l'arrivée à maturité de la première génération majoritairement alphabétisée après la guerre. Enfin, les dirigeants fascistes doivent la structurer de façon à éviter la déstabilisation du régime fasciste une fois celui-ci mis en place – hantise de tout régime révolutionnaire, qui souhaite figer la dynamique révolutionnaire au point souhaité par le nouveau régime. Les méthodes et les cadres de la régulation viennent par ailleurs buter contre la dispersion du corps politique dans l'espace rural assez cloisonné et contre le traditionalisme de la culture politique de révérence encore ancrée chez les paysans. Une des problématiques importantes du fascisme centre-européen, singulièrement roumain,

---

[47] Le point 12 du *Bréviaire* dresse la liste des titres de conférences tenues par le nid Axa de Bucarest et par les nids estudiantins et scolaires, qui balaie en fait le spectre idéologique fasciste – de l'antisémitisme aux ressemblances entre la Légion et les partis fasciste et nazi et à la dissemblance avec le « cuzisme » –, des problèmes posés par la modernité – de l'étude de la personnalité de Lénine à l'art légionnaire et à « l'éducation physique, facteur principal dans l'éducation légionnaire ». Voir l'article de Mihai Chioveanu dans ce volume.

[48] « Vers une théorie générale du fascisme », chapitre 1 de *La Révolution fasciste... op. cit.*.

[49] Voir, par exemple, Roger Griffin, « The Concept that Came Out of the Cold : the Progressive Historicization of Generic Fascism and its New Relevance to Teaching Twentieth-century History », *History Compass* n°1, 2003, EU 039, pp.1–41, ici p.19.

[50] George Mosse, *op. cit.*, p.12 : « Le nationalisme exacerbé des fascistes n'enrichit guère cette définition » et p.16-17 : « C'était un mouvement politique nouveau qui n'inventa jamais rien de neuf ». Voir aussi Codreanu, *La Garde de fer, op. cit.*, les nombreux chapitres sur sa dette envers A.C. Cuza.

consista, au-delà des discours, dans les moyens mis en œuvre pour aller chercher ce corps politique à la campagne et le socialiser.

Toutefois, les tenants du « *new consensus* » nous mettent sainement en garde contre tout déterminisme socio-économique consistant à déduire trop mécaniquement la réussite ou l'échec de ces mouvements caméléoniens d'une structure socio-économique déterminée, liée trop clairement à la concentration urbaine et aux pratiques d'organisation politique et corporative propres aux activités secondaires et tertiaires. Bref, à l'importance du recrutement parmi les fameuses et parfois bien volatiles classes moyennes frustrées et/ou déclassées est préférée l'adaptabilité du fascisme à l'ensemble des catégories urbaines – et rurales après un gros effort de propagation – dans un espace national ; cela nous conduit à explorer plutôt les voies culturalistes, davantage chargées de pouvoir explicatif. Pour les tenants du *new consensus*, le succès du fascisme dans tel pays plutôt que tel autre ne tient pas prioritairement à des données structurelles de longue durée, mais plutôt à la capacité idéologique de réponse à la crise culturelle multiforme, ainsi que l'un des idéologues roumains de cette crise, Nae Ionescu, en développe les aspects en 1932 dans un article aux accents « griffiniens » :

> « Le premier symptôme de cette révolution spirituelle apparaît, selon mon impression, en France, déjà dans la deuxième moitié du XIXe siècle. Car aussi bien l'impressionnisme en peinture ou en musique ne peut pas être jugé – dans son originalité absolue et sa nouveauté presque provocatrice – que comme un signe du nouveau monde spirituel. ... Mais ce n'est pas moins vrai que, depuis l'apparition du symbolisme et de l'impressionnisme français et jusqu'à aujourd'hui, dans toute la vie spirituelle de l'Europe abondent des formules nouvelles d'entendement et de création qui, aussi disparates qu'elles puissent être en apparence, n'encadrent pas moins une nouvelle structure spirituelle unitaire et cohérente. »
>
> « Vers cette structure se dirigent ou d'elle résultent toutes les manifestations caractéristiques des cinquante dernières années : la renaissance de la métaphysique, avec la critique de la science et son renversement de la fonction d'interprète et de vecteur de l'existence, avec la crise du rationalisme cartésien, la diminution de Kant et la renaissance du péripatétisme, avec la crise de l'idéalisme gnoséologique, avec le succès ou du moins l'effort vers le succès du réalisme, avec l'écroulement du mécanisme matérialiste, avec l'assaut du vitalisme et la renaissance spiritualiste, etc. ; le nouveau mouvement religieux, caractérisé par la recrudescence des religions dogmatiques, authentiquement chrétiennes, et la crise aiguë du protestantisme, l'intérêt pour la spiritualité orientale étendue jusqu'à la rive du Pacifique, la théosophie, le mouvement sectaire ; les troubles internes à l'art jusqu'au cubisme et à l'expressionnisme ou quel que soit leur noms et toutes les tentatives de créer un style de l'époque catégoriquement différent et caractéristique ; et, pour ne pas insister trop sur ces indications non-systématiques, dans l'ordre politique la crise de la démocratie et du parlementarisme, que personne ne peut contester. »
>
> « Ne sont-ce pas des signes catégoriques d'un nouveau monde ? »
>
> « ... »
>
> « Peut-on encore dire, néanmoins, que manque la révolution dans les esprits qui préparera et assurera le succès de l'autre, politico-économique ? »[51]

Si nous adhérons pleinement à une telle analyse qui combine *cultural turn* griffinien – comment expliquer autrement le succès populaire du fascisme dans un pays en voie de modernisation comme la Roumanie ? – et précocité française dans le pré-fascisme que ne désavouerait pas un Zeev Sternhell, force est néanmoins de constater que les éléments de la synthèse fasciste supposent un certain degré de développement. Si la priorité accordée aux succès des deux fascismes majeurs colore d'une teinte un peu

---

[51] *Idem.*, « Tot despre 'revoluție' » (toujours à propos de 'la révolution'), dans Cuvântul du 31 août 1931, op. cit., doc. n°15, p66-67.

fataliste certains écrits de George Mosse[52] et d'un solide optimisme heuristique les articles historiographiques de Roger Griffin[53], quel qu'ait été le talent de tel chef fasciste pour proposer une mixture idéologique hautement adaptée à tel corps social, il faut reconnaître que le but restant sa mobilisation massive, cette dernière est plus facile à réaliser auprès d'une société déjà concentrée géographiquement, habituée aux rassemblements et aux organisations de masse au nom de la nation. L'interprétation qualitative et culturaliste du *new consensus* bute donc sur un effet de seuil quantitatif, ce que George Mosse reconnaît en fait[54] et que Michael Mann érige en facteur explicatif principal – second, même si très important, selon nous.

La conséquence heuristique en est que l'apport le plus novateur du *new consensus* est indispensable, mais pas suffisant pour rendre compte concrètement de la réception – donc, fatalement, du succès – du fascisme au sein des sociétés cibles. En effet, si le fascisme mérite ce nom, c'est qu'il est parfaitement adapté à l'ensemble du tissu social, donc il ne peut, à terme, que l'emporter « fatalement » sur les autres forces politiques. Or l'évidence même est qu'il ne s'imposa pas partout, ce qui ne peut pas être attribué seulement au plus ou moins grand charisme ou habileté politiques de ses chefs, mais aussi à la résistance inégale des sociétés à la séduction fasciste. Si le *new consensus* insiste à juste titre sur l'aspect peu abordé d'« offre » fasciste correspondant à une forte « demande » sociale présente dès la fin du XIXe siècle, mais exacerbée après la Première Guerre mondiale dans le sens d'une révolution idéologique et de pratiques politiques, les vieilles approches privilégiant la diversité de la société et la capacité de résistance de certains de ses segments doivent s'articuler à cette dynamique pour en montrer portée et limites. Ces approches sont évidemment intimement mêlées, et l'étude de la réaction sociale ne doit pas être disjointe du complexe doctrinaire et organisationnel.

Le troisième aspect qui interagit avec ces deux dimensions est l'action sur la scène politique nationale et, éventuellement, internationale. Le panachage de la palette idéologique fasciste n'a alors d'égal que la ductilité des pratiques et des alliances en vue de la prise de pouvoir. La capacité des mouvements fascistes à composer avec la réalité renvoie aussi au principe d'obéissance aveugle au chef et au positionnement ni gauche - ni droite. Elle permet de vérifier en action l'efficacité redoutable d'une idéologie ayant phagocyté l'ensemble des grandes idéologies disponibles et leur renvoyant l'image d'un « digest » animé, d'un montage composite mais vivant ayant surmonté les contradictions entre doctrines et marchant au pas dans la rue. Cette thématique est tout simplement celle de la prise du pouvoir. Le récit des événements politiques fait partie intégrante du modelage du mouvement fasciste : si le mixe idéologique n'a pas besoin de modifications notables, l'accent mis sur tel aspect, l'action entamée auprès de telle catégorie sociale, régionale ou internationale, selon les opportunités ouvertes par le jeu

---

[52] « Sa force réelle résidait en partie en cela : il proposait la régénération et la sécurité, la révolution fondée sur le déjà connu. » Op. cit., p17.

[53] Roger Griffin, « The Concept that Came Out of the Cold…, loc. cit. » :« This is good news for students who have turned to this article for help with their essay or exam revision, because insight into its relevance to understanding 'real' historical events in modern history should now start to 'kick in'. » Loc. Cit., p17.

[54] «Les facteurs économiques et sociaux s'avérèrent certes cruciaux dans l'effondrement qui suivit la Première Guerre mondiale et dans la crise économique de 1929… Mais, et ceci semble tout aussi crucial, les choix politiques sont déterminés par la perception réelle que les gens ont de leur situation, de leurs espérances et de leurs attentes, l'utopie pour laquelle ils luttent. … ce fut le seul mouvement de masse entre les deux guerres qui pouvait affirmer avoir des sympathisants issus de toutes les classes sociales » Op. cit., p73.

politique, modifie le discours et enrichit en retour, par un effet « vertueux » d'accumulation, les possibilités du mouvement. En réalité, les sauts quantitatifs étant aussi qualitatifs, l'ouverture de nouvelles possibilités révèle des latences et des potentialités des mouvements comme des régimes fascistes. L'absence de programme rigide au bénéfice d'une idéologie à la fois protéiforme et structurée autour d'un projet populiste de renaissance nationale, de pratiques violentes et impérialistes, favorise l'occupation de l'espace politique et, dans le cas d'un mouvement aussi mobilisateur que le fascisme, l'espace tout court, de la rue à la masse eurasiatique.[55]

Doit-il y avoir de conclusion à une étude historiographique ? Sans doute pas, d'autant que la prétention de ceux qui la rédigent est d'y ajouter de nouveaux – et glorieux… – chapitres. L'appel de Roger Griffin durant ce colloque à une « Nouvelle Vague » pourrait se concrétiser, après l'étape fondamentale issue du « *cultural turn* » de la définition d'un fascisme générique au sein du « *New Consensus* », par l'application des acquis des sciences politiques au matériau « brut » des documents d'archive.

Les textes qui suivent présentent quatre sections : une première conceptuelle sur le fascisme assurée par Roger Griffin, une sur les droites autoritaires et la religion, une sur la définition des fascismes centre-européens et une dernière sur ses pratiques.

La première partie consiste en une définition circonspecte d'un éventuel terrain de rencontre entre les deux conceptions systémiques du fascisme, le marxisme et le *new consensus*. Les efforts de Roger Griffin se dirigent vers la tentative de faire admettre aux spécialistes marxistes du fascisme l'autonomisation d'une idéologie fasciste véritablement révolutionnaire et sa capacité de mobilisation d'un large spectre social en-dehors des canons de la Troisième Internationale, qui définissait le fascisme comme un simple masque violent de la bourgeoisie agressée par la crise et menacée par les succès des partis communistes. C'est l'occasion, pour Roger Griffin, de rappeler les acquis de l'historiographie libérale en la matière, et notamment les grands traits du *new consensus* en situation face à une historiographie marxiste post-1989 en recomposition. Un des enjeux de l'exercice, à peine effleuré par l'auteur, est aussi d'étoffer l'assise du *new consensus* dans le champ académique auprès de collègues jusque là moins impliqués dans le débat soulevé par le constat du « nouveau consensus ».

La deuxième partie porte sur les droites réactionnaires et/ ou autoritaires en Europe centrale. Malgré son apparente hétérogénéité par rapport à un ensemble centré sur le fascisme totalitaire, elle est un apport indispensable, pour plusieurs raisons. La première est que, malgré l'importance des fascismes hongrois, roumain et croate, la réalité de la force politique reste entre les mains des conservateurs et des autoritaires plus ou moins brutaux, puisque le roi Carol II finit par faire assassiner Codreanu après

---

[55] Dès avant Stalingrad, l'autoritaire Antonescu avait commencé à exprimer des doutes géostratégiques en termes idéologiques, qui distinguaient le dictateur militaire encore réaliste qu'il était du chef charismatique fasciste, porté par son peuple : « Néanmoins, le peuple roumain n'est pas une grande puissance européenne, avec une mission historique de civilisation mondiale. Il a la conscience du monde, de la civilisation, de la religion et du continent, mais aussi la conscience nationale, géographiquement et réalistiquement limitée. » (*Antonescu-Hitler, Corespondență…, op. cit.*, memorandum de Mihai Antonescu donné par Ion Antonescu à Hitler pendant leur rencontre du 11 février 1942, document n°39, pp.166-178, ici pp.170-171) Voir notre article, « The Iron Guard and Antonescu's regime revisionism – the Transylvanian Syndrom », à paraître chez Berghahn dans Marina Catarruzza (dir.), *Social Actors, Practices and Conceptions of Revisionist Politics in Europe, 1938-45*, suite au colloque international des 10-12 septembre 2009 de Berne.

son succès électoral de décembre 1937, que Szálasi remporte le sien en mai 1939 alors qu'il se trouve en prison et que Pavelitch rentre d'exil pour prendre les rênes du pouvoir ! L'incapacité à créer des régimes durables et indépendants relègue ces fascismes centre-européens, malgré leur dynamisme, à un second plan dont ils ne sortent que par les assassinats politiques – perpétrés ou subis –, par les succès électoraux consécutifs aux efforts de massification à la fin des années trente et par le passage au pouvoir sous le contrôle des forces autoritaires ou des puissances de tutelle fascistes. La deuxième raison est liée à la première mais porte sur l'historiographie française de l'Europe centrale : les spécialistes de la région, sollicités pour des sujets sur les droites, proposèrent spontanément les hommes forts des régimes d'autorité – Horthy ou Tiso – ou les mouvements de droite plus conservateurs des pays nordiques. Quant à l'angle d'attaque religieux, je l'ai choisi à la fois pour le mettre en regard conflictuel avec la religion politique du fascisme, et parce que le pouvoir autoritaire se fondait sur les institutions de l'État et sur l'Église. Celle-ci est plus intéressante pour les relations autoritarisme-fascisme, car elle articule pouvoir institutionnel et société civile face au fascisme, alors que l'État, manquant souvent de légitimité, instrumente la religion pour s'en donner. Enfin, les fascismes centre-européens se réclament de la religion dans ces sociétés traditionnelles, contrairement à leurs homologues athée et païen, et entrent également par ce biais en conflit avec l'État, mais aussi avec l'Église elle-même, dont ils vampirisent l'aura ou qu'ils tentent de mobiliser contre l'État progressiste.

Le cœur du colloque consacré aux fascismes centre-européens se divise en deux parties – l'une plutôt centrée sur la dimension doctrinaire et définitionnelle, l'autre sur les méthodes pratiques d'encadrement et de mobilisation – ; il rassemble essentiellement de jeunes chercheurs inspirés par les interprétations modernes du fascisme. Rudolf Paksa met Ferenc Szálasi dans le contexte plus large de l'extrême-droite hongroise et de l'émergence des théories de racisme biologique et de révolution socio-politique qui caractérisent cette idéologie et ses pratiques. Il fournit donc une large et brillante introduction à László Karsai, un des rares spécialistes de Ferenc Szálasi, qui confirme le transfert de sainteté dans le champ du politique sur la nation hongroise et sur sa propre personne en tant que pythie inspirée par la nation, mais nuance la vision moderniste du projet « hungariste ». Le fascisme roumain se taille la part du lion : Mihai Chioveanu traite de la dimension idéologique dans un papier très inspiré par Roger Griffin ; Stelu Șerban se situe, dans son approche de l'idéologie légionnaire, à l'articulation de la doctrine et de la sociologie politiques, posant les bases théoriques de l'adaptation de l'idéologie fasciste à un espace en développement ; Mara Maftei-Bourbonnais illustre la dimension de révolution nationale de droite de la jeune génération à travers le cas paradigmatique de Cioran et son impatience à sortir la Roumanie de son sous-développement agraire à travers une révolution moderniste. Alexander Korb aborde le fascisme de l'Oustacha croate dans la perspective d'Emilio Gentile, combinant de manière fertile analyse de l'idéologie totalitaire, institutionnalisation étatique du parti unique et pratique de la violence contre les ennemis idéologiquement construits. Deux articles sont consacrés à la Finlande, riche en mouvements de droite issus de la sanglante guerre civile de 1918, mais dont aucun ne parvient à s'imposer comme radicalisme révolutionnaire de masse. Vesa Vares s'en fait le paysagiste perspicace dans un fort article grâce à une solide préparation théorique préalable à l'abordage typologique extensif et complet. Ville Laamanen livre une étude de cas un peu comparable à celle sur Cioran avec l'écrivain finlandais Olavi

Paavolainen, où il suffirait de remplacer l'adjectif « réformatrice » par révolutionnaire pour retrouver la dimension moderniste et radicale des échos fascistes dans ce pays nordique.

La partie sur les pratiques introduit – si l'on accepte l'idée de l'insertion de l'Europe centrale dans le cœur idéologique du fascisme, ainsi que la partie précédente l'a largement prouvé – la spécification centre-européenne d'une plus lente et faible mobilisation des masses et de la force des autoritarismes, à la fois manipulateurs et réprimeurs du fascisme. Valentin Săndulescu se situe, en miroir de Stelu Şerban mais du côté des pratiques, à la rencontre de l'idéologie de l'« homme nouveau » et des moyens mis en œuvre pour le former, en pétrissant son corps et son âme dans un projet de construction totale de la personnalité dans une analyse qui doit beaucoup à Roger Griffin. Je me charge de l'inscription concrète de l'organisation légionnaire dans l'espace social roumain à travers ses manifestations de socialisation politique. Enfin, ces efforts de mobilisation aboutissement logiquement à la tentative de prise du pouvoir : Florin Müller se fait le narrateur minutieux de l'inscription du Mouvement légionnaire dans le champ politique roumain durant l'« année de grâce » 1937 qui propulsa la formation fasciste à la troisième place au terme des élections de décembre : le récit, solidement étayé sur un matériau d'archive original, confirme à la fois la spécificité radicale du fascisme par rapport aux autres formations de droite – dont elle refuse finalement la main tendue pour prendre celle du centre démocratique anti-autoritaire ! – et la plus grande faiblesse du fascisme centre-européen par rapport aux grands exemples occidentaux. Le score purement comptable – 37% des voix pour les nazis en juillet 1932 contre 16% aux légionnaires ou 19% aux Croix fléchées en 1939 – n'est pas le seul critère à prende en compte. L'assurance avec laquelle Hitler s'est saisi de l'alliance de la droite ou avec laquelle Mussolini a joué le libéralisme « manchestérien » pendant trois ans avant de passer à la « voie italienne vers le totalitarisme » selon l'expression d'Emilio Gentile, tranchent avec la timidité de Codreanu et la mise en échec de Szálasi, significatives du plus faible impact social et de la moindre marge de manœuvre politique consécutive des bourgeons centre-européens du fascisme continental. Si les variantes centre-européennes répondent parfaitement à la définition du fascisme proposée par le *new consensus* d'un point de vue doctrinaire et organisationnel, s'intégrant ainsi au cœur de ce « minimum fasciste » totalitaire, il semblerait que sa force de frappe socio-politique, mesurable par une approche méthodologique plus traditionnelle que celle du *cultural turn*, soit moins probante que celle de ses congénères occidentaux et relègue ces mouvements à un deuxième cercle du fascisme européen.[56] L'article d'Olivier Buirette sur Stambolijski est à part, car son régime agrarien a des racines de gauche plus proches et affirmées que le syndicalisme révolutionnaire dans le fascisme italien, et l'ancrage agrarien est idéologiquement atypique dans le débat sur le totalitarisme. Cela reste toutefois un exemple d'une idéologie qui est représentée sur l'ensemble du spectre politique droite-gauche dans l'espace centre-européen entre les deux guerres et qui aspire à une mobilisation des masses autour d'un chef charismatique s'appuyant aussi sur une formation paramilitaire, dans un contexte de violence civile.

---

[56] Catherine Horel, Traian Sandu, Fritz Taubert, *La périphérie du fascisme. Spécification d'un modèle fasciste au sein de sociétés agraires. Le cas de l'Europe centrale entre les deux guerres*, Paris, L'Harmattan, *Cahiers de la nouvelle Europe*, 2006. Voir aussi ma conclusion générale à ce volume.

Roger GRIFFIN,
Oxford Brookes University

Exploding the continuum of history:
a non-Marxist's Marxist model of fascism's revolutionary dynamics [1]

The awareness that they are about to make the continuum of history explode is characteristic of the revolutionary classes at the moment of their action. The great revolution introduced a new calendar. The initial day of a calendar serves as a historical time-lapse camera. And, basically, it is the same day that keeps recurring in the guise of holidays, which are days of remembrance. Thus the calendars do not measure time as clocks do; they are monuments of a historical consciousness of which not the slightest trace has been apparent in Europe in the past hundred years.

Walter Benjamin, "Theses on the Philosophy of History", 1940

The philosophy of nature evolved by occasional leaps and bounds alternating with delusional pursuits, culs-de-sac, regressions, periods of blindness and amnesia. The great discoveries which determined its course were sometimes the by-products of a chase after quite different hares. At other times, the process of discovery consisted merely in the clearing away of rubbish that blocked the path, or in the rearranging of existing items of knowledge in a different pattern.
Arthur Koestler, Epilogue, *The Sleepwalkers*, 1959

Blindspots and dialogues of the deaf

Walter Benjamin's insight into the temporal dimension of revolution is contained within one of what became known as his *Theses on the Philosophy of History*, a series of illuminations formulated during his personal 'moment of danger'[2] — exile in Paris from the Third Reich, just months before his suicide on the Spanish border in September 1940. The idiosyncratic form of analogical thinking he developed for

---

[1] This chapter grew out of another originally written for the Copsey, Nigel & Renton, David (eds) *British Fascism, the Labour Movement and the State* (London: Palgrave, 2005), and rejected as inappropriate for that volume on the grounds that its subtext was too critical of the traditional Marxist analysis of fascism and its scholarship shaky on some key aspects of Marxist thinking. If it is a little more cogent (but no less contentious) now it is thanks to a number of academics for transforming the polemic of the original version into a hopefully more scholarly 'thesis', even if I obviously must take final responsibility for the argument in its final form: Nigel Copsey, Alfred Schobert, Peter Osborne, Joe Yannielli, Erik van Ree, Martin Durham, Walter Adamson, and John Stewart. Particular thanks go to David Renton, author of the most important restatement of a Marxist approach to the historiography and analysis of fascism, who, despite some fundamental disagreements, was very helpful at least in placing some limits on the scope for this piece to go astray. It should be pointed out that 'non-Marxist Marxist' is an allusion to (the Marxist) Isaac Deutscher's autobiography, *The Non-Jewish Jew*. London: The Merlin Press, 1981: a title ingeniously suggested by David Renton himself.

[2] 'To articulate the past historically does not mean to recognise it 'the way it really was' (Ranke). It means to seize hold of a memory as it flashes up at a moment of danger. "Theses on the Philosophy of History no. VI", Benjamin, Walter. *Illuminations*. London: Fontana, 1992: 247pp.

exploring the nature of history in the thrall of modernity (which itself can be considered emblematic of modernism)[3], enabled him to recognise the powerful ideological energy that can be unleashed by the mythopoeic power of collective associative memory during a period of social and political ferment. He saw that the act of forging an allegorical link between the present and a mythically shaped and largely imagined episode from the past can result in an epic temporal trigonometry, producing a line of sight towards an alternative future. With it is born a revolutionary vision capable of blasting the space for a new political and social order out of the seemingly monolithic *status quo*. Suddenly the barren present becomes pregnant with the anticipation of rebirth, thereby transforming as if by a conjuring trick the endless temporal continuum which Benjamin equates with the 'historicist' concept of time. 'Historicism' as he presents it is reminiscent of the 'ever-expanding, grey future' in which Franz Kafka once imagined a tawdry circus act taking place *ad infinitum* until one member of the audience finally bursts into the ring and shouts 'stop!'.[4]

Benjamin's *Theses* are a compelling synthesis of political theory, historical explanation, philosophy, metaphysical speculation, and programmatic radicalism. Yet what strikes the non-Marxist about the passage cited in the epigraph is how adamantly Benjamin refuses even to contemplate the possibility that the fission energy generated by mixing myth with history could be detected in the very ideology whose human vectors were eventually to hound him to death. Nor is he alone in this. His contemporary Ernst Bloch, who stands alongside Benjamin and Gramsci as one of the most creative Marxist cultural and political theorists of the twentieth century, dedicated nine years of his life in exile from the Third Reich to exploring the power of the 'Not-Yet-Conscious' which he sees as the wellspring of myriad utopian projects detectable in every sphere of human activity, and as the driving-force behind cultural and political change throughout human history. Yet his mind remained closed to the presence of hope and future-oriented projects of liberation at the heart of the Nazi movement itself. Instead, he perpetuated the crude 'agent theory' of orthodox Marxism that axiomatically denied Nazism any autonomous, trans-class, revolutionary dynamic:

> "Hitler rose out of the Night of the Long Knives, he was called by the masters out of the dream of this night when he became useful to them. [...] The mob can be bought, is absurdly dangerous, and consequently it can be blinded and used by those who have a real vested interest in the fascist pogroms. The instigator, the essence of the Nights of Knives was, of course, big business, but the raving petit bourgeois was the astonishing, the horribly seducible manifestation of the essence."[5]

Post-war (post-)Marxists have also, whatever their sophistication as political thinkers, shown little inclination to move beyond interpretations of fascism as the

---

[3] Schleifer, Ronald. *Modernism and Time. The Logic of Abundance in Literature, Science, and Culture 1880-1920*. Cambridge: Cambridge University Press: 2000: pp.13-31.

[4] Kafka, Franz, 'Auf der Galerie' (1917), published as 'In the Gallery' in Pasley, Malcolm (ed.). *The Transformation and Other Stories*. Harmondsworth: Penguin, 1995.

[5] Bloch, Ernst, *The Principle of Hope*. Cambridge, Mass.: MIT Press, 1986: p.130. Relevant to is the following passage in Bloch's 1935 essay, 'Inventory of revolutionary appearance,' reprinted in *The Heritage of our Time*, Cambridge: Polity, 1991: p.64: 'Nazism first stole the colour red, then the streets, then the rhetoric of radical change and hatred of the bourgeoisie, satisfying anti-capitalist longings by kissing the Aryan arse of Old Nick.[...] Thus the enemy is not content with torturing and killing workers. He not only wants to smash the red front but also strips the jewellery off the supposed corpse. The deceiver and murderer cannot show his face other than with would-be revolutionary speeches and forms of combat'.

expression of bourgeois reaction and the vested interests of capital, seemingly blinded by their ideological preconceptions in the very act of seeing. Thus in *The Society of the Spectacle*, Guy Debord's panopticon of the central role played by theatrical display and liturgy in the 'totalitarian management of the conditions of existence', could only offer a blinkered perspective on fascism, despite the wealth of case-studies in his topic offered by the lavish theatrical politics of both Fascist and Nazi regimes:

> "Fascism was an extremist defence of the bourgeois economy threatened by crisis and by proletarian subversion. Fascism is a *state of siege* in capitalist society, by means of which this society saves itself and gives itself stop-gap rationalisation by making the State intervene massively in its management."[6] [original emphasis]

A similar set of axiomatic assumptions informs Andrew Hewitt's *Fascist Modernism*, which displays impressive fluency in the arcane discourse evolved within the long left-wing tradition of engagement with Benjamin's concept of the 'aestheticisation of politics', further enriched by the impact of the 'linguistic turn' in the human sciences. Yet the light on fascism that passes through the carefully wrought hermeneutic prism it offers has itself undergone no significant deflection since Benjamin first formulated his theory. Hewitt proceeds on the unquestioned premise that an inherent paradox exists in the dangerous liaison with the 'reactionary' forces of fascism entered into by such avant-garde artists as Hans Johst, Wyndham Lewis, Ezra Pound, and Filippo Marinetti. He seeks to resolve this by focusing on the contradictions of capitalism arising through the 'bourgeois construction of the public sphere' operating within 'the paradigm of imperialism', an approach which leads to the conclusion that 'a deep-seated theatricality' lurks beneath the 'traditionally antispecular' ideology of the capitalist classes 'to which fascism merely gives expression'.[7] The possibility of a spontaneous and authentic synergy between modernism and fascism is not even contemplated.

Behind enemy lines

Meanwhile non-Marxist fascist studies seem to have been carried out in a parallel universe, either blissfully or willfully ignorant of Max Horkheimer's 1939 injunction that 'whoever is not prepared to talk about capitalism should also remain silent about fascism'. As early as March 1921, over a year before Mussolini's March on Rome, Antonio Gramsci was already seeking to identify the essential traits of fascism 'on an international scale', which he saw as 'the attempt to resolve the problems of production and exchange with machine guns and pistol-shots'.[8] By contrast, it was not till the 1960s that the first serious attempts were made by non-Marxist academics to identify the nature of fascism as a generic force. Until then, it was routinely considered to have been driven by energies so irrational, barbaric, nihilistic, pathological, or charismatic that it defied rational analysis as a coherent ideological or political phenomenon, an assumption which severely compromised its heuristic value as a generic concept. Typical of this remarkably unproductive phase in comparative fascist studies is Hugh Trevor Roper's 1968 essay 'The Phenomenon of Fascism' which,

---

[6] Debord, Guy. *The Society of the Spectacle*. Detroit: Black & Red, 1983, 1ˢᵗ edition 1967: paragraph 109.
[7] Hewitt, Adrian. *Fascist Modernism*. Stanford: Stanford University Press, 1993: pp.17, 100, 177.
[8] Beetham, David. *Marxists in Face of Fascism*. Manchester: Manchester University Press, 1983: p.82.

having dismissed Nazism as a 'vast system of bestial Nordic nonsense', fails to deliver any cogent definition of the phenomenon under investigation.[9] Certainly 'capitalism', and much besides, tends to be passed over in silence within non-Marxist fascist studies, and accounts stressing the role played in the rise of fascism by the (lower) 'middle classes' usually portrayed them as driven into fascism's arms by the nebulous *Angst* induced by the disembedding forces of modernity, rather than by the material threat to their livelihoods and political hegemony posed by revolutionary socialism. As long as fascism was widely regarded as a 'conundrum', the pragmatic solution adopted by most practising historians was to focus empirical analysis on the development of individual movements or regimes and to ignore the increasingly tangled and inconsequential 'nomothetic' debate among political scientists about the term's generic semantics.

Over the last decade, however, just when Marxist fascist studies seem to have lost their momentum, becoming radically impoverished in conceptual incision compared to their interwar heyday, a sea-change has come about in the way liberal academia now approaches the concept of fascism (one that has yet to affect its usage in the 'bourgeois public sphere' in general). Though consensus in the sense of total unanimity is as far off (and indeed both unrealisable and undesirable) as in any heated taxonomic debate within the human sciences, there is at least a growing meeting of minds on the following propositions, or what I have (provocatively) called 'the New Consensus':[10]

a) no matter how much conservatives and reactionaries of all kinds were drawn to specific fascist movements (or attempted to use it for their own ends), and how far capitalists colluded with them in pursuit of reactionary ends, fascism itself was *in its own terms* an autonomous revolutionary force which could exert a genuine trans-class popular appeal in the exceptional crisis conditions of inter-war Europe;

b) although the specific impact of short-term (but not terminal) crises in the capitalist economic system following the First World War was a vital prerequisite for the emergence of fascism as an alternative to authoritarian conservatism, liberal democracy, and Soviet communism, neither the preservation of capitalism from the onslaught of socialism nor the destruction of the working class movement were central to fascism's main goal;

c) this goal, instead, was the total – and totalitarian[11] – transformation of the political, moral and aesthetic culture of the nation to produce a new type of national community and a new type of 'man': a social, political, cultural, and anthropological revolution subsumed in the vision of imminent national rebirth (palingenesis);

---

[9] Woolf, Stuart ed., *European Fascism*. London: Weidenfeld & Nicolson, 1968: revised edition 1981: p.55.

[10] For an exposition of my theory of the 'New Consensus' see Griffin, Roger. "The Primacy of Culture. The Current Growth (or Manufacture) of Consensus within Fascist Studies". The Journal of Contemporary History, 37/1 (2002): pp.21-43. Though the existence of an emergent consensus is widely challenged, even works by those who repudiate it vociferously broadly corroborate the following tenets, notably Gregor, James. *Phoenix: Fascism in Our Time*. New Brunswick, NJ: Transaction, 1999; Paxton, Robert. *The Anatomy of Fascism*. New York: Alfred A. Knopf, 2004; and Mann, Michael. *Fascists*. New York: Cambridge University Press, 2004.

[11] I am using the term here in the sense given it by Emilio Gentile in his essay "The Sacralisation of Politics: Definitions, Interpretations and Reflections on the Question of Secular Religion and Totalitarianism", trans. Robert Mallet, *Totalitarian Movements and Political Religions*, 1/1 (2000): pp.18-55.

d) local historical conditions, and the specific terms in which the nation was conceived, dictated whether the rebirth from decadence that a fascist movement tried to implement was translated into an aggressive foreign policy, expansionist imperial ambitions, or programmes of racial persecution, ethnic cleansing, and even genocide, none of which are definitional traits of fascism as such;

e) where fascist movements acted in this way, did, such policies, and the violence and destruction they produced — or would have led to had the given movement seized power — were conceived by fascists themselves as integral to the process of national regeneration rather than as ends in themselves, and are not to be seen as the manifestation of capitalism's 'true nature' as an *essentially* destructive and reactionary force;

f) the importance which fascists attached to a mythicised Golden Age in the history of the nation or race, far from being symptomatic of atavistic anti-modernism or a regressive nostalgia for lost idylls, was instead linked to the attempt to resuscitate the allegedly 'eternal' values of the nation/race that were to inspire the new order in a *future-oriented* process of renewal and regeneration, thereby pioneering an alternative modernity, one based on revolution rather than reaction.

From this perspective, capitalism and the bourgeoisie were conservative (reactionary) forces that, by colluding with fascism, were promoting an independent revolutionary movement initially seeking to overthrow the structures and values of the very liberal system that had nurtured them and guaranteed their ascendancy over the *ancien régime*.

Contrasting readings of fascism

To illustrate how profoundly these conflicting premises can condition the interpretation of ideological phenomena associated with (generic) fascism, let us consider an extract from the characterisation of Nazism's paradoxical relationship to modernity in Joachim Fest's *Der zerstörte Traum* [The Shattered Dream] (1991), whose subtitle is 'The End of the Utopian Age':

"The aggressive utopia that National Socialism evolved out of many a whimsical, misty-eyed, or troubled backward glance to a bygone age was not consistently projected into the past. True, its spokesmen made out that they were restoring a world-order perverted by Christianity, the Enlightenment, and the processes of industrialisation and social emancipation. This accounts for the call for a return to the values of the peasant and the soil along with a revival of all the ancient rites that were bound up with them: hence all that quirky stuff about flag-dedication ceremonies, the *Thingspiel*[12] and death cults, in a word, that longing to regress to the mists of time which had always been part of the movement. Alongside this strand, though, and constantly intertwined with it, there was a ravenous hunger for the future that took pride in sailing the biggest ships, flying the fastest planes, or providing transport for the masses, one that proclaimed the technical advance of the German nation over all others.

This modern side of National Socialism has created the impression that the folksy, oldy-worldy rituals were just part of an elaborate masquerade to secure power. This was only partly true. The whole movement, including the highest ranks of leadership, was seized by a burning desire for everything that was bathed in a pre-historical twilight, but at the same time a ruthless scorn for tradition and a passion for bureaucratic efficiency in planning and execution that even today takes the breath away from anyone who studies its results."[13]

---

[12] A pseudo-ancient form of mass theatre promoted by the Nazis for the ritual celebration of the nation.

[13] Fest, Joachim. *Der zerstörte Traum: Vom Ende des utopistischen Zeitalters,* Berlin: Siedler, 1991: pp.50-2.

Significantly, Fest's observations make no reference to comparative fascist studies, and are thus typical of the long-standing tendency of non-Marxist German historians to see Nazism as a unique phenomenon, at most subsumable under the generic term 'totalitarian'. His portrait of Nazi utopianism is nevertheless consistent with the definitional criteria used to identify fascism by those working broadly within the parameters of the (highly contested) 'New Consensus'. Such scholars would agree that Nazism's cult of the past was an integral part of its bid to achieve radical social renewal, one rooted in the regeneration of a nation conceived as an organic entity, and whose aim was therefore not mass deception and social control. Instead, it was the realisation of an alternative modernity to that offered by both liberalism and communism, and made possible by the collective enthusiasm for their revolution sustained by a regenerated national community.

Read through conventional Marxist lenses, however, a number of aspects of the characterisation brand Fest's account of Nazi utopianism as ideologically highly suspect: a) his implication that the Nazi movement was driven by genuine ideological conviction; b) the omission of any reference to the role of capitalism or the bourgeoisie whose interests Nazism was directly or indirectly serving; c) Fest's emphasis on the Nazis' futuristic programme of modernisation rather than its reactionary war against socialism, the working class, or its political and racial enemies; d) the way it is Nazism's 'reactionary', anti-modern obsession with reviving a mythicised past is treated as a masquerade, rather than its embrace of modernity; e) the implication that Nazism's commitment to helping the masses (e.g. mass transport) can be taken at face value rather than as part of a populist confidence trick to conceal its real class interests. To a Marxist, then, everything about this passage points to the fact that Fest (at the time Cultural Editor of the *Frankfurter Allgemeine Zeitung* and author of the much acclaimed account of the last days of Hitler turned into the 2005 film *Der Untergang* [*The Downfall*]), lacks a grounding in historical materialism. As a result, he has been insufficiently immunised against Nazism's beguiling rhetoric and cannot realise that the 'aestheticisation of politics' he unwittingly documents was no more than a cynical ploy to legitimise the crushing of capitalism's enemies, thereby enabling its hegemony to be perpetuated in defiance of the objective conditions signaling its demise at the hands of the proletariat.

Given this yawning gulf between the assumptions about fascism instinctively operating within the Marxist and non-Marxist traditions of fascist studies, it is hardly surprising if their representatives have tended to treat each other either with mutual indifference or as essentially hostile 'camps', thereby overlooking the diversity, complexity, and subtlety of at least some of the analyses of fascism generated by the (frequently demonised) 'Other'.[14] As a consequence, both sides remain largely oblivious to the potential contribution explanatory strategies employed beyond the ideological no-man's land could make to a more complete understanding of fascism.

In writing this chapter I am thus consciously offering my services as a sort of 'go-between' or 'mediator' (and thus risk being cut down by a hail of criticism from both sides!). I am offering, not an olive branch, but the rudiments of a syncretic model

---

[14] I plead guilty of this myself in the past. See Griffin, Roger. *The Nature of Fascism*. London: Routledge, 1993: pp.2-4.

of fascism made up exclusively of Marxist theoretical components in the broadest sense of the term, ones deliberately selected and assembled teleologically in order to produce an interpretation of fascism congruent with the main conclusions about its ideological nature currently gaining currency in non-Marxist scholarship. I should stress that this chapter has no sinister imperialist agenda of turning Marxist fascist studies into a colony of the (partial and contested) 'New Consensus'. Rather, it should be read as a response both to the sense of the shortcomings inherent in existing Marxist theories occasionally expressed by Marxists themselves,[15] while simultaneously serving as an invitation to 'liberal' historians to engage more actively with the rich tradition of Marxist theory and historiography in the field of comparative fascist studies. This reconnaissance mission 'behind enemy lines' is not a manoeuvre to open up a new front in an ideological war, but instead to call a truce in the hope of collaborative relations between the two (far from homogeneous) 'sides' which will enrich fascist studies for both parties.[16] Transposing Koestler's observations on the history of science to the present context, it attempts to clear away some of the rubbish that has been 'blocking the path' in *both* traditions, and to 'rearrange existing items of knowledge in a different pattern' so as to facilitate a mutual process of discovery.[17]

Four Marxist theses relating to fascism's ideological dynamics

The argument that follows is too rudimentary to serve as the foundation for an alternative Marxist theory of fascism, but at least it might serve to stake out a site within the left-wing social sciences where architects and surveyors can set to work. For the purposes of the present — necessarily highly condensed — exposition, the 'stakeout poles' will consist of four interlocking theses. The primary and secondary literature potentially relevant to each stage of the argument is vast, so for the sake of simplicity each will be associated mainly with the work of one Marxist theorist whose work is exemplified by the following theses.

Thesis 1: Ideology, though *in the last analysis* a superstructural force, may operate as a relatively autonomous factor of historical causation that transcends the sphere of economic determinism. As such it can play a critical role in enabling an anti-systemic movement to conquer power, thereby establishing a new socio-political and cultural order in defiance of 'objective' material conditions.

---

[15] For example, Werner Röhr draws attention to the damage inflicted by imposition of the Dimitrov orthodoxy in the GDR in the article "Faschismusforschung in der DDR: Ein Problemskizze". *Bulletin für Faschismus- und Weltkriegforschung*, 16, (2001), 18. Shortcomings in the various permutations of 'Bonapartist' explanation that have flourished beyond the hegemony of Comintern have been explicitly indicted by Ernesto Laclau in his essay "Fascism and Ideology", in *Politics and Ideology in Marxist Theory. Capitalism, Fascism, Populism*. London: Verso, 1982; implicitly by Tim Mason in "Whatever happened to fascism?." *Radical History Review*, 49 (winter 1991), pp.89-98, reprinted in Caplan, Jane (ed.), *Nazism, Fascism and the Working Class. Essays by Tim Mason*. Cambridge: Cambridge University Press, 1995; and more recently by David Renton in *Fascism*. London: Pluto Press, 1999, especially the chapter "Towards a Marxist Theory of Fascism".

[16] I have explored the possibility of such collaboration in the study of fascist aesthetics in the essay, "Notes towards the definition of fascist culture: the prospects for synergy between Marxist and liberal heuristics," *Renaissance and Modern Studies* 42 (Autumn 2001): pp.95-115.

[17] Koestler, Arthur. *The Sleepwalkers*. London: Arkana, 1989: 524pp.

The key theoretician supporting this proposition is undoubtedly Antonio Gramsci.[18] Building on a rich European intellectual tradition of Marxism that had been submitting determinist readings of dialectical materialism ('economism') to radical revision since the 1880s,[19] he came to concede a considerable degree of autonomy to superstructural forces in shaping the historical process. By the early 1930s, when his imprisonment by the Mussolini regime prompted a profound reconceptualisation of the relationship between ideology and state power, he was arguing that, while in some circumstances it might be appropriate to reduce economics to politics:

> "it is also distinct from it, which is why one may speak separately of economics and politics, and speak of "political passion" as of an immediate impulse to action which is born of the 'permanent and organic' terrain of economic life but which transcends it, bringing into play emotions and aspirations in whose incandescent atmosphere even calculations involving individual human life itself obey laws different from those of individual profit."[20]

Such a forthright acknowledgment of the relative independence of both political and ideological spheres from the operation of economic forces and vested interests was closely bound up with Gramsci's recognition that the state's exercise of political power not only involved control of the 'base', but authority over the 'superstructure'. He saw this authority as dependent on the extent to which the ruling classes monopolised institutional power within the political sphere, as well as on the degree of 'cultural hegemony' the bourgeoisie secured in the realm of civil society. Indeed, in one respect cultural hegemony within civil society was more crucial to the conquest and maintenance of political power than the state institutions of social control, because, without it, power could only be exercised through force, in the form of dictatorial 'domination'. Armed with sufficient cultural power, the ruling elite could run the state on the basis of a high degree of consensus, and hence largely dispense with overt instruments of coercion.

Especially in modern capitalistic societies, a crucial role in maintaining the *status quo* within civil society is therefore played by the system's 'organic intellectuals' (its mandarin class) who ensure that society's cultural production — in its widest sense — endorses and underpins, rather than challenges and undermines, the covert dictatorship that the bourgeoisie imposes. It is only when this hegemony starts to wane

---

[18] After the war Louis Althusser constructed a theory of ideology that offers an alternative way of conceptualising the relative autonomy of ideology from economics and the crucial role of culture in providing a sense of identity, normality, and autonomy to those living under even what on closer inspection reveals itself to be an oppressive regime. See Althusser, Louis. *Essays on Ideology*. London, New York: Verso, 1971.

[19] One Italian theorist Gramsci could build upon in this context was Antonio Labriola. Other Marxist currents within Marxist thought acknowledging the 'relatively autonomous' role that ideology plays in the revolutionary phase of political struggle is the voluntarist tradition that bore fruit in Leninism and in Sorelian forms of Syndicalism. While not abandoning a class analysis of society, what these variants of Marxism share is the recognition that myth, vision, will, and flights of the historical imagination all play a greater role in shaping events than the objective conjuncture of material conditions, thereby rejecting the crudely determinist and reductionist variants of Marxism associated with 'economism'. See, for example, Krasin, Yurii. *'Determinism or Voluntarism', in Lenin and Revolution. A Reply to Critics*. Moscow: Novosti Press Agency Publishing House, 1969; Mazgaj, Paul. *The Action Française and Revolutionary Syndicalism*. Chapel Hill, NC: University of North Carolina Press, 1979.

[20] Hoare, Quintin and Smith Nowell (eds.). *Antonio Gramsci: Selections from the Prison Note Books*. New York: International Publishers, 1971: pp.139-40.

or becomes effectively challenged by rival visions of the political order that should replace the present one, that the legitimising (and largely subliminal) popular consensus may break down conspicuously and dramatically, producing an *avant-garde* of intellectuals and ideologues challenging the system. At this point, even the most seemingly progressive liberal state may resort to the deployment of overtly authoritarian techniques of government in order to maintain itself in power, opting to rule through dominion rather than through hegemony.

Gramsci's deeply personal experience of Italian Fascism generated a sustained interest in the situation that can arise when the superstructural crisis is combined with an acute structural (i.e. politico-economic) one. At this point, the totality of the 'historical bloc' enters an 'organic crisis' in which a significant proportion of the public become psychologically detached from the policies of the leaders and from the political system which supposedly represents their interests. The four years of trench-warfare in the First World War had impressed upon him how illusory it was to assume that a modern state gripped by such a crisis can simply be swept away by a display of paramilitary violence. Putschist tactics cannot work since 'at least in the case of advanced industrial states, "civil society" has become a very complex structure and one which is resistant to the catastrophic "incursions" of the immediate economic element (crises, depressions, etc.)'; its ideological superstructures being 'like the trench-systems of modern warfare'. As a result, the revolutionary struggle is to be conceived as a protracted war of attrition in which 'only politics creates the possibility of manoeuvre and movement'.[21]

These reflections led Gramsci to distinguish between 'revolutionary explosions' like the French Revolution, in which the old ruling elite is eliminated and replaced by a new one, and a 'passive revolution' in which the feudal classes become a 'caste' with specific cultural and psychological characteristics, but without the attendant economic functions,[22] (an analysis related to Gramsci's 'Caesarist' interpretation of Fascism which draws on Marx's concept of Bonapartism).[23] He saw the period between 1815-1870 in Europe as one of a protracted 'war of position' or 'restoration-revolution', and the Fascist movement as the equivalent of the 'moderate and conservative liberalism in the last century' — the product of the new 'war of position' following the political 'war of movement' that lasted from March 1917 to March 1921.[24] The ensuing superstructural struggle between socialists and capitalists for cultural hegemony in Italy proved more decisive than objective economic conditions, and its outcome had been the triumph of the Fascists over the socialists. As a result, a reformist radicalism that left capitalism's economic and political hegemony largely intact had been able to keep at bay the structural change to the entire liberal system promised by communism, thereby flouting the predictions of dialectical materialism. In fact, under Fascism:

"there is a passive revolution involved in the fact that — through the legislative intervention of the State, and by means of the corporative organisation — relatively far-reaching modifications are being

---

[21] *Ibid.*, pp.231-233.

[22] *Ibid.*, p.115.

[23] See Gramsci's reflections on Caesarism in Hoare and Smith, *Antonio Gramsci*: pp. 219-23. For more on Gramsci's interpretation of Fascism see Adamson, Walter, "Gramsci's Interpretation of Fascism", *Journal of the History of Ideas*, 41/4 (1980).

[24] *Ibid.*: pp.118-120.

introduced into the country's economic structure in order to accentuate the "plan of production" element; in other words, that socialisation and co-operation in the sphere of production are being increased, without however touching individual and group appropriation of profit."[25]

Thesis 2: Interwar fascism exerted a trans-class and genuinely 'mass' appeal (however embryonic and unsustained), and contained an autonomous radical element independent of attempts by the forces of capitalist reaction and bourgeois self-interest tried to use it as an 'agent' in its struggle against socialism.

One of the most important postwar proponents of this interpretation of fascism is Ernesto Laclau, who saw Althusser's 'Lacanian' understanding of the dynamics of ideology to be crucial in explaining the power that fascism could exert beyond the confines of bourgeois reaction. According to Althusser, ideology is essentially 'specular', since each established socio-political order occupies 'the Centre' from which, in phenomenological terms, it calls them into being, or 'interpellates' them. In this way, the individuals constituting society are turned into subjects 'in a double mirror-connection': the state '*subjects* the subjects to the Subject', while, reciprocally, the Subject provides them with a deep sense of existential security and identity.[26] The important inference that Laclau draws from this argument is that ideology has the power to transform individuals 'who are simple bearers of structures' into 'subjects', who 'live the relation with their real conditions of existence as if they themselves were the *autonomous* principle of determination of that relation.'[27]

Once a political system enters a systemic crisis its automatic self-reproduction in the subjectivity of its citizens (subjects) breaks down and the resulting 'ideological crisis is necessarily translated into an "identity crisis" of the social agents'. As a result, each of the contending sectors 'will try and reconstitute a new ideological unity using a "system of narration" as a vehicle which disarticulates the ideological discourse of the opposing forces'. At this point, a faction may 'deny all interpellations but one, develop all the logical implications of this one interpellation and transform it into a critique of the existing system, and at the same time, into a principle of reconstruction of the entire ideological domain'.[28] A totalising revolutionary project is then born which taps deep into the psychological and existential energies of its supporters.

The close match between Laclau's analysis and Gramsci's account of the 'organic crisis' of society and its loss of 'cultural hegemony' is obvious. What adds a new dimension to Laclau's analysis, however, is his sustained critique of the type of 'class reductionism' that assumes each social class naturally has its own ideology tailor-made to express its interests, so that if elements of the working class are drawn to anything other than revolutionary socialism they, *by definition*, have been seduced by the 'wrong' ideology. Instead, he argues that the working class forms the natural constituency of support *for two competing ideologies*, the socialist struggle against capitalism, which interpellates it as part of an international proletariat, and the

---

[25] *Ibid*. pp.119-120.

[26] Althusser. *Essays on Ideology*: pp.54-5.

[27] Laclau. 'Fascism and Ideology': p.100.

[28] *Ibid*.: p. 103. For a non-Marxist analysis of the appeal exerted by an anti-systemic ideology at the height of a 'sense-making crisis' see Platt, Gerald. "Thoughts on a Theory of Collective Action: Language, Affect, and Ideology in Revolution" in Albin, Mel (ed.). *New Directions in Psychohistory*. Lexington: Massachusetts, 1980: pp.69-94.

'Jacobinist' struggle against traditional elites. This originates in the petty-bourgeoisie, but has a genuinely radical and popular dynamic of its own, appealing to the working class as part of a historically constituted 'people', and hence as a unique nation or race.

It is this line of argument, so much at loggerheads with both Comintern and Bonapartist theories of fascism, that leads Laclau to offer a radical revision of the Marxist orthodoxy on fascism. Far from being simply an 'invention of monopoly capitalism',[29] fascism became possible because 'the working class, both in its reformist and revolutionary sectors, had abandoned the arena of popular-democratic struggle'.[30] Behind the flawed psychohistorical theories of fascism offered by Wilhelm Reich and Erich Fromm 'lay the confused intuition that fascism was the result of processes in which ideology was playing a much more autonomous and decisive role than in other contemporary phenomena'.[31] Similarly the equally misconceived theories presenting fascism simply as a form of totalitarianism also contained a 'grain of truth', namely the realisation that 'it was not interpellations as class but interpellations as *"people"* which dominated fascist political discourse'.[32]

To substantiate this point Laclau calls on the testimony of none other than Georgi Dimitrov, whose name has been regularly taken in vain to sanction the most reductionist formulations of fascism's identity with capitalism, but who seems nonetheless to have grasped the dual nature of the 'interpellations' to which the proletarian masses were exposed. In his report to the Seventh Congress of the Comintern (1935) – which contains the famous pronouncement about the 'terroristic dictatorship of capital' under fascism – there is a passage that has been sadly neglected by orthodox Marxists. It warns of the dire consequences of continuing 'to neglect the problem of the struggle against fascist ideology', acknowledging the effectiveness of the fascists' 'rummaging through the entire history of every country' so as to 'pose as the heirs and continuators of all that was exalted and heroic in its past'. This distortion of history needed to be countered by emphasising that 'the socialist revolution will signify *the salvation of the nation* and will open up to it the road to loftier heights.'[33] The conclusion that Laclau draws from his analysis is that socialism is not to be presented as 'the opposite pole of fascism':

"Socialism is certainly a counterposition to fascism, but in the sense that, whilst fascism was a popular radical discourse, neutralised by the bourgeoisie and transformed by it into its political discourse in a period of crisis, socialism is a popular discourse whose linkages to the radical anti-capitalism of the working class permit it to develop its full revolutionary potential.[34]

---

[29] Laclau, "Fascism and Ideology", 119.

[30] *Ibid.*, 124.

[31] *Ibid.*, 136.

[32] *Ibid.*

[33] Dimitrov, Georgi. "The Fascist Offensive and the Tasks of the Communist International", in *Georgi Dimitrov. Selected Speeches and Articles*. London: Lawrence & Wishart, 1951: pp.99-102; cited in Laclau, 'Fascism and Ideology': pp.139-40.

[34] *Ibid.*: p.142. A remarkable anticipation of the main thrust of Laclau's argument is to be found in Klara Zetkin's speech made to a Comintern session in June 1932, which is cited in Beetham, *Marxists in Face of Fascism*: pp.102-112. In it she warned that fascism 'offered a refuge for the politically homeless, for the socially uprooted, the destitute and the disillusioned. And the hopes which none of them expected to be met by the revolutionary class of the proletariat and by socialism, they now look to a combination of the cleverest, toughest, most determined and audacious elements from all classes'.

For Laclau, then, fascism's ultra-nationalism is to be considered a trans-class mobilising myth rather than a reactionary middle class ideology, one which can only be imposed on the masses through propaganda and brainwashing.

Thesis 3: The cult of the past in fascism's ideology, far from being a symptom of its intrinsic reactionary conservatism, is consistent with the crucial role of remembrance and mythicising retrospection played in all revolutionary activism.

Laclau is careful to avoid attributing a fully-fledged revolutionary dynamic to fascism, yet even his concession that it was a radical popular discourse to which socialism offers a 'counterposition' would be anathema to neo-Stalinists. However, his line of reasoning risks becoming even more 'heretical' once the time dimension of fascist ideology – implied by his allusion to its 'rummaging' through history – is considered in the context of Walter Benjamin's theory of the temporal dynamics of revolutionary movements encountered at the outset of this article. It was the fruit of a profound anti-economist and anti-Enlightenment version of historical materialism, informed by such diverse influences as the study of cinema, photography, Nietzsche, Baudelaire, Kafka, surrealism, Futurism, and a fascination with the special place that a theocratic history and ritualised memory occupied in orthodox Jewish religion. In Benjamin's *Theses* he points out that, though 'Jews were prohibited from investigating the future', they were instructed in theological and ritual techniques of remembrance. As a result, history for them could never be experienced as 'homogeneous or empty' since 'every second of time was the strait gate through which the Messiah might enter.'[35] This was contrasted with the secular or 'historicist' apprehension of time that had become hegemonic with the impact of the Enlightenment, namely a rectilinear, single-track phenomenon in which social realities are destined to unfold in an incremental, cumulative way; event after event, indefinitely, 'till the last syllable of recorded time'.[36]

By underpinning the myth of progress, making any caesura or quantum change in the historical process inconceivable, the hegemony of historicism sanctions the persistence of capitalism, precluding all projects (literally projections onto the future) for creating a better world. The precondition for the transformation of the present system is thus a dramatic shift in perspective or point of view that would enable the social imagination to break out of the historicism and the social system it sustains. The precondition for this is that those committed to radical change enter a special mode of temporal consciousness in which the *status quo* is illuminated through an analogy made in the historical imagination with an episode from the past, transforming the present into *Jetztzeit* ('now time' or 'presence of the now') in which linear time is shot through with 'chips of Messianic time'.

For Benjamin, the paradox that an ideologically charged recollection of things past can generate the collective sense of an imminent new epoch explains why 'the French Revolution viewed itself as Rome reincarnate', and why the Republic introduced a new calendar and new holidays, not to measure time but as 'days of remembrance'

---

[35] Benjamin. *Illuminations*: p.255.
[36] Shakespeare, William. *Macbeth*, Act V. Scene 5: line 20.

and 'monuments of historical consciousness'. Such a 'tiger's leap into the past' enables the historical materialist to recognise in a configuration of events 'pregnant with tensions [...] the sign of a Messianic cessation of happening, or put differently, a revolutionary chance in the fight for the oppressed past', and so resolve to 'blast a specific era out of the homogeneous course of history'. The 'true' historian who breaks free from the soul-numbing thrall of historicism 'stops telling the sequence of events like the beads of a rosary. Instead, he [sic] grasps the constellation which his own era has formed with a definite earlier one.'[37]

Benjamin axiomatically equated Marxist revolution with universal human emancipation and social justice. It falls to 'revolutionary *classes*' to make the continuum explode, not the *Volksgemeinschaft*. As a result, the 'true historian' could only be a socialist, and never a Giovanni Gentile, an Alfred Rosenberg, or an Alexander Raven Thompson. It is presumably for this reason that Benjamin was unable to recognise in Mussolini's speeches as *Duce* or Hitler's *Mein Kampf* contemporary examples of attempts to make 'tiger's leaps' into the future, and blast a new time and space out of the continuum of liberal-democratic history. Nevertheless, Benjamin's theses on history provide a powerful heuristic device to reveal the Fascist celebration of Romanità, the Nazi cult of the Aryan past in its classical and medieval manifestations, or the BUF's glorification of the Elizabethan era as symptoms, not of an urge to take refuge from modernity, but rather of the will to break out of its hegemonic variant and achieve an alternative modernity by exploiting the mobilising power of the 'eternal values' identified with the national community. Fascists intuitively realised that the 'storm of progress' unleashed by modernity meant that there was no going back to achieve their ideal society: the rebirth of the nation could only be achieved through a *new* birth.

Thesis 4: Though fascism promotes cults of an idealised past and utterly rejects certain aspects of modernity, its main thrust is not reactionary or conservative, but *counter-revolutionary*, pursuing the *anti-conservative* goal of realising a new order and a new era.

One of most radical challenges posed by an 'insider' to conventional Marxist wisdom about the relationship to the progressive agenda of radical socialism — and not just of fascism — but of the early twentieth century avant-garde as a whole, is contained in Peter Osborne's *The Politics of Time*. The unquestioned axiom of practically all left-wing analyses of fascism is that not just its genesis, but its *raison d'être* lies in its attempt to crush the progressive forces of socialism, no matter how much it attempts to steal the clothes of socialist revolution.[38] This leads to the assumption that its 'modernity' (e.g. in the sphere of technology, industry, or communications) conceals a basic drive to 'turn back the clock' to a premodern utopia, and its 'radicalness' (e.g. in mobilising the masses through displays of theatrical politics) is a rhetorical ploy to counter the threat posed by progressive, revolutionary forces.

---

[37] Benjamin. *Illuminations*: pp.252-255.
[38] See Bloch, Ernst. "The Inventory of Revolutionary Appearance" (1933), *Heritage of our Times*. Cambridge: Polity, 1991: p.68: 'Thus the enemy is not content with torturing and killing workers. He not only wants to smash the red front but also strips the jewellery off the supposed corpse'.

It is on the basis of such preconceptions that the open-armed embrace by Nazism — for Marxists, the archetypal manifestation of the essence of fascism — of such features of the modern world as bureaucracy, science, technology, consumerism, mass media, and the entertainment industry have come to be explained in terms of 'reactionary modernism'[39] or a 'conservative revolution'.[40] Such oxymorons imply the forced conjunction of two projects that pulled away from each other in their temporal aspect, and so generated irresolvable internal dichotomies. Thus the electrification of the railways under Mussolini, or the Third Reich's campaign to encourage the public to watch the 1936 Berlin Olympics in newly installed TV parlours, smack of a perverse hybrid between the familiar and the alien, a grotesque fusion between the sphere of modernity with the realm of myth. Following this logic, the highly public conversion to Nazism of a world-famous thinker working at the cutting edge of modern philosophy thus poses a thorny paradox whose resolution demands ingenious scholarship and elaborate analysis.

Yet Osborne's interpretation of modernity throws into relief a powerful 'elective affinity' between Martin Heidegger and the Third Reich that discloses a deep-seated logic in his enthusiastic implementation of Nazi racial policies as Rector of Freiberg University in 1933. After all, both Heidegger's philosophy and Nazi ideology were rooted in a "diagnosis of the world-historical situation as one of crisis and decline, a nationalist definition of its political shape (conservative revolution as a *national* revolution), and hope for the future grounded in a quite particular revolutionary temporality of renewal".[41] The First World War was seen in such a conception of the present age as a phenomenon that was 'simultaneously *nationalistic, technological* and *cultic*'. It enabled the rebirth of Germany to be imagined as a process in which, in Ernst Jünger's words, a 'new symbolic dimension' would fill technological civilisation with 'a deeper life, one superior to the purposeful life and whose essence cannot be grasped with mathematics'.[42]

In the light of such considerations, Osborne argues that binomial expressions such as 'reactionary modernism' and 'conservative revolution' are not to be understood as expressing unresolved contradictions in the relationship to historical time. Instead they refer to 'a novel, complex, but integral form of modernism in its own right':

"[A]s a counter-*revolutionary* ideology, conservative revolution is modernist in the full temporal sense of affirming the temporality of the new. Its image of the future may derive from the mythology of some lost origin

---

[39] A term made famous by the Jeffrey Herf in his book *Reactionary Modernism: Technology, Culture and Politics in Weimar and the Third Reich*. Cambridge: Cambridge University Press, 1984.

[40] A term commonly applied to such figures as Martin Heidegger, Ernst Jünger, and Carl Schmitt, who are collectively seen as the intellectual fellow-travellers of Nazism. This view underwent considerable conceptual and ideological elaboration, imbuing it with a profoundly palingenetic dimension, in Armin Mohler's *Die Konservative Revolution in Deutschland 1918-1932*. Stuttgart: Friedrich Schiller Verlag, 1950. This work has acquired iconic status for the post-war New Right in its analysis of the contemporary phase of history as an 'interregnum', the prelude to a new era conceived by the revolutionary right in terms that contrast starkly with Gramsci's own analysis of the 'interregnum'.

[41] Osborne, Peter. *The Politics of Time*. London: Verso, 1995: p.163. For an illuminating article that complements Osborne's analysis see Feldman, Matthew. "Between Geist and Zeitgeist: Martin Heidegger as Ideologue of a 'Metapolitical Fascism'". *Totalitarian Movements and Political Religions* 6/2 (September 2005): pp.175-98.

[42] Jünger, Ernst. "Nationalismus und modernes Leben" [Nationalism and Modern Life], *Arminius* 8/8 (20 Feb 1927): pp. 3-6, quoted in Herf. *Reactionary Modernism*: p.82.

or suppressed national essence, but its temporal dynamic is rigorously futural. In this respect it is the term 'conservative' which is the misnomer rather than 'revolution'."

This realisation leads him to 'revisit' the key term at the heart of so much orthodox Marxist thinking about fascism, namely 'reaction' – in the sense of the *opposite* of revolution, the *resistance* to modernity, the *flight* from futurity. Instead, he insists that:

"Conservative revolution is a form of revolutionary *reaction*. It understands that what it would 'conserve' is already lost (if indeed it ever existed, which is doubtful), and hence must be created anew. The fact that the past in question is primarily imaginary is thus no impediment to its political force, but rather its very condition (myth). What Herf calls reactionary modernism is not a hybrid form (modernism plus reaction). Rather, it draws our attention to the modernistic temporality of reaction per se, once the destruction of traditional forms of social authority has gone beyond a certain point. This point seems to have been reached in the leading European societies around the time of the First World War; hence the tremendous contemporary upsurge of revolutionary ideologies of both "reactionary" and "progressive" types."[43]

Osborne further maintains that, within the context of the post-1918 crisis of both conservative and liberal politics in Europe, socialism and (the conservative revolutionary dimension of) fascism can thus be seen as twins — albeit warring twins — since both their projects of the future are to be seen as reactions of 'non-economic social relations' to the de-structuring, disembedding impact of capitalism. Such reflections lead him to abandon orthodox Marxism's dualistic conception of the modern age as riven by the conflict between two ideological forces locked in a Laocoon-like struggle for supremacy, namely (socialist) revolution and (capitalist) reaction in its multiple guises. Instead

"[t]here are at least three "revolutionary" temporalities at play, quite apart from the various rearticulations of the temporality of tradition: the hegemonic temporality of the self-revolutionising process of capitalist production; the revolutionary temporality of the oppositional practice of self-transformation in the name of a new, post-capitalist (traditionally, socialist) economic form; and the counter-revolutionary temporality of a variety of reactionary modernisms. Both the second and the third of the present themselves at the cultural level as avant-garde (by virtue of their explicit political identification with radically new futures)."[44]

Osborne's inference is striking in its simplicity and radicalness: 'contrary to received opinion [...] fascism is neither a relic nor an archaism, but a form of *political modernism*'.[45] [original emphasis].

If this perspective is adopted, the focus of Marxist analyses of fascist reaction shifts dramatically. As long as the exclusive concern for its left-wing opponents is to demonstrate that fascism's war against revolutionary socialism was directly or indirectly the desperate 'last stand' of a beleaguered capitalism, then any phenomena symptomatic of its bid to create an alternative modernity to both liberalism and communism are lost in the

---

[43] Osborne. *The Politics of Time*: p.164. Independent corroboration of the existence of a genuine element of 'futurity' in the Conservative Revolution, and hence within Nazism, can be found in the work of another Marxist, Alex Callinicos in his *Social Theory: A Historical Introduction*. Cambridge: Polity, 1999: pp.214-26. Similarly, Mark Neocleous, another Marxist, makes a major deviation from orthodoxy, when he acknowledges that fascism uses the past in order to generate utopian images of a new order in *Fascism*. Maidenhead: Open University Press, 1997. For example, he concedes that 'the cult of the romanità [...] while appearing to be a reactionary turn to the past, in fact constitutes an orientation to the future. The spirit of eternal Rome was invoked not to regress to a previous civilisation, but to encourage Italians to become a new race, a reborn great people', p.72.
[44] Osborne. *The Politics of Time*: p.164.
[45] *Ibid.*,166.

blur of peripheral vision, or can only be acknowledged as epiphenomena in conflict with the essential nature of fascism, and thus rooted in irresolvable contradictions within capitalism itself. Gramsci's interpretation of fascism as the expression of a 'passive revolution', and hence a pseudo-revolution — despite the genuine appeal it exerted on the popular masses — is an outstanding example of this approach. Ultimately, Italian Fascism could never be for Gramsci anything more than one of the 'morbid phenomena' produced by the contemporary crisis of society, an 'interregnum' in which 'the old is dying and the new cannot be born'.[46]

Once fascist reaction is seen in terms of Osborne's concept of 'counter-revolution' rather than Gramsci's concept of 'restoration-revolution'[47], — or rather, once 'restoration' under the impact of modernity is attributed a radically futural dynamic — then fascism can be understood as a fully-fledged revolutionary assault on the political, social, and cultural *status quo* which, where successful, had a transformative impact on liberal capitalism as well, even if did not set out to replace the capitalist system as such. At this point the contradictions between fascism's cult of the past, its attacks on 'actually existing' modernity, and its claims to be inaugurating a new historical era and a new socio-political order resolve themselves into paradoxes.

At this point, Fascism's relationship to socialism can be seen as being analogous to the one between the Counter-Reformation and the Reformation: Hitler is to Lenin what Loyola was to Luther. Those genuinely 'reactionary' conservatives, whether aristocratic or capitalist, who supported Fascism or Nazism, primarily out of fear of socialism or nostalgia for a bygone age of tradition and security, had tethered themselves to the wrong horse. Tragically for the rest of humanity, generic fascism's bid to create a new society and a new man within a regenerated national community was much more than a revolutionary façade or empty rhetoric.

The structural affinities between fascist and Marxist revolution

The main thrust of the analysis so far is that, using theories formulated by the 'organic' intellectuals of Marxism itself, fascism's relationship to socialist radicalism should be seen not in simplistic terms of an anti-modern reaction contrasted with progressive revolution. Certainly, reactionary forces attempted to use fascism as their 'agent' or 'tool' to counteract the threat of socialism. And without doubt the radicalism of Nazism and especially Fascism *as regimes* was compromised in practice by the collusion of traditional conservative elites in the exercise of state power. Nevertheless, once aggregated the four theses we have outlined suggest that fascism had an autonomous and genuine revolutionary agenda, whose appeal and main social constituency of support was not restricted to the bourgeoisie or capitalist classes, and which was at least partially implemented by the only two regimes where fascism prevailed over the forces of conservative reaction, namely the Third Reich and Mussolini's Italy. Although the alternative temporality that fascism offered to communism may not have been progressive in either liberal or socialist terms, it was not

---

[46] Hoare and Smith. *Antonio Gramsci*: p.276.

[47] The heuristic value of the concept 'counter-revolution' conceived in very similar terms has been used to great effect by another Marxist, Arno J. Mayer, in his analysis of the two formative revolutions of modern history: see Mayer, Arno. *The Furies: Violence and Terror in the French and Russian Revolutions*. Princeton, NJ: Princeton University Press, 2000.

simply 'regressive' either, since it contained its own futural, modernist thrust towards a new society.

Marxists who have been willing to go along with' the broad thrust of this argument have now been escorted to a position tantalisingly close to the 'New Consensus' on fascism in liberal academia, even if an idological chasm still separates them from historians who adopt this position while feeling 'at home' within the continuum of liberal-capitalist modernity, unperturbed by longings for a 'Messianic cessation of happening'. Naturally, a major stumbling block to Marxists accepting this line of argument is the central emphasis it places on fascism's ideological goals rather than its praxis, and the loosening of linkages between these goals and either capitalism or the bourgeoisie. It also goes against the grain of much dialectical materialism by eroding the distinction between Marxist revolution and fascist 'reaction', widely considered on the left to be polar opposites.[48] Nor is the distinction restored by insisting that fascism is 'counter-revolutionary' rather than fully 'revolutionary' for, as Osborne stresses, the 'counter-' denotes not a regressive dynamic, but one which is 'rigorously futural'. Furthermore, a case could be made for seeing the Marxist revolutionary project as containing its own counter-revolutionary dynamic, to the extent that it is a response to (and *reaction* against) what Osborne terms 'the hegemonic temporality of the self-revolutionising process of capitalist production'.

An even deeper source of socialist resistance to the syncretic 'Marxist' approach to fascism proposed here may be that it implies a far closer and more uncomfortable affinity between fascism and communism *in practice* than most Marxists would like to acknowledge. As forms of political modernism, both offered totalising solutions to the problem posed by the decadence of liberal society, which were outstanding specimens of the application to socio-political engineering of the 'historical predictions' that Karl Popper identified with his concept of 'historicism'[49] — a curious reversal of the connotations given the term by Benjamin — and with the mainspring of totalitarianism. In both cases, the utopia of a new society was formulated by blending scientific and technocratic discourse with mythic thinking, thereby producing that characteristic ideological product of modernity, 'scientism'.[50] Both, when implemented, spawned an elaborate 'political religion' and, in their Nazi and Stalinist versions, provided the rationale for mass murder on an industrial scale.

---

[48] It might be pointed out that 'objectively' all revolutions by definition 'react' against the status quo and hence perceive those who stand in their way as 'reactionary'.

[49] Popper, Karl. *The Poverty of Historicism.* London: Routledge & Kegan Paul, 1957: p.3: "I mean by "historicism" an approach to the social sciences which assumes that historical prediction is their principal aim, and which assumes that this aim is attainable by discovering the "rhythms" or the "patterns", the "laws" or the "trends" that underlie the evolution of history".

[50] On the scientism of fascism and Communism, see Todorov, Tzvetan. *Hope and Memory: Lessons from the Twentieth Century.* Princeton: Princeton UP, 2003. On Nazi scientism see also chapter 1 of Bauman, Zygmunt. *Modernity and the Holocaust.* Cambridge: Polity Press, 1989; and Bauman, Zygmunt. *Modernity and Ambivalence.* Cambridge: Polity Press, 1991. The utopianism of 'utopian socialists' such as Charles Fourier and Pierre-Joseph Proudhon, Benjamin's stress on 'messianic time', Bloch's emphasis on the 'principle of hope', Lenin's espousal of voluntarism, the embrace of Sigmund Freud by Wilhelm Reich, Erich Fromm, and Herbert Marcuse, Louis Althusser's and Ernest Laclau's debt to Jacques Lacan all are arguably symptomatic of the need to blend 'historical materialism' with overtly irrational elements to make socialism a mobilising myth or give it existential relevance, and point to the key role scientism plays at the level of ideological mythopoeia.

A more telling objection might be that what compromises the cogency of 'my' Marxist theses is the marginality of Benjamin, Laclau, and Osborne (and in some quarters even Gramsci!) within mainstream Marxism. To take just one example, Benjamin's stress on the role played by the past in the revolutionary *imaginaire*, so crucial to the Marxist revisioning of fascism's temporality proposed here, could be considered too idiosyncratic for him to be summoned (against his will) as a witness for the defence of fascism's revolutionary credentials.[51] It is therefore worth pausing to reflect on the claim which Benjamin makes for its orthodoxy when he asserts that the 'leap in the open air is a dialectical one, which is how Marx saw revolution'.[52]

It was Marx himself who drew attention to the paradox that revolutionaries have always legitimated overthrowing the *status quo* with invocations of the past, and who directly anticipated one passage in Benjamin's *Theses* by referring to the cult of Rome that grew up among militants in the French Revolution. Perhaps the most famous declaration of *The Eighteenth Brumaire* is that 'Men make their own history, but they do not make it just as they please; they do not make it under circumstances chosen by themselves, but under circumstances directly encountered, given, and transmitted from the past'. Less familiar is the sarcastic observation about 'bourgeois' revolutions that follows:

> "The tradition of all dead generations weighs like a nightmare on the brains of the living. And just as they seem to be engaged in revolutionising themselves and things, in creating something that has never yet existed, precisely in such periods of revolutionary crisis they anxiously conjure up the spirits of the past to their service and borrow from them names, battle slogans, and costumes in order to present this new scene of world history in this time-honoured disguise and this borrowed language. Thus Luther donned the mask of the Apostle Paul, the Revolution of 1789 and 1814 draped itself alternately as the Roman Republic and the Roman Empire, and the Revolution of 1848 knew nothing better to do than to parody, now 1789, now the revolutionary tradition of 1793 to 95."

Marx is at pains to stress that when revolutionaries invoke a mythicised past in this way, they do so within an imagined temporality that is entirely 'futural':

> Thus the awakening of the dead in those revolutions served the purpose of glorifying the new struggles, not of parodying the old; of magnifying the given task in the imagination, not of fleeing from its solution in reality; of finding once more the spirit of revolution, not of making its ghost walk about again.[53]

In what appears to be an unambiguous refutation of Benjamin's later claims for the intimate nexus between a mythicised past and the revolutionary future, Marx proceeds to assert that precisely what sets the socialists' revolution apart from its bourgeois travesty is that they can have no truck with either necromantic exhumations or flights into nebulous realms of remembrance:

---

[51] The formative role of the remembrance of the past is also central to other unorthodox Marxists, notably Georges Sorel: see Vernon, Richard. *Commitment and Change: Georges Sorel and the Idea of Revolution.* Toronto: University of Toronto Press, 1978. In Jacques Derrida's *Specters of Marx, the State of the Debt, the Work of Mourning, & the New International.* London: Routledge, 1994, the remembrance of Marx himself provides the ideological pixie dust needed to conjure up a radical 'now-time' in the aftermath of the collapse of the Soviet Empire and the 'end of history'.

[52] Benjamin, *Illuminations*, "Theses on the Philosophy of History", 14, 253.

[53] Marx, Karl. "The Eighteenth Brumaire of Louis Napoleon", in Feuer, Lewis (ed.). *Marx and Engels. Basic Writings on Politics and Philosophy.* London: Fontana, 1969: pp.360-1.

"The social revolution of the nineteenth century cannot take its poetry from the past but only from the future. It cannot begin with itself before it has stripped away all superstition about the past. The former revolutions required recollections of past world history in order to smother their own content. The revolution of the nineteenth century must let the dead bury their dead in order to arrive at its own content. There the phrase went beyond the content — here the content goes beyond the phrase."[54]

Yet, in the event, Marx's pronouncement was at least partially contradicted by the implicit place occupied in his own teleology by the highly mythicised stage of 'primitive communism' that he assumes to have existed at the dawn of human history. This primordial utopia, combined with the future utopia of the final redemption of the oppressed within a classless and stateless society, arguably performs an important function in structuring Marx's deeply teleological 'philosophy of history' in which the end-stage of civilization recaptures some elements of a primordial harmony before the 'fall' into class-history. This suggests that his voluminous revolutionary writings are to be seen in Benjamin's terms as an attempt to lay the scientistic foundations for the proletariat's collective experience of an emancipatory 'now time'. For Marx too, 'remembrance' is treated as a precondition for socialism's ability to transform into a coherent revolutionary class the exploited and alienated working masses, otherwise condemned to be trapped for ever in the inexorable continuum of capitalism.[55] On closer examination, his sustained socio-economic and political analysis is itself shot through with 'chips of Messianic time'. A scarcely concealed theology of redemption drives 'historical materialism' just as Benjamin's first thesis on the philosophy of history maintains.

Fascism, Marxism, Liberalism, and the 'true' revolution
This article has attempted to sketch a syncretic Marxist theory of fascism that sets out to offer a more adequate heuristic framework for assessing its revolutionary credentials than those that widely employed 'on the left' to date. It should be emphasized that there is no suggestion in this exercise of endorsing fascism's aspirations, let alone of approving the practical consequence of its bid to realise them: in the language of *1066 and All That*, revolutions can be not just 'a bad thing' but 'very bad things'. Seen in this way, inter-war fascism — which excludes pseudo-fascist regimes such as Franco's Spain, Dollfuss' Austria, and Antonescu's Romania — emerges as a force which, as the 'New Consensus' in comparative fascist studies maintains, strove, on the basis of a trans-class political constituency (that could include significant segments of the proletariat), to achieve a non-communist, post-liberal 'new order' as a direct rival to and bulwark against Soviet Russia's experiment in forging an alternative modernity. Its vision of the new type of social and political culture that this entailed was informed by allegedly 'eternal' national values located in a mythicised past. However, it simultaneously implied a fervently modernising (and modernist)

---

[54] *Ibid.*, 362.
[55] In the 1890s this element in Marx's thought prompted the Polish Marxist, Kazimierz Kelles-Krauz, to postulate his 'law of retrospective revolution' according to which 'the ideals with which each reform movement tries to replace existing social norms are always similar to the norms of a more or less distant past'. Kelles-Krauz draws attention to the importance to Marxism of the latent myth of 'primitive communism', even if it is only referred to explicitly in Marx's own writings. See Snyder, Timothy. *Nationalism, Marxism, and Modern Central Europe: A Biography of Kazimierz Kelles-Krauz (1872-1905)*. Cambridge, Ma.: Harvard University Press, 1997.

futural dynamic in its radical assault on the values, historical vision ('grand narrative'), and institutions of *liberal* capitalism (its 'historicism').

Fascism's bid to install its own alternative modernity was manifested in its qualified, but generally positive, embrace of technology, and in its sustained efforts once in power in Italy and Germany to dynamite 'traditional' time and space for a new order out of the continuum of history, one not based on economic transformation and the resolution of class conflict, but on the purging of decadence from the organically conceived national community. The overriding motive behind fascism for its most fanatical believers at a lived, 'phenomenological' level (as opposed to the many 'conservative' fellow-travellers and opportunists who colluded with it and who can rightly be considered 'reactionary'), was not the preservation of capitalism, or the destruction of socialism, or the elimination of racial inferiors as ends in themselves. Instead they were mobilised by deep-seated longings for a new identity, a new beginning, and a new age beyond a contemporary historical reality widely experienced as 'falling apart' and a society in the thrall of materialism, atomisation, anomie, and moral dissolution.

No matter how 'sketchy' the exposition of this alternative Marxist theory of fascism necessarily has been, it has hopefully made a persuasive case for a *Marxist* reading of the passage cited earlier from Fest's *The Shattered Dream*. Such a reading, instead of rejecting out of hand the whole thrust of his construction of Nazi ideology, would accept his basic observations, albeit with the important proviso that, as it currently stands, the analysis is woefully incomplete. To become more cogent it needs to be complemented first by stressing that Nazism was a manifestation of the phenomenon of generic fascism produced by the general economic, sociological, and psychological crisis of early 20th century Europe, and second by taking into account Nazism's sociological support base, and the vested social, political, religious, and economic interests which colluded with it. Above all, a Marxist would not be content to dwell on Nazi utopianism, but on its *praxis*: namely, the concrete impact of the Third Reich's attempt to implement its utopia — for example in the sphere of imperial ambitions and racial hygiene. In doing so the analysis would bring out the systemic inhumanity that was part and parcel of Nazi modernity and the fascist revolution that underpinned it — something that Fest is in fact at pains to do elsewhere in his book. [I might take this opportunity to stress that I am deeply away of the linkage between Nazi ideology and the human atrocities it committed in their millions, including the euthanasia campaign, the genocides committed on the Jews, the gypsies, the Poles, and Russian prisoners of war. However, I see this as the by-product of the Third Reich's attempt to implement its *revolutionary* vision of a new order, in the same way that the attempt to enact communist utopias — which I have yet to see characterized by Marxists as reactionary — rather than personal pathology, ultimately account for the legion atrocities logged in *The Black Book of Communism*.[56]

Though it has focussed on alleged weaknesses inherent in conventional Marxist interpretations of fascism, this chapter is informed by a keen awareness of several chronic shortcomings in traditional liberal fascist studies which are glaringly

---

[56] Stéphane Courtois, Nicolas Werth, Jean–Louis Panné; Andrzej Paczkowski, Karel Bartosek, Jean–Louis Margolin. *The Black Book of Communism: Crimes, Terror, Repression.* Harvard: Harvard University Press, 1999.

obvious to Marxists, notably their insufficient concern with such issues as the class dynamics of fascism's ideology and policy, the crucial role played by economic factors in the genesis of its 'world-view', and the collusion of the reactionary elements of big business and the traditional ruling classes in its revolutionary 'movement'. Were both sides prepared to take the mote out of their own eyes, a fertile dialogue might at long last open up between Marxist and liberal specialists in this field. However, the immediate purpose of this analysis would be served if it simply encouraged more Marxists to reconsider the automatic equation of fascism with capitalist 'reaction', a Pavlovian reflex making it impossible to concede anything authentic whatsoever to its claims to be pioneering a new order, let alone consider Nazism as offering the vision of an alternative revolutionary modernity to Soviet communism.

Clearly they are not entirely free to do this, any more than liberals are entirely at liberty to focus on the material or sociological basis of fascism, since the history of fascism is not written 'under circumstances chosen by themselves, but under circumstances directly encountered, given, and transmitted from the past'. On the rare occasions that Marxists are prepared to grant fascism some degree of autonomous revolutionary dynamic, the instinctive way of preserving the unique validity of the Marxist revolutionary project is to present fascism as somehow less substantive, less radical, or simply less *revolutionary* than the 'real thing', namely Marxist revolution. To take the small sample of thinkers deployed in our syncretic theory: Gramsci sees it as a form of 'passive revolution' and 'restoration-revolution'; Laclau as a radical 'counterposition' that prevents the working class from developing its full revolutionary potential; and Osborne as a 'counter-revolution', and hence a 'reactionary' as opposed to a 'progressive' form of revolution. In even stronger terms, Georgi Dimitrov contrasts socialism's emancipating struggle for the 'salvation of the nation' with 'bourgeois nationalism', which he equates with '*nihilism*'.[57] As for Marx, the *Eighteenth Brumaire* displays a scarcely concealed contempt for the need of bourgeois revolutionaries to 'awaken the dead' in their drive to bring about change, implying the possibility of breathing only what William Wordsworth called 'the sweet air of futurity' as the basis of communism's 'meditated action'[58] against capitalism, air which has no need to be enriched by the artificial oxygen of remembrance.

As a 'liberal humanist' I sympathise with the need to maintain such distinctions, since to place the socialist revolution on a par with the Nazi revolution is not only grotesquely counter-intuitive, but smacks of postmodern relativism, a 'bourgeois luxury'[59] lethal to any political commitment or radical activism. Nevertheless, such distinctions are difficult to sustain at a theoretical level, since they imply the existence of objective criteria to distinguish between 'pseudo-revolution' or Ersatz revolutions and 'true' revolutions, criteria that surely are not reducible to value-

---

[57] Dimitrov, 'The Fascist Offensive', 101.

[58] See William Wordsworth: , 'Discourse Of The Wanderer, And An Evening Visit To The Lake', *The Excursion*, Book Ninth (1795-1814):
'The food of hope/ is meditated action; robbed of this/Her sole support, she languishes and dies./We perish also; for we live by hope/And by desire; we see by the glad light/And breathe the sweet air of futurity/And so we live, or else we have no life.

[59] A former terrorist declared to an investigator when interviewed about 9/11 that 'non-violence is a bourgeois luxury':
see http://www.ainonline.com/issues/ 11_01/11_01_securitytrainingpg24.html (accessed 09/06/05).

judgements (or plain utopianism) about which alternative to the *status quo* corresponds most to the personal values and hopes of the historian or political scientist.[60]

To help resolve this issue, or at least give this chapter an artificial but aesthetically pleasing sense of narrative closure, I would like to propose instead a criterion for assessing the 'authenticity' of different revolutionary projects based on the writings of an Enlightenment philosopher who has been sometimes invoked in the past by Marxists keen to provide dialectical materialism with an ethical dimension.[61] In his reflections on political revolutions, Immanuel Kant distinguished between the essentially unsustainable societies that result from 'palingenesis', and the sustainable ones that are the fruit of *metamorphosis*.[62] I would argue that the regimes produced by Fascism and Nazism, and in the long run by Soviet and Chinese communism as well, proved to be economically, politically, and, in humanistic terms, morally unsustainable, so that they can all be considered case-studies in palingenesis in this negative sense. Moreover, *pace* Francis Fukuyama, actually existing liberal capitalism in its globalised form looks increasingly unlikely to be ecologically and materially sustainable as well, leaving aside its utter indefensibility in terms of global social justice.

In short, the rival temporalities which Osborne identified as being in competition for hegemony under modernity are all more or less *palingenetic*, leaving humanity to await a genuine metamorphosis as the 'true' foundation for a less benighted epoch in human history. The main burden of my analysis in the minuscule area of academic specialism represented by fascist studies is to suggest the need for greater clarity about the terms 'reaction' and 'revolution', and greater attention to the contrasting temporalities they involve. In particular, by refining the criteria for evaluating the practical feasibility and sustainability of 'utopian' revolutionary projects, both Marxists and their non-Marxist colleagues may yet be able to evaluate inter-war fascism's revolutionary claims on more substantive grounds than whether it simply declared itself to be a revolution, or how far it wanted to retain the economic and social structures of capitalism. If broad agreement could be achieved on this fundamental issue between Marxists and non-Marxists working in fascist studies, the phrase 'New Consensus' would ring less hollow than it does at present in the ears of numerous academics, left and right. It may finally be possible to locate fascism's place within the

---

[60] This is not to call into question the value for activists of believing at a mythic level that they are objectively championing a 'true revolution'. Consider the following passage from Martin Luther King in his *The Trumpet of Conscience*. London: Hodder & Stoughton, 1968: pp.41-2: "In 1957 a sensitive American official overseas said that it seemed to him that our nation was on the wrong side of a world revolution. I am convinced that if we are to get on the right side of the world revolution we as a nation must undergo a radical revolution of values. A true revolution of values will soon cause us to question the fairness and justice of many of our past and present policies. A true revolution of values will soon look uneasily on the glaring contrast between poverty and wealth. […] A true revolution of values will lay hands on the world order and say of war, 'This way of settling differences is not just.' This kind of positive revolution of values is our best defence against Communism".

[61] I have in mind several socialists who attempted to supplement Marx's work with neo-Kantian moral theory (another mythic additive to scientific analysis?), notably the Austrians Max Adler and Otto Bauer, and Marxists associated with the German Marburg School, especially Karl Kautsky in his *Ethics and the Materialist Conception of History*. Chicago: Charles H. Kerr & Sons, 1906. For a contemporary exercise in this project see Wilde, Lawrence. *Ethical Marxism and its Radical Critics*. London: MacMillan Press, 1998.

[62] Williams, Howard. "Metamorphosis or Palingenesis? — Political Change in Kant", *Review of Politics*, 63/4 (Fall 2001): pp.693-722.

unfolding of modern history with a greater sense of ideological cogency and political coherence in the 'glad light' of which Wordsworth speaks so eloquently.[63]

---

[63] See note 58.

Droites conservatrices et autoritaires
en Europe centre-orientale

Paul PASTEUR
Université de Rouen

Les droites conservatrices en Europe centrale et orientale
dans l'entre-deux-guerres et leurs rapports
aux régimes autoritaires et au fascisme

À la veille de l'Anschluss, le *privat-docent* Eric Voegelin qui enseigne la sociologie à la faculté de Droit de l'Université de Vienne et qui a participé aux débats autour de la Constitution de l'État autoritaire corporatiste chrétien[1] publie à Vienne un nouvel ouvrage intitulé *Die politischen Religionen*.[2] Ce livre, saisi par le pouvoir national-socialiste s'installant en Autriche, s'insère dans une série de publications des années trente qui reviennent sur la notion de « religion politique », celle du théologien allemand Hans-Joachim Schoeps, de l'historienne autrichienne Lucie Varga, plus reconnue en France qu'en Autriche, ou encore les écrits d'un jeune sociologue français promis à un grand avenir, Raymond Aron. En 1938, Eric Voegelin applique le concept au fascisme, au national-socialisme et au communisme ; ce concept évoluera.[3] Pour lui, comme pour de nombreux intellectuels chrétiens des années trente, la modernité s'enracine dans la tentative politique violente de faire descendre le paradis sur terre et de faire de l'accès au bonheur la fin ultime de toute politique. Il n'est alors qu'un intellectuel parmi d'autres qui ne cache pas son hostilité aux Lumières, les religions politiques modernes aboutissent, selon lui, à une inéluctable sécularisation conduisant à la décadence des sociétés. Comme d'autres intellectuels chrétiens, il condamne l'idée que l'homme soit devenu Dieu.

Ce professeur viennois, élève de Hans Kelsen, principal artisan de la Constitution de la république démocratique autrichienne et défenseur de l'État de droit et d'Othmar Spann auteur de *Der wahre Staat*[4], donne sens et fonde tout à la fois théoriquement une notion qui s'oppose au national-socialisme et aux « totalitarismes », théorie largement retravaillée par Emilio Gentile, mais, par ailleurs, il symbolise tout-à-fait ces hommes compromis avec les régimes dictatoriaux mous de l'entre-deux-guerres qui ont su se refaire une virginité après la Seconde Guerre mondiale, dans son cas par son exil aux États-Unis et sa production théorique.

---

[1] Eric Voegelin, *Der autoritäre Staat, ein Versuch über das österreichische Staatsproblem*, Wien, Springer, 1936, VII-289pp.

[2] Eric Voegelin, *Die politischen Religionen*, Wien, Bermann-Fischer, 1938, 65pp. ; traduction française : *Les religions politiques*, Paris, Editions du Cerf, 1994, 26pp.

[3] Philippe Burrin, « Religion civile, religion politique, religion séculière » in B. Unfried, C. Schindler (Hrsg.), *Riten, Mythen und Symbole – Die Arbeiterbewegung zwischen „Zivilreligion" und Volkskultur*, Leipzig, Akademische Verlagsanstalt, ITH-Tagunsberichte 33, 1999, pp.17-28.

[4] Othmar Spann, *Der wahre Staat, Vorlesungen über Abbruch und Neubau der Gesellschaft*, Leipzig, Quelle & Meyer, 1923, 2e édition, XI-315pp. La première édition de *Der wahre Staat* date de 1921, Othmar Spann exprime alors très nettement la souffrance face aux bouleversements sociétaux et psychiques provoqués par l'industrialisation. Il reproche à l'individualisme d'avoir débouché sur l'empirisme, le relativisme, l'atomisation auxquels il oppose une pensée totalisante prenant en compte tous les aspects de la vie. Pour lui, il convient de rétablir une société corporatiste avec un comité de sages, des universitaires, qui conseilleraient l'élite politique.

L'État de droit cher à Hans Kelsen[5] n'est pas, dans les années vingt et trente, la principale préoccupation des intellectuels catholiques ou chrétiens. Lorsqu'on évoque le rapport à la religion dans des droites conservatrices et des régimes autoritaires des années vingt aux années quarante, il faut revenir sur quelques éléments qui nuancent les théories culturalistes.

Dès le début du vingtième siècle et peut-être de manière encore plus criante au lendemain de la Première guerre mondiale, les sociétés européennes sont confrontées à des mutations, qu'elles ont du mal à assumer : mutations économiques, mutations sociales, redéfinition des normes sociales, rapports entre les sexes.[6] En Europe centrale et orientale, la Première guerre a été particulièrement meurtrière, la Serbie ou la Roumanie comptent le plus fort pourcentage de morts par rapport aux hommes mobilisés. À la suite des traités de la Conférence de la Paix de Paris, cet espace a été redessiné. On connaît le traumatisme que représente le traité de Trianon pour la Hongrie, mais la mise en place de la Grande Roumanie, de l'État SHS, de la République d'Autriche, le tracé des frontières de la Bulgarie, le sort de la Slovaquie demeurent des sources de conflits et de ressentiment envers une culture politique dominante perçue comme étrangère.

Depuis deux décennies, l'historiographie a tendance à éluder un élément fondamental pour la compréhension du vingtième siècle : la révolution russe avec la mise en place d'un État socialiste cristallisant les haines mais aussi les espoirs. En Europe centrale et orientale, les tentatives d'imitation de la révolution russe ont suscité un engouement parmi une partie des masses populaires et une minorité d'intellectuels. Ces mouvements ont eu pour première conséquence une radicalisation des droites traditionnelles attachées au monde d'hier. Les élites sociales traditionnelles craignent une contagion qui les déposséderait de leurs biens et de leurs pouvoirs. À Vienne, à Budapest, à Varsovie, à Sofia, la vieille peur inspirée par « les partageux » renaît, l'angoisse d'être dépossédé ne se propage pas seulement chez les nantis, des grands capitalistes jusqu'aux classes moyennes, ou dans la paysannerie, mais aussi dans une partie de la classe ouvrière dont le rêve est d'accéder à la propriété, rêve largement entretenu par les chrétiens-sociaux depuis la dernière décennie du XIXe siècle. Les idées dites du groupe de Szeged, ville hongroise dans laquelle se sont regroupés, alors que la révolution faisait rage à Budapest, des représentants de l'aristocratie, des militaires et de la classe moyenne réactionnaire hongroise sous la protection de l'armée française, caractérisent au mieux ce concentré de volonté réactionnaire, d'antisémitisme, de refus d'un monde nouveau et donc de refus de la démocratie à l'occidentale. Ces derniers engageront les premiers la Terreur blanche, la répression à l'encontre des communistes, des socialistes, des Juifs, dénoncée ensuite pour les Balkans par Henri Barbusse.[7] En Europe centrale et orientale, mais aussi ailleurs en Europe, les « bolcheviques » deviennent rapidement tous celles et ceux qui remettent en question non seulement

---

[5] Hans Kelsen, *La démocratie : sa nature, sa valeur*, Paris, Dalloz, 2004, X-121pp. (facsimilé de la 2e édition parue en 1932) ; du même auteur, *Théorie générale du droit et de l'État*, Paris-Bruxelles, LGDJ-Bruylant, 1997, 517pp.

[6] Christophe Charle, *La crise des sociétés impériales : Allemagne, France, Grande-Bretagne, 1900-1940, essai d'histoire sociale comparée*, Paris, Seuil, *L'Univers historique*, 2001, 596pp.

[7] Bodo, Bela, « Paramilitary Violence in Hungary After the First World War », *East European Quarterly*, Juin, 2004 ; Henri Barbusse, *Les Bourreaux, Dans les Balkans ; La Terreur blanche ; Un formidable procès politique*, Paris, Flammarion, 1926, 283pp.

l'ordre politique, l'ordre économique, mais aussi les valeurs nationales, la religion et les rapports entre les sexes.[8] Tout dans la révolution soviétique en marche horrifie les conservateurs chrétiens, qui voient leurs valeurs fondamentales bafouées : l'abolition de la propriété privée, la mise en danger des propriétés des Églises, la dénonciation des religions, la valorisation de la ville au détriment des campagnes, l'égalité entre les sexes. Avant même *Divini Redemptoris* promulgué en 1937, Pie XI rappela dans son encyclique *Quadragesimo anno* en 1931, à propos du communisme : « Il n'est rien qu'il n'ose, rien qu'il respecte ; là où il a pris le pouvoir il se montre sauvage et inhumain à un degré qu'on a peine à croire et qui tient du prodige [...] Il est l'adversaire et l'ennemi déclaré de la Sainte Église et de Dieu lui-même [...] ».[9]

Dès le début des années vingt, les gouvernements conservateurs et autoritaires d'Europe centrale et orientale, en Bulgarie, en Roumanie, en Yougoslavie n'auront de cesse de mettre hors la loi les jeunes partis communistes. La Terreur blanche chasse de la région non seulement les membres des partis communistes mais de nombreux autres opposants à ces régimes. Partout en Europe centrale et orientale, catholiques, protestants et orthodoxes véhiculent alors des représentations antibolcheviques qu'ils partagent avec les fascistes et nationaux-socialistes.

Au sein des Universités catholiques, des Académies, des Séminaires ou « Semaines sociales », l'Église catholique engage « les hommes d'élite que Nous avons appelés les auxiliaires de l'Église », selon Pie XI, à « affronter la lutte » et à contribuer à ce que les principes du catholicisme deviennent « peu à peu le patrimoine commun à l'humanité ».[10]

Les partis catholiques et la démocratie parlementaire

Après la Première guerre mondiale, les partis catholiques, parfois dans des coalitions avec les sociaux-démocrates comme en Allemagne, en Autriche, en Pologne, dans les pays baltes ont contribué à jeter les bases des démocraties parlementaires. Cependant, depuis la fin du XIXe siècle, les élites intellectuelles catholiques privilégient un repli idéologique sur un catholicisme intransigeant, parfois sensible à l'intégrisme, dont on trouve trace dès 1919 dans les déclarations de plusieurs partis populaires créés par les catholiques. Le choix du terme « populaire » renvoie à la volonté d'exalter un peuple porteur de valeurs religieuses, un « peuple élu, peuple saint, peuple chrétien ». La persistance de la référence à l'organicisme – la Slovaquie de Mgr Tiso se réclamera explicitement de la « société organique » –, à la théorie des corps intermédiaires, l'hostilité à l'État centralisé et libéral sont perceptibles dans tous les partis catholiques et autoriseront la dérive vers l'État autoritaire et corporatiste.[11]

Très rapidement, ces partis confrontés aux mutations de l'après-guerre et aux crises économiques et financières du début des années vingt abandonnent leur profession de foi en faveur de la démocratie pour revendiquer un retour à l'autorité, un retour à la discipline, un retour aux enseignements chrétiens. Pour les catholiques, la référence à l'encyclique de Léon XIII *rerum novarum* est dès lors brandie comme un étendard. Après l'installation de la dictature de Horthy en Hongrie, la mise en place du

---

[8] Paul Pasteur, *Les États autoritaires en Europe 1919-1945*, Paris, Armand Colin, 2007, pp10-22

[9] Pie XI, *Quadragesimo anno*, 15 mai 1931, http://lesbonstextes.ifastnet.com/pxiquadragesimoanno.htm

[10] Pie XI, *Quadragesimo anno, op. cit.*

[11] Jean-Marie Mayeur, *Des partis catholiques à la Démocratie chrétienne, XIX-XX° siècles*, Paris, Armand Colin, *Collection U*, 1980, 247pp.

régime fasciste en Italie, mais peut-être plus encore avec la dictature de Primo de Riveira en Espagne, lentement la notion d'État autoritaire apparaît sous la plume des publicistes chrétiens.

Dès 1921, le discours dominant en Pologne s'en prend à la « sejmocratie », au parlementarisme qui ne serait pas applicable en raison de « l'immaturité de la société ».[12] Dans ce pays très catholique, aucun parti de type chrétien-social n'est parvenu à s'implanter durablement, la multiplicité des partis caractérise la Pologne, ainsi en 1925, on en compte 92, dont 32 sont représentés au *Sejm*. Selon des historiens polonais, la nostalgie d'une prospérité économique et l'impossibilité de revenir sur la promesse de justice sociale auraient renforcé le refus de la démocratie chez les élites traditionnelles polonaises. Le putsch de Piłsudski de mai 1926 et l'instauration du régime de la *Sanacja* rassemble sur des bases nationales de larges composantes de la société polonaise. La *Sanacja*, « l'assainissement », qui développe une rhétorique antiparlementaire et prône la lutte contre la corruption, fait appel aux valeurs patriotiques romantiques, à la discipline et à une certaine volonté de coopération avec les minorités nationales, sans discrimination religieuse.[13] Si les catholiques ne sont pas actifs au travers d'un parti majoritaire, par leurs pratiques quotidiennes, par leurs prises de position ils participent en Pologne *de facto* à la marginalisation des minorités non catholiques et à la diffusion de l'antisémitisme.

Dans la Lituanie voisine, le 17 décembre 1926, les militaires prennent le pouvoir, appuyé là par l'Union nationaliste et les Chrétiens-démocrates.[14] Après la nomination d'Antanas Smetona à la présidence de la république, le parlement est dissout au mois d'avril 1927. Une nouvelle constitution qui rompt avec les principes de la démocratie parlementaire est proclamée le 15 mai 1928 ; celle-ci accroît les pouvoirs du président, élu par des « représentants spéciaux » de la nation, il désigne dès lors le Premier ministre et les ministres et peut dissoudre le *Seimas*, le parlement lituanien. Les partis politiques ne seront interdits qu'en 1936 et la « dictature présidentielle » officialisée en 1938.[15]

Après la mise en place des dictatures royales en Albanie (1928) et en Yougoslavie (1929), les coups d'État au Portugal, en Grèce, en Lituanie non formellement condamnés par les démocraties occidentales, les effets de la crise économique mondiale et la proclamation de l'encyclique *Quadragesimo anno* en 1931 favorisent une seconde vague d'États autoritaires qui touche l'Autriche, l'Estonie, la Lettonie, à quelques mois d'intervalle en 1934, qui voit la proclamation de l'*Estado novo* de Salazar, puis des coups d'État à répétition en Bulgarie et qui inspire à Carol II en Roumanie et à Boris III en Bulgarie des velléités de régime personnel. Tous ces régimes ont en commun de condamner le parlementarisme et de bafouer les libertés démocratiques, de vouloir se débarrasser des oppositions ouvrières, ils trouvent un

---

[12] Sur la Pologne, on consultera Beauvois, Daniel, *Histoire de la Pologne*. Paris, Hatier, *Nations d'Europe*, 1995, 460pp. ; Jaworski, Rudolf, Lübke, Christian, Müller, Michael G., *Eine kleine Geschichte Polens*. Frankfurt am Main, Suhrkamp, 2000, 374pp.

[13] Eva Plach, *The Clash of moral nations: politics in Piłsudskis Poland 1926-1935*, Athens, Ohio, Ohio University Press, 2006, XIV-262pp. ; voir aussi un article plus ancien : Holzer, Jerzy, « The Political Right in Poland, 1918-39 », *Journal of Contemporary History*, juillet 1977, pp.395–412.

[14] Raimundas Lopata, « Die Entstehung des autoritären Regimes in Litauen 1926. Voraussetzungen, Legitimierung, Konzeption », in Erwin Oberländer (Hg.) *Autoritäre Regime in Ostmittel- und Südosteuropa 1919-1944*, Paderhorn-München-Wien-Zürich, Ferdinand Schöningh, 2001, p.103, p.113.

[15] *Idem.*, pp.135-138.

appui chez les élites chrétiennes et l'assentiment des Églises qui se voient dès lors largement privilégiées par le nouveau régime, à l'exception de la Pologne.

Renouveau de la lutte pour la chrétienté

Une large partie des élites politiques, économiques, sociales de l'entre-deux-guerres est dominée par des hommes qui sont, comme le rappelle Catherine Horel pour Horthy, des hommes du XIXe siècle[16], mais aussi par des courants idéologiques qui puissent leurs racines et références dans l'histoire de la pensée chrétienne et celle d'une Europe chrétienne.[17]

Pour l'Europe centrale et orientale il convient de rappeler à quel point la défense de la chrétienté, et pour quelques pays comme l'Autriche, la Croatie, la Slovaquie, la défense du catholicisme, ont marqué l'histoire de ces sociétés depuis des siècles. En 1683, les Turcs ont été arrêtés aux portes de Vienne, les bouter hors d'Europe a été une préoccupation permanente pendant des siècles. Dans la seconde moitié du XIXe siècle, les Ottomans repoussés aux confins du continent, l'image négative de l'Autre, du non chrétien, s'est alors focalisée sur la communauté juive ou dans certains pays sur quelques minorités ou sur les chrétiens n'appartenant pas à la confession dominante.[18]

Quels que soient les pays, la collusion entre le pouvoir du Prince et les Églises dominantes a été l'une des caractéristiques des modes de gouvernement, que cela soit dans l'empire austro-hongrois[19] ou dans les jeunes États indépendants des Balkans. Les hiérarchies ecclésiales ont toujours considéré avoir leur mot à dire dans la politique et dans l'organisation sociale, la religion en politique n'est guère une nouveauté dans la région. Dans cet espace, contrairement à la France, il n'était guère possible d'échapper à l'emprise de la religion, dans le système de formation, mais aussi dans la vie quotidienne. Ces sociétés ont surinvesti le respect de la hiérarchie sociale, chacun aurait sa place dans la société, place voulue par Dieu et qu'il ne conviendrait pas de contester.

Dans plusieurs pays, les ecclésiastiques se sont engagés en politique au moins jusqu'à l'aube des années trente. En Autriche, les années vingt sont dominées par la présence de Mgr Seipel à la tête du Parti chrétien social[20], en Slovaquie Andrej Hlinka, dirigeant du Parti chrétien social *Ľudová strana* était prêtre[21], à sa mort un autre ecclésiastique, Mrg Tiso, assure de facto la présidence du parti, en Roumanie le métropolite Miron Cristea devient Premier ministre en 1938. Lorsque les Églises refusent dans certains États que les ecclésiastiques s'engagent plus avant dans la vie

---

[16] Catherine Horel, « Horthy et les fascistes » in C. Horel, T. Sandu, F. Taubert, *La périphérie du fascisme. Spécification d'un modèle fasciste au sein de sociétés agraires. Le cas de l'Europe centrale entre les deux guerres*, Paris, L'Harmattan, « Cahiers de la nouvelle Europe », 2006, p.39.

[17] Philippe Chenaux, *De la chrétienté à l'Europe : les catholiques et l'idée européenne au XXe siècle*, Tours, CLD, 2007, 215pp.

[18] En Croatie, elle s'est focalisée non seulement sur les Juifs, mais aussi sur les Serbes orthodoxes.

[19] Même si la politique dite de *Kulturkampf* menée par les libéraux hongrois doit nuancer cette affirmation.

[20] Sur Ignaz Seipel, on ne dispose actuellement que de la thèse de Ursula Daniel : *Ignaz Seipel im Spiegel der österreichischen Presse*, soutenue en 1979 à l'Université de Graz, et d'une maîtrise plus récente de Markus Rudolf Einfalt : *Ignaz Seipel im Spannungsfeld zwischen Politik und Kirche*, soutenue à Vienne en 2004 (132pp.).

[21] James Ramon Felak, *At the price of Republic, Hlinka's Slovak People's Party, 1929-1938*, Pittsburgh, University of Pittsburgh Press, 1994, XIV-263pp. : Klaus Brill, « Verstrickt in braunen Terror. War der Volkstribun Hlinka ein Held oder ein Wegbereiter der Nazis ? Die Slowaken streiten über die Vergangenheit », *Süddeutsche Zeitung*, 30. Octobre 2007, p.7.

politique, ces derniers continuent à exercer une forte influence sur les partis, les syndicats, les organisations de masse en tant que guides spirituels.

L'ordre divin et la société figée

Salazar, le dictateur chrétien portugais, déclarait sans ambages : « Nous ne discutons pas Dieu »[22], il ne peut en être autrement dans des sociétés comme la Hongrie, l'Autriche mais aussi la Slovaquie, la Pologne ou la Croatie. Il n'en est pas autrement dans les pays orthodoxes, où un monde sans Dieu est inimaginable.[23] Si l'Évangile dit que les hommes sont égaux par nature, sans distinction d'origine raciale ou sociale, les modèles et régimes corporatistes des années trente et les hommes qui les défendent développent des représentations anti-égalitaires. Constatant et hiérarchisant des capacités différentes et variables suivant les individus, les auteurs justifient leur refus de l'égalité.[24] À l'ordre divin doit naturellement correspondre un ordre sur terre. Ces prises de position débouchent sur une justification de l'Ancien régime, sur une hiérarchisation extrême des sociétés, le cas hongrois avec la Société dite des Seigneurs étant certainement le plus caricatural, les règles qui régissent la « société des Seigneurs » ne sont inscrites nulle part, « mais chacun savait qui était son maître ».[25] Pour les élites, mais aussi pour les paysans et une partie des milieux populaires, chacun occuperait la place que Dieu lui aurait réservée, ainsi les différenciations sociales, les différences de revenus et de salaires entre les professions et les individus se voient justifiées. Dans les Balkans, mais aussi dans la majorité des pays d'Europe centrale et orientale où le secteur agraire pèse encore fortement sur l'économie et où les populations, même urbaines, sont imprégnées de culture rurale, les élites chrétiennes et nationalistes assignent à la campagne, au paysan, une place de matrice de la nation, de conservatoire des vertus et valeurs nationales. La soumission à l'ordre existant, sans cesse réaffirmée, est d'autant plus aisée que l'obéissance aux popes ou aux prêtres, au propriétaire, au « maître » paraît, aux yeux de beaucoup, « naturelle » et que remettre en cause cette domination relèverait alors du péché. Les théoriciens des droites conservatrices et chrétiennes ne se privent pas de rappeler que le respect de la hiérarchie sociale demeure un fondement de toute société ; sur ce terrain ils seront cependant largement dépassés par leurs concurrents fascistes pour lesquels, lorsqu'ils sont un peu charismatiques comme Codreanu, il est aisé de convaincre de la sincérité du chef et de la nécessité de le suivre.[26] Là où les partis chrétiens contrôlent de multiples organisations de masse, des organisations de paysans[27], des syndicats ouvriers ou des associations de femmes, les

---

[22] Discours de Braga du 28 mai 1936 cité in Léonard, Yves : *Salazarisme et fascisme*, Paris, Editions Chandeigne, 1996, p.64.

[23] Seule exception dans la région : la Tchécoslovaquie, et plus particulièrement les pays tchèques.

[24] À titre d'exemple : Phil. Bugelnig, *Der Ständestaat, dessen Voraussetzungen und Verwirklichung*, Klagenfurt, Verlag der ST. Josef-Bücherbruderschaft, 1935, 93pp., ou Johann Messner, *Die berufständische Ordnung*, Innsbruck-Wien-München, Verlaganstalt Tyrolia, 1936, p.1.

[25] Margit Szöllösi-Janze, *Die Pfleikreuzlerbewegung in Ungarn. Historischer Kontext, Entwicklung und Herrschaft*, München, Oldenbourg Verlag, 1989, pp.41-45.

[26] Voir les études consacrées à la Roumanie dans ce volume.

[27] Catherine Horel, « Aux origines du mouvement agrarien en Hongrie 1890-1914 », *Études danubiennes*, XX/1-2, 2004, pp.35-47, voir aussi « Le mouvement chrétien-social en Hongrie 1895-1918 », *Études danubiennes*, XX/1-2, 2004, pp.143-151.

principes de soumission au « maître », au patron et au père ou au mari sont sans cesse réaffirmés.[28]

Face aux crises économiques des années vingt et a fortiori face à la crise mondiale des années trente, les droites chrétiennes disent vouloir œuvrer à l'unité de la société et ainsi faire disparaître les expressions politiques et sociales des conflits de classe dont les partis, les syndicats seraient le reflet. Bien avant la publication de *Quadragesimo anno*, les catholiques réinvestissent les enseignements de Léon XIII qui proposait déjà à la fin du XIXe siècle de multiplier, entre l'État et les individus, des lieux collectifs d'engagement et de solidarité où doit se construire un lien social compatible avec la doctrine chrétienne. Ces corps intermédiaires sont la famille, l'entreprise liant patrons et ouvriers, les corporations, les syndicats mixtes qui réconcilient le capital et le travail.[29] On assiste à un raidissement politique et idéologique et à un appel au retour « aux vraies valeurs ». À travers toute l'Europe, largement aidés par les médias, ces hommes refusent le système de valeurs instauré par les Lumières et la Révolution française, ils refusent l'affirmation des droits de l'individu, affranchi de toute autorité religieuse et humaine et se prennent à rêver d'une société autoritaire et corporatiste. Pour ces idéologues n'existe que le modèle social hiérarchique commun aux sociétés traditionnelles, dites d'Ancien Régime, où l'inégalité sociale est appréhendée, selon eux, comme la forme même de justice, où l'espace social composé « d'ordres » ou « d'états »[30] permet de distribuer les individus en fonction de leur naissance, selon une logique de la totalité sociale, qui transcenderait la volonté des hommes et leur permettrait de vivre dans l'immuabilité des choses. Le Moyen âge, qui symbolise à leurs yeux l'âge d'or de cette société organique, a un autre avantage, celui de valoriser le « glorieux » passé national.[31]

Dans les pays orthodoxes, certaines organisations comme la Ligue de Défense nationale-chrétienne de l'antisémite Alexandru C. Cuza ont sans cesse réaffirmé les liens entre la chrétienté et la nation, dénoncé les Juifs comme des éléments étrangers à éliminer, ont constamment rappelé la nécessité de demeurer fidèle aux enseignements chrétiens, mais le poids des Églises elles-mêmes face soit à des partis bourgeois divisés comme en Roumanie, soit face à des partis agrariens comme en Bulgarie a été déterminant. Les Églises orthodoxes, autocéphales, ont porté les jeunes États nationaux, et ainsi elles et leurs représentants jouissent dans l'État et dans la société d'un grand prestige moral. Bien que la Roumanie soit un pays multiconfessionnel, l'Église orthodoxe a le statut d'Église « dominante ». Dans les premières années de la Grande Roumanie, les autorités ecclésiales expriment leur scepticisme envers les trop nombreux scrutins électoraux, qui seraient « le signe d'un profond appauvrissement de l'organisme social » et critiquent les partis et la démocratie qui incite les individus à rejeter les normes traditionnelles de la morale ou de la religion. L'Église orthodoxe confrontée à une crise morale veut alors œuvrer à la « reconstruction morale d'un peuple aux portes de l'Orient ».

---

[28] Paul Pasteur, « L'Église et les associations de femmes catholiques : frein ou stimulation à la libération des femmes ? » in *Austriaca* n°42, juin 1996, pp.37-48.
[29] Paul Pasteur, *Être syndiqué(e) à l'ombre de la croix potencée. Corporatisme, syndicalisme, résistance en Autriche, 1934-1938*, Rouen, PUR, *Etudes autrichiennes*, 2002, pp.203-205
[30] Stand en allemand, qui donne l'adjectif ständisch et le mot composé Ständestaat que j'ai choisi de traduire par « État autoritaire corporatiste chrétien ».
[31] Voir Paul Pasteur, *Les États autoritaires en Europe, op. cit.*, pp.56-59.

Pour l'Église orthodoxe, comme pour son homologue catholique, il n'y a point de salut sans diffusion de la foi chrétienne dans la famille, dans la société et dans la vie publique et sans le maintien de la tradition, des mœurs et des coutumes. En 1932 est revendiquée la création d'un véritable État orthodoxe.[32] Les positions extrêmes de certains cercles de théologiens roumains exprimées dans *Gândirea* et *Calendarul* contraignent le gouvernement à interdire ces revues à plusieurs reprises fin 1933. Le patriarcat se prononce pour le *numerus clausus* sur des bases « ethniques », donnant la priorité à l'emploi aux « vrais » Roumains[33] ; rappelons que cette Église se vit comme le berceau du nationalisme roumain et cet engagement entraîne non seulement le clergé de base mais aussi la hiérarchie, qui a accepté sans la moindre critique les productions de l'extrême droite roumaine. Que cela soit la hiérarchie de l'Église orthodoxe ou les milieux gouvernementaux, on constate une grande tolérance vis-à-vis des exactions physiques et verbales de l'extrême droite roumaine.[34] En février 1938, Carol II appelle au pouvoir le métropolite Miron Cristea qui occupe la fonction de Premier ministre jusqu'à sa mort en mars 1939.[35] La presse américaine critique l'allégeance du métropolite au pouvoir politique et au roi.[36]

À partir de 1933, avec l'établissement des dictatures chrétiennes corporatistes, l'*Estado novo* au Portugal, le *Ständestaat* en Autriche, des régimes autoritaires estonien ou letton, catholiques et orthodoxes dissertent sur les bienfaits du corporatisme, toute une littérature fleurit[37], les premiers ministres Gömbos en Hongrie ou – plus tard en 1938 – Miron Cristea en Roumanie envisagent d'adopter ce système.

Radicalisation des chrétiens

Les crises des années vingt et des années trente, les mutations économiques et sociales, les lentes mutations sociales conduisent à une nouvelle radicalisation des catholiques ou orthodoxes ainsi que des protestants.[38] Certains intellectuels catholiques, à l'instar de Primo de Riveira en Espagne, rêvent de « recatholicisation » ; pourtant ce terme est lourd de sens dans les anciens pays habsbourgeois. La promulgation de l'encyclique *Quadragesimo anno* en 1931 réactive plus amplement encore chez les catholiques d'Europe centrale l'envie d'un État fort fondé sur le principe des corporations, l'envie d'imposer à l'ensemble des sociétés leurs préceptes ; en Autriche

---

[32] Hans-Christian Maner, « Voraussetzungen der autoritären Monarchie in Rumänien » in Erwin Oberländer (Hg.), *Autoritäre Regime in Ostmittel- und Südosteuropa 1919-1944, op. cit.*, pp.447-453.

[33] Sur les rapports entre « roumanité » et orthodoxie, voir l'article de Catherine Durandin, « Orthodoxie et Roumanité: Le débat de l'entre deux guerres » in *Rumanian studies*, Volume V 1980-1985, Leiden, E. J. Brill, 1986, pp.105-124.

[34] Hans-Christian Maner, *Parlementarismus in Rumänien (1930-1940)*, München, Oldenbourg Verlag, 1997, pp.223-228.

[35] *Idem.*, pp.259-260.

[36] Le *New York Times* a été très attentif à l'aventure politique du métropolite, un article du 2 janvier 1939 souligne que son cabinet fait le « salut fasciste » au roi Carol. On pourra aussi consulter l'article du *Times* du 24 avril 1939 : « Religion : Noble Gesture ».

[37] Pour ne citer que les plus célèbres : Roger Bonnard, *Syndicalisme, corporatisme et État corporatif*, Paris, Librairie générale de Droit et de jurisprudence, 1937, 144pp. ; Pierre Jolly, *La mystique du corporatisme*, Paris, Hachette, 1935, 249pp. ; Mihail Manoilescu, *Le Siècle du corporatisme - Doctrine du corporatisme intégral et pur*, Paris, Alcan, 1934, 376pp. ; *L'organisation corporative du moyen âge à la fin de l'ancien régime*, Louvain, 1937, XV-198pp. ; Roland Pré, *Le bilan du corporatisme. Italie, Autriche, Portugal, Allemagne*, Paris, Librairie technique et économique, 1936, 214pp.

[38] On sait à quel point les protestants ont adhéré en Allemagne au discours hitlérien.

les chrétiens-sociaux n'hésitèrent pas à aller à la guerre civile, seules de rares personnalités chrétiennes-sociales s'y opposèrent. Lorsque ces dictatures corporatistes sont installées, on remarque qu'elles ne parviennent pas à résoudre les problèmes économiques dus à la crise, qu'elles ne parviennent pas à emporter l'adhésion des populations[39], et qu'un nombre non négligeable des chrétiens se laissent séduire par des fractions plus nationalistes, plus xénophobes, plus antisémites que les corporatistes chrétiens. En Roumanie, la Ligue de Défense nationale-chrétienne de l'antisémite viscéral A. C. Cuza occupe une place à l'extrême-droite non fasciste « crédible face aux légionnaires » de Corneliu Zelea Codreanu.[40] Dans ce pays, la situation apparaît extrêmement complexe : lutte entre les partis traditionnels, discours et pratiques antisémites légitimés par l'État, politique contradictoire à l'égard de la Légion de l'Archange Michel puis de la Garde de fer de Codreanu.[41] Les courants proches des nationaux-socialistes ou des fascistes séduisent certains chrétiens dans la mesure où ils expriment plus ouvertement leur antisémitisme et leur ultra-nationalisme que les partis chrétiens traditionnels qui, pourtant, ne cachent pas leur antisémitisme, s'en servent comme ciment des classes moyennes chrétiennes comme en Hongrie, ou qui continuent comme en Roumanie la politique d'antisémitisme d'État.[42] En Pologne, ce sont les gouvernements au pouvoir ou les médias qui renchérissent dans les pratiques autoritaires et dans le discours antisémite.

En Estonie, les Combattants de la Liberté demeurent actifs après 1934 et en Lettonie, les Croix de Tonnerre tentent de survivre malgré la répression.[43] En Bulgarie, les milieux les plus fascisants se trouvent associés par le coup d'État de Veltchev au pouvoir pour quelques mois en 1934 avant que Boris III n'opte pour la dictature royale. En Hongrie, aux élections de 1939, les Croix fléchées font élire 31 députés alors qu'elles n'en avaient aucun en 1935 et à Budapest, cette formation rassemble 24,8% sur ses listes.[44] En Roumanie, les légionnaires deviennent en décembre 1937 avec 15,5% des voix le troisième parti du pays. En Autriche, le NSDAP « illegal » attire à lui des militants de tous les horizons, mais un groupe s'est constitué autour de Seyss-Inquart qui regroupe les « nationaux catholiques » qui œuvrent à préparer l'Anschluss et qui seront fort déçus du peu de reconnaissance auquel ils auront droit une fois que l'Autriche aura disparu de la carte d'Europe.

Face à la menace que constitue ces groupes ou partis, les gouvernements des régimes autoritaires choisissent la répression : en Autriche le Parti national-socialiste est interdit dès le 20 juin 1933, avant même la proclamation de la Constitution corporatiste chrétienne, en Estonie les Combattants de la liberté sont poursuivis après 1934. En Roumanie, la Garde de fer est interdite en décembre 1933, Codreanu sera interné en avril 1938, jugé, condamnné et finalement assassiné en novembre de la même année.

---

[39] Paul Pasteur, « La satire et l'humour comme armes politiques du mouvement ouvrier sous l'austrofascisme » in Jeanne Benay & Gilbert Ravy (Ed.) : *Écritures et langages satiriques en Autriche (1914-1938) / Satire in Österreich (1914-1938)*, Berne, Peter Lang, 1999, pp.181-202.

[40] Traian Sandu, « Introduction, La question fasciste en Europe centre-orientale : l'entre déchirement des droites » in C. Horel, T. Sandu, F. Taubert (Ed.), *La périphérie du fascisme, op. cit.*, p.20.

[41] Traian Sandu, « Le conflit entre fascisme et monarchisme en Roumanie : données structurelles et grandes étapes, 1933-1938 » in C. Horel, T. Sandu, F. Taubert (Ed.), *La périphérie du fascisme, op. cit.*, pp.91-109.

[42] Pour la Roumanie, consulter Hans-Christian Maner, *Der Parlamentarismus in Rumänien, op. cit.*, pp.60-64.

[43] Pabriks, Artis, Purs, Aldis, *Latvia: The Challenges of Change*, London, Routledge, 2001, XIII-169pp. Les Croix de Tonnerre ont été reconstituées dans les années 1990.

[44] Margit Szöllösi-Janze, *Die Pfleikreuzlerbewegung in Ungarn, op. cit.*, pp.153-154.

Néanmoins, Traian Sandu souligne l'ambigüité de la politique gouvernementale face à cette organisation qui, comme les nationaux-socialistes ou les oustachis, sait recourir aux attentats et assassinats ; il estime que dès 1934 « la Légion entretenait la violence dont le roi ne pouvait user ouvertement contre les élites démocratiques, tout en maintenant la possibilité pour Carol d'en user contre les légionnaires en prétextant la leur ».[45]

Rappelons que les États autoritaires chrétiens font régner la répression et le terrorisme idéologique, seule trouve droit de cité la littérature chrétienne et nationaliste. Ils interdisent les partis, censurent presse et littérature, épurent l'administration, licencient les universitaires, ils internent les militants du mouvement ouvrier mais aussi ceux des partis ou groupes proches des fascistes et des nationaux-socialistes.[46] Les catholiques qui se laissent séduire par les nationaux-socialistes en Autriche pratiquent une politique d'entrisme, ils demeurent en place dans les bureaux, dans les entreprises au service de la dictature corporatiste chrétienne et le jour de l'Anschluss en mars 1938 ils apparaissent sous leur vrai jour au service des maîtres du Troisième Reich. Si Traian Sandu et quelques autres ont commencé à interroger la Garde de fer et la réalité de son implantation, pour les autres pays, les études permettant de mieux approcher l'interaction entre catholiques, orthodoxes et groupes proches des nationaux-socialistes restent souvent à mener.

Faut-il rappeler qu'à la fin des années trente et au début des années quarante, la radicalisation des chrétiens les conduit à s'allier de plus en plus ouvertement avec les nationaux-socialistes. Dans la région, les États slovaque et croate en sont l'expression la plus aboutie. La Slovaquie de Mgr Tiso et la Croatie d'Ante Pavelić symbolisent au mieux le peu d'attention portée à la dignité humaine par les hommes politiques catholiques et par les dignitaires de l'Église catholique.[47] La volonté de faire vivre l'ordre moral, de rétablir l'Église catholique dans toutes ses prérogatives, d'exclure, voire éradiquer, définitivement les autres chrétiens de la société nationale, ici les Tchèques ou les Serbes, pousse les hiérarchies catholiques à manifester leur satisfaction devant les changements survenus avec l'occupation allemande et avec l'instauration d'États satellites du Troisième Reich – certes avec moins d'enthousiasme que ne l'ont fait le Vatican et l'épiscopat espagnol après la victoire de Franco.

En Slovaquie, le préambule de la Constitution fait explicitement référence à la « providence divine » et appelle au rassemblement d'une communauté « chrétienne et nationale ». En Slovaquie et en Croatie, la religion catholique s'impose à tous, cela se traduit par des discriminations envers les Tchèques et la politique antiserbe des oustachis, et dans les deux États par une politique antisémite. Les évêques slovaques n'hésitent pas à rappeler la responsabilité du peuple juif dans la mort du Christ et le danger que représenterait pour les nations leur mainmise sur la vie culturelle et économique. Le 15 mai 1942, le Parlement slovaque vote une loi constitutionnelle qui autorise la déportation des Juifs, n'exemptant que les Juifs convertis dont le baptême est antérieur à 1939 et ceux ayant épousé un non-juif avant septembre 1941. En Croatie, dans sa lutte contre les Serbes et l'orthodoxie, le gouvernement oustachi lance une

---

[45] Traian Sandu, *Histoire de la Roumanie*, Paris, Perrin, 2008, pp.241.

[46] Pour l'Autriche, voir P. Pasteur, *A l'ombre de la croix potencée, op. cit.*, pp.257-262.

[47] Xavier de Montclos, *Les Chrétiens face au nazisme et au stalinisme. L'épreuve totalitaire, 1939-1945*, Bruxelles, Editions complexe, Historiques, 1983, 303pp.

grande campagne de conversion, qui se traduit par des discriminations administratives, des expropriations, des expulsions, des arrestations, des déportations au camp de concentration de Jasenovać et des meurtres d'une extrême brutalité, parfois commis comme en Espagne par des prêtres ou ici des moines franciscains. La lutte contre les orthodoxes ne semble guère émouvoir le Vatican, qui s'inscrit dans une longue tradition d'extirpation du « serbisme ».

En Slovaquie comme en Croatie, la création d'un État indépendant et les dérives et les violences qui les accompagnent ne se comprennent que si l'on a à l'esprit la volonté des hommes politiques catholiques mais aussi d'une large part de ces sociétés d'accéder à la création d'un État indépendant moderne qui assurerait la permanence de la nation. La Slovaquie de Mgr Tiso est le premier État slovaque de l'histoire ; quant à la Croatie, après la formation de l'empire austro-hongrois est conclu en 1868 le compromis hungaro-croate (*nagodba*) qui accorde une certaine autonomie au seul royaume de Croatie-Slavonie[48], mais à l'époque moderne et contemporaine, le pays n'a jamais encore connu d'État indépendant.

Pour l'Église catholique croate, comme pour des centaines de milliers de Croates, il faut que la Croatie vive, qu'un État croate indépendant existe et ce qui conduit Mgr Stepinac, évêque de Zagreb, à pratiquer un loyalisme sans faille à l'égard du chef de l'État, Ante Pavelić et de l'État oustachi.[49]

Élites intellectuelles, politiques et économiques chrétiennes ont, dès le début des années vingt, dénié toute légitimité à la démocratie parlementaire et ont œuvré à la mise en place d'États autoritaires qui, pour la majorité, ont placé la religion et la nation au dessus de toutes les autres valeurs et qui ont tenté de mettre en place un régime corporatiste. L'échec de ces régimes, l'attraction exercée par les modèles fasciste ou national-socialiste ont conduit de nombreux chrétiens à se laisser séduire par le discours radical, ultranationaliste et antisémite des partis et groupes fascistes ou fascisants. Quelques uns de ces mouvements parvinrent, dans le contexte du début ou de la fin de la Seconde Guerre mondiale, au pouvoir, les légionnaires sous la direction de Sima se partageront la dictature avec le général Antonescu en Roumanie quelques mois au tournant des années 1940-41, Szálasi avec les Croix fléchées en Hongrie accèderont au pouvoir en 1944. L'étude des errements et égarements des chrétiens de l'entre-deux-guerres devrait permettre de mieux comprendre comment les partis communistes de la région ont pu s'approprier et s'assurer le pouvoir après la Seconde Guerre mondiale, comment la privation de la démocratie a pu s'imposer aussi facilement, dans des pays qui, certes, ne l'avaient connue que quelques années et où elle avait été si malmenée par des élites politiques et où elle n'avait été finalement défendue que par une poignée de citoyens et de citoyennes.

---

[48] Par le *Pacta conventa* de 1102, la noblesse croate reconnaît le roi de Hongrie comme roi de Croatie.
[49] Goldstein, Ivo, *Croatia. A History*, London, Hurst & Compagny, 2001, 281pp.

Catherine HOREL
CNRS, IRICE, Université de Paris I

La légitimation religieuse du pouvoir sous le régime Horthy

La Hongrie de l'entre-deux-guerres demeure un pays où le fait religieux pèse encore d'un poids considérable. Après les révolutions de 1918-1919, l'arrivée au pouvoir du régent Miklós Horthy signifie un retour aux structures et aux pratiques d'avant-guerre. Se voulant en quelque sorte l'héritier de François-Joseph, Horthy redonne au pouvoir une dimension religieuse. Il est toutefois soucieux de maintenir la paix civile et de respecter les équilibres confessionnels du pays. La spécificité hongroise réside effectivement dans la présence importante des protestants calvinistes et des juifs. Dans une société encore très religieuse en raison de sa prépondérance rurale, le régent – lui-même calviniste – n'a aucune difficulté à diffuser une image religieuse du pouvoir.[1] On peut voir dans son règne une alliance habile du sabre (de l'amiral) et du goupillon. Doté d'une épouse catholique et d'une vie de famille exemplaire, Horthy considère que l'État doit continuer à reposer sur les quatre piliers qui soutenaient l'ancien régime : l'aristocratie, les Églises, l'armée et la bureaucratie. Comme la plupart des hommes de la réaction qui se rassemblent à Szeged en 1919, Horthy voit le christianisme comme un élément consubstantiel à la nation hongroise.[2]

À la tête du nouveau régime, Horthy représente un facteur de continuité évidente avec la période précédant 1914.[3] Le Parlement issu des élections de janvier 1920 rétablit le système monarchique et élit le 1er mars suivant Horthy comme régent du royaume. Ce dernier ne montre aucune velléité de se faire couronner et donne ainsi satisfaction à la noblesse légitimiste qui espère encore une restauration habsbourgeoise. Fils de grand propriétaire, noble calviniste non titré, Horthy n'appartenait pas à l'aristocratie et n'aurait pu compter sur son soutien franc et massif dans une telle entreprise. Il se contente de pouvoirs très étendus qui lui permettent en 1921 de faire obstacle aux deux tentatives de retour du roi Charles IV ; il s'aliène certes par là une partie des légitimistes mais gagne l'approbation des Alliés et du reste de la classe politique hongroise. La voie est désormais ouverte à la reconstruction du pays sur des bases partiellement empruntées au régime passé alliées à des éléments résolument modernes. Le mélange d'archaïsme et de nostalgie monarchique, que l'historiographe du régime Gyula Szekfű appela l'idéologie « néobaroque », avec des innovations réelles et une relative ouverture politique, caractérise l'entre-deux-guerres en Hongrie. Les symboles religieux du pouvoir font partie de la panoplie légitimiste que Horthy continua

---

[1] Fils d'un père calviniste et d'une mère catholique, Horthy et ses frères ont été faits calvinistes tandis que leurs sœurs devenaient catholiques selon la tradition de l'époque.

[2] János Andrew C., *The Politics of Backwardness in Hungary 1825-1945*, Princeton University Press, 1982, pp.265.

[3] Né en 1868, Horthy a fait carrière dans la marine k.u.k. et a été aide de camp de François-Joseph de 1909 à 1914. Thomas Sakmyster, *Admirális fehér lovon. Horthy Miklós 1918-1944* (Hungary's Admiral on Horseback, Miklós Horthy 1918-1944, édition originale en anglais, East European Monographs, Boulder, 1994), Budapest, 2001.

à utiliser, tant par conviction que pour des besoins de légitimation et aussi par nécessité politique.

La déchristianisation menace à gauche comme à droite de saper les fondements du régime. Discréditée par l'échec de l'expérience bolchevique de 1919, la gauche radicale n'a pas réussi à pénétrer dans les campagnes. La social-démocratie reste certes un acteur politique, mais son influence est limitée par le pouvoir et s'exerce surtout dans les villes, où le sentiment religieux est déjà en atténuation. La droite fasciste est tout aussi dangereuse et ses ambitions révolutionnaires s'accommodent mal de la hiérarchie ecclésiastique. Le culte du chef ne saurait faire bon ménage avec celui rendu à Dieu. La réaction horthyste se présente donc en toute logique comme un retour à la religion. Le régime va promouvoir les grandes figures de la dynastie arpadienne et les saints hongrois (Étienne, Louis, Élisabeth) afin de montrer à la société où se trouvent les vraies valeurs. Il s'agit à la fois de combattre l'athéisme de la gauche et la mystique fasciste.

Les dernières décennies du XIXe siècle ont vu se produire une relative laïcisation de l'État – au grand dam de l'Autriche – et la formation du catholicisme politique. Les lois sur l'état-civil de 1895 sont en partie à l'origine de cette évolution. Des aristocrates catholiques fondent ainsi la même année le parti populaire catholique (*Katolikus Néppárt*) en prenant en compte le potentiel électoral des paysans aisés.[4] Ils séduisirent également la noblesse possédante non titrée, qui agit comme un trait d'union entre l'aristocratie et la *dzsentry* plus ou moins appauvrie et condamnée aux fonctions publiques, mais politiquement décisive sur la longue durée.[5] Une partie du discours officiel de l'époque Horthy fut en effet dirigé contre l'aristocratie paresseuse, cosmopolite et dont l'éloignement coupable de la vie politique et économique a permis l'ascension des Juifs et des étrangers. Les légitimistes sont présents dans ces mouvements catholiques et l'appropriation du discours religieux par Horthy a également pour but de contrecarrer leurs entreprises en vue de la restauration.

Les équilibres confessionnels de la Hongrie de l'entre-deux-guerres ont été sensiblement modifiés à la suite du découpage du pays. Si en 1910 le royaume de Hongrie comptait 49,33% de catholiques, cette proportion monte à 63,9% en 1920 puis 64,8% en 1930. La perte des territoires orientaux et septentrionaux a fait pratiquement disparaître les orthodoxes (12,78% en 1910) et partiellement les uniates (11% en 1910), ils ne représentent plus en 1920 que respectivement 0,6 et 2,2% des confessions. La Hongrie est donc devenue proportionnellement plus catholique et calviniste. Ces derniers sont passés de 14,25% en 1910 à 21% en 1920. Les Juifs sont restés stables autour de 5% car la grande majorité d'entre eux se trouvait déjà à l'intérieur du pays et notamment à Budapest dont ils formaient en 1910 presque un quart de la population.

---

[4] Catherine Horel, « Le mouvement chrétien-social en Hongrie 1895-1918 », *Études Danubiennes* XX/1-2, 2004, pp.143-151.

[5] László Péter, « Az arisztokrácia, a dzsentri és a parlamentáris tradíció a XIX. századi Magyarországon » (L'aristocratie, la gentry et la tradition parlementaire en Hongrie au XIXe siècle), in László Kontler (dir.), *Túlélők. Elitek és társadalmi változás az újkori Európában* (Les survivants. Élites et changement social en Europe à l'époque contemporaine), Budapest, 1993, pp.225.

Les luthériens – essentiellement les Slovaques de la grande plaine et les Allemands – ne subissent qu'un faible infléchissement (7,15% en 1910 contre 6,2 en 1920).[6]

Lors de la création de l'armée nationale, Horthy avait fait en sorte de se rallier les protestants et les catholiques, les premiers étaient représentés par le ministre des Affaires étrangères du gouvernement contre-révolutionnaire de Szeged et futur président du conseil Pál Teleki, et les seconds par le chapelain de l'armée qui était un franciscain slovaque, Zadravec. L'armée était par ailleurs explicitement placée sous la protection de la vierge Marie[7] : son drapeau fut béni par l'évêque Ottokár Prohászka en octobre 1919 à Székesfehérvár. Le choix de l'ancienne ville de couronnement et de sépulture des rois hongrois n'était pas anodin et la personnalité de l'évêque encore moins, puisqu'il avait été l'un des fondateurs et principal animateur du mouvement chrétien-social avant la guerre.[8] Lors de l'arrivée de Horthy et de ses troupes à Budapest, une messe est célébrée par le cardinal-primat János Csernoch en plein air sur les marches du Parlement et un journal titre : « c'est le Dieu des Hongrois qui t'a amené ici ».[9] La présence du cardinal permet d'opérer la transition du pouvoir, puisque c'est lui qui avait couronné le roi Charles IV en 1916.

La terreur blanche qui sévit dans le pays durant l'hiver et jusqu'aux élections de janvier 1920 prend une teneur antisémite et combat l'athéisme professé par les bolcheviques de la république des Conseils. L'appel aux valeurs chrétiennes et la recatholicisation du pays après deux années de trouble sont un leitmotiv du début du régime Horthy. Le discours sur l'indépendance nationale est toutefois ambigu car il combine les deux références *kuruc* (les révoltés « nationaux », i.e. « croisés ») et *labanc* (les partisans du roi étranger) présentes dans la mémoire collective. La tradition historique hongroise rattache la « droite » aux *labanc* et la « gauche » aux *kuruc*, selon les régimes et les personnalités qui les animent, l'alternance se fait entre les deux courants. L'accession à l'indépendance satisfait le sentiment *kuruc*, mais les bolcheviques avaient déjà lourdement insisté sur cet aspect ; l'idéologie du régime emprunte donc plutôt des traits *labanc* par l'intermédiaire du catholicisme et de la restauration de la royauté. Horthy entre dans Budapest en novembre 1919 sur le cheval blanc de la légende arpadienne, mais il va placer son pouvoir sous la bannière de Saint Étienne.

Le retour aux valeurs chrétiennes passe tout d'abord par le regain de l'éducation religieuse. Ce sont surtout les catholiques qui en sont les promoteurs avec la fondation de l'organisation *KALOT* (*Katolikus Agrárifjúsági Legényegyesületek*) qui s'adresse aux jeunes gens des campagnes dont on facilite l'instruction. Mais les calvinistes ne sont pas en reste avec l'association *Soli Deo Gloria*. Dans un esprit œcuménique fonctionne également l'association pour la jeunesse chrétienne *KIE* (*Keresztény Ifjusági Egyesület*). Le *KIE* et les calvinistes organisent des sessions de

---

[6] Gyáni Gábor, Köver György, *Magyarország társadalom története a reformkortól a második világháborúig*, Budapest, Osiris, 1998, pp.216.
[7] T. Sakmyster, *Admirális fehér lovon...*, op. cit., p.33.
[8] Reszler André, "Ottokár Prohászka ou le dernier Chevalier de la Contre-Réforme", *Études Danubiennes*, X/2, 1994, p.148.
[9] T. Sakmyster, *Admirális fehér lovon...*, op. cit., p.49.

formation pour ces jeunes qui rassemblent en 1939-1940 trois mille fils de paysans âgés de seize à vingt ans. Le *KALOT* en fait autant au début des années 1940.[10]

L'absence de séparation entre l'Église et l'État permet à la première de maintenir son influence dans le système scolaire pourtant largement laïcisé depuis la fin du XIXe siècle. Les ordres enseignants continuent à gérer quelques-uns des meilleurs lycées du pays (Piaristes de Budapest par exemple). La journée de classe commence et se termine par la prière : « je crois en un seul Dieu, je crois en une seule patrie, je crois en l'éternité divine, je crois en la résurrection de la Hongrie »[11], où se manifeste clairement l'attachement du régime à la religion et sa croisade révisionniste.

Parallèlement se développe le mouvement scout, ouvertement soutenu par le régent, qui apparaît en public aux côtés de Baden Powell.[12] Les mouvements de scouts se développent en Hongrie surtout après la guerre. On compte quinze mille membres en 1924 et 45 000 en 1930. L'augmentation du chiffre est intéressante car entre-temps a été créé le mouvement de jeunesse des *Levente*, qui aurait pu absorber une partie des effectifs du scoutisme, ce qui ne semble pas avoir été le cas. Il était effectivement possible de faire partie de plusieurs organisations. Les *Levente* se présentaient comme une institution purement hongroise et donc comme un outil du régime pour encadrer la jeunesse dans le même esprit que celui régnant déjà à l'école : patriotisme et foi. Fondé en 1921, le mouvement s'adresse aux garçons âgés de douze à 21 ans qui sortent du système scolaire classique et ne sont pas incorporables dans l'armée (en partie à cause des limitations imposées par le traité de paix qui fixe à 35 000 hommes l'effectif de l'armée hongroise). Les séances de formation paramilitaire ont lieu le week-end et sont animées par des officiers (d'active ou de réserve). En aucun cas cette organisation ne s'apparente aux mouvements d'embrigadement mis en œuvre par l'Italie et l'Allemagne, mais elle participe toutefois du contrôle de la société entrepris par le régime. Le contenu idéologique ne varie pas de l'école primaire aux étages supérieurs de l'enseignement, il demeure nationaliste et chrétien (il existe bien entendu un scoutisme juif qui reprend à son compte la vulgate révisionniste).

Le discours de reconquête catholique et plus généralement chrétienne se traduit par l'exaltation de la figure du saint roi Étienne, dont le règne correspond à la première extension maximum du royaume. Il est donc choisi pour être à la fois le porte-parole du révisionnisme et le parangon des vertus chrétiennes. Premier saint de la dynastie arpadienne, il réunit sur sa personne un large consensus qui transcende les confessions. Sa fête est célébrée le 20 août par des processions, dont la plus fameuse se déroule autour de l'église Mathias sur la colline du château de Buda et à laquelle assistent le régent, le gouvernement et les corps constitués. Dans les semaines qui précèdent, des campagnes d'affichage popularisent l'hommage à Saint Étienne et les prêtres font en sorte de rassembler largement les paroissiens. Au-delà des seuls catholiques, la fête de Saint Étienne renvoie à l'État hongrois millénaire, le roi ayant été un grand législateur ; on rappelle aussi volontiers son appel aux colons et sa volonté de rassembler des peuples divers sous son sceptre, sans se soucier de l'anachronisme. Le consensus est tel

---

[10] Romsics Ignác, *Magyarország története a XX. Században* (Histoire de la Hongrie au XXe siècle), Budapest, Osiris, 1999, p.176.
[11] *Ibid.*, p.179.
[12] Le scoutisme était apparu en 1912 en Hongrie.

autour de cette association entre le roi et l'État que les communistes ne pourront pas éradiquer le culte du 20 août et le transformeront en fête de la constitution et de la récolte (le pain nouveau) : ils substitueront toutefois à l'« occidentaliste » Saint Étienne son ancêtre païen et fondateur de la dynastie, Árpád. Mais Saint Étienne est aussi revendiqué par les légitimistes – la tradition *labanc* – qui voient en lui surtout la permanence de la royauté hongroise. Leur association d'étudiants porte d'ailleurs son nom (*Szent István bajtársi egyesület*) et elle organise à cette occasion un grand bal à l'hôtel *Pannonia*, sous le patronage virtuel des Habsbourg et de la branche palatine de l'ancienne famille impériale et royale.[13]

Si Horthy est omniprésent dans ces célébrations, il ne cherche visiblement pas à se substituer aux grands personnages fondateurs du royaume de Hongrie. On ne saurait parler de culte de la personnalité au même titre que ce qui se passe avec Staline, Hitler ou Mussolini. Son portrait est partout, mais il ne génère pas de dévotion particulière et ne prétend pas délivrer un évangile. Une relative identification se fait encore par l'intermédiaire religieux – ce qui est impensable dans les États totalitaires – puisque la seule fête qui associe son nom est la Saint Nicolas, le 6 décembre.[14] Le contenu affectif et traditionnel de cette célébration en Europe centrale est tel que le culte du régent disparaît presque derrière son caractère populaire. Horthy se garde bien à cet égard de se comparer à François-Joseph ou aux autres souverains de la dynastie et son anniversaire (18 juin) est fêté seulement dans l'intimité familiale, à laquelle il est par ailleurs très attaché.

Le grand événement qui concrétise la légitimation religieuse du pouvoir et le retour de la Hongrie à la foi catholique a été le congrès eucharistique international de Budapest en mai 1938. Placée sous le patronage du régent et du cardinal-primat Jusztinián Serédi, cette manifestation régulière du monde catholique s'est tenue à Budapest afin de commémorer le millénaire de la mort de Saint Étienne. Le saint roi était une fois de plus mis à contribution pour redonner à la Hongrie une part de son aura internationale passablement ternie depuis 1918-1920. C'est d'ailleurs l'occasion – la seule durant l'entre-deux-guerres – d'ouvrir le coffre qui contient la sainte couronne et les *regalia*, et dont les clés sont détenues par deux magnats, l'un catholique et l'autre protestant, le baron Zsigmond Perényi et le comte Tibor Teleki. Ils ne peuvent ouvrir le coffre que sur demande du Premier ministre ou du Régent en l'occurrence. La couronne est au centre des rituels célébrés durant le congrès et le cardinal Pacelli se prosterne devant elle lors de la messe célébrée le 20 août. La relique de la main droite du roi saint parcourt tout le pays en train tout comme cela avait été le cas en 1896.

Horthy était allé en personne au Vatican pour demander au pape Pie XI d'accorder à la capitale hongroise l'honneur d'accueillir le XXXIVe congrès. L'entreprise est soutenue par *l'Actio catholica* et le comité national pour la

---

[13] On appelle branche palatine la famille issue du palatin (gouverneur) Alexandre-Léopold, premier archiduc Habsbourg à avoir été nommé à cette fonction à la fin du XVIIIe siècle, ses descendants Joseph et Étienne, puis après la suppression du palatinat, les générations suivantes (Joseph et Joseph-Francois) qui ont occupé des postes importants dans l'administration et dans l'armée hongroise jusqu'en 1944. Les autres Habsbourg installés en Hongrie sont les fils (Friedrich et Albrecht) de l'archiduc Charles-Ferdinand, duc de Teschen, marié à une fille du palatin Joseph et par là implantés en Hongrie. Ils sont membres de droit et à vie de la Chambre haute.

[14] T. Sakmyster, *Admirális fehér lovon..., op. cit.*, p.138.

commémoration de Saint Étienne (*Szt István Emlékév Országos Bizottság*) créé à cet effet. Côté italien, c'est le légat Eugenio Pacelli, le futur pape Pie XII, qui est l'ordonnateur des cérémonies. Horthy reçoit les dignitaires de l'Église le 25 au soir pour un dîner au château de Buda.

Les congressistes se retrouvent les 25-29 mai à Budapest autour de la fête de la Trinité. La pompe des festivités rappelle ouvertement le Millénaire de 1896 et c'est d'ailleurs le monument érigé sur la place des Héros qui sert de cadre principal aux rassemblements. La ville se met en scène de nouveau pour la première fois depuis lors. Près de 500000 personnes se sont déplacées de toute la Hongrie et de l'étranger, parmi elles 48 archevêques étrangers. La grande messe du 26 mai sur la place des Héros rassemble cent mille pèlerins.

Le congrès se veut aussi l'expression d'une démonstration de force des associations catholiques du pays qui mobilisent leurs membres. La conférence internationale des missions tient son assemblée ainsi que la plupart des associations catholiques, parmi le *KALOT*, les jeunes filles hongroises (*Magyar leányok*), la jeunesse hongroise (*Magyar ifjúság*). L'*Actio catholica* réunit également son assemblée générale et organise des conférences durant le congrès.[15] Les « produits dérivés » et autres colifichets commémoratifs ont un grand succès, ainsi le carnet de timbres édité par la poste.

Le congrès est aussi l'occasion de confirmer l'hostilité des catholiques aux idéologies totalitaires qui prétendent faire concurrence au christianisme : les représentants ecclésiastiques de l'Union Soviétique (avec qui la Hongrie a des relations diplomatiques depuis 1934 seulement), de l'Allemagne et de l'ancienne Autriche n'ont pas été invités.[16] L'allocution de Pacelli rappelle le rôle de bastion de la chrétienté joué par la Hongrie et le met en rapport avec sa fonction actuelle de rempart contre le bolchevisme et le fascisme. Il reprend à son compte les termes de l'encyclique papale de 1937, *Mit brennender Sorge*. Après la disparition de l'Autriche corporatiste, il est vrai que la Hongrie apparaît isolée en Europe centrale en tant que pays catholique et seule la Pologne peut lui être comparée. La Tchécoslovaquie diffuse un message laïc et se trouve en mai 1938 au premier rang des appétits allemands ; malgré ses territoires catholiques de Slovénie et de Croatie, la Yougoslavie est largement orthodoxe, ce qui est aussi le cas de la Roumanie et de la Bulgarie. Rien d'étonnant donc à ce que le Vatican considère la Hongrie comme un pays important, même si le cardinal Pacelli tient un langage complaisant vis-à-vis des fascismes une fois monté sur le trône de Saint Pierre.

En 1920, les représentants de la *dzsentry* étaient favorables à un retour à la royauté et souhaitaient que les deux Chambres élisent un souverain choisi parmi l'une des familles ducales ou comtales hongroises, voire au sein de la branche palatine des Habsbourg (ce qui est théoriquement interdit par les traités de paix). Ils étaient les héritiers politiques et parfois eux-mêmes d'anciens élus du Parti de l'indépendance qui avant 1918 avait lutté pour la souveraineté de la Hongrie. Ils s'opposaient donc aux

---

[15] A XXXIV. Nemzetközi Eucharisztikus Kongresszus Emlékkönyve (Livre commémoratif du XXXIVe congrès eucharistique international), Budapest, 1938.
[16] Gergely Jenő, Vadász Sándor, « Eucharisztikus világkongresszus 1938-ban - Zarándokok ezrei Budapesten » (Le congrès eucharistique mondial de 1938. Des milliers de pèlerins à Budapest), *Élet és tudomány*, septembre 2008.

légitimistes qui étaient partisans de la restauration de Charles IV. L'échec du retour du roi légitime mit pour un temps fin à cette hypothèse que les Alliés occidentaux auraient refusé d'entériner. L'ambiguïté réside donc dans le fait que la Hongrie demeure un royaume, ce qui satisfait la majorité de la population et des élites politiques, mais sans titulaire légitime sur le trône.

Il semble que Horthy n'ait jamais envisagé de se faire couronner. En 1921, le cardinal Csernoch l'avait assuré que la nation et tous les catholiques étaient derrière lui, mais que si d'aventure il s'avérait nécessaire pour solidifier la situation de procéder à un couronnement, il accepterait de s'en charger, tout comme l'exigeaient en principe les usages.[17] Horthy ne songea pas davantage à fonder une lignée malgré la création de la fonction de régent-adjoint pour son propre fils István. Mais le poste devint vacant à la suite de la mort de ce dernier en octobre 1942 et Horthy ne souhaita pas la transférer à qui que ce soit.[18] Le successeur de Csernoch, le cardinal Serédi, manifesta plusieurs fois son hostilité à l'éventualité d'un couronnement de Horthy ou de son fils ; les légitimistes s'y opposaient également et Horthy avait besoin de leur soutien, notamment pour mener sa politique étrangère ménageant les démocraties occidentales.

L'identification entre nation et religion sert particulièrement bien Horthy qui rencontre dans ce domaine peu de concurrence et certainement pas de la part des fascistes. Horthy occupe entièrement ce terrain et parvient à un consensus national sur le révisionnisme. Il ne saurait donc y avoir en Hongrie d'autre religion politique : tout comme le disait Pál Palásthy, rédacteur en chef de la revue *Religió* au moment du débat sur l'état-civil : « un vrai catholique n'est pas libéral. S'il l'est, alors il n'est pas catholique ».[19] On pourrait ainsi retourner la phrase en « un vrai catholique n'est pas fasciste, s'il l'est, alors il n'est pas catholique ». Tout individu prétendant à la divinisation ne peut que heurter les vrais chrétiens. De plus, les fascistes hongrois ont une toute autre vision territoriale de la Hongrie : ils envisagent son insertion dans la Nouvelle Europe hitlérienne millénaire, les Allemands dominant l'ouest de l'Europe et les Magyars, l'est.

La religion en politique s'exprime essentiellement chez les légitimistes ainsi que chez les héritiers du mouvement chrétien-social d'une part, et du Parti populaire catholique d'autre part. Durant la guerre, le mouvement chrétien dans son ensemble a été tout d'abord incapable de se mobiliser ; puis, une réorganisation intervint entre 1917 et 1918, et le 3 février 1918, une fusion se produisit entre les conservateurs du Parti populaire catholique et les socialistes du Parti chrétien social qui déboucha sur la naissance du Parti populaire chrétien socialiste. Ce nouveau parti devait bientôt être rejoint par l'Union nationale des associations chrétiennes socialistes et un grand congrès commun se tint en avril 1918. Les difficultés de l'heure donnèrent une impulsion décisive au mouvement qui connut un nouvel essor, de nouveaux groupes et associations apparaissant.

---

[17] T. Sakmyster, *Admirális fehér lovon…, op. cit.*, p.121.
[18] Le second fils du régent, Miklós, n'en était pas jugé digne.
[19] Cité par Moritz Csáky, "Die römisch-katholische Kirche in Ungarn", Adam Wandruszka, Peter Urbanitsch (éd.), *Die Habsburgermonarchie*, tome IV, *Die Konfessionen*, Vienne, 1985, p.270.

Pendant les quelques mois du régime Károlyi, le mouvement se politisa et ses activités associatives de solidarité ouvrière et de protection sociale furent peu à peu remplacées par le militantisme politique. La tendance sociale voire socialiste l'emporta sur le conservatisme agrarien, en opposition à la radicalisation de la social-démocratie. L'aile gauche, représentée entre autres par le chanoine de Győr, Sándor Giesswein, souhaitait collaborer avec les autres partis démocratiques, alors que l'aile droite préférait une alliance avec les partis conservateurs. Le Parti fut interdit par les bolcheviques durant la république des Conseils.

Refondé durant la contre-révolution, le Parti prit le nom de Parti chrétien national uni (*Keresztény Nemzeti Egyesülés Pártja*) et devint le deuxième parti du pays à l'issue des élections de 1920 remportées par le Parti des petits propriétaires. Le KNEP rassemblait la plupart des aristocrates légitimistes et avait été soutenu par Horthy lors de sa création. Il réunissait les anciens leaders du Parti populaire catholique et les nouveaux représentants du Parti chrétien-national de Pál Teleki et István Friedrich. Cette fusion avait été encouragée par l'épiscopat qui espérait liquider ainsi la social-démocratie.[20] Mais le parti penchait désormais du côté catholique conservateur et manifestait de moins en moins de préoccupations sociales. L'aspect corporatiste devait ensuite s'affirmer avec la fondation d'associations professionnelles, dans un but de concurrence avec les syndicats et afin de créer un vaste mouvement syndical chrétien. Au 30 juin 1920 on comptait 39 syndicats avec 152441 membres affiliés au syndicat chrétien-social.

Mais le Parti fut vidé d'une partie de son sens après l'échec des deux tentatives de restauration de Charles IV en 1921. La désolidarisation d'avec les légitimistes porta un coup au catholicisme officiel. Le Parti chrétien explosa et les chrétiens-sociaux d'István Haller passèrent dans l'opposition. Le président du conseil István Bethlen voulait en outre se reposer sur un grand parti unique et parvenir à un *modus vivendi* avec les sociaux-démocrates, ce qui eut pour conséquence de démobiliser complètement les chrétiens-sociaux qui étaient impuissants à attirer le prolétariat urbain. Une fraction du Parti trouva sa place chez Bethlen et les autres restèrent dans l'opposition : aux élections de 1922 ils eurent respectivement quinze et vingt sièges (parmi ces derniers huit sont des partisans du socialisme chrétien). Dans le même temps le syndicalisme chrétien déclinait également : en 1923 les 34 organisations n'ont plus que 60000 membres (les sociaux-démocrates en ont alors 200000 !). Il se scinda ensuite en deux branches mais aucune ne parvint à s'imposer et les deux organisations ne dépassaient pas les 50000 membres à elles deux.[21]

Les partisans de Haller se regroupèrent en 1923 dans le Parti chrétien-social agrarien, soutenu par les syndicats. Une tentative afin de faire fusionner les deux tendances se fit rapidement jour et aboutit en décembre 1925 à la naissance du Parti chrétien national économique et social (*Keresztény nemzeti gazdasági es szociális párt*).[22] On peut y voir très nettement un retour au christianisme social corporatiste

---

[20] Gergely Jenő, « Die christlichsoziale Bewegung in Ungarn während der Horthy-Zeit (1919-1944)", in Drabek Anna M., Plaschka Richard G., Rumpler Helmut (éds.), *Das Parteiwesen Österreichs und Ungarns in der Zwischenkriegzeit*, Vienne, ÖAW, 1990, p.91.

[21] *Ibid.*, p.101.

[22] Horel, Catherine, « L'aristocratie en Hongrie entre les deux guerres. Une apparente continuité », *Vingtième Siècle*, N 99, Juillet-Septembre 2008, p.97.

d'inspiration autrichienne qui était à l'origine du mouvement. Parmi ses membres apparaissent d'ailleurs les aristocrates présents lors de la fondation et au printemps 1927 sa présidence échoit au comte légitimiste János Zichy.[23]

Cette tendance ouvertement corporatiste est encouragée à partir de 1931 par l'encyclique *Quadregesimo anno*, qui provoque de multiples réactions en Hongrie. Deux tendances se forment entre ceux qui adhèrent à ce nouveau mode de pensée et les autres qui en restent aux formes anciennes. On créé par la suite un « mouvement de l'encyclique », suscité entre autres à partir de 1933 par des Jésuites formés à la sociologie et soutenus par l'archevêque de Kalocsa, le comte Gyula Zichy. Ils rejoignent les idées des syndicalistes chrétiens confrontés à la crise et de leur hebdomadaire *Jövünk* (notre présent), le tout s'articule bientôt dans *l'Actio catholica* qui est, on l'a vu, une des principales organisatrices du congrès eucharistique. Les adversaires s'en tiennent à l'héritage de *Rerum novarum* et veulent en assurer la continuité. Les jeunes catholiques séduits par le mouvement de l'encyclique sont en partie récupérés par le projet corporatiste de Gömbös.[24]

Le parti se tourne toutefois contre Gömbös en 1935 et ne cache pas son hostilité au fascisme. Il s'unit ensuite en 1937 avec les légitimistes et les opposants chrétiens en un Parti chrétien uni. Il parvient à faire tomber le gouvernement d'extrême-droite Imrédy et maintient son opposition jusqu'à l'occupation allemande.

Une partie des catholiques reste cependant dans la mouvance du pouvoir, de même que leurs puissantes organisations : elles seront dissoutes en 1945. Les autres entrent dans l'opposition, ce qui leur permettra de survivre plus longtemps en jouissant de leur image d'opposants antifascistes.[25]

Le catholicisme politique n'a guère fonctionné en Hongrie avant la Première Guerre mondiale et il n'eut pas plus de succès dans l'entre-deux-guerres. Sa brève réapparition en 1945 puis en 1989 n'a pas permis que se forme un courant chrétien démocrate comparable à l'évolution autrichienne. Le terrain social était réservé aux sociaux-démocrates et les partis chrétiens ne sont pas parvenus à mobiliser les campagnes dont l'élite politique se désintéresse. Parallèlement une certaine modernisation intervint, notamment grâce aux efforts dans l'éducation, qui laïcise progressivement le pays, même le monde rural. Politique et religion se sont mêlées en revanche durant toute l'existence du régime Horthy, le régent accaparant à son profit tous les symboles religieux de la nation. Le révisionnisme consensuel était placé sous la bannière de Saint Étienne, ce qu'aucun Hongrois – y compris les communistes – ne pouvait vraiment contester.

---

[23] Gergely, « Die christlichsoziale Bewegung in Ungarn während der Horthy-Zeit (1919-1944) »), p.98.
[24] *Ibid.*, p.104.
[25] *Ibid.*, p.106.

Alain SOUBIGOU
Paris I Panthéon-Sorbonne

Le « clérico-fascisme » slovaque fut-il une religion politique ?

La perception de la nature du régime qui règne sur la Slovaquie de 1938 à 1945 a oscillé entre deux pôles : pour les communistes d'après la Seconde Guerre mondiale, c'était un régime associant le cléricalisme et le fascisme dans un amalgame conceptuel appelé « clérico-fascisme ». Pour toute une historiographie de l'exil anti-communiste d'après 1948, il existe une littérature de dénégation du caractère fasciste du régime.[1] La présentation proposée par Roger Griffin énonce que l'approche récente du *new consensus* définit le fascisme comme une révolution globale, idéologiquement articulée, reposant sur des pratiques apparentant le charisme du chef à une religion politique. Le régime de la Slovaquie entre 1938 et 1945 paraît remplir ce cahier des charges. Il en paraît même la caricature, puisque l'inspirateur et le dirigeant du régime suspect de fascisme étaient des hommes d'Église. Beaucoup de traits rapprochent donc ce régime de la définition du "new consensus" (I). Néanmoins, toute une série de contradictions internes perturbent cette déclinaison du paradigme (II). Enfin, au-delà encore, toute une série d'anomalies amènent à nuancer l'idée que la Slovaquie cadre pleinement avec l'approche fort stimulante du *new consensus* (III).

Une trop belle adéquation apparente
Une religion au cœur du régime

Toute une série de caractéristiques semblent donner raison aux communistes qui s'acharnèrent après guerre à liquider le régime qui avait régné sur la Slovaquie de 1938 à 1945.

Cela commence par l'inspirateur du mouvement national slovaque, l'abbé Andrej Hlinka (1864-1938), qui avait pris la tête d'un mouvement anti-hongrois dès avant 1914. Aux débuts de la Première République tchécoslovaque, il avait tenté diverses manœuvres maladroites pour arracher dans la confusion une autonomie, voire une indépendance des Slovaques à l'égard de Prague. Son corpus idéologique était très fruste et sembla patiner à mesure que la République unitaire apportait des facteurs de modernisation à la société slovaque. Si bien que, si son poids moral n'était pas négligeable dans les années 1920 et 1930, son poids politique était trop faible pour qu'il puisse s'opposer aux forces modernisatrices mais aussi centralisatrices. Il mourut le 16 août 1938 et ne put donc voir le démantèlement de son pays par les accords de Munich en septembre 1938.

Andrej Hlinka ne porte pas de responsabilité directe dans l'instauration d'un régime « fasciste » en Slovaquie de la fin de l'année 1938 et jusqu'au printemps 1945. Néanmoins, son héritage comprend trois facteurs propices. Il a d'abord réussi à maintenir une tonalité catholique en Slovaquie à l'intérieur d'un ensemble tchécoslovaque où dominait le rationalisme, voire le protestantisme, éventuellement teinté de hussisme, à l'instar du fondateur de la République Thomas Masaryk (1850-

---

[1] Joseph A. Mikus, *La Slovaquie dans le drame de l'Europe*, Paris, Les îles d'or, 1955, 475pp.

1937) et premier président (1918-1935).[2] Ce catholicisme est demeuré jusqu'à nos jours une caractéristique structurante de la vie sociale et politique slovaque.

Ensuite Andrej Hlinka a contribué à forger une génération de sympathisants catholiques méfiants, voire hostiles aux Tchèques. Le meilleur exemple en est un des jeunes députés de son mouvement autonomiste slovaque, le prêtre catholique Dr Jozef Tiso (né en 1887, exécuté le 18 avril 1947). Enfin, il n'est pas anodin que le groupe d'activistes ayant contribué à transformer la Slovaquie intégrée dans la République tchécoslovaque en une entité fantoche à la merci du Troisième Reich hitlérien ait revendiqué le nom de « Garde Hlinka ».

Dès l'automne 1938, les rares élites slovaques prennent leurs distances avec le gouvernement de Prague. Le 6 octobre 1938, est proclamée l'autonomie de la Slovaquie, encore à cette date dans l'ensemble tchécoslovaque. A partir du 15 mars 1939, en synchronie avec l'invasion nazie de la Bohême-Moravie, un gouvernement se proclame indépendant à Bratislava et prend immédiatement un tour clérical, sous l'autorité du Dr Jozef Tiso et avec l'aval de Hitler.

Il s'appuie sur une large ferveur catholique dans une population paysanne à 80% avec des caractéristiques typées : religion catholique qui imprègne la vie publique, pratique officielle de l'antisémitisme par une législation anti-juive (code juif du 9 septembre 1941, port de l'étoile jaune, exclusions professionnelles, aryanisation des biens juifs et des cabinets médicaux ou juridiques appartenant à des Juifs), contribution à la déportation des Juifs : entre le 12 mars 1942 et septembre 1942, 57837 juifs furent déportés à Auschwitz et en Pologne orientale. Les Juifs slovaques étaient livrés à la frontière du protectorat de Bohême-Moravie et de là partaient le plus souvent pour Auschwitz. Un peu moins de 450 survécurent. Les archives du Vatican semblent prouver que le pape Pie XII se serait interrogé sur cette politique de Tiso.

L'adoption d'institutions d'inspiration fasciste
Dans les questions soulevées par le *new consensus*, un certain nombre de faits doivent être pris en compte.

Très tôt, est mis sur pied un mouvement de jeunesse (« jeunesse de Hlinka »). Les groupes paramilitaires (garde de Hlinka) reconnaissent s'être inspirés des SA allemands pour leur organisation. Sont mis en place des camps de travail pour les « asociaux ».

L'enrégimentement de la société apparaît dans des obligations imposées à toute la société slovaque à partir de 1939 : tous les citoyens devaient adhérer obligatoirement à l'une des quatre corporations qui remplaçaient les syndicats. Les fonctionnaires de ces organisations ne pouvaient être que des membres du parti.

Tous ces arguments paraissent rendre inutile une discussion sur la nature du « clérico-fascisme » : il est *ipso facto* une « religion en politique » puisque la religion catholique infuse de part en part le régime de Jozef Tiso. Cette évidence patente ne doit pas interdire une réflexion sur quelques éléments de contradiction.

---

[2] Alain Soubigou, *Thomas Masaryk*, Paris, Fayard, 2002, 550pp.

Des contradictions internes

Des contradictions héritées

Il ne faut pas oublier que la Slovaquie, partie de la Tchécoslovaquie, était un pays vainqueur en 1918. Elle était donc *a priori* indemne du syndrome de *brutalisation* décrit par George Mosse.[3] Elle a pourtant sombré dans le « fascisme » (comme la Pologne, la Yougoslavie et la Roumanie, autres pays vainqueurs de 1918). Comment expliquer cette contradiction d'un pays vainqueur, mais qui rallie le paradigme des pays vaincus et révisionnistes ?

Le premier facteur explicatif, c'est que la Slovaquie est certes un pays aligné sur Berlin en 1939, mais aux frontières rétrécies au profit d'un « allié », la Hongrie, pays qui avait été le dominateur pendant un millénaire. Dès septembre 1938, 43 km^2 au sud du Danube, à la hauteur de Bratislava, avaient été cédés à l'Autriche intégrée dans le Reich allemand depuis l'Anschluß de mars 1938. La Pologne, elle, s'était approprié 221 km^2 au nord de la Slovaquie. Le 6 octobre 1938, le Parti populaire slovaque avait proclamé l'autonomie de la Slovaquie à Zilina. Le 2 novembre 1938, par le premier arbitrage de Vienne, l'Allemagne nazie confisque 10000 km^2 de la Slovaquie méridionale pour les attribuer à la Hongrie du régent Horthy. Ne restent plus que 38000 km^2. La Slovaquie comptait 3,5 millions d'habitants en 1937, elle n'en compte plus que 2,6 millions en 1940 après la perte de 900000 Hongrois. Comment être à la fois allié de l'Allemagne hitlérienne et victime de son impérialisme territorial et de la distribution de prébendes à d'autres clients ?

La deuxième contradiction, c'est que la Slovaquie est un pays aligné sur le nazisme par un traité de protection (*Schutzvertrag*, 18-23 mars 1939), confirmé par l'immixtion de nombreux conseillers allemands dans l'administration du pays, et une monnaie rattachée au Reichsmark. Or la Slovaquie est composée de Slaves, des « sous-hommes » selon Hitler depuis la rédaction de *Mein Kampf* en 1925. De là provient la difficulté à construire un discours racial proprement slovaque, car il entre immédiatement en contradiction avec le modèle nazi « aryen ». Mais cette incompatibilité idéologique est demeurée de l'ordre de l'impensé radical chez les « nazillons » slovaques.

Des contradictions fonctionnelles

La Slovaquie de Tiso était officiellement un pays indépendant, la République slovaque fut dotée d'une constitution le 21 juillet 1939. Mais elle obéit à l'Allemagne pour attaquer la Pologne alliée à la France à l'automne 1939, ce qui constituait du point de vue slovaque une revanche sur les annexions polonaises de l'année précédente. Mais à peine la Slovaquie avait-elle obtenu cette satisfaction territoriale qu'elle dut concéder une zone de défense allemande de 20 à 40 km de profondeur dans l'ouest du pays, à l'ouest du fleuve Vah et préservant Bratislava de justesse…

La Slovaquie était un pays fondamentalement isolé, il n'a plus que deux voisins (le Reich nazi au nord et à l'ouest et la Hongrie au sud et à l'est), quasiment pas de relations diplomatiques avec des pays étrangers.[4] La plupart des 17 consulats installés à

---

[3] George L. Mosse, *De la Grande Guerre au totalitarisme, la brutalisation des sociétés européennes*, Paris, Hachette, 1999, 293pp.

[4] Pavol Petruf, « Relations between Slovakia and France, 1939-1944 », *Human Affairs*, 4, 1994, 1, pp.74-88.

Bratislava avant mars 1939 se sont transformés en représentations étrangères. La Slovaquie fut reconnue par 27 États et notamment par les grandes puissances sauf les États-Unis. Mais l'Angleterre et la France retirèrent leurs représentations consulaires à Bratislava en septembre 1939 du fait de l'entrée dans la Seconde Guerre mondiale. Même le gouvernement de Vichy ne noua pas de relations avec la Slovaquie. Les meilleurs Slovaques partirent en exil (le diplomate Stefan Osusky, le premier ministre Milan Hodza, le général Rudolf Viest) ou dans la Résistance. En termes d'indépendance, la Slovaquie se situait entre le protectorat de Bohême-Moravie complètement sous la botte nazie et la Hongrie ou la Roumanie qui bénéficiaient d'une marge de manœuvre un peu plus importante. L'accès à l'indépendance sous domination nazie signifiait fonctionnellement un repli encore plus grave pour la Slovaquie et la désertion des élites.

Des contradictions dans le leadership

Les dirigeants de l'État slovaque n'avaient pas tous les mêmes conceptions sur son organisation. Jozef Tiso, qui bénéficiait de l'appui de l'influent clergé catholique, donnait la priorité à une évolution organique, le parlementarisme devant être remplacé par le système corporatif, par le renforcement de l'autorité de l'Église et de la souveraineté de l'État, ainsi que par la mise en place d'un enseignement catholique social. L'autre groupe, dirigé par Vojtech Tuka[5], plus philonazi, souhaitait plutôt l'application des « méthodes éprouvées » du national-socialisme allemand. Tuka s'appuyait principalement sur les groupes extrémistes de la « garde Hlinka » et sur les chefs du groupe national allemand dont Franz Karmasin. Tiso était soutenu en Allemagne par le ministère des Affaires étrangères et par Hitler en personne, alors que Tuka comptait davantage sur les milieux SS. L'issue de ce conflit interne au sein du régime antidémocratique au pouvoir fut que l'Allemagne ne permit ni aux nazis slovaques d'écarter Tiso, ni à ce dernier de se débarrasser de Tuka. La paralysie résultant de cet antagonisme permettait aux Allemands de favoriser leurs intérêts.

Les idéologues du régime ne furent jamais populaires (Karol Sidor, Vojtech Tuka, Ferdinand Durcansky), aucun d'entre eux ne bénéficiait d'un quelconque charisme, ni Karol Sidor ni Jozef Tiso, personnage falot, rondelet et sans prestance. Lors de l'exécution de ce dernier en 1947, aucun mouvement populaire ne prit sa défense.

L'écart entre le paradigme de la religion en politique et la réalité slovaque éclate au grand jour à l'été 1944. Lors d'un soulèvement dont les bases sont cette fois authentiquement nationales et anti-allemandes, le gouvernement Tiso laissa faire la Wehrmacht. L'armée allemande envahit le pays et mit un terme au mythe de l'indépendance slovaque.

Les anomalies par rapport au modèle fasciste

Toute une série de caractéristiques éloigne la réalité du clérico-fascisme du modèle du *new consensus* :

---

[5] Sur Tuka, voir Étienne Boisserie, « Éléments sur le fascisme en Slovaquie dans l'entre-deux-guerres », dans Catherine Horel, Traian Sandu, Fritz Taubert, *La périphérie du fascisme. Spécification d'un modèle fasciste au sein de sociétés agraires. Le cas de l'Europe centrale entre les deux guerres*, Paris, L'Harmattan, *Cahiers de la nouvelle Europe*, 2006, pp.167-177.

Le système slovaque n'a jamais connu de véritable chef charismatique : quoique se proclamant "vodca" (guide, Führer), Tiso n'a jamais transporté les foules.

Le terreau slovaque s'avéra médiocrement propice à un mouvement de masse, faute de masses prolétaires urbaines : la population était, rappelons-le, agricole et rurale à 80%. La population active slovaque ne comprenait que 174000 ouvriers, y compris 60000 récemment embauchés dans des usines d'armement allemandes. Il n'existait donc pas vraiment de prolétariat urbain en Slovaquie. Plus particulièrement, les rares ouvriers slovaques des années 1930 avaient vécu dans une relative prospérité, ce n'est pas du tout le contexte de classes moyennes paupérisées.

Sur ce terreau aride, la Slovaquie n'a jamais connu de parti de masse. Dans l'entre-deux guerres, le spectre politique slovaque se limitait à quatre maigres partis :

- le parti agrarien, authentiquement ancrée dans la vie rurale slovaque ;

- le parti social-démocrate, prolongement de la puissante social-démocratie tchèque ;

- le Parti communiste, légal, mais tenu à bout de bras par le Komintern ;

- le Parti populaire slovaque (HSLS), dirigé par Andrej Hlinka décédé au milieu de l'année 1938. Ce parti était secondé par le Parti national slovaque (SNS) de Martin Rázus.

Le parti unique (Parti de l'unité nationale slovaque, en fait un HSLS élargi) n'apparut qu'après les élections de décembre 1938, dont avaient été exclus le parti social-démocrate et le parti communiste. Le paragraphe 58 de la constitution de juillet 1939 précitée stipulait : « La nation slovaque participe au pouvoir par l'intermédiaire du HSLS ». Un Parlement élu en décembre 1939 fonctionna jusqu'en 1945. Le premier ministre choisi par Tiso, Vojtech Tuka, dirigea le gouvernement jusqu'en septembre 1944. Le parti unique fut réorganisé selon les principes nazis, avec à sa tête un « vodca » et un président confondus en la personne de Jozef Tiso, dans des conditions de prestige déjà analysées. L'interrelation entre le Parti et l'appareil d'État était réglée par la loi.

Loin d'être structurée par une idéologie architecturée, la doctrine du régime de Jozef Tiso était très opportuniste, au gré des pressions nazies. La seule prise de distance fut la suspension des déportations de Juifs vers l'Allemagne à partir d'octobre 1942. Il s'agissait en réalité d'un opportunisme à l'intérieur de l'opportunisme. C'est le même type de réflexe de survie opportuniste qu'en Hongrie, lorsque le régent Horthy sut manœuvrer pour essayer de se ménager une porte de sortie en cas d'issue de la guerre défavorable à l'Allemagne. Sur le plan intérieur, le corps de doctrine du régime de Tiso se limitait au rejet de la démocratie « pourrie ». Il n'y a pas même de discours sur le retour à la terre pétainiste.

La politique menée contre les Juifs relève davantage d'un fonds antijudaïque catholique que d'un antisémitisme racial. Encore le 8 décembre 1944, après le soulèvement national slovaque antifasciste et sa répression, Jozef Tiso répondait ainsi aux interrogations du pape Pie XII : « Notre tâche consiste à affirmer notre gratitude et notre loyauté aux Allemands, qui non seulement ont autorisé et reconnu le droit naturel de notre peuple à l'existence, à l'indépendance et à la liberté nationale, mais l'ont soutenu contre les Tchèques et les Juifs, ces ennemis de notre peuple. Nous sommes certains qu'aux yeux des catholiques, ce devoir est notre plus haute décoration ». Les ressorts de la politique de Jozef Tiso sont bien catholiques, même s'ils confluent avec la machine nazie.

Ce double-jeu opportuniste prend fin à la fin de l'hiver 1944-1945 : devant l'avancée de l'Armée rouge, le gouvernement slovaque et les personnes les plus compromises dans le régime s'enfuient vers l'Autriche et la Bavière. Beaucoup sont arrêtées par l'armée américaine et renvoyées en territoire tchécoslovaque pour passer en jugement. Pour Jozef Tiso, cet épisode s'acheva après un procès au bout d'une potence le 18 avril 1947.

Ce constant double jeu opportuniste est peu compatible avec l'idée d'un corpus doctrinal typique de la conception du « *new consensus* ».

Trois conclusions s'imposent

1) La qualification de régime autoritaire ne suffit pas à qualifier le régime de Tiso, en particulier à cause de son rôle actif dans la destruction des Juifs slovaques. Les qualificatifs de « clérical » et de « fasciste » sont justifiés. Le terme « clérico-fasciste » est connoté par l'historiographie communiste, mais il correspond assez bien à la réalité.

2) L'insuffisance des classes moyennes et d'un prolétariat ouvrier est une entorse à la définition classique du fascisme.

3) L'absence de véritable *leadership* d'un chef, l'absence de mainmise d'un parti monolithique de masse, tout cela fait que paradoxalement, le clérico-fascisme entre assez mal dans le cadre très stimulant de la religion politique thématisée dans le « *new consensus* ».

Les fascismes centre-européens : définitions

Mihai CHIOVEANU
Université de Bucarest

Sacralizing the Nation.
The Political Messianism of the Legion "Archangel Michael"

Over the last six decades, a significant number of Western scholars approached the Legion "Archangel Michael" as one of the most popular and yet inconsistent variant of European fascism, and portrayed it as too mystical, religious, fanatic, violent, irrational, rabid anti-Semitic, obsessed with an atavistic cult of death and the idea of sacrifice.[1] Consequently, the grasp of terrifying marks attached to the Romanian case turned it into a „conundrum" of European fascism, an exceptional case that gives bite to comparison, and proves its usefulness only as to elicit differences.[2] Recently, several historians succeeded to frame and interpret some of the most striking, aberrant, and "specific" features of Romanian fascism.[3] Others attempted to do the same in order to explain the above-mentioned particularities. Yet, they ended up in overstressing the exceptionality of the Legionar phenomenon, which is defined as a spiritual rather than political one, bounded to Eastern Christianity, and therefore not quite fascism.[4]

For many years, political religion as a concept[5] was sternly dismissed in Western academia as irrelevant to secular political movements – including fascism, a form of secular politics born of the convulsions of modernity, whose belief in the nation or race rather than God's Word was the foundation of reality[6]. However, some scholars do accept that at a level of broad analogy fascism, like religion, mobilized individuals around sacred rituals and words, excited them to self-denying fervor, and preached a revealed truth that admits no dissidence.[7] Moreover, they underline the fact that fascism borrows from the religious culture of the society it seeks to penetrate, and admit that the

---

[1] See Henry L. Roberts, *Rumania: Political Problems of an Agrarian State* (New York: Archon Books, 1969), pp.231-232, Eugen Weber, *Varieties of fascism. Doctrines of Revolution in 20th Century*, (New York: Van Nostrand, 1964), p.96, Eugen Weber, "Romania", în Hans Rogger (ed.) *The European Right*, (Berkeley: University of California Press, 1966), pp.523-524, Zeev Barbu, "Rumania" in Ugelvik Larsen, Bernt Myklebust & Jan Peter (eds.), *Who were the Fascists? Social Roots of European Fascism*, (Oslo: Universitetsforlaget, 1980), pp.156-160.

[2] See Robert Paxton, *The Anatomy of Fascism*, (London: Penguin Books, 2005), p.20, 79, 97. Paxton is an illustrative example in this sense as he reduces the Legion "Archangel Michael" to religious messianism and describes it as the most ecstatically religious of all fascist parties and one of the readiest to kill Jews and bourgeois politicians.

[3] See Radu Ioanid, "The Sacralized Politics of the Romanian Iron Guard" in *Totalitarian Movements and Political Religions*, vol. 5, n. 3, 2004, pp.419-453; Constantin Iordachi, *Charisma, Politics and Violence: The Legion of "Archangel Michael" in Interwar Romania*, (Trondheim, Trondheim Studies on East European Cultures and Societies, 2004), Florin Muller, *Metamorfoze ale politicului românesc, 1938-1944*, (Bucharest: Bucharest University Press, 2005).

[4] Dragoş Zamfirescu, *Legiunea Arhanghelului Mihail de la mit la realitate* (Bucharest: Editura Enciclopedică, 1997).

[5] See Phillipe Burrin, "Political Religion. The Relevance of a Concept", in *History and Memory*, Vol. 9 (1997), pp.321-349.

[6] Roger Griffin, *The Nature of Fascism* (New York: St'Martin's Press, 1991), pp.26-29.

[7] Robert Paxton, *The Anatomy of Fascism*, pp.213-214.

concept of political religion might tell us something with regard the taking root and exercising power phases of fascism.[8]

True that in the case of Italian Fascism political myth would suffice. As Roger Griffin put it in the early 1990s, fascism was a form of "political belief" in "a palingenetic form of populist ultra-nationalism". Yet, latter on he admitted that in practice a number of fascism's manifestations have exhibited a striking resemblance to movements and regimes based on fundamentalist forms of religion, refined his analysis, and defined fascism as a modern, secularized form of millennialism, a political religion and overtly utopian form of revolutionary extremism, nonetheless a revolutionary variant of modern nationalism at the heart of whose ideology, policies, tactics, and actions lies a vision of national rebirth in a post-liberal new order, a process in which, guided by a visionary elite, the historical nation-state or the core ethnic group finally overcomes the forces of decadence and disintegration, and becomes a rejuvenated, harmonious community of destiny.[9] The case of Romanian fascism, which emerged in response to an existential, "sense making crisis" played a significant role in shifting Griffin's perspective on fascism as a political religion.

If one would compare on the basis of secular political religion the Romanian Iron Guard with Italian Fascism that sacralized the state and assigned it the primary educational task of transforming the mentality, the character, and the customs of Italians as to create a "new man," a believer in and an observing member of the cult of Fascism[10], he would realize that the only significant element that differentiate them is the absence of statolatry in the case of the Romanian movement.[11] Otherwise, both fascisms emphasized the role of the charismatic leader and quasi-religious ceremonies and symbols, and abused religious language: "faith", "martyrdom", "sacrifice", "mission", "salvation", "redemption", and so on; as to sacralize a form of totalitarian politics, legitimize violence in defense of the nation, implement a Manichaeistic vision in which enemies had to be defeated along the way, and strengthen their mission to overcome bourgeois modern decadence.[12]

Less secular than Italian Fascism, Christian, unlike pagan National-Socialism, supportive toward the Romanian national Church that on its turn only rarely opposed it intransigently, as it perceived Legionarism as a real threat or as a rival only in few instances[13], Romanian fascism was defined, at best, as a form of clerical, sometimes

---

[8] *Ibid.*, p.214.

[9] Roger Griffin, "Fascism", in Brenda Brasher (ed.), *Encyclopedia of Fundamentalism* (Berkshire Reference Works, Massachusetts, 2002), pp.197-205. For the fundamentalist the nation cannot be the supreme or ultimate reality, since historical time itself is transcended by an infinite reality inhabited by a supreme being or "timeless" absolute whose will is being actualized or whose eternal cosmic laws are being lived out in and through the nation, no matter how oblivious it has become of its true, sacred identity and mission within secular time.

[10] For Italy see Emilio Gentile, *The Sacralization of Politics in Fascist Italy*, (Cambridge: Harvard University Press, 1996).

[11] For this particular aspect see Michael Mann, *Fascist*, (Cambridge: Cambridge University Press, 2004), p.247.

[12] See also Emilio Gentile, "Fascism as Political Religion" in *Journal of Contemporary History*, vol. 25, n. 2-3, 1990, pp.229-250.

[13] For the rivalry and conflict between civic and traditional religion in Italy, and the intransigent opposition of the Catholic Church to Fascist revolution, see Emilio Gentile, *The Sacralization of Politics in Fascist Italy*, pp.2-3. Romanian high clergy only feared fascism for being much too revolutionary, though nationalistic. See

theological fascism, a paradigmatic case of inter-war conflations of fascism and established Christianity.[14] Though not the only one, as the Spanish Falange and the Belgian Rex are also considered as cases of fuzzy boundaries between fascism and established religion, the Romanian fascist movement is looked upon as the only one in which the incorporation of established religion into fascism, in the inter-war period, reached its ultimate conclusion. Most of the scholars that uphold this interpretation stress the importance of the Orthodox Church to Romanian history, and national identity, and point out that this was to led the charismatic leader of the Legion "Archangel Michael" to assert that the whole Romanian people, past, present, and future was destined to be resurrected collectively on Judgment Day[15], a prophesy that has nothing to do with Orthodox Christian thinking and/or the Romanian indigenous Biblical tradition. Quite recently, Roger Eatwell defined Iron Guard as the paradigmatic and singular manifestation of clerical fascism while reducing the Romanian phenomenon, which „emerged in highly peasant-based society, where outside the radical left there was little scope for parties which were not overtly religious", to its "sincerely espoused religious views", Codreanu's idea of creating a "National-Christian Socialism", and Mircea Eliade's statement from 1937: "the supreme goal of the Legionary revolution is the Reconciliation of the Romanian people with God".[16] The portrait of the Legion "Archangel Michael" offered by Eatwell, but a grasp of stereotypes, including the images of Codreanu campaigning in Romanian villages, wearing Romanian peasant clothes and mounted on a white horse, kneeling and praying, swearing before God that the struggle for the country's welfare was sacred and that he was the reincarnation of Archangel Michael, and Iron Guard members wearing a white cross on their green uniform; sometimes a swastika – those were the lăncieri, paramilitary troops of the Goga-Cuza radical right party, and fierce enemies of the legionari –, the strong cult of sacrifice and death, the considerable number of priests attracted by the movement's religiosity, Codreanu's emphasis on the rebirth of a vaguely defined 'new man', associated with his conservative mysticism, and his attempt to forge a form of local peasant democracy and national corporatism as safeguards against the promises of the left, leaves the reader with the impression that the Romanian

---

Irina Livezeanu, *Cultural Politics in Greater Romania. Regionalism, Nation-Building & Ethnic Struggle, 1918-1930*, (Ithaca: Cornell University Press, 1993), 358pp.

[14] In reality, the Romanian national Church was rarely supportive toward Iron Guard, as it admired only its fierce anti-communism, the struggle and martyrdom of some of the legionari against the true, absolute, and declared „enemy of Christ". See „Biserica și politica", in *Telegraful român*, 9 (21 februarie, 1937). At the same time, the Church was rather suspicious toward the Legionar new man, not a good christian and Romanian, much to violent, revolutionary, intransigent, and optimistic to its taste, piousless and lacking compassion. Therefore, the Church never praised Iron Guard, The Archangel of this World, and envisioned the victory of Ion Antonescu, from January 1941, over the rebelious fascists as a return to the real Christian faith, and God. See Florin Muller, *Metamorfozele politicii românești*, p.133. The degree of cooperation between the Romanian Church and Iron Guard suggests that it would be more accurate to talk of a modus vivendi in the case of the former and a destructive mimesis in the case of the latter, which never played the role of an unauthorized christian auxiliary.

[15] H.R. Trevor-Roper, "The Phenomenon of Fascism", in S. G. Woolf (ed.), *Fascism in Europe* (London: Methuen, 1981), p.26. Roper approaches the exotic Romanian case as a manifestation of clerical fascism, less secular and radical, overtly and sincerely religious, and thus authoritarian-conservative.

[16] Roger Eatwell, "Reflections on Fascism and Religion", in A. Pedahzur and L. Weinberg (eds.), *Religious Fundamentalism and Political Extremism*, Special issue of *Totalitarian Movements and Political Religions*, vol. 4, n. 3, 2003, pp.23-26.

case can only with difficulties be included within the Pantheon of European fascism. Though, for example, the idea of death and sacrifice, and its exceptional role for the legionari can not be reduced and understood in relation to Orthodoxy, as the dead legionari were not angels but guardians from Heaven and earthly models for their living comrades, martyrs for the cause of the Legion and its Căpitan[17], thus playing a role similar to that of Horst Wessel in the case of Sturm Abteilung.[18]

Unfortunately, rather few scholars, such as Roger Griffin, do realize that C. Z. Codreanu, a zealous Christian, nonetheless a militant politician and fascist leader, who „cut his ideological teeth in a ultra-nationalist rather than Christian milieu", was rather perverting a long-standing Christian apocalyptic tradition as to give mythic power and legitimate his secular nationalistic vision of rebirth and the destruction of its alleged enemies, principally Jews and Communists. Hence, despite the original name of the organization, the Legion "Archangel Michael" (Iron Guard), the political mass movement, fought not to restore the purity of the Christian faith, but to redeem the Romanian people from the maelstrom of liberal democracy.[19]

All in all, it seems that most Western historians are rather interested (and focus on) with the prefascist features than the radical fascist ones of the Iron Guard that together made Ernst Nolte consider the Romanian case as one of the most interesting and complex in Europe.[20] At the same time, one can read, in palimpsest, a rather torturing question: *What made possible the birth of a successful fascist movement – if fascist at all – in a backward, agrarian, Balkan country such as Romania?!*

True, it is but hard to place a phenomenon such as the Legion "Archangel Michael" within the new politics, new ideological orientations, new forms of religiosity generated by the First World War[21], the Great Apocalyptic event reawakening religious yearning and generating new forms of secular pseudo-religions all over Europe.[22] For many scholars it will always be at the same time a fascist type movement, one of the most popular and violent, bizarre, much too religious, mystical, driven by tenebrous forces, obscurantist, lacking a clear political and economic doctrine, much too different from classic fascisms on one hand[23], sharing certain similar political, secular goals, and

---

[17] See Dan Botta, "Pentru cultul morţii." în *Sfarmă Piatră*, an II, nr. 27 (28 mai 1936). See also Radu Gyr, *Sfântă tinereţe legionară* (Sacred Legionary Youth), quoted in Florin Müller, *Metamorfozele politicii româneşti*, p.123, definitely not a psalm but an anthem, similar to other fascist sacred song such as the Italian *Giovinezza* and *Horst Wessel lied*.

[18] See Michael Burleich, *The Third Reich. A New History*, (London: Pan Books, 2001), p. 118-119.

[19] Roger Griffin, "Fascism", p. 203 and the following.

[20] Ernst Nolte, *Die Faschistischen Bewegungen*, (Munich, 1966), p.227.

[21] See Robert Wohl, *The Generation of 1914*, (Cambridge, Massachusetts: Harvard University Press, 1979). The war frenzy of 1914, set the whole world into a crazy whirl and made men inaccessible to all appeals of reason. Europe experienced in 1914, latter on in 1918-1920, and thereafter in 1929-1933, with fascism and communism, new phenomena that cannot be explained solely in terms of misery and suffering brought about by war and economic crises as people were longing for new religions, political and secular, even before, at a time when they were materially much better off and the spectre of economic insecurity was not haunting them all the time. This proves that these phenomena cannot be explained solely on economic grounds, and that in the subconsciousness of men there were hidden forces which cannot be grasped logically. A religious urge based on new forms of faith that assumed political forms already existed in 1914 when millions of men were ready for anything if the Nation wills it!

[22] Michael Burleigh, „National-Socialism as a Political Religion", in *Totalitarian Movements and Political Religions*, vol. 1, n. 2 (2000), p.7.

[23] Alexandra Laignel-Lavastine, *Cioran, Eliade, Ionesco. Uitarea Fascismului*, (Bucharest: Est, 2004), p.122, 126, 131-132.

driven by a collectivist, ultra-nationalist ideology on the other hand.[24] This is no paradox, as the Legion made politics religious, supplied (some of) the Romanians with a new political ideology but also with a new religion, political and quasi-secular, that took birth from disillusions and despair as to give men (and women) energy and hope, a religion that encapsulates the European spirit of that time and has less to do with Romania's Orthodox heritage. Consequently, it would be as eroneous to see in Orthodoxy a fundament for the Legionar ideology as to reduce the latest to its negations and disregard its positive, utopian reconstruction of the World, of a Universal, more simple but united form of society with a fresh ethos, fanatical and non-materialist, and a quasi-religious new man.[25]

The Legionar myth of a national, spiritual and moral revolution realized by the people, and consecrated by the regenerating sacrifice of the martyrs has nothing specifically Romanian. As a matter of fact, it is an expression of Mazzinian radical nationalism, which was a central seminal source for Italian Fascism. The same is to be said with regard Codreanu's political philosophy based on the primacy of deeds over ideas and elaborated political programs[26], which is inspired by Georges Sorel's idea that only political myths can inspire revolutionary activities and determine men to act, not think.[27] To give one last example, Codreanu's *Cărticica Şefului de Cuib* (The Book of the Nest Leader) was compared by Nae Ionescu with Loyola's *Spiritual Exercises* though, at least with regard the Legionar puritan host, as Eugen Weber named it[28], it is by no means different from the puritan host of the Italian Fascist militia.[29] Thus, though striking, Legionar religiosity should be interpreted in terms of „a challenging response to the challenges of an incomplete secularization"[30] – like many other fascisms, the Romanian one fills the void opened by the secularization of society and morality –, and the abundance of references to Christian religion within Legionar discourse as a mean to capacitate and exploit the devotion of legionari and stress the transcendant character of the movement. After all, Iron Guard can be approached as a metapolitical, transcendental, counter-revolution against the secular, transcendental nature of the liberal and communist revolutions[31], nevertheless as „the pursuit of a transcendent and cleanising nation-statism throught paramilitarism.[32]

With its intolerant dogma, apostles and martyrs, sacred rites, offering total explanations and demanding unwavering dedications from its adherents, claiming permanent affirmation and enthusiasm, punishing the heretics and non-believers, Iron

---

[24] Alexandra Laignel-Lavastine, *Cioran, Eliade, Ionesco,... op. cit.*, p.120-121, 130.

[25] See Roger Eatwell, *Fascism. A History*, (London: Vintage), p. 270.

[26] The same idea was stressed in the early years of Italian Fascism by Mussolini. See Benito Mussolini, "The ideology of the twentieth century," in *Fascism: Doctrine and Institutions* (Roma: Ardita, 1935), pp.7-22.

[27] Georges Sorel, *Reflections on Violence*, (Cambridge: Cambridge University Press, 1999). The idea of a revolution accomplished in times of decadence thus taking the return to the past and social conservation as ideals was also inspired by Sorel.

[28] Eugen Weber, "Romania," in Eugen Weber, *Varieties of Fascism. Doctrines of Revolutions in 20th century* (New York: Van Nostrand, 1964), p.126.

[29] See the "Regulations of Fascist Militia" from Oct. 1922, quoted in Emilio Gentile, *The Sacralization of Politics in Fascist Italy...*, op. cit., p.19.

[30] Stanley G. Payne, „A Retrodictive Theory of Fascism", in Stanley G. Payne, *A History of Fascism ,1914-1945*, (London: UCL, 1996), pp.489-490.

[31] See Ernst Nolte, *Three Faces of Fascism: Action Francaise, Italian fascism, National Socialism*, (New York: Holt Rhinehart & Winston, 1965), pp.429-434, 450-454.

[32] Michael Mann, *Fascists...*, op. cit., p.13.

Guard is not that different when compared with other fascist movements. It is an Archangel of this World, promising the resurrection of the nation, a reborn and regenerated new man, a believer in the cause, ready to fight and sacrifice himself for the New Romania that would arise with its victory. Even its rituals, violence, atavistic cult of a heroic and transcendent death, its funerals, though odd, are not uncommon to other fascisms.[33] Mystical and irrational, less mature, Iron Guard was and has to be analyzed as a fascist political movement of protest and integration, and not as a religious sect, forging a new elite of messianic nationalists, not a theocracy.[34] Otherwise, not only we would orientalize Romanian fascism, but also sanitarize it.[35]

A salvific doctrine born under wrecked circumstances, and a divination of Romanianism[36], seeking salvation for the nation in History and not eternal life – Codreanu, like Mussolini, was a Messiah evangelizing the masses and spreading the gospel of a new society and a new man, and, like Hitler, a crusader fighting the materialistic world, and Jews as agents of capitalism, liberalism, democracy, and bolshevism altogether[37] – Legionarism had no other goal than to raise Romania from misery to glory, and the Romanian soul from perdition to redemption. Eschatological and millennialist in its vision, strikingly liturgical in its rhetoric, Romanian fascism had in its mythic core the idea to create a mystical, transcendent brotherhood of new men, able to accomplish the national commandments failed by the politicians of the old generation.[38] As Vasile Marin and Mihail Polihroniade, prominent figures of the Iron Guard, put it, the Legion was heading for a national and political revolution. The Great Palingenetic Event of their "generation of doers", anti-democratic and anti-liberal, the "new revolution of the right" was to bring social justice, dignity, purify the nation from foreign influences and Western models, and finally create a new, ethnocratic, "Romania of the Romanians", the ultimate solution to the existing crises.[39] Nonetheless, it was the only possible alternative to the atheist, pozitivist spirit of the French revolution of 1789 and the Romanian 1848 revolution[40], as well as to the distructive, secular, mundane, anti-religious political religion of communism.[41]

---

[33] George L. Mosse, „Fascism and the French Revolution", in *Journal of Contemporary History*, vol. 24, 1989, pp.16-20. The new political style and rethoric helped fascists to turn the rebelious crowds into a mass movement, disciplined and active by converting them.

[34] As a matter of fact only Crainic translated the ideology and action of the Iron Guard in terms of religious Orthodox fundamentalism, and saw in the legionar founding group a bundle of mystical visionaries, anti-secular and anti-political (yet in a modern sense), anti-Semitic authochtonist, and the emerging elite of his ethnocratic Romania. See Zigu Ornea, *The Romanian extreme Right. The Nineteen Thirties*, (Boulder: East European Monographs, 1999), pp.126-133. However, not even Crainic believed that the orthodox role model would suffice as to overthrough democracy. See Nichifor Crainic, „Spre stânga sau spre dreapta?", in *Axa*, n. 1,(20 oct. 1932).

[35] After 1944 and then 1989, most of the legionari writers stressed the Christian and national, moral and non-political nature of their movement as to deny its fascist features and thus regain legitimacy.

[36] The New Romanianism of the Iron Guard was not the secular civic religion Constantin Rădulescu Motru and Vasile Pârvan dreamed of. It was quasi-secular, fanatic and transcendent, backed by a paramilitary formation and nonetheless compulsory. It was a political religion.

[37] Michael Burleich, „National-Socialism as a Political Religion", op. cit., pp.8-9.

[38] Vasile Marin, "Crez de generaţie: ideologia faptei", in *Axa*, 22 Jan. 1933.

[39] Vasile Marin, „Extremismul de dreapta", in *Axa*, 28 Oct. 1933. See also Mihail Polihroniade, "Proletariatul intelectual şi revoluţia naţională", in *Lumea Nouă*, V, n. 2, 1936.

[40] See Nichifor Crainic, "Omagiu unui adversar: d. C. Rădulescu Motru", in *Calendarul*, I, n. 212, 7 Nov. 1932.

[41] Ioan Victor Vojen, "Problema comunistă în Vechiul Regat", in *Axa*, I, n. 4, 22 Dec. 1932.

At the time being, many, such as Mihail Manoilescu, misinterpreted Iron Guard's "national ecumenism". Less radical and more pragmatic, impressed by Mussolini and Fascism, a nationalist but never a true fascist, Manoilescu envisioned the Legionar revolution against Romania's internal enemies as the factor that might unite the efforts of all nationalists as to fulfill the huge promises (and expectations) of 1918. Yet, Manoilescu, and others as well, never realized that his dreamed Romania, "Greater Romania", was not the same with Codreanu's Legionary Romania, furthermore, that Iron Guard constantly refused to admit other, competing nationalist visions, that the Legionari hated and finally went into a deadly conflict with both the authoritarian, modernizing dictatorship of Carol II, and later the semi-reactionary Antonescu regime.[42]

In the mid 1930s, other intellectuals, such as Mircea Eliade and Constantin Noica, also misinterpreted Legionarism, envisaged it as a civic (and not political) religion and a Christian like movement, repudiating both fascism and communism, striving for spiritual regeneration and moral purification, aiming to restore the civic pride of the Romanians on the basis of a new set of values.[43] Conversely, Emil Cioran, who understood the revolutionary nature of the Iron Guard, Codreanu's vitalist philosophy, the fascist path followed by the Green shirts, and the historical, supreme mission of the political movement – to redeem Romania from sin by means of militant hyper-nationalism (and not praying) – was among the few that came close to reality.[44]

Though Codreanu, as well as his officers, never operated a clear distinction between politics and religion[45] as they were to realize that the interweaving of the political movement with the religious feeling of the masses made to a certain extent the strength of Romanian fascism, they were rather unhappy with the perceptions of some supportive intellectuals who saw in the Legion "Archangel Michael" a religious mass movement in political guise. For them, approaching the masses from the religious side had only limited purposes: imbuing the irresolute electorate with the belief that the movement is a specially selected tool of a higher power, and serves a holy purpose, as to attract members, supporters and votes. Nevertheless, the power-seeking leadership of the Iron Guard realized that it can use the blind religious fervor and harmful fanaticism of the true believers as a tool for their political plans. For the deluded faith, fed from the hidden sources of religious feeling, was often urged into wild frenzy, and forged into a deadly weapon of irresistible power, clearing the way for evil thoughts and deeds.

Borne out from the resentments of a stalemate society, the Legion "Archangel Michael" represents the most radical anti-liberal political phenomenon in Greater Romania. A by-product of a generation of young intellectuals striving to fulfill its own political destiny, of their fear of falling outside History, in a balkanized democracy and civil catastrophe[46], legionarism was nonetheless to incarnate the protests of those who felt themselves ignored, abandoned by the politicians, excluded from the Romanian public sphere. The emerging elites, the Generation of 1922 (and 1927) supplied Iron

---

[42] Zigu Ornea, *The Romanian extreme Right... op. cit.,*, pp.268-281.

[43] *Ibid.*, pp.168-173, 176, 178-9, 202-8. Up to 1940 Eliade constantly rejected the fact that Iron Guard is a political movement and political revolution. Only with the assassination of Nicolae Iorga he realized that the power seeking Legion is vengeful and mortal for its enemies.

[44] Zigu Ornea, *The Romanian extreme Right... op. cit.*, pp.192-197.

[45] C.Z. Codreanu, *Cărticica şefului de cuib*, (Sibiu, 1937), pp.34-35, 41, 65. Mihail Polihroniade, „Legiunea şi biserica creştină", in *Buna Vestire*, I, n. 155, 2 Sept. 1937.

[46] Maria Todorova, *Balcanii şi Balcanismul*, (Bucharest: Humanitas, 2000), pp.81-82.

Guard with an ideology and a remarkable body of officers, while the irresolute but not immature electorate offered the movement soldiers and votes, thus gradually turning it by the mid 1930s into a significant political actor.

No longer a small group of pressure by 1933, but a catch-all party, Iron Guard exploited the incapacity of the liberals to adapt their strategy to post-1918 Romanian mass politics, the image of a faible and corrupt state, and portrait itself as the only moral and political force able to mobilize the nation against the internal enemies. Ultra-nationalistic, rabid anti-Semitic and anti-communist, fanatic and violent, the Legion seduced the Romanians not only by negations and style.[47] The idea of change, brought by the "national-legionary revolution", and the promises for the future – a better place in the sun for Romania, social justice and dignity for the integrated by the Legion peasants and workers, a new state that would protect the Romanians, not its citizens, from political manipulations and economic exploitation, and so on – were to work even better for the movement.[48] This is to point out that Legionarism can not be reduced to a rag-bag of ill-sorted ideas.[49] What made its success – and original contribution to Romanian politics – is the mystical idea of a national regeneration and rebirth, brought from below, by the legionar "new man".[50]

A rapid overview of some of the most relevant texts of the Romanian fascists is to help us identify some of the major themes of the legionar discourse, and several aspects that were disregarded or at least not taken seriously by the contemporaries and later historians, aspects that might shed new light and open new perspectives. Corneliu Zelea Codreanu's *Pentru legionari* (For my Legionaries), and *Cărticica şefului de cuib* (The Book of the Nest Leader) will come first under scrutiny as they represent the core literature in the case of Iron Guard.

An official history of the movement dedicated by Codreanu to the "great legionary family", whether peasants, workers, or intellectuals, written in the "middle of the permanent struggle that would finally lead the Legion to victory ...thanks ...the sacrifices of the immortal soldiers of the New Romanian Horizons," *Pentru legionari* offers a (self made) portrait of the movement's leader, a young man marked by his father's nationalism and authoritarian perspective on politics, his mother religious fervor, his military training and education as a teenager, and his readings from *Semănătorul* and *Neamul românesc*, Nicolae Iorga's and A.C. Cuza's nationalism and "scientific" anti-Semitism. It nonetheless points out Codreanu's political ideal of a "Romania for the Romanians", his obsession with order, discipline, and hierarchy as fundamental values, and the primacy of deeds over thoughts that shaped his political philosophy and dictated the actions of a young man, too young to take part in the first world war, frustrated, and decided to have his own struggle, in the trenches of domestic politics, against all Romania's enemies. Moreover, it reminds the legionar reader the genuine Romanian character of the movement's, and its leader anti-communism, anti-

---

[47] Nicholas Nagy-Talavera, *The Green Shirts and the Others. A history of fascism in Hungary and Rumania,* (Stanford: Hoover Institution Press, 1970), 483pp.

[48] Francisco Veiga, *Istoria Gărzii de Fier 1919-1941. Mistica Ultranaţionalismului,* (Bucharest: Editura Humanitas, 1995), pp.152, 156-158.

[49] Irina Livezeanu, *Cultural Politics in Greater Romania... op. cit.,* pp.292-293.

[50] *Ibid.,* pp.336-337.

Semitism, and hyper-nationalism, forged by a long personal experience[51], and inspired by Bogdan Petriceicu Haşdeu, Vasile Conta, Vasile Alecsandri, Mihail Eminescu and Nicolae Filipescu's ideas. Lastly, and as to stress the authenticity of Legionarism, Codreanu reveals his conversion to fascism. An authoritarian, rather conservative nationalist student in the 1920, a defender of the Crown, Church, and Army, he learned his first real political lesson from a "Romanian honest and patriotic worker", Constantin Pancu, founder of the "Guard of National Consciousness" and promoter of a new, Christian National-socialist doctrine. At Pancu's political school he realized the importance of the political soldier, experienced the efficacy of spontaneous, violent and therapeutical street fight, and understood the necessity to create a politics pioneering type of new organization, able to integrate and represent all Romanians, regardless their education and social belonging. No political program was needed in this sense, but loyal to the cause and leader followers with a new creed: the urge to redeem Romania and cleanse it of liberalism, democratic *politicianism*, bolshevism, Jews and Jewish influence; no matter the price they might come to pay.

The Book of the Nest Leader (*Cărticica Şefului de Cuib*), the second most important gospel spreading text of the movement is also illustrative, as it adds to the constitutive matrix of the Iron Guard the puritan host that laid at the basis of the educational mission of the Legion, a school for the new legionary man, a hero, not a saint, and definitely not an ordinary good Christian and good Romanian. It is nevertheless important as it points out that beyond some of the rituals and the use of Christian symbols, the Legion was not a religious sect as Eliade describes it. A church-like basic cell of the movement ("cuibului ca biserică"), the nest was designed to strengthen the legionar community of believers on a weekly basis, an "hour to worship the Motherland", reaffirm the creed in Romania's rebirth and regeneration, in the movement's mission and victory. However, the members were not that much encouraged to spend their precious time in praying, as they also had to cover quite secular and stringent issues such as: 1) the legionar anti-Semitism and the differences with the cuzist, radical right, one, 2) the issue of ethnic minorities within Romania, 3) the educational system and goals of the forthcoming Legionar state, 4) the lack of morality in the public sphere and Romanian politics, 5) the agrarian policy and the need for a financial reform, 6) the workers and the Legionar state, 7) capital and Romanian labor, 8) industry in Legionar Romania, 9) the Church and the role of priest within the Legionar state, 10) Romania's present and future foreign policy, 11) the legionar attitude toward Marxism, 12) the army, 13) the legionar state and the Romanians living outside Romania's borders; and so on. At the same time, the future legionari, the members of the Brotherhoods of the Cross (Frăţiile de Cruce) were also encouraged to consolidate their political education while discussing specific issues such as: 1) what makes the difference between the Legion and other parties' politics, 2) what differentiate the Legion from other parties in terms of organization, 3) why the Legion can save Romania while other parties can not?, 4) Why cuzism is to fail? 5) What brings together Fascism and the Legionary movement?, 6) What national-socialism and the Legionary Movement do share?, 7) Who is Benito Mussolini?, 8) Who is Adolf Hitler?,

---

[51] Corneliu Zelea Codreanu, "Un cuvânt către muncitorii români care au trecut sub steagul cel roş al duşmanului", in *Conştiinţa*, 9 februarie 1920.

9) Who was Lenin?, 10) Fascism before and after 1922, 11) What is Balilla? 12) Nationalist France and (versus) socialist France; and so on.

Altogether, the issues touched by the legionari during their weekly sessions are to point out that they were not indifferent towards politics, domestic and European, on contrary had a clear political goal: to build a Legionary Romania, ruled by their own will and according to the new spirit (*duh*) of that time. Moreover, as Codreanu put it, Iron Guard, a political movement with an implicit educational mission, and a form of revolutionary palingenetic ultra-nationalism, was to turn politics into (a) religion: "…if for the politician politics is business, for the legionar it is religion".[52]

In 1936, Codreanu reminder his followers that in 1927 the Legion "Archangel Michael" was but a nationalistic movement with no articulated program, a political experiment and sui-generis phenomenon generated by "national ecumenism".[53] Later on, others were to define it as a revolution that was to regenerate the Romanian nation[54], nonetheless offer the Romanian youth a historical mission and educate him in a new spirit[55], and as the incarnation of the revolt of the young generation against their elders[56], especially against the ossified political elites that mimetically imported everything from the West as they were unable to create something.[57] On his turn, Codreanu was not only to confiscate and instrumentalize the idea of generational conflict, and the Romanian youth quest for a radical change from bellow. He was also to back them with an army and give them a special ring: "a new Romania will not come out from the politicians strategies; as with Greater Romania that was born on the battlefields of Mărăşeşti, and from the valleys stroke by the steel storm of bomb shells, the new Romania will be born out of battle and the sacrifice of its sons".[58] This new bellicose ring, constantly used and radicalized by some intellectuals for whom fascism became the only possible political destiny[59], was to bring more and more new members within the movement, turn it into a bloody comradeship that would finally "balkanize Romania's name".[60] Of those tens of thousands not few were evil minded, violent, opportunistic, desperate. Still, many of them believed that they are Romania's new, regenerated and purified men, moral and heroic, anti-materialistic, and anti-individualist[61], whose sacred mission was to create "not a new but another Romania".[62] Soldiers of a spiritual and political revolution, they were nonetheless seduced by the glowing image of the Legion as a "divine miracle" and theirs as by-products of Codreanu, "the great social educator", and his school of moral discipline, self-sacrifice

---

[52] Corneliu Zelea Codreanu, *Pentru legionari*, (Sibiu, 1936), 310pp.

[53] *Ibidem.*

[54] Leon Volovici, *Nationalist Ideology and Antisemitism. The Case of Romanian Intelectuals in the 1930s*, (New York: Pergamon Press, 1991), 111pp.

[55] *Ibid.*, p.109.

[56] *Nicholas Nagy-Talavera, The Green Shirts and the Others… op. cit*, p.383.

[57] Sorin Pavel, Ion Nistor, Petre Marcu-Balş, "Manifestul 'Crinului Alb'", in *Gândirea*, n. 8-9, 1928.

[58] Ioan Scurtu et. all., *Ideologie şi formaţiuni de dreapta în România. 1927-1931*, vol. 2, (Bucharest: Institutul naţional pentru studiul totalitarismului, 2000), p.29.

[59] Ernest Bernea, "Tineretul şi politica", (Bucharest: Rânduiala, 1936), p.8 and the following. See Vintilă Horia, "Revoluţie spirituală", in *Sfarmă Piatră*, II, n. 42, 10 septembrie, 1936. See also Emil Cioran, "Conştiinţa politică a studenţimii", in *Vremea*, an IX, nr. 463, 15 noiembrie, 1936.

[60] Nichifor Crainic, *Zile albe-zile negre*, (Bucharest: Gândirea, 1991), 282pp.

[61] Corneliu Zelea Codreanu, *Pentru legionari*, p.281.

[62] Radu Ioanid, *The Sword of the Archangel: Fascist ideology in Romania*, (New York: Boulder, 1990), p.75-76.

for the good of the nation, and unshakable faith in the redeemed Romania of tomorrow.[63]

Not only an emerging elite with a new, puritan host[64], but a new aristocracy that was to save Romania from an imminent and everlasting disaster[65], and thus change the history and destiny of the nation[66], the legionari start perceiving themselves not only as members of a revolutionary political party but also as crusaders, fighting for a new "Messiah".

"Let the true believer come and join our ranks. May the one that doubts it step aside". Codreanu stressed from the very beginning that for him as a leader what lays (and matter) at the core of the Legion is not the political program but the faith of the loyal legionar. Though, he also clearly stated several times that his quasi-secular religion was a political one, and that the Legion had certain political goals: "Let us conquer Romania. Go into the villages and let the people know that a new political organization was founded, and that they can all come and join it".[67] The ring of his discourses is quasi-religious, but the message is definitely a political one: "let us all unite, men and women, and shape for us and our nation a new destiny. Time has come for a Romanian rebirth and redemption. The one that believes, fights, and suffers, is to be rewarded and blessed by our kin. A New Era is about to come! A world with a barren and dry soul is dying and a new one is about to be born: a world for those who believe. In this new world each will have his/her place according to his own faith and character, no matter his education, intelligence, knowledge".[68] Formulas such as: "I am longing for my country's rebirth, and the destruction of her traitors", "Do not kill the hero inside you", and "He who knows how to die will never be slave", that resemble the Mussolinian ones, were but to strength the community of legionari, a community based on emotions and irrational convictions, aiming to "shatter the statue of goddess Reason".[69] Ion Moţa, one of Codreanu's first lieutenants is even more explicit when he defines the Legion "Archangel Michael" in terms of a religion based on a common political faith: "What we are doing is not, never was, politics (in the modern sense)…What we have is a religion, as we entirely yielded ourselves to a creed that burns us".[70] However, both Codreanu and Moţa, and many others, also clearly stated that the Legion and later on Iron Guard was a political movement of a fascist type trying to reach a critical mass, and not an isolated order of holly men.[71] Furthermore, they constantly stressed that they are heading for a revolution, political, though special, total and radical, from bellow, aiming to redeem the nation from the vortex of liberal democracy.[72] For them, the legionar, a virtuous knight, a mystical ultra-nationalist[73],

---

[63] Ioan Găvănescul, "De ce cred în biruinţa Mişcării Legionare", in *Buna Vestire*, I, n. 241, 14 decembrie, 1937. See also Corneliu Şumuleanu, "De ce cred în biruinţa Mişcării Legionare", in *Buna Vestire*, I, n. 241, 14 decembrie, 1937.

[64] Ernest Bernea, "Etica nouă şi progresul", in *Cuvântul*, XV, n. 3121, 22 ianuarie, 1938. See also Constantin Noica, "Între parazitul dinafară şi parazitul dinăuntru", in *Vremea*, XI, n. 523, 30 ianuarie, 1938.

[65] Mircea Eliade, "De ce cred în biruinţa Mişcării Legionare", in *Buna Vestire*, I, nr. 241, 14 decembrie, 1937.

[66] Mircea Eliade, "Noua aristocraţie legionară", în *Vremea*, XI, n. 522, 23 ianuarie 1938.

[67] Ioan Scurtu ed., *Ideologie şi formaţiuni de dreapta în România. 1927-1931… op. cit.*, pp.17- 19.

[68] *Ibid.*, p.24.

[69] *Ibid.*, p.43.

[70] Ion Moţa, *Cranii de lemn*, quoted in Radu Ioanid, *The Sword of the Archangel… op. cit.*, p.77.

[71] Mihail Polihroniade, "Rostul Gărzii de Fier", in *Calendarul*, I, n. 100, 18 iulie, 1932.

[72] Mircea Eliade, "O revoluţie creştină", in *Buna Vestire*, I, n. 100, 27 iunie, 1937.

fighting the political establishment[74], the Jews, and the communists[75], was after all but a modern, fascist political soldier.[76] No matter how much Român ia legionară of 1940-1941 looked like a "church organized state", the goals of the Iron Guard leadership were earthly political and meant to save Romania in History[77], to find for the Romanian nation a better place not in Heaven but in the New fascist Europe.[78]

A multi-faced litany, the legionary ideological propaganda was filled with religious imagery and a language that has a distinctly "biblical ring". However, it also indicates that the legionari never attempted to reestablish the traditional, Orthodox religious values based on divine revelation. Codreanu and his followers, no matter how much they used and abused religious discourse, wrote books and published newspapers, used propaganda and funds, run for elections, sent 66 MPs to the Romanian parliament, and so on. The bible of the legionari was *Pentru legionari* and not the Holly Bible. The legionari were not saints but soldiers, martyrs and heroes but not prophets.[79] Most of the top leaders were not members of the clergy but secular individuals endowed with charismatic authority of a secular kind that seek to foment passions not from pious fervor, but from a heightened sense of cultural and national identity. Iron Guard was not a theocracy but an ethnocracy whose politics of salvation was of a terrestrial, human kind. Therefore it can not be reduced to its mysticism, religious fervor, rituals, and rhetoric that only offered transcendent meaning to its ideas and deeds but no control and practical resolution to the existing problems. This is why they combined their political liturgy with a political discourse operating with notions and themes that could be solved. In other words, no matter how apocalyptic its ideology, Iron Guard was a political secular movement that only vacated the true ground of religion when it claimed to offer solutions to what is humanly insoluble.

A political religion and not religious, fundamentalist, movement, revolutionary and not reactionary, which found its ideological basis for the new order and new man not in sacred texts but in a highly eclectic and overtly man-made synthesis of ideas that were both modern and traditional, secular and religious, adapted to the unique historical situation of Romania, Legionarism invested the life of the nation with a mythic significance that transcended personal, profane time. However, the suprapersonal realm which it occupied was bounded by the life-span of the nation within historical time, an indeterminate secular otherworld, "immortal" yet of this world.

---

[73] Nicholas Nagy-Talavera, *The Green Shirts and the Others... op. cit.*, p.345.

[74] Traian Brăileanu, "Tehnica politicei legionare", in *Însemnări sociologice*, III, n. 4, iulie 1937.

[75] Mihail Polihroniade, "Legiunea în viaţa României", in *Buna Vestire*, I, n. 100, 27 iunie 1937.

[76] Mihail Manoilescu, "Noua renaştere a omenirii prin Roma", in *Buna Vestire*, I, n. 204, 31 octombrie 1937.

[77] Constantin Noica, "Limpeziri pentru o Românie Legionară", in *Buna Vestire*, IV, n. 29, 11 octombrie, 1940.

[78] Petre Ţuţea, "Negociatorul legionar", in *Cuvântul*, XVII, n. 17, 30 octombrie, 1940.

[79] Nichifor Crainic, *Zile albe zile negre... op. cit.*, p. 283.

Stelu ŞERBAN
Institut d'Etudes sud-est européennes de Bucarest

The nation as religious utopia
in the Romanian political establishment of the 1930s

In the article I approach two variants of the national extremism in the interwar Romania. Firstly, the nationalist ideology of the Legionary Movement is summarized, like the movement's leaders, Corneliu Zelea Codreanu, Ion Moța, Vasile Marin and Nicolae Roşu worked it out. The second variant imbricates more in the political system. It belongs to the Christian National Party, whose ideologists, Nichifor Crainic and Alexandru C. Cuza, were closer to the political establishment than the Legionary leaders. The commonalities of both variants come from their reference to a sort of utopia, to which I outline the religious sources.

On the one hand, the birth of the political utopias is viewed as a reaction to the modernization programs in the traditional societies. On the other hand, the counter modernization utopias are seen through the lens of the "national identity" building up. In the end of the article I argue that this double faced content of the extremist nationalism channeled its insinuation in the political establishment in interwar Romania. The twisted and multilayered discourse regarding the various ways of the country modernization has been played the key role in this process.

In the first section of the article I'm starting by briefly examining the relationship between the discourse and utopia as well as their functions in course of the political modernization. The topic is framed in the second part of the section to the case of Romania's modernization. In the second section, I compare the nationalist ideologies of the interwar extremist movements in Romania and trace back their utopian roots. The third section focuses on the ways to intimating the utopias in the discourse of national identity production in the interwar period. In the ending part of the section, there are delineated three aspects of interwar Romanian extremism that may afford their inclusion in the larger process of political modernization. These are: i. the strenuous commitment to mass politicization; ii. the cultivating a new political style in which the experience, loyalties, and trust matters more than ideologies and interests[1]; iii. the role played in recovering the legitimacy of the thorough political system.

Political discourse and utopia

It is not meaningless that the topic of political discourse has been appeared as theoretical issue in the post-colonial context when the political development of the new states converged with the former waves of political modernization. In this respect, the scholars outline that the sources of authority, stability, and identity as well, of a political system come from its long-term evolution. The governmental effectiveness proves to be

---

[1] The "political religion" is the concept that explains in the best way this style and integrates it in the wider theoretical frame. On this concept see Emilio Gentile, « Fascisme, totalitarisme et religion politique : Définitions et réflexions critiques sur les critiques d'une interprétation », in *Raisons politiques*, no. 22, May 2006, pp.119-173.

indeed an important criterion, yet on the long term and in the cases of political modernization/development the political stability requires the broadening of the analysis. In this sense, the theorists shed light on four other aspects of the politics-language relationship: 1. the encouraging of political participation; 2. the working out of "border marks" both as "symbols of ethnic and national identity", and "means for exclusion the others"; 3. the allocation of economic advantages; 4. "the distorting and conveying the information".[2]

These statements matter for the cases of modernizing societies, when the language control and planning are severe. The ethnographer Muriel Saville-Troike quotes the anthropologist Maurice Bloch in order to decipher the ways these patterns of political communication form the political behavior and thought.[3] It concludes that the ritual language has in the backstage the political control and manipulation. Nevertheless, in the modernizing societies this is the main channel of political communication because echoes the former structures of oral cultures. The personal, face to face, and informal communication matter more than the writing.[4]

It seems that the verbalization of the utopias is a difficult task. One could have more chance to put utopias into a political discourse and spread it into a community if it makes an appeal to "participative" ways of behaviors. As Karl Mannheim argues, this is a matter of empathizing with given situations and of the pedagogy of experience in various circumstances, not a theoretical learning.[5] Though, in quite recent works, the scholars have highlighted the communicative aspects of political utopias. Jurgen Habermas for instance, works out an individualistic ethics by stating a "universal principle of understanding the human needs". Through the limelight of this principle he approaches in the various traditions, cultures, and practices the semantic content of what could be a happy life.[6] He focuses too, on the concept of utopia as this finds in the works of the Frankfurt School (Th. Adorno, M. Horkheimer, H. Marcuse) and rejects it, by arguing that this conveys an ethics of needs repression. Nevertheless, he redraws a picture of "communicative utopia", that bases to the solidarity of the needs in the groups devoted to the active social movements. Their aims are, on the one hand, to extend the promise of objective spirit, on the other hand, to combine the principle of justice with the sense of the friendship.[7]

In the context of modernization, the political utopias appear as a defense reaction of the traditional societies. They coined the expression "little utopias" to explain the making room in the political arena to the numerous groups who became dispossessed during the political modernization. In the view of the anthropologist David W. Plath "little utopias…are elements in a greater struggle to reform and revitalize routines of living that are being disrupted by the corrosive institutions of the mass

---

[2] Joan Rubin, « Language and Politics from a Sociolinguistic Point of View », in William F. O'Barr, Jean F. O'Barr (eds), *Language and Politics*, The Hague, Mouton&Co, 1976, 396pp.
[3] Muriel Saville-Troike, *The ethnography of communication*, Basil Blackwell, 1982, p.42ff.
[4] See Jack Goody, *La logique de l'écriture*, Paris, Armand Colin, 1986.
[5] K.Mannheim, *Ideology and Utopia*, San Diego, New York, London, HBJ Books, 1986, pp.176-192.
[6] Seyla Benhabib, *Critique, Norm and Utopia. A Study of the Foundation of Critical Theory*, New York, Columbia University Press, 1986, 336pp.
[7] *Idem.*.

society".[8] Though, their goal is not to restore the old traditions and practices, but to create as Anthony F.C.Wallace put it, a new "cultural end-state".[9]

The political utopias make a common body with the discourse regarding political modernization and institutional performance in modernizing societies. They generate as a consequence of the severe control of the political communication. Sometimes this control could take the repressive ways. However, the place that the political utopias have is not due to their compensatory functions only. In the course of a long term evolution of the political systems they could provide in the ways Joan Rubin put it, with political stability, autonomy and identity. In this sense, the most frequent appeal is that to the national utopias. In addition, as Jurgen Habermas outlines, the communicative utopia expresses the solidarity of the needs, a common horizon of desires and expectation, and, as David Plath emphasizes, the impulse to revitalization of everyday life in the modernizing societies.[10]

The contamination of the modernization discourse by the utopian traits was an intrinsic process that has interweaved with the Romania's modern history. According Sorin Antohi ever since 1830s the Romanian language has been taken shape as a "national gnosis". The representatives of Transylvanian School, historians and linguists as well, have committed into this production of national identity.[11] A new generation of intellectuals, the first intelligentsia in the Romania's modern history, grew up then.[12] Their work was retaken during the 1848 revolution, when as Antohi put it, "the utopia of language...was amongst the facets of the utopianism".[13] He outlines, in addition, the religious aspects that the utopianism took at revolutionary participants like Ion Heliade Rădulescu.[14]

The core place that the imagination as a mental faculty, had played in borrowing the Western culture by the South East European countries, Romania included, at the eve of 19th century, is the reason that this model of national identity broadly echoed at the beginning of political modernization.[15] The translations of the first Western books as well as the growing up of the first domains of intellectual research, like history, were made in a mood of exaltation and febricity. This fact has discouraged any attempt of criticism of knowledge. Thus, the "creative mind" (Al. Duțu) insinuated in the building up of national identity. In addition, in a peripheral

---

[8] David W. Plath, « Modernization and Its Discontent: Japanais Little Utopias », p.94, in Joseph R. Gusfield (ed), *Protest, Reform and Revolt. A Reader in Social Movements*, John Willey and Sons, New-York, 1970, pp.90-107.

[9] Anthony F.C. Wallace, *Culture and Personality*, New York, Random House, p.275, quoted in David W. Plath, « The Fate of Utopia. Adaptive Tactics in Four Japanese Groups », p.1153, in *American Anthropologist*, vol. 68, no. 5, 1966, pp.1152-1162.

[10] These statements are framed by the heuristic and palingenetic concept of political modernity (see Roger Griffin, « Modernitate, modernism şi fascism » (Modernity, modernism, and fascism. The "re-synthesis of the vision"), pp.62-72, in Sorin Antohi (ed), *Modernism şi antimodernism. Noi perspective interdisciplinare* (Modernism and Counter-modernism. New interdisciplinary perspectives), Bucureşti, Editura MNLR&Cuvântul, 2008, pp.45-78.

[11] Sorin Antohi, *Civitas imaginalis. Istorie şi utopie în cultura română* (Civitas imaginalis. History and utopia in the Romanian culture), Iaşi, Polirom, 1999, p.164.

[12] *Ibid.*, p.175 ff.

[13] *Ibid.*, p.172.

[14] *Ibid.*, pp.28, 98ff.

[15] Alexandru Duțu, *Political Models and National Identities in Orthodox Europe*, Bucharest, Babel Publishing House, 1998, pp.135-137.

country like 19th century Romania, the overestimation of the national model reached the forms of the mind pathology and contaminated the political culture and public discourse.[16] On the sake of this "disease of imagination produced by illusion and utopia"[17], the national ideology radicalizes and connects with the utopias.[18]

At the end of this first section, two aspects have to be kept. First, the political modernization does not develop in the back of the closed doors. It goes far beyond to a neutral package of public policies even these are followed on the long term. Instead, the political modernization generates questions, dilemmas, and collective choices. It forces drawing a space of public discourse that often radicalizes. It is known that in the interwar Romania such a public debate developed, most of the authors who worked out its points of view being in the same time committed in the main political parties.[19]

The intensity and polemic turn this discourse has taken, suggests though, that its significance goes beyond the debate over the alternatives of the Romanian's future. It was the need of the "communicative utopia" (Jurgen Habermas) and the germination of what one could call the "civil society". The extremist leaders expressed better and most obvious this great expectation. Therefore, like in any political religion (Emilio Gentile), the leading to experiencing new forms of political community has been replaced the ideas and modernizing programs. In the case of the Legionary leaders the sociologist Henri H. Stahl accurately spotlights this mood: "First time I met Codreanu, it was at the students convention that took place in Cluj, and whose majority was formed by these young people who were soldiers in the First World War, like Corneliu Codreanu himself, and who were absolutely convinced that they will up root thorough Romanian social life. It won't what it was, something new will appear, a new world shall be built. They have hesitation regarding how this could happen, but this drive was obvious".[20]

In the second place, it has to be kept that the control over the political discourse and the manipulation of concepts, a fact common in modernizing societies, has been occurred in the interwar Romania, too. Like in the other East European countries, and thoroughly different than to Western cases, the discourse of modernization was paralleled by the "interpretive languages, that is European intellectual traditions, or particular mixtures from such intellectual traditions, that have been borrowed, adapted as instruments for elaborating each of the peripheral ideologies".[21] In the case of the nation, for instance, while in Western countries the political discourses have outlined the concepts of "individual, society and state", in the

---

[16] Simona Nicoară, *Naţiunea modernă. Mituri, simboluri, ideologii* (The modern nation. Myths, symbols, ideologies), Cluj-Napoca, Accent, 2002, p.262.

[17] Alexandru Duţu, *op.cit.*, p.146.

[18] Alexandru Duţu delineates two aspects of the nationalist utopia in course of Romania's modernization: one rooted in the myth of ethnic continuity that he calls "retrospective utopia", the other extracted from the nebulous concept of "people", a "rustic utopia" (*op.cit*, pp.146-147).

[19] Kenneth Jowitt (ed.), *Social change in Romania:1860-1940. A debate on development in an European nation*, Berkeley, University of California, 1978.

[20] Zoltán Rostás, *Monografia ca utopie. Interviuri cu Henri H. Stahl* (Monograph as Utopia. Interviews with Henri H. Stahl), Bucureşti, Paideea, 2000, p.40

[21] Victor Rizescu, « Romania as a "Periphery": Social Change and Intellectual Evolution », p.36, in Bogdan Murgescu (ed), *Romania and Europe. Modernization as Temptation, Modernization as Threat*, Bucharest, ALLFA, Edition Körber Stiftung, 2000, pp.29-41.

peripheral cases this discourse generated as a reaction of the local traditions and cultures against the Western models.[22]

Political utopia and national history

I'll start by summarizing the conception about nation in the ideology of the Legionary Movement. Corneliu Zelea-Codreanu, the leader of the movement claims that the nation has a divine origin: "The earth is the very basis of the nation life…God gave to each people a precise territory to develop and create their own culture".[23] The nation has a mystical content as it links the past and the future of the peoples and indicates their providential destiny. This final goal is the redemption through going out from the time and history. Codreanu wonders: "What is leading one nation to be different by the other nations? … The final goal it is not the life, but the redemption; the redemption of all peoples in the name of our redeemer Jesus Christ".[24]

This millenary vision about nation future could be met to the Legionary ideologists like Ion Veverca and Alexandru Cantacuzino[25], too. In this sense, the scholars have argued that the religious features of the nation in Legionary outlook, i.e. the cult of the Ancestors, the mystical unity, the salvation, "developed a newspeak … This new kind of discourse does not allow a critical observation of the reality; it only allows the attitude of a believer, faithful to the new kind of religion the 20th Century invented: political religion".[26]

Still, they were legionary leaders that have shaded the content of the nation. Ion I. Moţa and Vasile Marin for instance, claim that the common culture provides the strongest belonging to one nation. Vasile Marin argues that there is a genetic identity of the state, nation, and culture, although their functions differ.[27] These "soft" conceptions about nation imbricate the Legionary ideology in the political spectrum of the establishment. They made appeals to the national history and culture to transforming the national utopia in an instrument for political struggle.

The best ideologist who succeeded to do that was Nicoale Roşu.[28] In his book, the "Dialectics of the Nationalism" (1935) he builds up an interpretation of the 1848's revolution in the two Danube principalities according, he claims, to the nationalist demands of the interwar period. Although he uses a violent style with many racist and anti-Semitic phrases, his book is noticeable because the attempt to link the Legionary nationalism to the one of the cornerstones in the Romania's modernization (one of the ending chapters has the title "The sociological conditions of a rightist revolution").

Roşu sees the elite of the 1848's revolution as divided by at least two leanings. One, in that were included the most leaders of the revolution, has as political program the spread of the modernity, political democracy and the secular universalism. This

---

[22] *Ibid.*, p.38.

[23] Corneliu.Zelea Codreanu, *Pentru legionari* (For my Legionaries), Sibiu, 1936, p.91.

[24] *Ibid.*, p.425.

[25] Ion Veverca, *Suflet şi gând legionar* (The Legionary Soul and Thought), Bucureşti, 1937; Al. Cantacuzino, *Românul de mâine. Românismul nostru* (The Future Romanian. Our Romanianism), Bucureşti, 1937.

[26] Constantin Davidescu, « Totalitarian Discourse as Rejection of the Modernity. The Iron Guard », p.109, in Bogdan Murgescu (ed), *Romania and Europe.. op. cit.*, pp.103-112.

[27] Vasile Marin, *Crez de generaţie* (The Creed of Our Generation), Bucureşti, 1937, p.104.

[28] In the opinion of the Liberal leader Victor Slăvescu, Nicolae Roşu was considered the best candidate at the movement leadership, in the case Corneliu Zelea Codreanu would resign (Victor Slăvescu, *Note şi însemnări zilnice* (Daily notices and writings), Bucureşti, Editura Enciclopedică, 1996, p.195).

group was led by political personalities like the Liberals C.A. Rosetti and Ion C. Brătianu. As they came into the power in the end of 1860s, they have been confiscated over a long period of time the political sense of the nation. Still they were, isolated revolutionaries like Nicolae Bălcescu and Ion Heliade Rădulescu who fought against this dominant group in the attempt to bring the national idea close to the Romania's history, traditions and past. It has inaugurated, Roşu put it, a deep conflict, still in process in the interwar period. The democracy opposed to the culture, as the former is artificial, external, massified, and the latter, organic, historical and evolutionary. On this basis, Roşu rejects the perspectives of several scholars that in the interwar times have worked out frames for Romania's national modernization (Eugen Lovinescu, first, but, also Ştefan Zeletin and Şerban Voinea).

The evolution of the National Christian Party, the other right wing extremist force, thoroughly differs to the political genesis of the Legionary Movement. At the first glance they have commonalities in their political programs: anti-Semitism, extremist nationalism, the cult of the authoritarian ruler. Still, while the Legionary Movement's militants belonged to the 1920's political generation, the leaders of the National Christians had a richer and older political biography. Alexandru C. Cuza for instance, has joined Nicolae Iorga in 1910 in setting the Nationalist Democratic Party. In addition, in the mid of 1930s the National Christian Party absorbed a group of Transylvanian politicians, amongst them it has to mention Octavian Goga, Silviu Dragomir, Ion Lupaş. This faction was enrolled before the First World War in the National Party, the political party of Romanians in Transylvania. Hence, the nation idea in the program of the National Christians covered a wider set of meanings. While the violent anti-Semitism of Alexandru C. Cuza has rooted in the latent anti-Semitism that born in the Older Kingdom after the Peace Congress in Berlin (1878)[29], the Transylvanians like Siviu Dragomir or university professors like Ion Petrovici[30] expressed a pragmatic perspective that based on the respect of national minorities rights.

However, the most visible ideologists were the supporters of extremist ideas. Amongst them it was Alexandru C. Cuza who has obsessively propagated the anti-Semitism. Cuza was an experienced politician. He has begun his career in the 1880s as Socialist in Iassy, joining after little time the Junimist political wing of the Conservatives. Ever then he expressed violent anti-Semitic commitments together few other Conservatives like Vasile Conta. These views remained changeless in the end of the 1920s when he was the president of the League for the National Christian Defense, the future National Christian Party. In a brochure he wrote in 1928, with the title "The National Christian Doctrine", he called to an immediate action for eliminating the Jews, because they would be religiously impure.[31]

Whether in this brochure Cuza retakes the ideas he has tenths years ago, the book he wrote fifteen years later, "The 1848's generation and the new era" (1943), amazes by its balanced and reasonable statements. Like Nicolae Roşu, Alexandru C.

---

[29] An accurate analysis of the roots of anti-Semitic roots finds in Leon Volovici, *Ideologia naţionalistă şi „problema evreiască"* (Nationalist ideology and "Jewish Question"), Bucureşti, Humanitas, 1995.

[30] The members of the Older Kingdom wing have belonged to the League for National Christian Defense, while the Transylvanians came from the People Party. The latter have left this party in 1932 and under the leadership of Octavian Goga set the National Agrarian Party. They merged in 1935 with the League for National Christian Defense.

[31] Cuza uses all the places in the brochure the pejorative term Jidan.

Cuza attempts to relate the 1848 revolution, its political programs and outcomes, to the interwar Romania's politics. While the 1848's revolution has given to Romania the external form of a state, it is the task of the interwar politicians to organize this state (pp.24-25). In this respect, the demagogic patriotism is useless, he says, and has to be replaced by "several years of strenuous work...in order to gain the competence for solving the issues of state organization" (pp.29-30). A different style to make politics has to be cultivated, that means a politics centered on the public issues (pp.51-54). For instance, the improvement of the workers situation has to be fulfilled by the piecemeal engineering socialism (pp.75-101), while the policy of cultural building up would provide with a large consensus the intervention of the state.

Whether in comparison with Legionary nationalism Alexandru C. Cuza is closer to the Nicolae Roşu, Ion Mota, and Vasile Marin outlooks, another main National Christian ideologist, Nichifor Crainic shares a thorough utopian nationalism. In this respect he enrolls next to the Legionaries Corneliu Zelea Codreanu and Alexandru Cantacuzino. Crainic was a reputed personality in the public arena of the interwar period. He was a professor of theology, the chief of the review *Gândirea* (The Thought), and his great influence upon new generation of intellectuals is comparable with the charisma of Nae Ionescu, another key personality of the interwar extremism.[32] Crainic has too very good connection inside the Romanian Orthodox Church, being close to the Patriarch Miron Cristea, and to the younger theological thinkers like Dumitru Stăniloaie.[33]

Crainic draw up a national doctrine on the laying on the Eastern Christian principles. He outlines the differences between Catholicism which bases on the universalism and abstract belonging to the Christianity and Orthodoxy that is closer to the national community. He claims that "the law of the Jesus Christ is the law of the State" and work out a project of "ethnocratic state" in which it allows for the Jewish people only a proportional political representation.[34] Although corporatist and totalitarian, the state has only a "power bounded by the space and time conditions of the earthly life. The state's claim to absorb thoroughly the human being for the political goals means the interdiction of eternal life and squeezing the human soul into its body and space".[35]

In fact, the ethnocratic state is nothing more that a mean to restore the original human condition. In this sense, in a recent article Mihail Neamţu points out: "Crainic's readers went into rapture over the classical contrast between culture and civilization, which had been derived from Ferdinand Tönnies' distinction between Gesellschaft and Gemeinschaft... At times, Crainic's journalism would indulge himself into offensive

---

32 Keith Hitchins, « Nationalism in a spiritual guise », in Kenneth Jowitt (ed.), *Social change in Romania:1860-1940. A debate on development in an European nation*, Berkeley, University of California, 1978, pp.140-173.

[33] Catherine Durandin, *Discurs politic şi modernizare în Românis, secolele XIX-XX* (Political Discourse and modernization in Romania, the 19th and 20th Centuries), Cluj Napoca, Presa Universitară Clujeană, 2001, p.204.

[34] Nichifor Crainic, *Ortodoxie şi etnocraţie* (Orthodoxy and Ethnocracy), Bucureşti, Cugetarea, 1938, pp.233-241.

[35] *Ibid.*,p. 9.

comments about the ethnic minorities of Romania. Thoroughly nostalgic and regressively utopian, he also believed in the future of an ethnocratic state".[36]

Utopia and political modernization in Romania's interwar period

In the third part of my article I aim to show that these utopian perspectives upon nation were intrinsic to the programs of Romania's modernization. Thus, in the interwar period not only the right wing extremist ideologists have shared it, but the established political thinkers as well. The most important consequence of this state of facts is that the extremist movements have to be seen as a part of the thorough process of political modernization. Furthermore, at the end of the interwar period the extremist ideas and experience have been provided the political system with legitimacy and brought it closer to the mass of the "peasant-citizens".

On the one hand, the making up of the political ideologies has been occurred in the interwar Romania in the frame of the party system. The modernization of the country has played the key role in shaping their political agenda, but the internal dynamics of the parties and political institutions should not be neglected. In this sense, the political system in the interwar Romania is a special case, as in comparison with the other countries from Eastern Europe, its party system survived until the late 1930s.

On the other hand, the public discourse has amongst its main topics the political modernization.[37] Its bearers belonged either to the *in nuce* civil society life, to the associations like Liga Culturală, Extensiunea Universitară, Criterion, or to the marginal political forces amongst them the right extremism was the most vocal. They have fed the discourse about the nation future and opened the door of the utopian views. In addition, they have been nurtured the state of intellectual creativity, "the creative mind" (Alexandru Duțu), on which soil in peripheral nations (re)generates the parallel discourse of "interpretative languages" (Victor Rizescu). This meta-discourse plays a key role in delineating the modernity of right extremist movements. The utopia of Legionary Movement could be explained thus as "a victory of the "legionary phenomenon" over the legionary phenomenon".[38]

National utopia finds in the case of the interwar Romania in the interstices formed by overlapping of three spheres of political modernization: the political action as such, the discourse about modernization and the meta-discourse often polemic, sometimes violent like in the case summarized in the second section.[39] Far for being disrupted and isolated, they have been formed in the same time and have been recovered over the time through the endless programs to build up a national identity. In this sense, the anthropologist Katherine Verdery convincingly analyses the various forms that the nation concept took at different political forces then. She argues that all these

---

[36] Mihail Neamțu, « Between the Gospel and the Nation. Dumitru Stăniloaie's Ethno-theology », p.10, in *Studia Archaeus*, vol.10, no. 3, 2006, pp.7-44.

[37] Catherine Durandin, *op.cit.*, pp.34-59.

[38] Sorin Alexandrescu, *Paradoxul român* (The Romanian Paradox), București, Editura Univers, 1998, p.245.

[39] Sorin Antohi outlines in the political writings of the 1848's generation the great place that the marginal and footnotes had (*op.cit.*,pp.170ff). Sometimes their length overpasses the text as such. These notes represent the meta-discourse, the "discourse" behind the discourse. If these notes are taken together with the text and each read through the lens of the other, is getting "the utopia of language".

perspectives have been dressed up by an unique discourse about "national essence". Its "main lines…had been laid down in the early 1900s".[40]

Thus, it understands better and gets a wider significance the isolated facts like Corneliu Zelea Codreanu's admiration for the national ideas of historian Nicolae Iorga.[41] In addition, the afore mentioned works that Nicolae Roşu and A.C.Cuza author, look in this frame as an attempt to escape by the radical cut off with the past that the 1848's revolution inaugurated. The myth of regeneration is proposed to replace the traumatic modernity.[42]

The political utopias have widespread in the interwar Romanian by the agency of the well established personalities. Amongst them it has to mention the influential thinker Ştefan Zeletin, who, according recent interpretations[43], had conveyed his former anti-Utopia, depicted in the pamphlet the "Country of the mules", into a thorough utopian vision about the future of the Romanian nation.[44] The Zeletin's utopia was explained by the "happy resistance of the Romanian soul to the capitalism".[45]

The extremist movements though had to cope with traditional communication channels that base on informal, face to face, discursive situations. Therefore the spread of their utopias was difficult, sometimes failed, and their discourse seemed full of incoherence. The levels of analysis has thus to be multiplied up to the "minor" premises of their political actions. In this sense, the concept of political religions is most accurate because it supposes that the borders between political and religion vanish and the ideology melts in the experience of the communal political actions. Thus, at least in the case of the interwar Romania, the nationalist utopias could be interpreted as a facet of the political modernity. In the following I will put it three features that support this statement.

The most obvious feature of political modernity is given by their strenuous actions to political mobilization of rural society. Although their precarious political culture, the peasants felt dramatically the cleavages of modernity and became a political actor. It was noticed thus the ambiguous electoral support of the Legionary Movement: "The Iron Guard could combine the aspiration of a reform commodity movement disappointed by the peasant party and royal dictatorship into a rural movement of protest against the social, political, and cultural order with elements of agrarian revolt".[46]

Mass politicization and express of the social discontent were tasks that the right extremist leaders followed by purpose. Furthermore, they saw in these processes

---

[40] Katherine Verdery, « The Rise of the Discourse about Romanian Identity. Early 1900s to World War II », in I. Agrigoroaiei, Gh. Buzatu, V. Cristian (eds.), *Românii în istoria universală* (Romanians in the World History), vol. II, partea I, Iaşi, Universitatea Al. Ioan Cuza, 1987, pp.89-136, p.91

[41] Nicholas M. Nagy-Talavera, *N. Iorga-O biografie* (N.Iorga – A Biography), Iaşi, Institutul European, pp.305ff.

[42] Sorin Alexandrescu, *op.cit.*, p.214.

[43] Cristian Preda, « Insula România» (The Island Romania), in Lucian Boia, Anca Oroveanu, Simona Corlan-Ioan, *Insula. Despre izolare şi limite în spaţiul imaginar* (The island. About isolation and limits in the imaginary space), Bucureşti, Colegiul Noua Europă, 1999, pp.259-268.

[44] In the early 1930s it was published a review of social philosophy called *Utopia*, with contributions of many leading personalities of politic and public arena, amongst who was Zeletin too.

[45] Cristian Preda, *op.cit.*, p.264.

[46] Juan J. Linz, « Patterns of Land Tenure. Division of Labor and Political Behavior in Europe », p.383, in *Comparative Politics*, 8:3, 1975-1976.

the very basis of getting a salient level of national solidarity and transforming the mass of backward peasants into a body of citizens. Octavian Goga, the leader of the National Christian Party and a great admirer of Mussolini, expresses this leaning. He mentions the three waves of "popularity" that crossed over the politics in the interwar period: the success of general Averescu[47], the National Peasantist wave of "class hate" and "regionalism", and the "wave of national idea" that the National Christian Party took up laying on the "drive of class differentiation, on the one hand, and religious drive, on the other hand".[48] In the wider frame of political modernization it has to note that thus, they tried to spread amongst the common people the models of national identity, the intelligentsia built up since the mid of the 19th century, though in the form of national utopia.

The Orthodox Church has played a core role in disseminating the national extremism and its political utopia. On the one hand, the scholars outline that alongside Romania's modernization the Orthodox Church was the main bridge between the mass of traditional society and political elites.[49] On the other hand, in the interwar period mainly, the church hierarchy up to the bottom embarked upon dissemination of the extremist nationalism. In the church statute for instance, they demanded to the priests „to teach, to advise and to point the way that the Romanian people has to go forward as „a national collective"".[50] In this respect, in the case of the Romanian right wing extremism the church and fascist movements were close, giving birth to the "clerical fascism". The political power have been changed "aesthetically and sacred in the way Emilio Gentile talks about".[51]

The second modernizing feature of the right wing extremism is given by their new political style that has as basis the group sharing of political experience and the dissolution of ideologies in the political organization. They pursued thus to the shaping the "new man", political subject of the new national community. They were the Legionary leaders who have been taken up these ideas. Amongst the National Christians, only Nichifor Crainic worked out such perspective. In his program of the ethnocratic state he draws up the anthropological model accurate to this political utopia. His main premise, the "solidarism...cosmic in universality, national in concrete"[52], roots in the models of Christian anthropology with successive images of redemption (the child, the hero, the genius, and the saint).[53]

The Legionary leaders have been expressed the most radical commitment in this sense. They dramatized the gap between "legal country and real country" and

---

[47] The general Alexandru Averescu has played a significant role in absorbing the trenches experience of the First World War. He had a great wave of popularity amongst peasants-voters immediately after the end of the war. Thus, he led the People Party, which won the elections twice, in 1921 and 1926. His governmental policies were though cautious, and focused on the pragmatic issues like agrarian reform, social legislation, the organizing the bureaucracy of the new Romanian state.

[48] Octavian Goga, *Ideea național-creştină* (The Christian National Idea), Bucureşti, 1936, p.59.

[49] Catherine Durandin, *op.cit.*, pp.188ff.

[50] Hans Christian Manner, « Aspects of Modernization and the Orthodox Church in Romania», p.79, Bogdan Murgescu (ed), *Romania and Europe... op. cit.*, pp.74-83.

[51] Marius Turda, « «Fascismul clerical » în România » (« Clerical Fascism » in Romania), p.15, Foreword to Mirel Bănică, *Biserica Ortodoxă Română. Stat şi Societate în anii 1930* (Romanian Orthodox Church. State and Society in the 1930s), Iaşi, Polirom, 2007, pp.9-15.

[52] *Op.cit*, p.172.

[53] *Ibid.*, pp.86-112.

pursued to mentally cover it by the appeal to the national utopia and strive to build the "new man". Codreanu has repeatedly asked thus his followers to change themselves before attempting to change the society. This "new man" obsession could be seen as quest of the "little utopias" in the sense I've mentioned above. In addition, it is not meaningless that this change in the Legionary ideology has happened after 1930 when a massive group of intellectuals became militants of the movement.[54] Thus it has been reached the very core of the Legionary credo, that to absorb ideology into political organization in order to get the absolute loyalty and trust.

Whatever radical these ideas they were not uneven in the political landscape of the epoch. It could be remember thus the well established politicians who strove too, to change the political style. Grigore Iunian, for instance, a leader of the one of the two main parties, National Peasantist, who had resigned in 1932 and set the Radical Peasantist Party, claimed that in the struggle against political extremism, rightist and leftist as well, the rude violence is useless. Instead, it has to feed up the political commitment by the appeal to the "new religion".[55] In the new party the rules of organization came from the concept of "party cooperative".[56] Their goals were to spread bottom to up the "organized, dynamic, and creative democracy". Iunian recognizes and accepts the commonalities with Legionary Movement, but points out that the heroism, dynamism, and creativity, the Radical Peasantists demand, were thoroughly devoted to the democracy.[57]

The third feature of the extremist political modernity deciphers at the broader level of the interwar political system. That means their national utopias provided the thorough political system with political legitimacy and new rules of political conduct. It needs before yet, to put it few words about the evolution of the party system in the interwar time.

The electoral law voted on the 27th of March, 1926 stipulated that the party that won at least 40% of the votes was to be declared "the majoritarian grouping". Then they listed the constituencies (i.e., the counties) when this party was surpassed by an absolute majority. The corresponding MP places were entirely given to the parties that achieved this. Next, half of the remaining seats at the country level were allocated automatically to the "majoritarian grouping". This was called "the governmental bonus" ("prima de guvernare"). Finally the rest of the seats were proportionally distributed to the parties

---

[54] Traian Sandu, « De l'antisémitisme au fascisme en Roumanie: naissance du Roumain nouveau régénéré par la révolution de droite », in *Analele Universității București*. Seria Ştiinţe politice, 2008, pp. 31-46 ; Zigu Ornea, *Anii treizeci. Extrema dreaptă românească* (The 1930s. The Romanian right wing extremism), Bucureşti, Editura Fundaţiei Culturale Române, 1995, pp.162-220.

[55] Grigore Iunian, « Abuzurile de autoritate şi garanţiile cetăţeneşti », (The authority abuses and the civic rights), p.359, in *Noua Constituţie a României. 23 de prelegeri publice* (The new Cosntitution of Romania. 23 public lectures), Bucureşti, 1923, pp.349-365. In this sense, it has to mention the name of another important ideologist Dumitru Drăghicescu, with his book *Creştinism şi democraţie* (Christianity and Democracy), 1909. At the beginning of the 1920s Drăghicescu has edited toghether afore mentioned Ştefan Zeletin a journal of political thought entitled *Social Justice*. During interwar period he was a member of National Liberal Party, and several times senator in the Romanian Parliament.

[56] C. Vicol, C. Constandache, Gr. Iunian, *Cooperativa în cadrul partidului politic* (Cooperative in the frame of the political party), Bucureşti, 1937.

[57] *Ibid.*, pp.11-12.

which gained more than 2% of the total votes. According to Mattei Dogan, the model of that electoral law was Mussolini's legislation passed in 1923[58].

The intention behind the 1926 electoral law was to promote strong one-party governments and a return to the pattern of alternation in government of the two main parties. The National Liberal Party and National Peasant Party, the two main parties, won alternatively the elections. These aims were achieved until 1937, when none of the parties qualified for the bonus and the electoral results obliged the parties to negotiate in order to form a majority. Their ideological orientations and the social interests they represented were factors in this negotiation and a multiparty system became necessary.[59]

The two extremist movements have played the key role in this change of the political system. They did it, firstly by the electoral support they won, 15% for All for the Country Party, and 8% for National Christian Party. They have got then their best electoral outcomes, but what is meaningful is the fact that these votes came from the former supporters of the main parties, Liberals and Peasantists. This way, the vicious design of 1926 electoral law became purposeless. Secondly, the participation of the extremist movements to the 1937's election as well as the votes they won, paradoxically have forced the democratization of the political system. It's significant thus that during electoral campaign, they signed up the agreements to avoid the misconduct and unfair political propaganda. The parties split up in two blocks that divided too, the two extremist movements. On the one side placed National Peasantist Party, All for the Country Party, and another two small parties, Gh. Brătianu's Liberals, and Agrarians. On the other side, the National Liberal Party, on power, signed the agreement with Romanian Front and National Democrat Party (led by the historian Nicolae Iorga), while National Christian Party and People Party (led by the marshal Averescu) committed to the "good-willing and moderate opposition to the govern".[60] The two blocks won the great majority of the votes, 87.47% (the four parties of the first block took 41.57 %, the rest went to the other block).

These political alliances profoundly changed the nature of political system. The two main parties' hegemony ended up, but the political establishment granted more legitimacy and trust. The basis of new political consensus has been laid down, while the politics of negotiation, multiparty coalitions, and program policies, could replace the former lobby and backstage style of making politics. The two movements themselves have been integrated, becoming political parties, what is an important stage in the political modernization of one nation.[61]

It is hard to say what could happen with extremist national utopias, if the party system wouldn't be replaced in February 1938 by the two dictatorships, that of the king Carol II, followed from September 1940 till August 1944, by the marshal Ion Antonescu. So far, we know that the violence stream attracted thorough political life, and political murder became the common tool (they were victims amongst main

---

[58] Mattei Dogan, « Romania: 1919-1938 », pp.371,375, in Myron Weiner, Ergun Ozbudun (eds), *Competitive Elections in developing countries*, Duke University Press, 1987.

[59] Regarding the factors behind this evolution see my article, « The failure of a political project; Bipartdism in the interwar Romania », in *Studia Politica*, vol.4, no.3, 2004, pp.581-608.

[60] Al. Gh. Savu, *Sistemul politic al României interbelice* (The political system in the interwar Romania), București, Ed. Științifică și Enciclopedică, 1976, p.93.

[61] Samuel Huntington, *Ordinea politică a societăților în schimbare* (The political order in the changing societies), Polirom, Iași, 1999, chapter 7.

political personalities like Nicolae Iorga, Petre Andrei, Virgil Madgearu, Armand Călinescu, but also from the Legionary leaders, beginning with Corneliu Zelea Codreanu himself, as well as amongst common people like the Jews during the riots of January 1941). Instead this, we would see perhaps the new revitalization of the nationalist utopias and its political religion, that by new "Weg zu den Massen"[62] could steadily spread the political modernity to the thorough society.

---

[62] Armin Heinen, *Die Legion « Erzengel Michael » in Rumänien : soziale Bewegung und politische Organisation, ein Beitrag zum Problem des internationalen Faschismus*, Munich, Oldenburg, 1986, traduction roumaine chez Humanitas, 1999, 546pp., pp.206-235.

Mara Magda MAFTEI-BOURBONNAIS
Académie d'Etudes économiques de Bucarest

Cioran, compagnon de route de la Garde de Fer

La Garde de Fer fut le mouvement de révolte de la « jeune génération » qui finit par attrirer des écrivains tels que Cioran, Eliade, Nae Ionescu, Constantin Noica, etc., ayant un programme nationaliste, antisémite et antidémocratique. Bien que Codreanu initialement avait déclaré que la Garde de Fer n'était pas fasciste, il soutint que la solution des problèmes de la Roumanie passait par l'établissement d'un nouvel ordre en Europe, engendré par le pouvoir de la croix. La Garde de Fer militait pour une élite spirituelle, pour une démocratie spirituelle, morale, chrétienne et nationale. Elle prétendait promouvoir les intérêts du peuple roumain grâce à une révolution nationale censée retrouver, à travers l'orientation spirituelle imposée par Nae Ionescu à « la génération de 1927 », le « modèle roumain de l'existence ».

Nous allons essayer de montrer dans cet article la manière par laquelle les enseignements du professeur Nae Ionescu se retrouvent dans la doctrine de la Garde de Fer et les écrits de Cioran. Nous nous posons la question de savoir pourquoi la Garde insiste sur le changement de physionomie de la Roumanie et sa réconciliation avec Dieu, sur sa connotation spirituelle, alors que ses membres fidèles étaient des athées, c'est le cas de Cioran, Noica, etc. Ils militent tous pour une révolution nationale, spécialement Cioran, qui affirme ne pouvoir aimer qu'une Roumanie en délire, en disant en même temps qu'il n'y a pas de peuple qui ait touché l'universalité que par la force spirituelle.

Parti en 1933 grâce à une bourse d'étude en Allemagne, Cioran envoie à la revue *Vremea* des articles sous le titre *Lettres d'Allemagne*, où il confesse sa sympathie pour le régime nazi, l'Italie fasciste ainsi que le bolchevisme. Il reproche à la Roumanie le compromis mou, et il voit un régime dictatorial comme l'unique chance pour son pays de sortir de sa misère. Cioran partage avec la Garde de Fer l'idée de la révolution, de la dictature, de la nation, le collectivisme national et sa haine envers les Juifs et les Hongrois. *Schimbarea la faţa a Romaniei* (la transfiguration de la Roumanie) est son manifeste contre le régime libéral, en montrant en même temps sa méfiance envers la spiritualité traditionnelle. Cioran reste jusqu'à sa mort un athée ayant le culte de la force, car il croyait que seule la force représente le changement historique dont la Roumanie avait besoin.

Du point de vue concret, Cioran n'a jamais été confronté au totalitarisme proprement dit comme Noica ou Steinhardt. Pour bien s'intégrer en Occident, Cioran va devenir à sa maturité un libéral intraitable.

La sympathie de Nae Ionescu pour la Garde de Fer et sa révolte contre le roi Carol II ont créé une génération impatiente de transfigurer la Roumanie, d'utiliser le nationalisme, qui avait une bonne tradition intellectuelle, jusqu'à l'extrême.

La période entre les deux guerres a été en Roumanie une des plus effervescentes et contradictoires du point de vue politique. La période fébrile débute avec l'année de l'unification du pays, 1918 et finit avec l'année de l'instauration du communisme, 1944. Nous avons donc presque 30 ans, période pendant laquelle la démocratie a concouru avec l'autoritarisme, et l'intellectualisme se partageait entre les deux manifestations politiques ; c'est la période historique durant laquelle la Roumanie a essayé d'importer et de faire marcher le modèle occidental du capitalisme. Pendant la période d'entre les deux guerres, deux types de nationalismes se confrontaient : le nationalisme bourgeois soutenu par le parti libéral, celui qui a unifié le pays en 1918, et le nationalisme qui misait sur le traditionalisme, le courant autochtone et antisémite initié par Mihai Eminescu et dont l'héritier lointain au niveau politique est la Garde de Fer. Les origines du capitalisme roumain ne se trouvent pas dans le libéralisme importé, mais dans l'ambition d'un nombre d'intellectuels et de politiciens roumains d'unifier le pays, de suivre le chemin occidental et de faire sortir la Roumanie de son isolement économique et de son autarcie typique. L'extrémisme était alimenté par la pauvreté de la population en majorité rurale, par l'incapacité des politiciens à gérer « le problème juif », par la politique internationale profasciste de Carol II et d'Antonescu, même si ni l'un ni l'autre n'étaient des fascistes convaincus, mais ils ont trouvé que le fascisme peut représenter une solution pour contrecarrer les menaces russes. Les partis démocrates qui ont eu le pouvoir jusqu'au début de la dictature en 1938, savaient que la consolidation d'un État très jeune et mal uniformisé était primordiale, mais à travers des reformes votées, ils ont donné beaucoup de droits aux minorités. A cause de ce choix, la Garde de Fer a eu beaucoup de succès ; apparemment, elle soutenait le même programme de consolidation de la nation roumaine, mais en utilisant comme argument la menace des Juifs et la menace communiste afin de créer sa popularité, surtout parmi les jeunes. Nous pouvons conclure que l'État national roumain a été créé par les grands politiciens et intellectuels libéraux, mais le nationalisme réactionnaire a réussi à diviser le pays récemment unifié, en nourrissant avec l'antisémitisme et l'anticommunisme la jeune génération des intellectuels, la génération formée par le professeur Nae Ionescu, dont Cioran fait partie, la génération obnubilée de sortir la Roumanie de son anonymat à travers une révolution nationale, à travers la révolte et le messianisme religieux, faussement motivé par la Garde de Fer. Comme la Garde de Fer se voulait anticommuniste, elle se prévalait des démonstrations anticommunistes, ayant le soutien de jeunes intellectuels.

La Garde de Fer n'a fait que jouer sur un contexte économique très précaire, ayant comme représentant un héros qui s'investissait de pouvoirs spirituels, mais aussi avec une habileté à manipuler les masses. C. Z. Codreanu fonda le 4 mars 1923 Liga Apărarii Naționale Creștine (La Ligue de Défense Nationale Chrétienne). Nous ne pouvons pas dire que C. Z. Codreanu était inculte, mais il souffrait du culte de la personnalité ; il s'inoculait constamment la nécessité d'assumer une mission historique afin de faire sortir la Roumanie de l'anonymat. Ces tendances nationalistes doublées par la haine de Nae Ionescu contre le Roi et le paysage doctrinal et politique qui stimulait l'extrémisme politique ont contribué à la formation d'une génération qui a vraiment cru pour une période dans le mythe de la régénération nationale à travers des solutions dictatoriales. En tout cas, C. Z. Codreanu n'était pas « un grand visionnaire et un grand homme politique » ou mieux, « l'unique qui méritait le nom d'homme politique »[1], comme l'écrivait avec passion le prêtre Ştefan Pălăghiţă, ancien légionnaire, et en aucune manière ses faits n'étaient « essentiels au destin roumain ».[2] Ce qu'on peut

---

[1] Şt. Pălăghiţă, *Istoria Mişcării legionare*, Editura Roza vânturilor, Bucureşti, 1993, p.57
[2] V. P. Gârcineanu, *Din lumea legionară*, Ediţia a II-a: Serviciul de Propagandă Legionară, 1937, p.12.

apprécier chez C. Z. Codreanu, ce n'est ni sa confiance dans la création d'une indépendance politique roumaine, ni son messianisme assumé, mais l'intuition du péril russe, du bolchevisme. Nous allons trouver la plupart des thèmes légionnaires dans les directives de Nae Ionescu, assumées comme essentielles et développées dans les articles de la jeune génération, Cioran inclus :

1. Les tendances anticommunistes du mouvement sont proclamées dès le début par Codreanu, mais sa doctrine et ses pratiques convergent avec celles des fascistes européens, surtout parce que Codreanu soutenait que « la solution des problèmes de la Roumanie passe par l'établissement d'un nouvel ordre en Europe, engendré par le pouvoir de la croix ».[3] En même temps, l'importance de la Garde de Fer en Roumanie a une justification historique : aucun parti traditionnel n'a réussi à imposer le modèle de la démocratie occidentale après la Première guerre mondiale, la démocratie était une formule précaire en Roumanie, la plupart des gens, les masses, étant exclues de la prise des décisions politiques ; de surcroît, l'échec du Parti national paysan dans les années 1930, après avoir tellement essayé de mettre de côté le monopole des Nationaux libéraux, a rapidement créé le terrain propice pour la Garde de Fer qui, en revanche, ne pouvait pas avoir le succès du fascisme en Italie ou du national-socialisme en Allemagne, car il y manquait une préparation mentale des Roumains dans cette direction. La mission légionnaire a dès le début un programme nationaliste, antisémite, antidémocratique et anticommuniste. En même temps, le liant entre la Garde de Fer et la furie de la jeune génération a été Nae Ionescu et sa révolte contre les Nationaux libéraux et le Roi. Nous ajoutons aussi le contexte antisémite européen et celui provoqué dans les universités de Iaşi et de Bucarest grâce aux lois passées par les partis démocratiques. Le légionarisme est parti des universités. « La Garde de Fer était un mouvement de la jeune génération ; ses cadres étaient les étudiants et les intellectuels qui ont quitté assez récemment les universités ».[4] Le mouvement a commencé par la manipulation de jeunes dans les universités et il se prévalait beaucoup de la Constitution de 1923, censée avoir « vendu la Roumanie aux grandes puissances par l'acceptation du Traité de protection des minorités de 1919 et la garantie des droits politiques et civils pour les minorités nationales ».[5] La formation d'une nation pure, sans les minorités héritées le 1 décembre 1918, le jour de l'unification de toutes les provinces roumaines, ne représentait pas seulement le desideratum du légionarisme, mais aussi des partis démocratiques qui toléraient d'une manière tacite la manifestation de cet extrémisme chez les légionnaires. Le 10 décembre 1922, les étudiants, venus à Bucarest des quatre centres universitaires, demandent l'expulsion des juifs provenant des provinces annexées après août 1919. Ils voulaient une constitution pour favoriser les Roumains : « la naturalisation automatique et définitive de tous les Juifs sur le territoire de la Grande Roumanie était une condition du Traité de Saint-Germain, signé d'une manière obligatoire par les hommes politiques de la Roumanie en 1919 ».[6]

2. La révolte contre le matérialisme des politiciens et contre la misère morale installée après la Première guerre mondiale a conduit à la dégradation de l'âme, aux

---

[3] F. Veiga, *Istoria Gărzii de Fier, 1919 – 1941, Mistica ultranaţionalismului*, traducere de Marian Ştefănescu, Editura Humanitas, Bucureşti, 1993, p.317.

[4] H. Sima apud Irina Livezeanu, *Cultură şi naţionalism în România Mare, 1918-1930*, traducere din engleză de Vlad Russo, Editura Humanitas, Bucureşti, 1998, p.289.

[5] Cité dans Irina Livezeanu, *op.cit.*, p. 291

[6] *Ibid.*, p. 320.

lectures de Nietzsche, Spengler, Dostoïevski etc. Le mouvement voulait reconstruire l'être humain et le peuple roumain en imposant un nouveau modèle, celui de l'homme nouveau.

3. La Garde de Fer essayait de démontrer que la démocratie était un concept faux et surtout appliqué en Roumanie d'une manière erronée, quand « le parti au pouvoir utilisait toutes les moyens illégaux pour obtenir les 40% de votes nécessaires pour gouverner avec une majorité parlementaire ».[7] Cette affirmation est parfaitement valide, mais en revanche, la Garde elle-même a pris des formes totalitaires en essayant d'imposer « une élite spirituelle », autre que celle libérale, mais même plus oppressive et dans les termes « d'une démocratie spirituelle, morale, chrétienne et nationale ».[8]

4. Le caractère spirituel du mouvement est toujours accentué, car il se fonde sur la théologie chrétienne, sur la croyance en Dieu. Cette appropriation de Dieu se fait au travers du sentiment religieux, pas au travers de la connaissance. Cette dichotomie sera très importante pour les représentants de la jeune génération et surtout retrouvée dans les enseignements de Nae Ionescu.

Aussi, le mouvement s'attribue les trois principes de l'Église, « sur le chemin de l'union avec Dieu : la pénitence, la purification et la perfection, c'est-à-dire le changement de la volonté, la libération des souffrances et le but de l'amour parfait ».[9] Les membres de la Garde de Fer devaient partager la croyance en Dieu, l'amour divin et les chants (élément significatif dont Eugen Ionescu devait garder un très mauvais souvenir), la croyance dans la renaissance du peuple, dans la prière, comme élément qui prouvait le caractère spirituel du mouvement, considéré comme un nouvel esprit sur la scène roumaine, en cumulant l'intellect, le sentiment et la volonté. En même temps, l'homme nouveau « présuppose un grand renouvèlement de l'âme, une très forte révolution spirituelle du peuple, une renaissance de toutes les vertus de l'âme humaine ».[10] Le mouvement légionnaire n'a pas de programme ou de doctrine, soutient C. Z. Codreanu, ce qui annulerait en fait son caractère spirituel dont il se réclame tant. Dans son livre, *Pentru legionari* (*Pour les légionnaires*), C. Z. Codreanu écrit : « un mouvement ne signifie ni statut, ni programme, ni doctrine. Ceux-ci peuvent représenter la justification du mouvement, peuvent définir son but, son système d'organisation, ses moyens d'action etc., mais pas le Mouvement lui-même (...) Créer un mouvement signifie, *premièrement,* créer, *donner naissance à un état d'esprit*, qui ne se trouve pas dans la raison, mais dans l'âme de la masse. Voilà *l'essentiel* du Mouvement légionnaire ».[11] Selon C.Z. Codreanu, les décisions et les faits de la Légion se fondent sur le caractère spirituel du mouvement, sur l'exacerbation de l'affectif plutôt que du rationnel.

5. Le Mouvement prétend défendre les intérêts du peuple roumain au travers d'une révolution nationale ; c'est un mouvement qui veut « une Roumanie nouvelle et la renaissance tellement attendue par le peuple roumain »[12], ce qui n'exclut pas l'antisémitisme, les Juifs étant « les mercenaires du communisme »[13] et les

---

[7] *Ibid.*, p. 72.
[8] *Ibid.*, p. 73.
[9] *Ibid.*, p. 77
[10] C.Z.Codreanu, *Cărticica şefului de cuib*, în Şt. Pălăghiţă, *op.cit.*, p.86.
[11] C. Z.Codreanu, *Pentru Legionari*, p.310.
[12] *Ibid.*, p. 319.
[13] *Ibid.*, p. 382.

représentants de tous les excès financiers, en occupant toutes les positions importantes auxquelles les Roumains n'ont pas accès.

6. Le Mouvement légionnaire est antidémocratique ; il attaque la Constitution de 1923 sur le vote universel introduit à cette occasion sur les thèmes de favoriser le politicianisme, d'accorder beaucoup de droits aux Juifs, d'exacerber le rôle de l'individu dans la société : « la démocratie ne s'occupe que d'assurer le droit de l'individu »[14], pas de l'intérêt de la collectivité, desideratum stipulé par Codreanu.

7. Un détail significatif quand nous parlons du portrait de la Garde de Fer, est la manifestation réelle, par les assassinats, de l'idée de « la mort légionnaire ». Il est possible que l'adversité contre la démocratie soit alimentée par les persécutions auxquelles le Mouvement a été soumis par l'État démocratique roumain, son rejet dans l'illégalité par quatre fois. Par conséquence, Cordeanu impose l'idée de la mort, du sacrifice au nom de l'accomplissement de la transfiguration du pays : « l'équipe de la mort est l'expression de ces états d'âme du jeune légionnaire. Elle signifie la décision de ces jeunes *de recevoir la mort*. Sa décision de progresser, d'avancer, en passant par la mort ».[15] Les légionnaires prennent cette idée de la mort non conditionnée par la religion chrétienne en se présentant eux-mêmes comme « des apôtres de la nation et du christianisme, donc prêts à mourir pour la nation comme Jésus est mort pour le rachat de l'humanité ».[16]

Pour mieux comprendre les tendances légionnaires de la jeune génération, les traits du légionarisme, retrouvés chez Cioran aussi, doivent être cherchés surtout dans les enseignements du professeur Nae Ionescu. Ces récurrences prouvent que, au moins pour une certain période, il y avait une triade très bien corrélée : Nae Ionescu – la Garde de Fer – la jeune génération, Cioran inclus ! Ce que la Légion professait et appliquait, Nae Ionescu l'accentuait, il accordait une nuance plus savante à leurs prophéties, et les jeunes se lançaient dans des débats transformés en articles et publiés dans des revues nationales, en soutenant les tendances démagogiques d'un mouvement compris, d'une manière erronée, comme étant spiritualiste. Dans ce contexte, les quatre conférences tenues par Nae Ionescu dans la prison de Miercurea Ciuc, les conférences publiées sous le titre de *Fenomenul legionar* (*Le phénomène légionnaire*) sont à noter. Dans sa première conférence, Nae Ionescu parle de la dialectique matérielle de l'histoire, de l'encadrement temporel des événements de la Roumanie légionnaire, de la nécessite de leur déroulement, mais aussi de la logique d'une coopération entre un état d'esprit, la religion et la forme politique de leur manifestation. La religion que l'on reçoit à la naissance est primordiale, donc, l'orthodoxie dans le cas roumain, mais en assumant cette prémisse, quelqu'un ne peut pas être orthodoxe et capitaliste ou démocrate en même temps : « je ne peux pas être orthodoxe, si je suis capitaliste, idéaliste ou nominaliste dans la philosophie, individualiste dans l'éthique, démocrate en politique ».[17] Cette détermination des faits crée « le profil de la forme historique », car « les différents éléments ne sont pas mis au hasard, mais ils sont liés d'une certaine manière ».[18] Dans sa deuxième conférence, le professeur parle de l'inadéquation de la

---

[14] *Ibid.*, p. 415.
[15] *Ibid*, p. 457.
[16] Marta Petreu, *Un trecut deocheat sau Schimbarea la față a României*, Editura Institutului Cultural Român, București, 2004, p.59.
[17] N. Ionescu, „Fenomenul legionar" în Şt. Pălăghiță, *op.cit.*, p.351
[18] *Ibid.*.

démocratie et du libéralisme à la Roumanie. Les deux représentent des formes importées de l'Occident, mais impossibles à corréler avec la mentalité roumaine en grande partie rurale, où même la propriété, l'élément fondamental du capitalisme « n'est pas un objet individuel, mais il appartient à la famille, il est lié à la main-d'œuvre de la famille (….) chez nous le paysan n'est pas le propriétaire du terrain (...), mais il est simplement le serviteur qui travaille la terre ».[19] Le libéralisme présuppose « une mentalité individualiste. Les formes de vie réduites à un individu. L'individualisme est né où le protestantisme est né, car le protestantisme représente une forme individualiste de vivre le sentiment religieux. La propriété dans l'Occident était individuelle ».[20] Par conséquent, « une forme historique peut s'étendre même dans les pays où elle ne trouve pas des conditions propices, en résultant des formes hybrides, impropres, impures ».[21] Dans la troisième conférence, le professeur veut démontrer la fausseté du concept de la démocratie, car une forme de gouvernement est choisie grâce à une majorité de votes, mais la majorité ne représente pas la volonté de la nation et surtout en démocratie il existe beaucoup d'exemples de dirigisme, donc ce ne sont pas les intérêts de l'individu qui sont représentés, mais les intérêts de la collectivité. En conséquence, la démocratie est comme la Constitution, créée d'une manière arbitraire. Dans sa quatrième et dernière conférence, Nae Ionescu relève la relation entre la nation, le peuple et Dieu, une corrélation sur laquelle Cioran va insister aussi. Le professeur reconnaît que le XXe siècle est un siècle de l'expansion du nationalisme, phénomène déclenché par l'écroulement de l'empire russe, mais aussi de l'empire austro-hongrois et par la pression des nations pour reconstituer leurs identités. Nae Ionescu décrit la différence entre peuple et nation, comme Cioran va le faire dans *La Transfiguration de la Roumanie*, les deux en assumant la dichotomie de Spengler : « quand un peuple devient conscient de lui-même, il cesse d'être un peuple et il devient nation, c'est-à-dire, une réalité spirituelle, la conscience de soi-même, inconnu dans le passé ».[22] La nation, à la différence du peuple, relève d'un caractère « offensif et impérialiste par excellence, un organisme qui ne peut vivre que dans l'expansion, la vie, le dynamisme ».[23] L'impérialisme est nécessaire car il met en œuvre « une nouvelle formule spirituelle ».[24] Les trois éléments qui forment la structure idéologique de Nae Ionescu, que l'on retrouve aussi chez Cioran, sont inclus dans l'affirmation : « le nationalisme du XXe siècle part du peuple, passe par la nation pour arriver à Dieu ».[25]

Le mythe de la régénération nationale, la définition du spécifique national, la peur de l'invasion des étrangers, représentent des thèmes hérités du groupe jeune-conservateur post-quarantehuitard *Junimea* ; même au XVIIIe siècle, le Juif représentait le prototype négatif du nouveau riche, de celui qui veut s'enrichir à n'importe quel prix, une mentalité qui à l'époque était tout-à-fait contraire à celle du Roumain, pas du tout pragmatique.

« Le problème juif » devient plus grave à partir de la formation de l'État national unitaire en 1918, lorsque la politique libérale a facilité la pénétration du capital

---

[19] *Ibid*, p.353.
[20] *Ibid*..
[21] *Ibid*, p.354.
[22] *Ibid*., p.359.
[23] *Ibid*., p.360.
[24] *Ibid*..
[25] *Ibid*., p.361

étranger sur le marché domestique. De nombreux écrivains roumains, comme V. Alecsandri, C. Negruzzi, B. P. Hasdeu, I. Slavici, V. Conta, M. Eminescu avaient écrit des articles antisémites, Eminescu étant même choisi comme précurseur de l'antisémitisme par C. Z. Codreanu. Par conséquent, ce n'est pas la Garde de Fer qui a inventé l'antisémitisme sur le territoire roumain nouvellement formé, elle a seulement profité de certaines exigences de la part des puissances étrangères en ce qui concerne les droits des minorités, des exigences avec lesquelles la population roumaine n'était pas d'accord. Le fameux historien roumain Nicolae Iorga condamnait toujours les Juifs pour leur domination économique et leur tendance à contrôler les ressources nationales qui devaient appartenir aux Roumains. Iorga, qui fut finalement assassiné par la Garde de Fer en 1940 (après avoir éprouvé de la sympathie pour le mouvement à son début), a montré dans les pages de son journal *Neamul românesc (La nation roumaine)* ses accents antisémites et il a fondé en 1910 avec A. C. Cuza le Parti National Démocrate, parti qui avait un programme antisémite. Il s'agissait du même A. C. Cuza, président de la *Liga Apărării Națională Creştină (La Ligue de la Défense Nationale Chrétienne)*, fondée le 4 mars 1923 avec C. Z. Codreanu.

Ainsi, la politique roumaine entre les deux guerres mondiales hésitait entre démocratie et nationalisme. La démocratie représentait un concept totalement étranger à la réalité économique et sociale jusqu'en 1918, mais nécessaire pour le développent économique du pays et son besoin de sortir de son autarcie culturelle et économique ; la démocratie était importée de l'Occident et elle fonctionnait mal en raison d'une bourgeoisie et d'un capital étrangers. Le nationalisme, de l'autre côté, représentait la force avec laquelle quelques individus luttaient pour conserver la spécificité nationale, le « *românism* ». La Constitution de 1923 a produit d'une manière très directe un hiatus, même plus prononcé, entre ceux qui essayaient d'adapter la démocratie et les promoteurs du nationalisme. Après la Constitution de 1923, le slogan de la lutte antisémite devint « *numerus clausus* », pour empêcher l'éducation des Juifs dans les universités roumaines. La Ligue de la Défense Nationale Chrétienne qui est fondée la même année, se propose : « l'annulation de tous les droits politiques des Juifs qui se trouvent dans l'armée et dans les fonctions publiques, le programme se résume à la devise *la Roumanie appartient aux Roumains !*[26] ».[27]

En ce qui concerne les idéaux pour lesquels lutte la Garde de Fer, Codreanu les résume dans *Pentru legionari* : « 1. L'unification de tous les Roumains, 2. L'importance des paysans en leur donnant des terres et des droits politiques, 3. La résolution du *problème juif* ».[28] La Garde de Fer identifiait la menace juive et elle le considérait comme étant la plus importante, qui pouvait même déterminer la dissolution de la nation roumaine ; les Juifs sont identifiés également au péril bolcheviste : « quand je dis communistes, je dis Juifs ».[29]

Dans le discours de Nae Ionescu nous retrouvons des implications semblables à celles des écrits de Cioran. La nation pour Nae Ionescu était une nation en grande partie autochtone, autarcique. Ses considérations en ce qui concerne le peuple roumain ont une teinte spirituelle. Nae Ionescu était orthodoxe et il considérait l'orthodoxie

---

[26] Programul L. A. N. C. in I. Mironescu-Nor, *Moldova creştină şi iudaismul talmudic*, Bucureşti, 1927, pp.163-164.
[27] L. Volovici, *op. cit.*, p.47.
[28] C. Z. Codreanu, *Pentru legionari*, pp.13-15.
[29] *Ibid.*, p.378.

comme la matrice de la formation de la nation roumaine. Le peuple roumain existe, selon Nae Ionescu, parce qu'il est orthodoxe : « puisque la confession, réalité historique, fait partie intégrante de l'autre réalité historique, la nation, il signifie que dans la définition de la notion du « Roumain » et dans la constitution de la réalité « roumaine » rentre comme composant essentiel, l'Orthodoxie »[30] ; l'existence de l'orthodoxie présuppose la conservation de l'autochtonisme authentique et cette qualité « d'être roumain ». L'orthodoxie est l'état de la normalité du peuple roumain, avec une forme de vie prépondérante rurale, c'est pour cela que l'orthodoxie est rurale et l'authenticité de l'être roumain suppose la conservation de son autochtonisme et de vivre cette expérience et cette existence historique. Pour Nae Ionescu, l'identité de la nation roumaine est donnée par l'Église chrétienne, il s'agit d'une relation fondée sur l'amour. « Aime-toi et fais ce que tu voudras », écrivait Saint Augustin, citation très utilisée par le professeur dans ses cours. La nation chrétienne n'a rien avoir avec l'État, l'État est un concept hybride : « du point de vue logique, le concept d'État national est un composite hybride : l'État est un concept politique, la nation est un concept culturel. Il peut arriver pour un État d'être État et d'être en même temps national ; cela peut se produire, mais très rarement ».[31]

Chez Cioran, nous trouvons sa motivation à adhérer aux idées de la Garde de Fer dans tout le contexte cité précédemment. Quelle est la raison pour laquelle Cioran a glissé vers la Garde de Fer ? Le désespoir, comme toute sa génération d'ailleurs, de vivre dans un pays très corrompu, où la promotion sociale et la vision d'avenir étaient compromises, le népotisme étant impossible à éliminer. Dans ce contexte, la promesse de la Garde de Fer de faire une révolution nationale qui restructurerait une société anomique, lui semblait la meilleure solution, surtout parce que le mouvement promettait la réconciliation du pays avec Dieu, donc un renouvèlement doctrinal qui ne sortait pas du cadre religieux, engagement faux, évidemment. Si au début Cioran se maintient sur des positions spiritualistes, en déroulement parfait avec les élucubrations initiales du mouvement et les enseignements du professeur qui insistaient sur le caractère spirituel de la Garde, en 1933, quand il arrive en Allemagne, il envoie des lettres (*Lettres d'Allemagne*) à la revue *Vremea*, en soutenant la brutalité et la terreur, deux éléments qui pourraient changer le destin de la Roumanie ; il soutient l'hitlérisme : « n'importe quel homme avec un minimum de compréhension historique doit reconnaître que l'hitlérisme a été un destin pour l'Allemagne ».[32] Dans son fameux livre, *La Transfiguration de la Roumanie*, publié en 1936, Cioran donne son soutien aussi au bolchevisme : « l'hitlérisme me semble être un mouvement sérieux car il a su associer d'une manière directe à la conscience de la mission historique d'une nation, les problèmes inhérents de la justice sociale. Et le bolchevisme, s'il signifie une barbarie unique dans le monde par l'affirmation absolue de la justice sociale, représente aussi un triomphe éthique unique. C'est impossible de construire une révolution nationale importante fondée sur des inégalités sociales. *Le collectivisme national* représente

---

[30] N. Ionescu, « Noi şi catolicismul » in *Cuvântul*, an 6, 31 octombrie 1930, in *Roza vânturilor*, Editura Roza vânturilor, Bucureşti, 1990, p.201.

[31] N. Ionescu, « Sindicalismul » in vol. *Neliniştea metafizică*, Editura Fundaţiei Culturale Române, Bucureşti, 1993, p.119.

[32] E. Cioran, « Aspecte germane » in *Vremea*, VI, nr. 314 du 19 noiembrie 1933.

l'unique solution pour la Roumanie, l'unique issue ».[33] Étonnement, même si Cioran avec son caractère anarchiste, soutenait par ses articles la Garde de Fer, il refusa de s'enrôler et il choisit la solution de l'exil : « qu'est-ce que je ferai si je reste en Roumanie ? Du moment que je ne peux pas m'intégrer effectivement dans le mouvement nationaliste, je n'ai aucune opportunité en Roumanie ».[34] Il reviendra quand même en Roumanie pour soutenir la Garde de Fer à Radio Bucarest dans sa célèbre intervention *Profilul interior al capitanului (Le profil intérieur du capitaine)*, le jour du 28 novembre 1940, jour où Nicolae Iorga et Virgil Madgearu étaient assassinés ! Après son exil en Europe Occidentale, il va beaucoup regretter son geste. En tout cas, toute sa vie, Cioran essaiera de cacher ses idées totalitaristes, défendues avec acharnement pendant sa jeunesse. Cioran est un personnage étrange, très amoureux de ses affirmations contradictoires, terribles, mais incapable d'assumer les conséquences de ses assertions, admirateur de conjugaisons éclatantes de mots, mais largement prudent quand ses propres mots se retournent contre lui, même s'il écrit : « mon nationalisme et mon militantisme provenaient du désir de faire quelque chose pour un pays malheureux que je ne voulais pas et je ne veux pas perdu ».[35] On se demande si vraiment Cioran a eu cette passion ou simplement s'il se laissait entraîner dans le mouvement légionnaire par sa passion juvénile, communiquée par Nae Ionescu et la tendance de sa génération et du contexte socio-économique.

D'après Pamfil Seicaru et Theodor Cazaban, Cioran a souffert au propre et au figuré quand les troupes allemandes se sont retirées de Paris : presque six mois de prison et la destruction du manuscrit d'un livre d'extrême droite en le jetant dans un canal. De surcroît, les gens spéculent que Cioran aurait signé l'introduction intitulée *Les légionnaires de Paris* du 30 novembre 1940, introduction à la brochure de Paul Guiraud *Codreanu et la Garde de Fer* ; mais le geste le plus significatif par lequel Cioran se retire de la réalité historique soutenue par lui-même pendant sa jeunesse, est représenté par sa décision de réviser d'une manière drastique *Schimbarea la față a României (La Transfiguration de la Roumanie)* et de rendre hommage dans ses écrits français (par exemple dans l'essai *Un peuple de solitaires*) aux mérites des Juifs, après les avoir mis au banc des accusés dans ses textes roumains. Dans ses textes français, Cioran fait son examen de conscience, pas par conviction, mais par désir de se réhabiliter comme écrivain. Il n'a jamais eu d'opinions complètement pro ou anti extrémistes, son écriture est réduite à une insistance à s'imposer, pour faire carrière ; pour accomplir son but, Cioran a trouvé (option motivée par le contexte précaire roumain) cette obsession pour un destin mégalithique qu'il voudrait imposer à son pays, l'obnubilation pour l'incapacité du peuple roumain de sortir des limites de la formule *Dieu ne l'a pas voulu*.

Cioran est sorti de Roumanie grâce à deux bourses, la bourse Humboldt, qui le conduisit entre 1933 et l'été 1935 à Berlin et à Munich et une bourse de l'Institut Français en 1937. Il revint en Roumanie à l'automne 1940 et il y resta jusqu'en février 1941. Cioran regretta toute sa vie ce petit retour, quand la Garde de Fer était au pouvoir et la Roumanie État national-légionnaire depuis le 14 septembre 1940. Il quitta la Roumanie pour toujours en février 1941 et il occupa au début la position de conseiller

---

[33] E. Cioran, *Schimbarea la față a României*, édition de 1936 rééditée par Criterion Publishing, 2002, postface de Gabriel Stănescu, p.119.
[34] *Mircea Eliade şi corespondenţii săi*, vol. I, Mircea Handoca (éd.), Editura Minerva, 1993, p.193.
[35] *Convorbiri cu Cioran*, Editura Humanitas, Bucureşti, 2004, p.195.

culturel à Vichy pendant la période avril-juin 1941. Licencié de la légation, il revint à Paris et il prolongea sa bourse d'études à l'étranger jusqu'en 1944. Cioran a toujours déclaré ses ressentiments contre sa nationalité roumaine, mais il n'a jamais renoncé à son passeport roumain. Ses notes antisémites et nationalistes, pro-hitléristes, pro-fascistes et pro-gardistes, des adhésions que Cioran essaya de masquer toute sa vie, se trouvent dans le volume *Schimbarea la faţă a României*, publié à la Maison d'Edition *Vremea* en 1936. Sa révolte apparaît aussi dans le volume où Mariana Vartic et Aurel Sasu ramassent quelques articles de sa période roumaine, *Revelaţiile durerii* (Les révélations de la douleur), mais non pas dans le volume révisé par Cioran lui-même, *Singurătate şi destin, 1931-1944 (Solitude et destin, 1931-1944)*. Les « plus de quarante articles ardents – un nombre suffisant pour faire un volume »[36] sont dissipés dans les revues fameuses à l'époque, *Acta, Calendarul*, mais surtout *Vremea*, vers lesquels Cioran envoyait ses pensées tourmentées par des révolutions et transfigurations terribles.

En ce qui concerne le totalitarisme et le libéralisme de Cioran, nous ne pouvons pas dire que sa période roumaine se trouve complètement sous le signe du totalitarisme et sa période française sous le signe du libéralisme. De ses collègues de génération impliqués à soutenir l'extrême droite, Cioran est le seul qui reconnaît les mérites du libéralisme, mais il considère qu'en Roumanie il y a besoin d'une révolution pour sortir le pays de son anonymat. Cioran est dual : pro-européaniste, mais pour sortir la culture roumaine de son ancienne tradition de soumission, il propose la solution de la dictature : « je ne peux aimer qu'une Roumanie en délire »[37], en commentant en même temps, dans son élan juvénile, que : « il n'y a pas de peuple qui n'ait touché l'universalité que par la force spirituelle »[38] (la Garde de Fer a aussi commencé comme un mouvement spirituel pour se lancer finalement dans des assassinats), pour conclure, relativement tard, en 1966 : « en *Dieu ne l'a pas voulu* je voyais le résumé, la formule, le signe de notre destin ».[39] A toutes ses projections négatives en ce qui concerne le destin roumain, Cioran aide la malchance séculaire des Roumains. Cioran « était certain que la malchance – « roumaine par excellence » – nous a jeté dans les bras du fatalisme, dans les bras de l'attitude préventive et de l'excès de raison par rapport au monde des choses. Frappé par la malchance, le Roumain se considérait lui-même irresponsable en ce qui concerne sa dette envers le ciel, qu'il n'avait pas de raison de remercier ».[40]

Nous nous posons la question de savoir pourquoi la Garde insiste sur le changement de physionomie de la Roumanie et sa réconciliation avec Dieu, sur sa connotation spirituelle, alors que ses membres fidèles étaient des athées, c'est le cas de Cioran, Noica, etc. Ils militent tous pour une révolution nationale, spécialement Cioran. Parti en 1933 grâce à sa bourse d'étude en Allemagne, Cioran envoie à la revue *Vremea* ses articles sous le titre *Lettres d'Allemagne*, où il confesse sa sympathie pour le régime nazi, l'Italie fasciste ainsi que le bolchevisme. Il reproche à la Roumanie le compromis, et il voit comme l'unique chance pour son pays de sortir de sa misère un régime

---

[36] A. Laignel - Lavastine, *Cioran, Eliade, Ionesco, uitarea fascismului*, Editura Est, Bucureşti, 2004, p.139.

[37] E. Cioran, *Schimbarea la faţă a României*, Editura Humanitas, Bucureşti, 2001, p.73.

[38] *Ibid.*, p.153.

[39] E. Cioran, lettre de Paris du 20 janvier 1966 à Elena Maria Viorica Vulcănescu, in *Revista de istorie şi teorie literară*, anul XXXVI, nr.3-4, iul-dec 1988.

[40] I. Necula, *Cioran – de la identitatea popoarelor la neantul valah*, Editura Saeculum I. O., Bucureşti, 2003, p.130.

dictatorial – « en Roumanie seulement la terreur, la brutalité et une inquiétude infinie pourraient changer quelque chose »[41] écrit-il en décembre 1933. Cioran envoie des lettres à la revue *Vremea* et à ses amis, exaltant le mouvement hitlérien : « il n'y a pas homme politique aujourd'hui qui puisse m'inspirer une sympathie et une admiration plus grandes qu'Hitler ».[42] Dès ses premiers articles dans lesquels il exprime son opinion politique jusqu'à la rébellion légionnaire de janvier 1941, Cioran partage avec la Garde de Fer l'idée de la révolution, de la dictature, de la nation, du collectivisme national et sa haine envers les Juifs et les Hongrois. *Schimbarea la față a României* est son manifeste contre le régime libéral, en montrant en même temps sa défiance dans la spiritualité de la Garde et en Dieu : « Cioran est contaminé par la vision selon laquelle l'histoire se fait avec des peuples réveillés de leur engourdissement et avec des visionnaires capable *d'introduire l'absolu dans leur respiration quotidienne* ».[43] Cioran reste jusqu'à sa mort un athée ayant le culte de la force, car il croyait que seule la force représente le changement historique dont la Roumanie avait besoin.

Cioran insiste sur la transfiguration de la Roumanie, pour qu'elle puisse rentrer dans la modernité, avoir une population en majorité urbaine, une vie industrielle, sans grandes fractures sociales, par conséquent, être un pays capitaliste ; mais ce changement ne se fait pas en imitant les formes extérieures (reprenant ainsi la critique junimiste), mais en gardant le fond propre et en utilisant au maximum les ressources personnelles. Le décalage entre les civilisations ne peut pas être récupéré par les civilisations qui ne se sont pas imposées par « le saut historique » : elles « ne vont avancer que par rupture de leur continuité. *La discontinuité vis-à-vis de leur propre destin* représente la condition pour l'affirmation de cultures insignifiantes. Leur unique obsession doit être le saut historique »[44], saut qui se réalise par une révolution messianique. C'est évident que Cioran a copié la théorie du synchronisme de Lovinescu et il se laisse influencer par ses lectures de Spengler ! Cioran reproche au nationalisme roumain son traditionalisme, l'idée de l'évolution mais seulement entre les limites de la préservation de la spécificité nationale, ce qui était d'ailleurs impossible : les nationalistes roumains « qui souffrent de l'obsession du spécifique roumain, ont oublié la Roumanie (...) Au lieu de se poser la question : *qu'est ce que la Roumanie doit devenir*, ils se sont demandé *qu'est ce que la Roumanie doit rester* ».[45] Cioran milite pour un nationalisme révolutionnaire, qui se fait par la force, par le manque de temps historique qui doit être rattrapé : « la vision réactionnaire ne comprend pas le paradoxe historique de cultures insignifiantes mais consiste dans le fait qu'ils ne sont pas capables de refaire les étapes d'évolutions des grandes cultures, et doivent s'intégrer dans un rythme, sans continuité et sans tradition ».[46] On n'est pas étonné qu'il ait soutenu la Garde de Fer et ses idées de faire l'histoire par le dynamisme historique, qui se traduisait souvent par des assassinats.

---

[41] E. Cioran, lettre à P. Comarnescu du 27 décembre 1933, in *Manuscriptum*, année XXIX, nr. 1-2, 1998, p.234 citée dans Marta Petreu, *Un trecut deocheat sau schimbarea la față a României*, p.11.

[42] E. Cioran, « Impresii din Munchen. Hitler în conştiinţa germană », in *Vremea*, an VII, nr. 346, 15 juillet 1934, *ibid.*, p.14.

[43] Gabriel Liiceanu, *Itinerariile unei vieţi: E. M. Cioran*, suivi par *Apocalipsa după Cioran, trei zile de convorbiri – 1990*, Editura Humanitas, Bucureşti, 1995, p.30.

[44] E. Cioran, *Schimbarea la față a României*, ed. de 2001, p.65.

[45] *Ibid.*, p.67.

[46] *Ibid.*, p.80.

Cioran reproche au nationalisme roumain son indifférence aux problèmes sociaux, à la crise des masses, au problème de la propriété : « une révolution qui ne modifie pas les rapports de propriété est une mascarade »[47], c'est pour cette raison que Cioran préfère un nationalisme messianique, apocalyptique, qui devrait remplacer la démocratie par la dictature. Nous trouvons la réponse finale de cette aventure roumaine dans la solution qu'il donne le 3 mai 1944 à son collègue de génération, Vulcănescu, qui lui avait dédié *Dimensiunea româneasca a existenței* (La dimension roumaine de l'existence) : « Dieu ne l'a pas voulu ».[48]

Le glissement de la jeune génération vers la Garde de Fer a annoncé l'inoculation du nationalisme et de l'antisémitisme, des options qui représentaient un élément essentiel dans tout l'arsenal politique du paysage fragmenté politique roumain. Les enseignements de Nae Ionescu ont toujours signifié pour Cioran la perception de sa propre « conscience comme fatalité (….), la formule concentrée de ma vie. Je crois que j'étais toute ma vie plus que conscient et cet état a toujours représenté la tragédie de ma vie ».[49] Si au début Cioran refusait de voir la liaison entre le politique et le spirituel, quand il arrive en Allemagne en novembre 1933, il devient enthousiasmé de l'ordre politique hitlérien, il soutient l'implication des jeunes dans la politique, il envoie des articles aux revues roumaines, où il manifeste très clairement son sentiment révolutionnaire : « România în fața străinătății » (la Roumanie devant l'étranger), « Impresii din Munchen. Hitler in conştiinţa germană » (impressions de Munich. Hitler dans la conscience allemande), « Revolta sătuilor » (la révolte des satisfaits), où il écrit : « qu'est-ce que l'humanité a perdu si quelques imbéciles sont morts ? »[50] Quand il revient au pays, Cioran continue à publier des articles dans le même style ; par exemple, dans l'article intitulé « În preajma dictaturii » (à l'approche de la dictature), Cioran montre que la Garde de Fer favorise la mort héroïque, un desideratum transformé par Cioran dans un objectif notoire de ses discours philosophiques. Cioran découvre dans le mouvement le caractère irrationnel, l'idée de l'héroïsme qui lui est très chère, mais il ne s'appuie pas sur l'illusion conformément à laquelle la Garde de Fer serait un mouvement complètement spirituel. A la différence de ses collègues de génération qui étaient aussi impliqué dans la Garde de Fer, Cioran n'écrit rien sur le thème légionnaire de l'homme nouveau ou de celui de la mort de type légionnaire ; en même temps, Cioran ne croit pas comme Eliade que l'orthodoxie est revigorée à travers la croyance dans le mouvement légionnaire. D'une manière très paradoxale, au début de l'année 1933, il publie dans la revue *Calendarul,* l'article « Între spiritual şi politic » (entre le spirituel et le politique), où il incrimine l'implication dans la politique de sa génération : « les gens, qui ont mis des espoirs dans cette génération, doivent être très déçus. Presque toute la génération est impliquée dans la vie politique. Il y a seulement quelque collègues de la génération qui s'occupent des problèmes sérieux, mais pour eux, vivre dans un tel milieu est devenu presque impossible ».[51] Cioran considère que la démocratie n'est pas propice pour réaliser le saut historique nécessaire au peuple

---

[47] E. Cioran, *Schimbarea la faţă a României*, édition de 2001, p.164.

[48] E. Cioran, lettre de Paris du 3 mai 1944 à Mircea Vulcănescu, citée in Marta Petreu, *Un trecut deocheat sau schimbarea la faţă a României..., op. cit.*, p.305.

[49] *Pro şi contra Emil Cioran – între idolatrie şi pamflet*, Bucarest, Humanitas, 1998, p.67.

[50] E. Cioran, « Scrisori din Germania. Revolta sătuilor », in *Vremea*, an VII, nr. 349, 5 août 1934, p.2, cité in Marta Petreu, *Un trecut deocheat sau schimbarea la faţă a României..., op. cit.*, p.15.

[51] Mircea Vulcănescu, *De la Nae Ionescu la « Criterion »*, Editura Humanitas, Bucureşti, 2003, p.101.

roumain, parce que la Roumanie avait besoin à cette époque d'un homme qui domine la scène politique. Cioran est obnubilé par l'idée de la nécessité de l'affirmation historique, affirmation qui ne peut se faire que par une force tyrannique qui contrôle toutes les mesquineries politiques : « le régime démocratique, avec son système parlementaire, qui donne à chaque citoyen la possibilité de participer activement à la vie publique, a développé le côté mesquin de chaque individu politique. Le résultat était que la démocratie a encouragé l'affirmation de beaucoup de gens de talent, mais, partout dans le monde, seulement de deux ou trois génies politiques. Un grand génie politique doit être par excellence un homme qui domine la scène politique ».[52] De surcroît, « le politicien démocratique, qui a une admiration divine pour l'argent et qui trouve dans sa position politique un tremplin, n'a pas les qualités d'un dictateur et il n'a pas une auréole mystique. La démocratie est très peu mystique et trop rationaliste »[53], croit Cioran, qui demandait le remplacement du destin médiocre de son pays par un destin qui a son mot à dire sur le plan international, remplacement qui pouvait se faire seulement à travers une révolte mystique – une influence légionnaire ! Après 1937, Cioran devient même plus impliqué dans le phénomène politique ; dans l'article *Renunțarea la libertate* (la renonciation à la liberté), il demande « que la dictature vienne ». On sait que Cioran a envoyé à Codreanu un exemplaire de son livre *Schimbarea la față a României*, en espérant que le Capitaine aimerait son livre. En revanche, Codreanu n'a pas trouvé dans le livre de Cioran les accents révolutionnaires dont il avait besoin pour promouvoir sa politique. A partir de février 1941, quand Cioran quitta définitive la Roumanie, et jusqu'à sa mort, il fit tout son possible pour cacher ses sympathies légionnaires ; il renonça au chapitre « le collectivisme national » de *Schimbarea la față a României*, où il incriminait aussi les Hongrois et les Juifs (pendant sa période roumaine, l'antisémitisme de Cioran, comme celui de toute sa génération, était un antisémitisme conjoncturel et pas de conviction). Cioran insistait à cette époque sur le thème du Juif comme ennemi de la cause nationale : « le conflit latent qui existe toujours entre les Juifs et un certain peuple redevient actuel dans un moment historique décisif, à un carrefour essentiel, pour placer les Juifs au-delà de la sphère de la nation. De plus, il y a des moments historiques qui transforment les Juifs d'une manière fatale en des traîtres ».[54]

Le totalitarisme de Cioran (comme son hypocrisie d'ailleurs) devient même plus intransigeant lorsqu'il écrit sur les Juifs. Il a rédigé deux textes sur eux, en se plaçant sur des positions différentes, très acrimonieuses en 1936 (voir le chapitre « le collectivisme national » de *Schimbarea la față a României*, qui a été éliminé quand son livre a été republié en 1990 à la Maison d'édition Humanitas) et le texte laudatif de 1956, *Un peuple de solitaires*, inclu après dans le volume édité en français, *La tentation d'exister*. En 1936, Cioran était lui-même très sûr que le nationalisme roumain avait comme composante essentielle l'antisémitisme et les Roumains devaient se révolter contre les Juifs qui occupaient des positions et qui s'intéressaient au matériel, ce qui manque « par définition » aux Roumains. Le nationalisme roumain était imaginé par Cioran comme étant un nationalisme messianique : il avait un but dual, éliminer les

---

[52] E. Cioran, *Schimbarea la față a României... op. cit.*, édition de 2001, p.126.
[53] *Ibid.*, p.136.
[54] E. Cioran, *Schimbarea la față a României*, Editura Vremea, București, 1936, p.131 *apud* Marta Petreu, *Un trecut deocheat sau schimbarea la față a României... op. cit.*, p.181.

Juifs et faire l'histoire : « notre nationalisme doit partir du désir de vengeance de notre sommeil historique, il doit partir d'une pensée messianique, de la volonté de faire l'histoire »[55] pour écrire après d'une manière très résignée : « le problème juif est absolument indésirable. Il reste le malédiction de l'histoire »[56], de chaque nation, jusqu'au moment où les Juifs ont formé leur propre État, Israël. Même après, la présence des Juifs dans le monde a signifié la pomme de discorde, mais aussi le moteur d'une société commerciale, mercantile, en définitive capitaliste. Cioran remarque, comme Zeletin le faisait avant, qu'en Roumanie le capitalisme était amené par les Juifs, qui ont un certain don qu'ils ont utilisé d'une manière merveilleuse dans les affaires ; naïvement, en manquant tout-à-fait de connaissances économiques, Cioran se demande méthodiquement : « pourquoi dit-on que les capitalistes roumains sont meilleurs que les capitalistes juifs ? ».[57] Cioran continuera ses invectives contre les Juifs, en écrivant qu'ils sont les principaux responsables de l'unité nationale et politique tellement faible dans l'espace roumain : « les Juifs se sont opposés chez nous à toute tentative de consolidation politique et nationale »[58], mais toutes leurs ruses ont été encouragées par l'État capitaliste roumain, car celui-ci est (Cioran utilise de nouveau une opinion de Zeletin) un partenariat entre les Juifs et les apprentis roumains dans le domaine du marché libre : « le régime démocratique de la Roumanie n'a pas eu d'autre mission que de protéger les Juifs et le capitalisme judéo-roumain ».[59] Le problème juif du point de vue de Cioran est indésirable et impossible à résoudre. Si en 1936 Cioran écrivait, avec beaucoup de haine, que le Juif est avant tout juif, c'est-à-dire mercantile et mercenaire et après un être humain, vingt ans plus tard, en 1956, il déployait d'une manière hypocrite son destin, dramatique à cause de son origine biblique : « être homme est un drame ; être juif est le deuxième drame : c'est pour cette raison que le Juif a le privilège de vivre *deux fois* notre condition ».[60] En ce qui concerne le célèbre « problème juif », les Roumains ne souffrent pas de cette obsession de se transformer dans une race pure par éliminations des étrangers, surtout les Juifs ; la haine de Cioran est alimentée par la Garde de Fer et une sorte de saturation contre le monopole économique des Juifs, saturation bien motivée dans l'époque et conjuguée avec un milieu politique européen antisémite.

Une fois arrivé dans la France libérale, Cioran commença à rétracter tout ce qu'il avait écrit pendant sa période roumaine. Dans l'interview accordée à François Bondy, on ne trouve rien de sa grande adhésion à la Garde de Fer : « La Garde de Fer était un complexe de mouvements ; plutôt une secte folle qu'un parti politique ».[61] Cioran nie qu'il était intéressé par la renaissance nationale stimulée par ce mouvement, par le sentiment révolutionnaire, mais il déclare que c'était surtout le culte métaphysique de la mort que le passionnait ; et en ce qui concerne sa génération, il rectifie : « nous étions un groupe de gens désespérés dans le cœur des Balkans »[62], avec

---

[55] E. Cioran, *Schimbarea la față a României*, edition de 1936, p.110.

[56] *Ibid.*, p.111.

[57] *Ibid.*, p.113.

[58] *Ibid.*.

[59] *Ibid.*.

[60] E. Cioran, *Evreii – un popor de solitari*, in Teşu Solomovici, *Romania iudaica*, vol. II, Editura Teşu, Bucureşti, 2001, p.337.

[61] E. Cioran, « Fragmente din corespondență şi convorbiri », în *Țara mea*, Editura Humanitas, Bucureşti, 2001, p.32.

[62] *Ibid.*, p.15.

la mission d'un Port Royal. De plus, Cioran trouve comme motivation pour ses articles totalitaires son inclination moraliste, ses lectures philosophiques ; comme tous les hommes révoltés, alimenté par l'école de Nietzsche ou Spengler, Cioran ne pouvait pas supporter le destin humble de son pays, son inefficacité prouvée depuis des siècles, son impossibilité à sortir d'un destin médiocre, et il sentait *le besoin de détruire*, d'exercer la méchanceté et la haine contre un ordre pétrifié. Cioran veut laver ses péchés de jeunesse en argumentant que pendant sa période roumaine il croyait que le libéralisme était nourri par la fatigue, et la démocratie, sa source complémentaire, par trop de raison. La démocratie signifie la construction d'une politique économique adaptée, donc la démocratie est un acte cérébral : « on n'est pas libéral à cause de la fatigue et démocrate grâce à la raison ».[63]

Comme son professeur Nae Ionescu, et dans la direction d'une religion assumée comme motivation pour une révolte nationale (cf. la Garde de Fer), Cioran écrit que c'est la faute de l'orthodoxie qui a inoculé ce caractère passif devant l'histoire ; l'orthodoxie nous a dépourvus du dynamisme, mais « elle n'a jamais cessé d'être nationale »[64], en ajoutant que « l'orthodoxie a représenté une sorte de protection et excuse pendant les siècles de patience souterraine ».[65] Ce n'est pas la Garde de Fer qui fait défiler pour la première fois l'athéisme, mais c'est l'orthodoxie qui a créé pendant l'histoire les athées ; l'orthodoxie induit un état de tranquillité, de passivité, de réconciliation avec soi-même : « c'est même *bien* d'être orthodoxe »[66], et surtout chez nous « notre style religieux est labile et gélatineux ».[67] Les Roumains ont toujours manqué du fanatisme religieux occidental, qui a inoculé en même temps la nécessité de l'expansion, de la domination. Une religion orthodoxe qui est la religion de la compassion, ne pouvait créer qu'un peuple fatigué, indifférent aux rigueurs de l'histoire, prêt plutôt à supporter qu'à se révolter. Pourtant, Cioran ne trouve pas la religion orthodoxe, cette religion de la compassion, responsable de notre incapacité d'affirmation historique : « si nous n'avons pas bougé assez longtemps, ce n'est pas l'orthodoxie qui est coupable : nous sommes coupables »[68] ; les Roumains n'ont pas réussi à s'imposer dans l'histoire car ils ont manqué de fanatisme et ont eu l'excuse d'une religion permissive dans ce cas là : « un peuple religieux, c'est-à-dire fanatique, prophétique et intolérant, même s'il lui manque la capacité politique, trouve son chemin dans le monde grâce à sa passion religieuse »[69], mais comme la religion orthodoxe n'est pas partie pour de grandes conquêtes territoriales, par conséquent, le peuple roumain est passif.

Cioran était furieux contre le passé humiliant de son pays ; il voulait une révolution nationale pour transfigurer la Roumanie et lui amener en quelques mois de gouvernement de la Garde de Fer tous les siècles de civilisation de l'Occident, civilisation obtenue par une politique expansionniste et pas du tout résignée. Mais la Roumanie n'était pas capable de telle chose. L'orthodoxie, sauf l'orthodoxie mélangée au panslavisme moderne, n'aime pas conquérir. Dans ce contexte, l'obsession de Cioran

---

[63] *Ibid.*, p.19.
[64] *Ibid.*, p.62.
[65] *Ibid.*, p.63.
[66] *Ibid.*, p.64.
[67] *Ibid.*
[68] *Ibid.*, p.63.
[69] *Ibid.*

a du sens : « Mon pays ! J'aurais voulu à n'importe quel prix me le fixer comme objectif – et je ne trouvais pas comment. Je ne pouvais pas repérer une réalité pour mon pays, ni dans son présent, ni dans son passé. Très furieux, j'essayais de lui attribuer un avenir, je lui inventais, je l'embellissais, sans croire même un instant dans cet avenir. J'ai fini par attaquer cet avenir, par le détester : j'ai craché sur mon utopie ».[70] Mais le pro-gardisme de Cioran ne cesse pas brusquement quand il arrive en France, mais pendant les années soixante, quand Susan Sontag commence à le lancer sur le marché américain, le marché qui est capable d'assurer l'ascension la plus rapide et qui ne tolère pas le pluridoctrinarisme. En 1941 quand il arrive à Paris, Cioran ne se dissocie pas du mouvement légionnaire, un nombre réduit de presque cinquante gardistes auxquels il parlait avec enthousiasme de la personnalité de Codreanu, de la nécessité de punir les Juifs, ceux qui ont détourné le peuple roumain du chemin de l'accomplissement historique. Faust Brădescu, l'un des membres de ce petit groupe, se souvient que Cioran défendait d'une manière très fervente ses idées totalitaires héritées de son maître, Nae Ionescu, en faisant des discours aux sympathisants gardistes du haut de ses positions de « gourou respecté, que peu avaient le courage d'affronter sur des problèmes légionnaires ».[71] Beaucoup d'études prouvent le caméléonisme doctrinaire de Cioran, en partant, par exemple, du fameux et relativement récent d'Alexandra Laignel Lavastine, jusqu'aux études de Claudio Mutti, Nicole Parfait, Patrice Bollon, Sylvie Jaudeau etc.

---

[70] E. Cioran, *Țara mea*, p.14.
[71] F. Brădescu, *Emil Cioran își reneagă trecutul în Carpații*, Madrid, 25 octobre – 25 novembre 1973.

Rudolf PAKSA
Université ELTE de Budapest

Ferenc Szálasi and the Hungarian Far-Right Between the World Wars[1]

The notion of political far-right appeared in Hungary only after the dissolution of the Austro-Hungarian Monarchy.[2] Until that, Hungarian parliamentary parties identified themselves as right-wing (pro-dualist) or left-wing (pro-independence) according to their attitude towards dualism. In the fall of 1918, that kind of distinction became meaningless at once. Unsurprisingly, old parliamentary parties were at pains to find their place in a world out of joint. At this point, up-to-then extra-parliamentary movements came into power: Civil Democrats ('polgári demokraták') and Labour Parties ('munkáspártok'). Their political platforms were radical. The government of the Civil Democrats, besides a significant widening of electoral franchise, promised large-scale distribution of lands, while Labours, rising to power in the spring of 1919, imitated Bolshevik Russia: they undertook the fundamental transformation of social-economic structures. Right-wing radicalism was organised in opposition to these developments, with no intention of a democratic republic or a Bolshevik-style Soviet Republic ('tanácsköztársaság'), but aiming at a significant diminution of social-economic differences. We can distinguish between two political groups of this right-wing radicalism: the one of the so-called Racial Defenders ('fajvédők') and that of radical Christian Socialists ('keresztényszocialisták'). However, notwithstanding their temporary successes in 1919-1920, neither of them managed to stay in power permanently. Prime Minister Count Pál Teleki and Prime Minister Count István Bethlen soon restored – with slight modifications – the familiar circumstances of the Monarchy – independently from Austria and the Habsburgs. In the beginning of the '20s, radical right was relegated into a minority view.

The Great Depression constitutes an end-of-stage in the history of Hungarian radical right ('radikális jobboldal') and far-right ('szélsőjobb') movements of the Interwar Period. In opposition to the radical right of the '20s, the National Socialist-type far-right has appeared in the '30s. National Socialists ('nemzetiszocialisták') did not rest content with the program of diminishing social differences, they wanted nothing less than 'a system change' (rendszerváltás): the significant transformation of social-economic structures. That is why Racial Defenders, similarly to Christian Socialists, became political opponents and contenders of National Socialists. However, Hungarian National Socialists regarded the radical right of the '20s not only as their contenders, but also as their forerunners betraying their original ideas. Indeed, they inherited a number of ideas from them, but more often they improved on them with foreign models in their minds.

---

[1] Translated by Máté Veres.
[2] About the general history of Hungary in the XXth century, see Ignác Romsics: *Hungary in the Twentieth Century*. Budapest, 1999, Corvina – Osiris.

Antecedents

The intellectual origins of the Hungarian far-right reach back to the end of the 19th century. Principally, they drew on the political anti-Semitism associated with the name of Győző Istóczy.[3] This novel kind of anti-Semitism – in like manner as in other European countries – was a response to Jewish emancipation. Anti-Semitism was a dominant element in radical right and far-right thought of the Interwar Period, albeit other currents (Conservative and so) could also be characterised as anti-Semitic.[4] The other political movement often referred to by the far-right was Christian Socialism – first, for its anti-Semitism, secondly, for its social program, and thirdly, for its Christian mentality. Among its domestic representatives, particularly Ottokár Prohászka and Béla Bangha can be seen as intellectual forerunners. Ottokár Prohászka expounded even before 1918 his view that Jews gaining ground in the middle classes occupy the room of a possible middle class recruited from peasantry.[5] He did not regard his standpoint as anti-Jewish, instead he called it 'National Defence' ('nemzetvédelem') or rather 'Hungarism' ('hungarizmus'). Béla Bangha repudiated racial (ethnic) anti-Semitism and racial theory as well, but he proudly accepted the so-called 'anti-Semitism in principle' or 'moral anti-Semitism'. What was meant by that was 'to restrain and force back Jewish intellectual-moral-economic preponderance', and, simultaneously, to reinforce and reinstate the Christian foundations of Hungarian society and culture. From time to time he referred to this 'anti-Semitism in principle' as 'a-Semitism' ('aszemitizmus'). Bangha made this distinction because he understood the struggle against racial anti-Semitism as an obligation of the Church, together with the protection of Jewish property and personal safety.

More important was the so-called 'Racial Defence', the radical right-wing opposition of the governing party of Hungary in the '20s. This movement was fundamentally against strangers or downright xenophobic. The first Racial Defenders already condemned the 'Jewification' of cultural life under the Monarchy. However, their ideas only became popular in 1919, when they clamoured for radical social-economic transformation in the interest of two considerable groups participating in the First War as well as opposing the Soviet Republic: the so-called Christian-National Middle Class and the Hungarian Peasantry. In their program[6] the notion of 'Racial Defence' meant primarily the repression of Jews, reckoned as beneficiaries of the Capitalist-Liberal system and, at once, treasonist leaders of the Commune. But most Racial Defenders feared their livelihood not only from ambitious Jews, but also from every 'immigrant' and 'stranger', most of all from ethnic Germans – the ethnic minority biggest in number in post-Trianon Hungary. (Gyula Gömbös, the leading personality among Racial

---

[3] Kubinszky, Judit: *Politikai antiszemitizmus Magyarországon 1875-1890.* [Political anti-Semitism in Hungary 1875-1890.] Budapest, 1976, Kossuth.

[4] Rolf Fischer: *Entwicklungsstufen des Antisemitismus in Ungarn 1867-1939.* [Developmental Scales of anti-Semitism in Hungary 1867-1939.] Münich, 1988, Oldenbourg; Gyurgyák, János: *A zsidókérdés Magyarországon. Politikai eszmetörténet.* [The Jewish Question in Hungary. A Political History of Ideas.] Budapest, 2001, Osiris.

[5] Gergely, Jenő: *Prohászka Ottokár, 'a napbaöltözött ember'.* [Ottokár Prohászka, 'The Man Dressed in Sun'.] Budapest, 1994, Gondolat.

[6] Programs of the era were published in: *Magyarországi pártprogramok, 1919-1944* [Political Platforms in Hungary, 1919-1944], ed. Gergely, Jenő – Glatz, Ferenc – Pölöskei, Ferenc. Budapest, 1991, Kossuth.

Defenders, of ethnic German origin himself, was an unusual exception in this regard.[7])
However, the organisation of a party of Racial Defenders and their political engagement
in opposition did not turn out a success. Nevertheless, they significantly influenced far-
right thought with the idea of discriminative separation between citizens, on the one
hand, and with the distinction made between superior and inferior citizens, on the other.
In addition to Racial Defence as a political movement, we may mention separately the
racial theories providing supposedly 'scientific' background. Two of these made
significant impact: the so-called 'racial biology' ('fajbiológia'), and 'Turanism'
('turanizmus'), that can be seen as a kind of Hungarian racial theory.
'Racial biology' was a collective noun for endeavours and theories that attempted to
apply hereditary laws to human beings, or to be more precise, to peoples, nations. They
also tried to connect it with the very popular anthropological research of the time. In
these days we take theories of racial biology as having almost negligible scientific
foundations, and it is obvious that they were attempts to communicate political message
in the guise of science. But in the period under survey most Western states took a lively
interest in matters of race and racial hygiene. Several questions concerning human
hereditology could have been answered only in the second part of the 20th century, after
the commencement of research in molecular biology. The most renowned representative
of Hungarian racial biology was Lajos Méhely. In his case it is obvious that his conduct
was fundamentally unscientific when he intermingled normative judgments among his
biological-anthropological expositions, that is, when he was speaking about valuable
and wretched 'races'. For that matter, Méhely commenced his theorizing in racial
biology with a prestigious background in zoology.[8] His work in racial biology, besides a
considerable number of monographs, comprises of his journalism published in the
periodical *The Target* ('A Cél'), edited by himself. From these it is clear that he read the
international literature of racial biology in the original languages. As a representative of
the at the time not infrequent Social Darwinism, he thought that 'human races' are
participating in the 'struggle for life', of which the most characteristic and most overt
expression is war. He hold racial cross-breeding of Hungarians with Jews as the cause
of Hungary's defeat in the First War. He suggested the separation of Jews based on their
race, but he condemned the idea of their expulsion or extermination as morally
outrageous. Echoing the standpoint of Racial Defenders, he argued that members of
ethnic German minority in Hungary could never become Hungarians, but they can
provide the basis for Habsburg or German expansion. Méhely's successor as the editor
of *The Target*, Zoltán Bosnyák, later became the director of the *Hungarian Institute for
the Study of the Jewish Question* ('Magyar Zsidókérdés-kutató Intézet') founded in
1944, and the editor of its journal *Combat* ('Harc') as well. The work of Bosnyák
consisted mainly of historical and journalistic aspects: he wrote the history of

---

[7] Gergely, Jenő: *Gömbös Gyula. Politikai pályakép.* [Gyula Gömbös. His political career.] Budapest, 2001,
Vince. 145-193. Cf. Vonyó, József: *Gömbös Gyula és a jobboldali radikalizmus.* [Gyula Gömbös and right-
wing radicalism.] Pécs, 2001, Pro Pannonia.
[8] Gyurgyák, János: *Ezzé lett magyar hazátok. A magyar nemzeteszme és nacionalizmus története.* [Look what
your Hungarian homeland has become. A history of Hungarian ideas of nation and nationalism.] Budapest,
2007, Osiris. 261-266, 591-593.

Hungarian anti-Semitism,[9] as well as publishing his views concerning the Jewish question and anti-Jewish legislation.

In 1935, an association for the study of racial biology and eugenics was founded under the name *Society for Health Policy* ('Egészségpolitikai Társaság', EPOL), together with a journal called *Review of Health Policy* ('Egészségpolitikai Szemle'). The *Hungarian Institute for National Biology* ('Magyar Nemzetbiológiai Intézet') was established on the EPOL's initiative on the 31th May 1940, and its first meeting was held in the hall of the Hungarian Academy of Science.[10] Well-known personalities lent their names to the Institute's undertaking, such as the statistician Alajos Kovács, the historian Miklós Asztalos, the reputed member of the group of 'village research' authors, Géza Féja, the anthropologist János Gáspár, or the journalist and politician Ferenc Rajniss.

'Turanism' was a multi-faceted phenomenon in the history of Hungarian ideas, a collective noun for many rather different concepts. Their common denominator was in most cases nothing more than the demand for orienting Hungarian cultural and scientific policy towards the East. According to this theory, Hungarians are the members of the Turanian family of peoples, and are consequently a natural ally of other Turanian kindred people. Differences were already visible in the interpretation of what the expression 'Turanian people' meant. Some held that Uralian peoples, others that Chinese, Tibetan and Indian people were Turanian. Extreme radicalists went the whole hog, and groundlessly included vanished historical nations (such as Sumerian, Hettite, Scythian, Assyrian, Etruscan...) on their list of Turanians. Several far-right thinkers mostly used the work of the *Turanian Alliance* ('Turán Szövetség'), founded in 1920.[11] They propagated the superiority of Eastern culture, and made an attempt to work out a Hungarian racial theory.[12] And not without any success, since National Socialist platforms in the 1930s successively regarded 'Turanian or Aryan descendance' as a desirable criterion of Hungarian citizenship. At the end of the day, they did not succeed in expounding a coherent Hungarian racial theory. Partly because scientific research pointed out the considerably mixed origin of Hungarians, and partly because the requirement of racial purity was not reconcilable with the restoration of the multinational (and racially mixed) Great Hungary of Saint Stephen. However, anti-Jewish laws, as well as the establishment of the *Hungarian Institute for the Study of the Jewish Question* ('Magyar Zsidókérdés-kutató Intézet') in May 1944 were in fact 'practical successes' of the Hungarian racial theory envisioned by Turanism.

Besides Turanism we may mention that in this period the first neo-Pagan ('újpogány') writings were also published, favouring 'ancient Hungarian cults' to Christianity. Consequently, they disapproved of the politics of Saint Stephen, the 'Founder of the

---

[9] His most important work is Bosnyák, Zoltán: *A magyar fajvédelem úttörői*. [Pioneers of Hungarian Racial Defence.] Budapest, 1942, Stádium.

[10] *A magyar nemzetbiológiai intézet megalapítása. Az intézet programmja*. Budapest, 1940. május 31. [The foundation of the Hungarian Institute for National Biology. The Institute's Programme. 31. May 1940.] Budapest, 1940, EPOL.

[11] Túrmezei, László: *A magyarországi Turán-szövetség vázlatos története, alapszabálya és általános ismertetése*. [An Outline of the History of the Turanian Alliance in Hungary, Its Constitution and General Exposition.] Budapest, 1938, Reé László.

[12] *A magyarországi Turán Szövetség álláspontja a fajiság kérdésében*. [The Standpoint of the Turanian Alliance in Hungary concerning Races.] Budapest, 1938, Reé László.

State', for being too 'friendly with the West'. Attempts to purge Christianity from its Jewish origins may also be included here.[13]

Hungarian National Socialists

When we survey the history of Hungarian National Socialist parties and their press, we may notice the vigorous division of this political trend. Remarkably, a single homogeneous National Socialist party or movement, capable of seizing power on its own, had never came into being in Hungary – unlike in the case of, e.g., Germany or Italy. It is also uncommon that, from the early National Socialist parties on, their programs had become more and more complex, more and more elaborated. It may be explained, on the one hand, by the fact that intellectuals became engaged in National Socialism as a real alternative only from the mid-'30s, and, on the other hand, by the gradual development of National Socialist discourse in Hungary, within which several original ideas, internal elements of Hungarian National Socialism, appeared. The resultant synthesis of this Hungarian-type National Socialism had been propounded by Ferenc Szálasi at the end of the '30s.

In the 1920s, a number of Hungarian Fascist parties were founded, using the Italian model as a paragon. The first wave of these parties was formed in 1922, when Mussolini came into power. The second wave of founding Fascist parties in Hungary manifested in 1927-28. Certainly, the latter had been inspired by the Treaty of Eternal Friendship and Cooperation between Italy and Hungary, signed on the 5th of April 1927. It was then that the attention of Hungarian political life turned again to Fascist Italy. This period witnessed the publication of the first biographies and political speeches of Mussolini in translation.[14] However, the initiative taken by Hungarian Fascist parties and journals founded in the '20s turned out to be ephemeral. Nevertheless, they contributed significantly to the discourse of far-right ideologies in Hungary. They drew attention to the concept of corporative state.

The history of Hungarian National Socialist parties, acting as copycats of the German model, also goes back to the '20s. Still, just like Hungarian Fascist parties, they remained absolutely insignificant until the Great Depression started to exert its ripple-effects in Hungary. Among the many National Socialist parties found in this period, the first important one was the *National Socialist Hungarian Labour Party* ('Nemzeti Szocialista Magyar Munkáspárt') of Zoltán Böszörmény.[15] Böszörmény stood out from all other Hungarian National Socialist leaders in virtue of the supposition that in December 1931, he was supposedly received by Hitler. Although we may call into question the historical validity of this claim, he certainly was the first to translate the 20 points of the National Socialist program of Hitler into Hungarian, and who made use of the lessons drawn from German propaganda. He copied slavishly the German model,

---

[13] Zajti, Ferenc: *Zsidó volt-e Krisztus? A semitizmus és skythizmus nagy harca.* [Was Christ Jewish? The Great Struggle of Semitism and Scythism.] Budapest, 1937, Reé László; Röck, Gyula: *Zsidó volt-e Jézus? Tanulmány.* [Was Jesus Jewish? A Study.] Dombóvár, 1943, Bagó Mihály.

[14] Sarfatti, M.G.: *Mussolini élete.* Előszóval ellátta B. Mussolini. [The Life of Mussolini. Foreword by B. Mussolini.] Tr. Dezső Kosztolányi. Budapest, 1927, M. Kir. Egyetemi Ny.; *Mussolini Benito gondolatai.* Előszó: Bethlen István. [The Thought of Benito Mussolini. Foreword by István Bethlen.] Budapest, 1928, Elegius.

[15] The history of this movement is presented in detail, but not without partiality, by Szakács, Kálmán: *Kaszáskeresztesek.* [Scythe-Cross Men.] Budapest, 1963, Kossuth.

when he dressed up his party's commando in SA-uniform, and the name of his party is itself a metaphrase of the NSDAP. However, their loud and spectacular actions only won over the village proletariat. They did not manage to get any of their candidates elected into neither municipalities nor the Parliament. His organizational activity showed only that popular support can be gained for anti-Jewish instigation inspired by German Nazis.

A National Socialist movement with political success had only been born when already well-known politicians founded Hungarian National Socialist parties. It occurred in the summer of 1932. That time, former under-secretary of state Zoltán Meskó founded his National Socialist Party. He was joined by Count Fidél Pálffy and Count Sándor Festetics in 1933.[16] Both Counts were well-known politicians, members of the Parliament, and – last but not least – they were men of great wealth. They managed to win over not only the village proletariat but also every class of village population. Besides finding the right men to organize local activities, the numerous Hungarian elements incorporated into their program could have been an important factor in their success. Seeing the breakthrough of the far-right, the Home Secretary first forbid the wearing of uniforms, then in 1933, the use of swastika (being the symbol of a foreign state), and, finally, disbanded party commandos in 1934. After the prohibition of the use of swastika ('horogkereszt'), the peculiar symbol of Hungarian National Socialists, the so-called Arrow-Cross ('nyilaskereszt') was born. This symbol, inherited from the time of the Crusades, is a (Byzantine) cross consisting of two green double-ended arrows. The party, functioning by donations and membership fee, was soon divided because of the ambitions of its three leading politicians. The first wing was led by Zoltán Meskó and Fidél Pálffy, the second by Sándor Festetics. Local elections in 1934 showed that Hungarian National Socialists became the most powerful movement in opposition. That is why their free organizational efforts were substantially paralysed by the prevailing government all along (up until German occupation in 1944). That is why only two National Socialist MPs (Sándor Festetics and one of his confidences) were elected into the Parliament consisting of 260 members.[17] Regarding the electoral base of the Arrow-Cross Men, we can see that they primarily succeeded in addressing the peasantry, and they were popular in its every layer. Yet their lack of electoral success resulted in the erosion of the prevailing National Socialist parties.

So while National Socialist ideas became more and more notorious, National Socialist parties became feeble after their electoral failure in 1935. That, together with the strengthening of Nazi Germany, urged Hungarian far-right to organize new parties from time to time.[18] After the stagnation of the early '30s, the old movement of Racial Defence slightly strengthened, too. This development was closely connected to the passing of the Nuremberg Race Laws in the fall of 1935, which soon entered Hungarian

---

[16] Romsics Ignác: The Hungarian Aristocracy and its Politics. = *European Aristocracies and the Radical Right 1918–1939*. Ed. Karina Urbach. London, 2007, Oxford University Press. 187-200.

[17] Hubai, László: *Magyarország XX. századi választási atlasza, 1920-2000*. I-III. (CD-melléklettel). [The Electoral Atlas of Hungary in the XXth Century, 1920-2000. Vol. I-III. With a supplementary CD.] Budapest, 2001, Napvilág.

[18] Lackó, Miklós: *Arrow-Cross Men, National Socialists 1935-1944*. Budapest, 1969, Akadémiai; Margit Szöllősi-Janze: *Die Pfeilkreuzlerbewegung in Ungarn*. [The Arrow-Cross Movement in Hungary.] München, 1989, Oldenbourg.

public thought, where there was already a certain demand for them.[19] In the mid-'30s, there was a clear tendency of Racial Defender parties to be impregnated by the ideas of German National Socialism. The case of Ferenc Szálasi was its paradigmatic example.

Staff-officer Ferenc Szálasi entered politics in the early '30s. He first published his views under the impact of the Great Depression. His booklet that appeared in March 1933 was intended to be the opening chapter of a grandiose work in two volumes.[20] (The subsequent parts were never finished.) Szálasi thought then that due to the course of international politics, we may expect, on the one hand, the strengthening of the state, and, on the other hand, the diffusion of referenda. In his program he suggested a three-year process of 'readjustment',[21] followed by 'five years of planned economy'. This early writing of Szálasi recalls the later Szálasi only in its grandiose scale and its abortedness. Neither his peculiarly Hungarian National Socialist ideas, nor his characteristic phraseology made its appearance in it yet. It may be explained by the fact that he had no such source to draw upon in 1933. The first writings about German National Socialism only began to appear at the time, and only became popular after Hitler rose to power. The discourse about National Socialism and its adaptibility in Hungary commenced only in reaction to these developments. Still, journals offering scope to the crystallization of National Socialist ideas appeared only in the second half of the '30s. The pamphlet of Szálasi remained unknown to the wider audience. However, it was noticed by the military superiors of Szálasi. Since it was forbidden for soldiers to be engaged in politics, Szálasi was reprimanded by Gyula Gömbös himself, being the Prime Minister and Minister of Defence at the same time. After that, Szálasi was eliminated from the general staff to the countryside. Szálasi, who never took criticism and being neglected well, soon asked for retirement, and threw himself wholeheartedly into politics.

In 1935, he founded a party under the very high-sounding name *Party of National Will* ('Nemzet Akaratának Pártja', NAP), and wrote its lengthy program under the title *Aim and Demands* ('Cél és követelések').[22] This program was rather different from his 1933 writing. In the latter, he still propagated the Racial Defence of the '20s, and there is no trace of the National Socialism of the '30s. But the coinage of words peculiar to Szálasi makes its appearance, as he for example uses the expression *United Hungaria Lands* ('Hungária Egyesült Földek') instead of the old phrase 'Great Hungary' ('Nagy-Magyarország'), indicating that he envisions territorial revision as a confederative cooperation of people living in the Carpathian Basin.[23] (Because of this view,

---

[19] Tóth, Lajos: *A német birodalom jellegzetes jogszabályai.* [The Characteristic Rules of Law of the German Empire.] Budapest, 1937, Politzer Zs. és fiai; Molnár, Ákos: *A Hitleri árjatörvények teljes szövege és magyarázata.* [The Complete Text of the Aryan Laws of Hitler with Commentary.] Kalocsa, 1938, private publication.

[20] Szálasy [sic!], Ferenc: *A magyar állam felépítésének terve. I. (1. Főrész. Az állam átállítása. 1. füzet. Gazdasági életünk átállítása. A nemzet akaratmegnyilvánulása.)* [The Plan of the Arrangement of the Hungarian State, vol. I. 1st General Tome. Readjusting the State. 1st Booklet. Readjusting our Economic Life. The Manifestation of the Nation's Volution.] Budapest, 1933, M. Kir. Egyetemi Ny.

[21] 'Readjustment' meant the alignment of the state to 'the thought of the age'. The expression was used in the same manner later, to denominate their failed attempt at a *coup d'état* on the 16th October 1944.

[22] Szálasi, Ferenc: *Cél és követelések. 1.* [Aim and Demands. 1.] Budapest, 1935, M. Kir. Egyetemi Ny.

[23] About the Szálasi's views concerning foreign affairs, see Ungváry, Krisztián: Szálasi Ferenc. = *Trianon és a magyar politikai gondolkodás 1920-1953.* Tanulmányok. [Trianon and Hungarian political thought 1920-1953. Studies.] Ed. Romsics, Ignác. Budapest, 1998, Osiris.

chauvinistic public opinion condemned him as anti-national.[24]) The prevalence of Christian morality, as well as the social coalition to be addressed ('God, peasant, bourgeois, soldier') is rather remarkable – although we should emphasize that at this moment he was still talking about the bourgeois, not the labourer. The program also follows the program of Racial Defence regarding the 'Jewish question', demanding their restraint in proportion to their numerical ratio. The approbation of dictatorship, as well as the demand for an economics controlled by the state, are further elements inherited from Racial Defence. Still, the party of Szálasi was quite insignificant, and Szálasi himself was rather unknown. He suffered an ignominious defeat at a mid-term election in April 1936, where he received only 942 out of 12,000 votes. This experience made him not to value entrance to the Parliament anymore, while he commenced to preach about an other way of seizing power, that is, direct appointment by the Regent (kormányzó) Horthy.

In 1936-37, significant changes took place in Szálasi's party and its program. Szálasi visited Germany in October 1936, where (to be more exact, in Berlin, Nuremberg and Munich) he became acquainted with the way the Nazi party and state was operating. After he returned to Hungary, his anti-Semitism intensified and his propagandistic repertoire expanded. He launched a new periodical, *New Hungarian Labourer* ('Új Magyar Munkás') in the spring of 1937 – addressing the working class that constituted the base of Social Democrats. In the spring of 1937, Szálasi converted his moderately anti-Semite Racial Defender party into a strongly anti-Semite, revolutionary party of petty bourgeoisie and proletariat. As a result, the party was abolished on the 15th April 1937. According to the decision of the court, Szálasi characterized his own activities as „Communism of an other accent".

In 1936-37, several minor National Socialist parties attempted to form a league of the far-right. By having more success in this than anyone else, Szálasi became an emblematic figure of National Socialism. Consequently, official authorities took a strong line, and used administrative means to prohibit his periodical and to take several legal actions against him under the pretext of 'agitation against a religious denomination'. However, it only contributed to his reputation among members of the far-right. Unsurprisingly, he was one of the three leaders of the *Hungarian National Socialist Party* ('Magyar Nemzeti Szocialista Párt'), the coalition of several minor far-right factions united on the 24th October 1937. Although this party did not rally all the National Socialist factions, it became by far the most powerful far-right party, with parliamental representation, press, an imposing party headquarters,[25] and wide-ranging membership. It may be worth mentioning that Szálasi only started to call himself a National Socialist, and to use the Arrow Cross, the symbol of Hungarian National Socialists, after this union was realized. The key to his success was his ability to make others believe that he was able to integrate the far-right and to seize power. His vocation was justified in the eyes of his zealots by the fact that he gave up his military career in

---

[24] See, for example, Budaváry, László: *Zöld bolsevizmus. A nemzetietlen nyilas-mozgalom hűséges és döbbenetes képe.* [Green Bolshevism. A Faithful and Dreadful Portrait of the Anti-National Movement of the Arrow Cross.] Budapest, 1941, Nemzeti Élet.

[25] The party headquarters was at the infamous Andrássy str. 60, which is now home to the House of Terror, a museum in remembrance of both far-right and far-left dictatorship. (It is a peculiar feature of the building that it was the headquarters of the National Socialist rule in 1944, then after 1945 it became a symbol of ill repute for Communist armed forces.)

the interest of his political ambitions, and that he even faced imprisonment for his views.[26]

As a response to the apparent strengthening of the far-right, the Home Secretary dissolved the Hungarian National Socialist Party on the 21st February 1938, while Szálasi and the party's leadership was placed under police surveillance. Szálasi was imprisoned from the spring of 1938 (with a short interruption) to the fall of 1940. However, a summary of his views was published still in 1938, with the title *Pathway and Aim* ('Út és cél').[27] Yet the system of his ideas reached its final form only while in prison, where he read and contemplated a lot. And he accurately committed to writing in his notebook every thought he had during that time.[28] To sum up, his ideology called 'Hungarism'[29] appeared in its clearest form in his speeches given after he was released from prison.[30] From these it turns out that he understood Hungarism as the Hungarian version of National Socialism, which aims at uniting the ideas of Nationalism, Socialism and Christianity. Szálasi believed Hungarism to be the equals of both German National Socialism ('Völkische Bewegung') and Italian Fascism, although he was convinced that Hungarism was by far the most excellent variant. He thought that while 'Völkische Bewegung' is destined to rule those parts of Europe that are inhabited by Germans, as Fascism is destined to rule the Mediterranean, so is Hungarism to rule first the Carpathian Basin, and then to spread all over the Balkan Peninsula. Szálasi imagined a state where the work of peasants and craftsmen, possessing private property, is accomodated into a general scheme of state-planned economy. The administrative officials operating this system of design and redistribution he called intelligentsia. Such a distribution of function and property, together with the role played by the state in economics, was supposed to lead to social tranquillity, what Szálasi named *socialnationale* ('szociálnacionálé'). Beyond the three already mentioned (that is, peasantry, craftsmen and intelligentsia), he regarded army as the fourth useful craft. These four professions could have been filled only by men, as he unambiguously designated the place of women within the limits of family life. In a Hungarist state devoid of Jews, Christianity would have been a compulsory state religion. His policy aimed at „un-Jewification" he called „a-Semitism", in order to distinguish it from anti-Semites who wanted to constrain Jews.[31] Szálasi imagined „un-Jewification" as forced expatriation of Jews, leaving behind their properties. In his view, Jews should be able to found and operate their own state somewhere beyond the boundaries of Europe. Furthermore, he cherished the hope that a union of peoples living in the Carpathian Basin would appeal to them so much that they would end up founding a new, common state, that is, 'United Hungaria Lands', by referendum. He planned to form compact

---

[26] The image-making of Szálasi is scrutinized by Tóth, Andrea: Egy vezér imázsa: Szálasi Ferenc bebörtönzése és a hungarista propaganda. [The Image of a Leader: The Imprisonment of Ferenc Szálasi and Hungarist Propaganda.] = *Valóság*, 1992/6. 51-64.

[27] Szálasi, Ferenc: *Út és cél*. [Pathway and Aim.] Budapest, 1938, M. Kir. Egyetemi Ny..

[28] *Szálasi Ferenc börtönnaplója 1938-1940*. [The Prison Diary of Ferenc Szálasi 1938-1940.] Ed. Tamás Csiffáry, introduction and notes by Péter Sipos. Budapest, 1997, Budapest Főváros Levéltára – FILUM.

[29] As we mentioned above, Ottokár Prohászka, from whom Szálasi took it over, used the expression 'Hungarism' in a completely different manner.

[30] These were collected in: Szálasi, Ferenc: *Hungarizmus 1. A Cél*. [Hungarism vol. 1. The Aim.] Ed. Tibor Gede. Budapest, 2004, Gede Testvérek Bt.

[31] We should note again that, although he borrowed it from Béla Bangha, Szálasi used the word „a-Semitism" in a completely different manner.

ethnic blocks by resettlement, and to give considerable cultural and territorial autonomy to each of them. This emancipatory and open-handed policy towards national minorities[32] he called Pax Hungarica, for he expected from this a peaceful and definitive solution to the problem of nationalities. Such a Hungarist state would have found its place in a new, National Socialist Europe in terms of the so-called 'co-nationalism' ('konnacionalizmus'). By the expression 'co-nationalism' he meant a community of National Socialist nations, that is, fraternal love and division of labour among them. According to his view, there are three major National Socialist nations in Europe: Italians, Germans and Hungarians. Although Szálasi recognized the leading role of Germans, he differed significantly from Hitler's views insofar as he thought of the Italian and Hungarian state not as subjected to, rather as cooperating with the Germans. Moreover, he criticised Hitler in his diary because his politics, being imperialistic and laying great stress on the superiority of Germans, estranged the nations of Europe from National Socialism. Thus Szálasi considered Hungarism a better kind of National Socialism than its German counterpart in virtue of its more tolerant policy towards national minorities.

The speeches and writings of Szálasi tell us about a committed Christian fantasizer with grandiose fancy and a rather uncommon insensibility to real political and military circumstances. It may be accounted for by the fact that Szálasi, far from being an adherent of *Realpolitik*, was in fact a downright extreme idealist, who did not hesitate to treat Hitler with ideological exploitaton in the last months of the Second World War, although the latter wanted to negotiate important military affairs. For Szálasi, the Second World War was a war fought for ideologies, so he looked upon the attempt of disengagement as a betrayal of National Socialist ideas and world order. Nevertheless, he not only believed in the possibility of a German counteroffensive, but also mentioned several times in his notebook, even in the first years of the war, the possibility of Hitler's defeat. However, he was convinced that, even in this case, National Socialism would have revived by the end of the '40s, and would have assumed authority in the whole of Europe – quite simply because he thought that it was most fitting for the prosperity of European nations, and, moreover, because he perceived it as necessary, being the lesson of history itself. Szálasi thus believed enthusiastly that he was chosen and that he was in possession of truth, and he looked at the course of events in terms of the principle 'no resurrection without Good Friday'. He firmly believed that any idea or any person to carry the day has first to suffer the suppression of the prevailing powers. That is why his diary is full of hostility against authorities: Szálasi turned against prevailing order with the wounded pride of a neglected messiah. That is why he criticised law and justice that made possible the setting aside of his 'truth' and his person. Nevertheless, he criticised the Church for the exact same reason, as he regarded them, on the one hand, as a power interposing in politics in the interest of the establishment, and, on the other hand – being a religious devout himself – as misinterpreters of faith. It is symptomatic that among the one and a half hundred books he read while in prison, religious writings, books about Judaism, and works discussing questions of National Socialism were the most frequent ones. Most of his notes were

---

[32] Szálasi deliberately avoided the use of the word 'nationality' (nemzetiség), since he felt that this expression would degrade the other ethnic groups in relation to the one state-forming. That is why he takes peoples – not nationalities – to consist the nation.

centered around these three topics, respectively. His writings also profess the genuineness of the deep emotions he felt about the difficulties experienced by peasantry and labourers. He frankly wanted to give a solution to their problems, and he did not concern himself with these only as part of a demagoguery in order to seize power. His repugnance towards the Jews is also incontestable. Plainly put, he blamed Jews for every difficulty, and he regarded them as perpetrators and beneficaries of every oppression and exploitation. To be more exact, we may say that the notion of 'Jew' in the thought of Szálasi is a metaphor that stands for a general cause of everything that is injurious. Consequently, when he mentioned anything in relation to this attribute, he not only declared that it was unaccaptable for him, but he also felt exempted from the obligation to argue against it furthermore. Similarly, when he wanted to present a historical process as negative, he rested content with labeling it as a kind of 'Jewification'. That is how he could 'explain' that intellectual tendencies originally pointing forward (such as Liberalism) later turned bad (oppressive, exploiting, and foes of National Socialism). His attitude towards history, that can be reconstructed only from fragments, was a curious mixture of romantic-independentalist Hungarian historiography, National Socialist concepts of geopolitics and raciality, and the idea of class struggle. The latter found its way into his interpretation of the past as he did read Communist authors – characteristically, he asked for the works of Stalin while in prison after the Second World War,[33] as in his earlier days in prison he read Marx alongside Hitler and Mussolini. It is also worth mentioning that the main ideologues of the movement of Szálasi (Ödön Málnási, István Péntek, Ferenc Kassai-Schallmayer) – in opposition with the majority of the party's membership and leaders – had leftist, what is more, far-leftist background.[34] Szálasi's favourite role model from the Hungarian past was Count István Széchenyi, and he also referred to two military men: György Dózsa and Miklós Zrínyi. His writings are individualised by the manner of presenting his thought in parallel-symmetric, or rather in tripartite structures, and to express them with the use of peculiar linguistic coinage. That is why even his devotees had a hard time understanding what he meant. It is telling that, for example, both the 1938 and 1939 programs of his party, written by Kálmán Hubay, the temporary leader in place of the at the moment imprisoned Szálasi, are hardly reminiscent of Szálasi's style, and their overall message is also different, or at least stresses other points.

Still, the personage of Szálasi played a central role in the history of the far-right. The party's propaganda brought the imprisoned Szálasi into the reputation of a martyr, justifying the relentless oppositionary attitude of the far-right by his very person. (His importance is shown by the fact that a well-known newspaper editor, Sándor Pethő wrote an editorial about the rise of Szálasi, while Dezső Sulyok insisted upon Szálasi's Armenian descendance in the Parliament, in order to bring him into an ill reputation among the far-right professing racial purity.) This image, with a clever blending of

---

[33] His notes written during his trial at the People's Court and the documents of his trial were published in: *A Szálasi-per.* [The Trial of Szálasi.] Ed. Karsai, Elek – Karsai, László. Budapest, 1988, Reform.
[34] The case of István Péntek and Ödön Málnási is discussed in detail by Tabajdi, Gábor – Ungváry, Krisztián: *Elhallgatott múlt. A pártállam és a belügy. A politikai rendőrség működése Magyarországon 1956-1990.* [The Past Concealed. The Party-State and Internal Affairs. The Operation of Secret Police in Hungary 1956-1990.] Budapest, 2008, 1956-os Intézet – Corvina. 233-261.

leftist and Christian elements, was principally the invention of Ödön Málnási.[35] He made out slogans like 'No resurrection without Good Friday' in order to keep the ball rolling, to raise the expectations and hopes concerning the release of Szálasi and the changes to be made after he gets out of prison. Besides Málnási, an other man of great political-organisational talent, Kálmán Hubay contributed to the party's success, too, if only because Málnási was also put into jail because of his work *The Truthful History of the Hungarian Nation* ('A magyar nemzet őszinte története'). Hubay was a former leader of an association of young university students, the most radical and the biggest in number, called *Turul*, before he made good use of his gifts as a journalist in favor of the governing party. Then he was elected in a mid-term election in March 1938. As an MP, he refounded the already abolished *Hungarian National Socialist Party* under a very similar name (*National Socialist Hungarian Party*, 'Nemzeti Szocialista Magyar Párt'). The party led by Hubay was different from its predecessor insofar as it focused on more traditional means of politics: Parliamental role and the press of a new tone. But is was forced to leave room for rallying: leafletting, streetfighting, and, what is more, members of the party sometimes committed acts of terrorism against their political opponents and, of course, Jews. That resulted in the party's constantly figuring in the news, proving their being radical opponents. Their most infamous criminal attempt was a hand-grenade attack against the central Synagoue of the capital in the Dohány street, on the 3rd February 1939. Because of this, the party was abolished by the government of Count Pál Teleki, many of its leaders were arrested, in order to make it difficult for them to participate in the coming elections. But Kálmán Hubay, at liberty by virtue of his membership in the Parliament, founded a new party under the name *Arrow-Cross Party* ('Nyilaskeresztes Párt') on the 15th March 1939. Into that, he did not assume the compromised members of the old movement. The electoral program of the Arrow-Cross Party, in order to avoid further retaliation, was far more moderate than its predecessor's. The elections held on the 25-26th May 1939 (Whit Sunday and Whit Monday) resulted in a spectacular success of far-right movements, although the government did its best to prevent them (prohibited their meetings, arrested their activists, withdrew their handbills from circulation, and banned their press). The far-right overcame these difficulties and won 49 seats out of 260 in the Parliament. However, their euphoria did not last long. It soon turned out that National Socialists could not enforce their demands with only one-fifth or one-sixth of the seats against the stable majority of the governing party. As a substitute, far-right factions gradually fused together. The waining of their popularity was for a short time blocked when Szálasi was released from prison in September 1940. Practically, it resulted in new conflicts. Szálasi lacked competence in parliamentary politics. Soon he developed personal conflicts between himself and other politicians of his party, such as Hubay. Moreover, a number of MPs sympathetic to the far-right soon quitted from the governing party. They founded a new National Socialist party led by former Prime Minister Béla Imrédy, under the name *Hungarian Revival Party* ('Magyar Megújulás Pártja'). This party, led by experienced politicans, soon won over those National Socialist MPs who got into conflict with Szálasi, and became the most powerful far-right party in the summer of 1942, while Szálasi's party was significantly weakened.

---

[35] Máthé, Áron: A nyilas állam: az „istenfélő" utópia. [The Arrow-Cross State: A 'Pious' Utopy.] = *Valóság*, 2008/2. 91-98.

For this reason, when the Germans occupied Hungary on the 19th March 1944, the so-called Hungarian Quisling-government was formed relying not on Szálasi's but on Imrédy's party, the *Hungarian Revival Party*.[36] By the way, it was led by former Hungarian Ambassador in Germany, Döme Sztójay, and he did not provide room for Szálasi's party. The new government met every requirement of the Germans. First, all of its ministers had considerable political experience, and secondly, they were willing to serve German war interests only. At this point, Szálasi's mass support was diminished, and he had no politicians with government background. What is more, Szálasi, falling in love with his own ideas, was not a suitable partner neither for the Germans, nor for other Hungarian far-right politicians. Szálasi will have been needed by Nazi Germany only when, in order to mobilize the whole country, they had to draw them into the field. Then, and only then, took the Germans Szálasi's political ambitions seriously.

Essentially, Germans wanted only one thing from the Sztójay-government: to submit Hungarian resources to German military interests.[37] Accordingly, they had to provide soldiers, raw material, food and workforce, and to assure their pro-German attitude. Hungarian Holocaust partly corresponded to the aforementioned goals, partly had its ideological motivations.[38] In the course of events, Hungarian political leadership, wanting to dispose of Jews, collected Hungarian Jews and delivered them into the hands of the Germans, who received useful and inexpensive workforce in this critical part of the war, whom they could literally employ to death. Hungarian far-right government managed to kill two birds with one stone: on the one hand, they could keep their promise of 'un-Jewificating' the country, and, on the other hand, they were able to fund their social measures by distributing the confiscated wealth. Their plans first suffered a standstill when Regent Miklós Horthy – acting on advice – decided to halt the deportation of those Jews who were still inside the country.[39] Then, after the Romanian desertion, Horthy recalled Sztójay from his office, and made an attempt to disengage from war.

The time had come for Szálasi. After the attempt of disengagement on the 15th October 1944, Germans put Regent Horthy out of the way, and placed a far-rightist government to the head of the country again.[40] As war was intensifying, it became important for them to involve every pro-war and pro-German factions in the government. Szálasi undertook participation only on condition that he would become Prime Minister. His government, assuming office on the 16th October 1944, had a double aim: perseverance in the war and realisation of the well-known program of Szálasi. In this spirit, he ordered the arrangement of new military units and took a strong line in order to raise

---

[36] *A magyar Quisling-kormány. Sztójay Döme és társai a népbíróság előtt.* [The Hungarian Quisling-government. Döme Sztójay and his Collaborators in the People's Court.] Ed. Karsai, László – Molnár, Judit. Budapest, 2005, 1956-os KHT.

[37] Ránki, György: *Unternehmen Margarethe. Die deutsche Besetzung Ungarns.* [Operation Margarethe. The German Occupation of Hungary.] Wien, 1984, Herman Böhlau.

[38] Randolph L. Braham: *The Politics of Genocide: The Holocaust in Hungary. I-II.* New York, 1981, Columbia University Press; Götz Aly – Christian Gerlach: *Das letzte Kapitel. Realpolitik, Ideologie und der Mord and der ungarischen Juden.* [The Last Chapter. Realpolitik, Ideology and the Death of Hungarian Jews.] Stuttgart, 2002, Deutsche Verlagsanstalt.

[39] *The Holocaust in Hungary Fifty Years Later.* Ed. Randolph L. Braham – Pók, Attila. New York, 1997, Boulder – Columbia University Press.

[40] C. A. Macartney: *October fifteenth. A History of modern Hungary 1929-1945. I-II.* Edinburgh, 1956, Occidental Press.

martial spirit. However, disorder only increased when they had to evacuate the capital in November because of Soviet advance. They acted so in the expectation of a German counterattack in no time, using German 'wonder weapons'. Their hope was strengthened by temporary German success in December. The government platform issued the 18th October 1944 promised a solution to the Jewish question, and the establishment of a Hungarist state. The latter meant total one-party regime. In these terms, Szálasi assumed the name 'Leader of the Nation', and united the positions of head of state and the leader of the Arrow-Cross Party in his own hand. A double administrative system was fashioned so that every state official was controlled by a commissary of the party. Besides transforming the political system, the replacement of the institutional staff was an important matter for the Arrow-Cross Men. Such a transformation of the state, together with the incompetency of newly appointed bureucrats and the worsening of military affairs, led to immediate chaos.

As head of state, Szálasi mainly concerned himself with foreign affairs. His main goals were to have his government internationally recognized, and to deal with the Jews. His discussion with Ambassador of the Vatican Angelo Rotta is very telling in this respect, during which he emphasised that there is no room for Jews in Hungary, although the government does not want to liquidate them: they have to get on with their lives abroad. And to the Italian *chargé d'affaires*, after he contemplated theoretically about the 'great space of Europe' and the leading role of Germany, Italy and Hungary in it, he went on to state that they have enough power to gain final victory. These two moments give a true description of the mentality of Szálasi's government.[41]

We can make an attempt to understand the last phase of Hungarian Holocaust only in light of all that was said up to this point. Szálasi treated the Jews as hostages in the hope of reaching an agreement with his main opponents. That is why he moved together Jews living in the capital and confined them to a ghetto.[42] Peculiarly, this move provided some kind of shelter for them, as it guaranteed a certain – albeit very low – standard of living in the circumstances of war supply, and the walls of the ghetto also kept them safe from arbitrary actions of armed party commandos. Nevertheless, in the course of a raging war, thousands of Jews were killed in the capital during private raids of armed members of the party. The government of Szálasi was neither capable nor willing to act in order to avenge these „abuses". Szálasi planned to use the workforce of the Jews after the war to rebuild the country before expelling them. That is why he was reluctant to deliver them to the retreating German army. However, at last he did deliver them, what lead to tragic consequences.

Although the rule of Szálasi's government extended only over the Western part of the country even in October 1944, this area was even more shrinking with the advance of the Soviet army. Those more obstinately set on continuing the war – or those who feared the Soviets the most – escaped to German territory. Finally, members of the Szálasi government fell into captivity of the occupant U.S. Army in contemporary Austria. The Americans soon accepted the demand for extradition, and leaders of the

---

[41] The two cases are described by Vargyai, Gyula: Káosszal enyhített, anarchiával súlyosbított rémuralom. [Reign of Terror, Eased by Chaos, Worsened by Anarchy.] = *Történelem, tanítás, módszertan. Emlékkötet Szabolcs Ottó 75. születésnapjára.* [History, Teaching, Methodology. A Book in Remembrance of the 75th birthday of Ottó Szabolcs.] Ed. Nagy, Péter Tibor – Vargyai, Gyula. Budapest, 2002, Országos Pedagógiai Könyvtár és Múzeum. 243-258.
[42] Cf. Tim Cole: *Holocaust City. The Making of a Jewish Ghetto.* London – New York, 2003, Routledge.

far-right were sentenced as war criminals to be executed or life imprisonment by Hungarian courts.[43] Szálasi, together with several members of his government, was executed on the 12th March 1946. However, many zealots of far-right stayed in the West, and spread among the world during the Cold War.

---

[43] Karsai, László: The People's Courts and Revolutionary Justice in Hungary, 1945-46. – *The Politics of Retribution in Europe. World War II. and its Aftermath.* Ed. Deák, István – Gross, Jan T. – Judt, Tony, New Jersey, 2000, Princeton University Press. 233-252.

László KARSAI
Université de Szeged

Ferenc Szálasi, chef du mouvement des Croix fléchées hongrois (1897-1946)

Selon Miklós Horthy, régent de Hongrie (1920-1944) Szálasi était mu par son ambition sans limites et avait souvent de sérieux problèmes même à l'intérieur de son parti à cause de son « entêtement émanant de ce qu'il était convaincu » de sa propre infaillibilité.[1] La littérature hongroise d'après 1945 montrait et montre toujours Szálasi comme un guignol, dans d'autres cas encore plus négatifs, dément ou (à moitié) fou.[2] Le premier ministre Miklós Kállay (1942-1944) partageait également cette opinion : « Szálasi était un psychopate, ses fidèles étaient la racaille du peuple. » Selon Kállay, après le putsch des Croix fléchées (le 15 octobre 1944) Szálasi est resté le même : « un guignol pathétique à l'esprit embrouillé».[3] D'après l'un des journalistes du quotidien social-démocrate *Népszava* (« la voix du peuple ») Szálasi était « …le forcené le plus bruyant de la patrie » en 1941 déjà.[4] Dans son journal, l'écrivain et poète Simon Kemény, appelle Szálasi « le pauvre commandant au cerveau en brouillard».[5] Si toutes ces expressions décrivent le véritable Szálasi, il est alors encore plus difficile de répondre à la question qu'un des fidèles du régent Miklós Horthy a posée en automne 1938. Le député Hugó Payr a demandé : « comment ce – par ailleurs – insignifiant capitaine est-il devenu un facteur déterminant de la vie politique hongroise ? Alors qu'il ne sait ni faire des discours, ni écrire, qu'il n'a ni presse, ni parti, aucune capacité d'être un chef de parti, même aucune idée claire. »[6] Payr avait tort : le 1ᵉʳ mars 1935 Szálasi a quitté l'armée avec le grade de major et non pas en tant que capitaine, et déjà en 1938 il était à la tête d'un parti de masse, et ses idées étaient publiées dans des journaux et des magazines populaires. Miklós Horthy a attribué le fait que Szálasi, malgré ses « origines modestes », c'est-à-dire qu'il était issu d'une famille pauvre, est « monté du rang de cadet au grade d'officier d'état-major » à sa volonté et à sa « capacité intellectuelle d'un certain niveau ».[7]

D'après la littérature d'avant 1990, les Croix fléchées devaient leur succès – mis à part leur démagogie sociale sans limites – au support financier, spirituel et

---

[1] Horthy, Miklós: *Emlékirataim* (Mémoires) Budapest. Európa-História K., 1990, 231.

[2] L'historienne L. Nagy Zsuzsa a appelé Szálasi un personnage « sans doute anormal, d'esprit malade, chauffé par la passion du pouvoir ». L. Nagy, Zsuzsa: *Magyarország története 1918-1945* (Histoire de la Hongrie de 1918 à 1945) Egyetemi jegyzet, 2. k. Történelmi Figyelő Könyvek, Debrecen, 1995, 250.

[3] Kállay, Miklós: *Magyarország miniszterelnöke voltam 1942-1944* (J'ai été premier ministre de la Hongrie 1942-1944). Európa-História K., Budapest, 1991. I.-II. k.. citation: II., 225.

[4] Pintér, István: *Szálasi Ferenc, avagy kéjgáztámadás a politikában* (Ferenc Szálasi ou attaque au gaz hilarant dans la vie politique) (2ème partie de la série „A korszellem kapitányai" – „Les capitaines de l'esprit du temps") *Népszava*, les 6 et 9 avril 1941.

[5] Kemény, Simon: *Napló 1942-1944* (Journal 1942-1944) Magvető K., Budapest, 1987. citation: 59. (le 7 mars 1942)

[6] OL-K589-Mf-X-4233-8930, Archives Nationales, Lettre de Hugó Payr adressée à Miklós Horthy du 31 octobre 1938. Lettre éditée par: Miklós Szinai et László Szűcs: Horthy Miklós titkos iratai. (HMTI) *(Les documents secrètes de Miklós Horthy)* Budapest, Kossuth K., 1965; citation: 189.

[7] Horthy, *Emlékirataim* (Mémoires), 231.

politique de l'Allemagne.[8] L'historien Miklós Lackó a déclaré : « L'Allemagne soutient le parti des Croix fléchées par tous les moyens – politiques, diplomatiques, financiers – afin qu'il devienne le mouvement populaire le plus large possible. »[9] Mais dans son livre cette déclaration n'est soutenue par aucune donnée ou fait, et il laisse la question de savoir s'il était dans l'intérêt de l'Allemagne de soutenir le mouvement des Croix fléchées de Ferenc Szálasi sans réponse. L'académicienne, Mária Ormos est plus prudente : elle dit que l'Allemagne a « sans doute » soutenu le mouvement de Szálasi. Elle pense que faute de soutien, l'énorme campagne du parti de Szálasi à partir de la deuxième moitié de 1937 n'aurait pas été imaginable.[10] Dans la réalité, les organisations ou les autorités compétentes du NSDAP ou de l'Allemagne nazie n'ont pas pris contact avec les Croix fléchées de Szálasi jusqu'à l'été 1944, et Szálasi n'a pas demandé, ni reçu de soutien financier de l'Allemagne. Des preuves concrètes, des archives d'époque concernant les relations économiques entre le NSDAP ou d'autres organisations nazies et les Croix fléchées n'ont jusqu'ici pas fait surface. József Sombor-Schweinitzer, chef-adjoint de la police, dans son rapport du printemps 1943 a été obligé de conclure : « Malgré toute la vigilance des autorités hongroises d'enquête nous n'avons pas pu réunir des éléments prouvant que les chefs des nationaux-socialistes hongrois auraient bâti leur mouvement avec l'aide de fonds allemands ».[11] La propagande des Croix fléchées s'est en effet fortifiée à partir de la deuxième moitité de 1937, mais les fonds nécessaires ont été fournis par ses partisans.

En essayant de comparer Szálasi et Mussolini, l'aiguille de la balance va vers le dictateur italien pour de nombreux aspects. Le Duce était un homme dynamique, résistant, de formation théorique et d'éducation moyennes, mais il avait le sens de discuter de tous les sujets intelligemment, à la portée de tout le monde, contrairement à Szálasi qui était connu pour être un mauvais orateur. Mussolini avait un sens tactique inné, une capacité à évaluer les situations sans pareille, et s'il le fallait, il savait prendre des risques. Il évaluait les gens particulièrement bien, était capable de nouer des liens, et avait de très bonnes relations au sein de la fonction publique, de la gendarmerie et de la police. Avant 1937, Szálasi était au mieux connu au sein de l'état-major de l'armée hongroise, il avait des difficultés à lier des amitiés, ses relations sont restées restreintes jusqu'à la fin de sa vie. A son arrivée au pouvoir en 1922, Mussolini avait seulement 39 ans. A cette époque les leaders politiques européens étaient des hommes bien positionnés. Szálasi a décidé de prendre la voie de la politique à l'âge de 36 ans, en 1933. Tous deux étaient issus de familles modestes, voire pauvres. Mussolini avait un passé d'extrême-gauche, Szálasi n'avait pas de passé politique.

---

[8] HMTI *(Les notes secrètes de Miklós Horthy)*, 1965, 225-226.
[9] Lackó, Miklós: *Nyilasok, nemzetiszocialisták 1935-1944* (Croix fléchées, national-socialistes 1935-1944). Kossuth K., Budapest, 1966., 142.
[10] Ormos, Mária: Magyarország a két világháború korában 1914-1945 *(La Hongrie de l'entre-deux-guerres 1914-1945)*. Debrecen. Csokonai K., 1998, 169-170.
[11] Kovács, Tamás (éd., essai d'introduction): *Rendőrségi célkeresztben a szélsőjobb. Dr. Sombor-Schweinitzer József rendőrfőkapitány-helyettes feljegyzése a szélsőjobboldali mozgalmakról, 1932-1943* (L'extrême droite dans la ligne de mire de la police. Notes sur les mouvements d'extrême-droite du dr. József Sombor-Schweinitzer, chef-adjoint de la police, 1932-1943). Gondolat K., Budapest, 2009, 133.

Dans les actes d'accusation du tribunal populaire d'István Antal, ministre de la justice du gouvernement Döme Sztójay (22 mars 1944-29 août 1944), le gouvernement de Gyula Gömbös (1932-1936) a été décrit comme se moulant au fascisme et au nazisme, poussant le pays dans un gouffre « au fond duquel, comme une fin tragique, se détachait la figure horrible de Ferenc Szálasi. »[12] L'acte d'accusation Antal établissait tout de suite un parallèle entre les deux hommes politiques : « A part la parenté interne et structurelle de leurs idéologies et de leur façon de penser, leurs caractéristiques externes, le ton césaromaniaque, l'utilisation de mots compliqués et bombastiques, la proclamation de slogans vides et opaques, il est évident qu'il existe une relation de causalité entre Gömbös et Szálasi et que le développement politique naturel – plus précisément la dégradation – suit un trait droit allant de Gömbös à Szálasi. »[13] Le « trait droit » et la relation de « causalité » entre Gömbös et Szálasi ne paraissent pas expliquer de façon satisfaisante comment Szálasi et ses fidèles ont réussi en seulement quelques années, de 1935 à 1937 à organiser les plus grands mouvement et parti d'opposition au régime Horthy, réunissant une foule de plusieurs centaines de milliers de gens.

Selon l'interprétation de gauche, qui est devenue l'interprétation officielle après 1945, la terreur blanche de 1919-1920 sous le règne d'un quart de siècle du « fascisme de Horthy » a directement mené à la dictature ouvertement fasciste de Szálasi. Même si le nombre d'adeptes parmi les historiens de cette « analyse » simpliste a fortement baissé à partir des années 1960, et concernant le régime de l'entre-deux-guerres l'appellation « contre-révolutionnaire » a cédé la place à l'adjectif « fasciste », il n'en subsiste pas moins des préjugés et des idées reçues à propos de Szálasi et de son régime. Il n'existe pas de figure plus négativement jugée que Szálasi dans l'histoire de la Hongrie. Tandis qu'on a tenté de réhabiliter le système du régent Miklós Horthy et de ses leaders politiques à partir du changement de régime de 1990, même les partisans de l'extrême-droite, s'organisant très fortement et s'exprimant de plus en plus ouvertement à l'heure actuelle – quelques exceptions plus ridicules qu'effrayantes mises à part – n'assument pas l'héritage politique de Szálasi et de ses Croix fléchées.

Depuis quelques années, surtout aux démonstrations anti-gouvernementales de 2006-2009, on peut certes voir le drapeau à bandes rouges et blanches (dit « árpádsávos », c'est-à-dire des couleurs de la famille royale des Árpád – trad.) en nombre croissant, mais ils ne représentent pas le Mouvement Hungariste, mais sont utilisés en tant que symboles anticommunistes, irrédentistes et antisémites par les manifestants, qui se désignent eux-mêmes « radicaux », mais qui sont surtout des racistes d'extrême-droite (envers la population rom). Les partisans irrédentistes d'aujourd'hui de l'extrême-droite célèbrent Miklós Horthy comme celui qui a agrandi le pays. Même eux, ils savent que l'on ne peut pas célébrer en même temps son excellence, le régent, et Szálasi qui a renversé son pouvoir par un putsch avec l'aide militaire des Allemands. Il peut être considéré comme naturel que les adeptes des idéologies de gauche et libérales regardent avec dédain Ferenc Szálasi, l'un des derniers chefs d'État européens qui a fidèlement soutenu Adolf Hitler jusqu'en avril 1945 et sous

---

¹² Állambiztonsági Szolgálatok Történeti Levéltára (ÁBSZTL)-V-116.532-15 (Archives Historiques des Services de Sûreté de l'État).
¹³ ÁBSZTL-V-116.532-15.

143

l'égide duquel a pu continuer le pillage du pays et le transport de tout le mobilier de valeur en Allemagne. Plusieurs dizaines de milliers de soldats allemands, hongrois et russes sont tombés au cours des combats pour la libération du pays ; la capitale a été bombardéé pendant les trois mois de siège, durant lequel les bandits Croix fléchées ont assassiné des milliers de Juifs.

Ferenc Szálasi est né le 6 janvier 1897 à Kassa, l'une des plus importantes villes du nord de la Monarchie austro-hongroise, à cette époque puissance moyenne montrant un développement économique dynamique. Parmi les ancêtres de Szálasi, on trouve des Arméniens, des Allemands, des Slovaques et des Hongrois. Il est possible que ses origines très diversifiées aient rendu Szálasi sensible à ce sujet. Il est certain que – probablement sur la base de la parenté sumérienne-hongroise-touranienne – il considérait les Japonais comme ayant des liens de parenté avec les Hongrois. La problématique du « métissage » l'a intrigué toute sa vie, même pendant sa détention par le Département de la Police politique d'influence communiste, il a soutenu sa conception sur l'amélioration de la race. Il pensait que « la souche gondowanienne » était la « souche d'origine» du peuple hongrois, et c'est ce que les Croix fléchées ont voulu purifier du «sang» nordique, méditerranéen et sémite. Szálasi ne pouvait concevoir une politique saine qu'avec des gens de race saine. A l'intérieur des cinq « espèces de souche » (les Aryens, les Gondowaniens, les Proche-Asiatiques, les Noirs et les Indiens) une mixité des races est possible, alors que le métissage entre espèces nuit à la pureté de la race, l'empreinte raciale des ces personnes devient discordante – affirmait Szálasi. Il mentionnait fièrement que – contrairement aux « certifications aryennes » allemandes, les membres de son parti ont été soumis à des examens « antropologiques, de biologie raciale et de psychologie raciale » et 20000 examens ont été effectués. Il a lui-même rendu par décret ces examens obligatoires pour les fonctionnaires de son parti et il s'y est soumis en premier, et tout ceci dans le but qu' « aucune reproche de principe ne puisse être fait ».[14] Concernant les « races populaires » hongroises, Szálasi a dévoilé au Département de la Police politique que 15 ans après la guerre, il aurait voulu expulser du pays toutes les personnes de « base raciale » méditerranéenne, nordique et sémite, plus de 1,5 millions de personnes, c'est-à-dire 10-12% de la population totale.

On sait relativement peu de choses de la famille, de l'enfance et de l'adolescence de Szálasi. Les Szálasi étaient une famille typique de militaires et de fonctionnaires, petit bourgeois. La famille habitait 7, rue Raktár, à Kassa, le père de Szálasi était maréchal du train des équipages locaux de l'armée impériale et royale.[15] Suivant l'exemple de leur père, les trois frères Szálasi ont choisi une carrière militaire. Nous savons que Ferenc Szálasi junior adorait sa mère, comme Hitler, mais contrairement à ce dernier, il respectait aussi son père, qui se montrait très sévère. Nous n'avons pas suffisamment de donnnées à disposition pour conclure des effets

---

[14] Budapest Főváros Levéltára (BFL)-XXV-1-a (Népbírósági iratok)-293/1946-334 (Archives de Budapest – Documents du Tribunal Populaire) Szálasi Ferenc tanúvallomása a PRO-n, 1945. október 23 (Déposition du témoin de Ferenc Szálasi au Département de la Police Politique, 23 octobre 1945).

[15] United States Holocaust Memorial Museum (USHMM)-ÁBSZTL-V-19.430-10-437-440 (Archives Historiques des Services de Sûreté de l'Etat). Extrait d'acte de naissance original en langue slovaque de Ferenc Szálasi et sa traduction hongroise officielle du 4 avril 1938).

d'éventuels traumatismes de l'enfance de Szálasi sur sa carrière ultérieure, à la manière de Freud. Il ne subsiste aucune photographie de la famille Szálasi, ce qui prouve également qu'elle était effectivement pauvre, s'ils n'avaient pas assez d'argent pour commander des photos professionnelles lors des événements familiaux importants.

Le 18 août 1915, quand il a reçu sa nomination au grade de lieutenant et s'est retrouvé sur le front, Szálasi n'avait pas encore 19 ans. Il a servi 36 mois et n'a été absent que 2 mois, quand il a été sérieusement blessé et a dû être hospitalisé par la suite de l'éclatement d'un obus. Il avait servi sur le front italien dans l'infanterie, d'abord sur la zone de combat de la compagnie, puis sur celle de la compagnie d'assaut. Enfin, pendant les dernières semaines de la guerre, il était commandant de la compagnie d'assaut sur le champ d'opérations militaires ouest, au nord de Verdun.[16] Plus tard Szálasi a affirmé, qu'il n'avait jamais en lui-même « le sentiment conscient de la cruauté » et que seul « l'image de l'héroïsme (flottait devant ses yeux), jamais celle de la cruauté ».[17] Après la chute de la Commune (21 mars 1919-1er août), il a été gardé dans l'armée, peut-être parce qu'il était un héros de guerre maintes fois décoré et sûrement parce que – n'ayant pas de mérites anti-révolutionnaires – il n'avait pas commis de « crimes révolutionnaires » non plus. En 1921 il a déposé sa candidature à l'école militaire, où il a finalement été admis en 1923. Szálasi se rappelait avoir passé ces deux années à étudier, surtout par la sociologie, il a lu le *Manifeste du Parti Communiste*, le *Capital* de Marx (dans sa version allemande originale), avec les commentaires de Kautsky. « Les études de Marx m'ont convaincu qu'il n'a saisi qu'un segment de la vie et que ses théories ne sont pas complètement englobantes » a-t-il dit quelques années plus tard.[18] De 1921 à 1930 il continua à se former, il a surtout étudié la géographie, l'ethnographie, la linguistique et l'histoire hongroise. Un des ses fidèles a déclaré plus tard : « L'idéologie de la pratique hongroise du national-socialisme a germé dans l'esprit de son créateur, Ferenc Szálasi déjà après la chute de la Commune de 1919, alors qu'il servait dans l'armée. »[19]

Szálasi a commencé à changer probablement en 1930-1931. Jusqu'alors il vivait une vie semblable à celle de tout autre officier d'état-major de l'armée royale hongroise, il n'a jamais montré aucun signe de ce qu'il aurait aimé échanger cette carrière sûre contre une carrière politique incertaine. Nous ne savons pas pourquoi, sous quelle influence, il a commencé à découvrir en lui-même le penseur autonome, le chef populaire, concepteur de programme. Il est possible que ce fussent les premiers succès d'Hitler aux élections, la crise économique de 1929 qui ont entravé ces changements. Il est certain qu'il a commencé à se considérer un homme important et prédestiné pour

---

[16] BFL-XXV-1-a-293/1946-325/a (Archives de Budapest). Interrogatoire de Ferenc Szálasi au Département de la Police politique du 7 octobre 1945.
[17] Szirmai, Rezső: *Fasiszta lelkek. Pszichoanalitikus beszélgetések a háborús főbűnösökkel a börtönben* (Ames fascistes – Discussions psychoanalytiques avec des criminels de guerre en prison) Budapest, Pelikán K., 1993. 204.
[18] BFL-XXV-1-a-293/1946-320 (Archives de Budapest). Interrogatoire de Ferenc Szálasi au Département de la Police politique du 5 octobre 1945.
[19] OL-K814-Mf-X-7076-16.723-5 (Archives Nationales).

une mission. En mai 1933, il a publié sa brochure intitulée « Le plan de construction de l'État hongrois » (« A magyar állam felépítésének terve »).[20]

Dans cette brochure de 48 pages, Szálasi part du fait que dans le « nouveau monde » l'homme politique qui unit le pouvoir politique « dit ce qu'il veut réaliser et comment », et le peuple « lui donne pleins pouvoirs » en acceptant ses plans. Dans l'État, le « guide politique » (vezetőpolitikus) remplit le rôle du concepteur et le peuple celui de la « consécration ».[21] A ceux qui voudraient utiliser le socialisme pour « le faire fleurir » aux fins économiques de « la poche égocentrique », Szálasi réservait le fouet. Tout comme Jésus a chassé les marchands du Temple, Szálasi était prêt à user de la force, d'un fouet pour faire comprendre aux gens la « justesse » de la régulation et de la limitation du capital.[22] Tout comme Mussolini, il a comparé le capitalisme privé à un homme de 90 ans, vieux et stérile, et voyait comme seule solution la planification de l'économie.[23] Il a avancé des conseils économiques concrets : le refus de rembourser des crédits étrangers d'avant 1914 et la suspension pour 10 ans de ceux obtenus après 1918. Il projetait la nationalisation du commerce extérieur et le regroupement de la production et du commerce dans l'agriculture – base de la vie économique – en coopérations agricoles étatiques. Selon Szálasi, un des devoirs de l'État était la rationalisation de la production, de même que son industrialisation.[24] Comme il est attendu d'un vrai (national) socialiste, Szálasi voulait réguler les salaires, et même les loyers de manière centralisée. Szálasi est resté un ennemi féroce du marché libre, de la bourse et des sociétés par actions. Dans son État, le « guide politique » était le planificateur, le corps législatif, le consécrateur et l'exécutif en une seule personne, où la Cour constitutionnelle jouait un rôle de contrôle. Le peuple aurait pu jouer son rôle de contrôle lors des référendums et des élections. Dans la première œuvre de Szálasi il est difficile de découvrir des idées originales ou nouvelles. Il voulait se faire guide politique ou Premier ministre, approuvé par référendum. Horthy aurait dû se résigner à recevoir une rémunération digne d'un chef d'Etat, mais n'aurait eu aucun pouvoir ou influence politique. La nationalisation quasi totale, la direction centralisée de l'économie se basaient sur l'alliage des méthodes et principes de gestion économique soviétique ou italienne de l'époque. Dans cette oeuvre de Szálasi, il n'est question ni de distribution des terres, ou de réforme agraire, ni de la question juive. Szálasi se souvenait des débuts de sa carrière politique ainsi : « En 1933 j'ai examiné ma vie intellectuelle et spirituelle sous trois facettes, afin de simplifier mon problème personnel en fonction de la lutte à commencer. » Szálasi s'est examiné et s'est convaincu lui-même de ce que son idéologie, le Hungarisme était pour la nation hongroise la seule « voie, but et action qui sont les seuls à assurer son existence en ces temps d'expansion de grands principes ». Le Hungarisme – selon Szálasi – était même plus que cela :

---

[20] L'introduction indique une date au mois de mars, mais les travaux d'édition ont pu prendre un ou deux mois.

[21] Szálasy, Ferenc: « A magyar állam felépítésének terve. 1. Gazdasági életünk átállítása. A nemzet akaratmegnyilvánulása » (Plan de la construction de l'Etat hongrois. 1. La reconversion de notre vie économique. La manifestation de la volonté populaire), 1933, 7-8.

[22] En juillet 1944 un pamphlet des Croix fléchées menaçait d'être le « fouet du Christ ». BFL-VII-5-c-8343/1944 (Archives de Budapest).

[23] Ibid, 14.

[24] Ibid, 15-18.

c'était la Justice pour la nation hongroise. A cette époque déjà Szálasi croyait dans cette justice – voire « la » Justice – et ce durant toute sa vie. Pour cette Justice, il était prêt à vivre courageusement, « et s'il le fallait, mourir » au service de sa nation qu'il « aimait à en mourir ». « Ce n'est pas parce qu'on me suit que j'ai la foi. J'aurais cette foi même si personne ne me suivait. J'ai la foi parce que je sens ma vérité jusque dans mes os » – a-t-il écrit dans son premier journal de prison en automne 1939.[25] Szálasi voyait « cette » idéologie national-socialiste, « la vraie », la sienne, à ce moment et des années plus tard, comme la révolution et la lutte pour la liberté des pauvres, des exploités, des oppressés qui – selon lui – se sont soulevés « contre ce régime de bandits, exploiteur et plutocrate ».[26] Szálasi considérait qu'il n'était pas seulement un adepte d'un système de pensées, d'une idéologie, d'une vision du monde créés par quelqu'un d'autre, mais qu'il était le « visionnaire » de la vraie Justice hungariste, de l'idéologie hungariste. « Je ne suis pas un fanatique. Je suis plus que ça. Il y a une vérité en moi, en laquelle je crois. Mon but est la vérité, que je veux atteindre, ma foi est la voie par laquelle je peux l'atteindre. Ce but et cette voie sont au service de ma Nation, dans laquelle on peut mourir mais jamais se lasser... » - a-t-il écrit dans son *Journal de prison* à l'automne 1945.[27] Après avoir réalisé qu'il ne pouvait pas faire de la politique dans l'armée, Gömbös n'arrivait plus à le retenir par de petites promesses. Il voulait le pouvoir absolu, il voulait être le Mussolini hongrois, le Hitler hongrois, le Messie de la Hongrie et de l'Europe de l'Est. Ses modèles, Hitler et Mussolini, ont tous deux choisi une carrière politique après la Première Guerre mondiale. Mais Szálasi était resté un soldat obéissant, discipliné, il montait encore en grade militaire pendant encore une bonne quinzaine d'années après 1918. Nous pouvons en être certains qu'à cette époque il avait encore assez de raison pour se rendre compte qu'il n'avait aucune idée, aucune conception autonome ; qu'il pouvait se soumettre, et même donner des ordres à ses subordonnés, mais il n'a jamais essayé d'organiser, de mener un parti de masse, de mobiliser des masses de « civils » – bourgeois, travailleurs agricoles et industriels.

Contrairement à Hitler, on ne peut parler dans son cas de frustration de carrière, car il était hautement estimé dans l'état-major de l'armée royale hongroise. Il n'a été envoyé en service de campagne que lorsqu'il ne consentit pas à abandonner ses ambitions politiques, et qu'il a même publié une brochure sur un thème politique, sans permission. Il n'a pas abandonné sa carrière militaire pour cause de scandale dans sa vie privée, contrairement par exemple au futur chef du RSHA (Reichsicherheitshauptamt, ou Office central de la sécurité du Reich – trad.), Reinhard Heydrich. En 1935 quand Szálasi a entamé sa carrière politique, Miklós Horthy était le chef d'État européen au pouvoir depuis le plus longtemps (et l'est resté jusqu'à ce que les Allemands et les Croix fléchées ne l'aient forcé à y renoncer, le 15 octobre 1944). Horthy était régent-gouverneur de Hongrie, possédait une autorité incontestable et était très populaire. Arriver au pouvoir contre lui était impossible, et Szálasi le savait. Horthy n'avait pas à légitimer son pouvoir par voie législative, contrairement par exemple au président allemand Hindenburg. Horthy a neutralisé, brisé, désarmé ses ennemis, l'opposition

---

²⁵ Csiffáry, 1997, 152. (24 novembre 1939).
²⁶ OL-K814-Mf-X-7076-16.722-914 (Archives Nationales), Discours de Ferenc Szálasi au Grand Congrès du Parti, 10 janvier 1942, document dactylographié.
²⁷ BFL-XXV-1-a-293/1946-8538, 8540 (Archives de Budapest), *Journal* de Ferenc Szálasi, écrit a la main, au crayon, 24 et 25 octobre 1945.

147

d'extrême droite et de gauche pendant la période allant de 1921 à 1931 où István Bethlen occupait la fonction de Premier ministre. Jusqu'à la crise économique mondiale Szálasi n'a même pas essayé de suivre l'exemple de Mussolini, le systéme était bien trop stable. Les succès des débuts de Szálasi étaient dus non seulement à son programme – par ailleurs difficilement compréhensible – mais également à ses méthodes de propagande très efficaces. Il a commencé à organiser son parti et mouvement au bon moment et au bon endroit. D'après Pál Vágó, l'un de ses fidèles, Szálasi a commencé à populariser ses idées sur la collectivité de différentes nations organisées selon le principe national-socialiste au moment où « les Hongrois se reposaient sur les coussins de la révision paisible brodés à Genève ». Le Messie Szálasi s'est présenté devant la nation lorsque « le parlementarisme hongrois, durant ses 70 années de désolation, a mené la nation dans le désert de l'athéisme. C'est ainsi qu'aux yeux des Hongrois le politique est devenu coquinerie. A la manière d'un peuple sans but, la nation était menacée de mourir de soif d'incroyance, lorsque l'exemple grandiose d'un homme dévoué, né pour être le Guide, lui a montré l'objectif hungariste comme une oasis offrant une source de raffraîchissement. »[28] Selon Károly Egyenyi, contemporain de l'extrême-droite, lorsque Szálasi a choisi la voie politique « la rose rose de l'attente du Messie a fleuri avec une rapidité (caractéristique) des tropiques dans l'air fiévreux et étouffant de l'époque en travail. Après la déception de l'ère Gömbös et dans les jours bouillonnants de l'espérance, les foules désiraient ce miracle tels que les prés attendent l'averse bénie dans la canicule. »[29] Lorsque ses fidèles lui ont demandé ce qu'il adviendrait aux Croix fléchées qui auraient perdu la foi, se seraient mis à l'écart ou auraient commis des trahisons, Szálasi a évoqué l'exemple du Christ. Ses adeptes ne lui sont pas tous restés fidèles non plus : l'un l'a vendu aux Juifs, et Saint Pierre à qui il a transféré son pouvoir, l'a désavoué trois fois.[30] Szálasi se voyait lui-même comme un intellectuel menant la nation, un pionnier dévoué, dont les ancêtres ont été depuis trente siècles « renvoyés de mouvements prétentieux de la main, qui ont été appelés des esprits chimériques ou aliénés, ont été rémunérés avec des croix et des poignards, ou ont été perfidement volés. »[31]

Au 1er mars 1935 Szálasi a été officiellement mis en retraite et il a tout de suite fondé son premier parti, le Parti de la Volonté de la Nation (« Nemzet Akaratának Pártja », ayant pour acronyme NAP, un jeu de mots : nap veut dire soleil en hongrois – trad.). Son programme, intitulé But et Exigences (« Cél és Követelések ») était déjà prêt. Dans son introduction il explique qu'ils sont comme le Soldat Inconnu. « Inconnus », « mais vrais, purs et honnêtes ». Ils veulent vaincre car la « vraie connaissance » et la « vraie vie » sont avec eux.[32] Le NAP commença sa lutte sur les Terres Unies de Hungaria, la Terre Ancienne, ou les Terres Partielles disposant selon la

---

[28] OL-K814-Mf-X-7076-16.728-1010, (Archives Nationales), pamphlet de Pál Vágó commencant par « Frère ! » (Testvér !), fin février 1942, copie dactylographiée.
[29] Egyénÿ, Károly: Feleljen, Szálasi Úr! (Répondez, Monsieur Szálasi !), Budapest, aux alentours de 1942, 89-90.
[30] OL-K814-Mf-X-7076-16.718-411, (Archives Nationales), réponse de Ferenc Szálasi à la question des Croix fléchées formulée a Szentes, 12 décembre 1943.
[31] OL-K814-Mf-X-7076-16.723-51, (Archives Nationales), discours de Ferenc Szálasi devant le Grand Congrès des Intellectuels, 27 décembre 1942.
[32] Szálasi, Ferenc: *Cél és követelések*, 1 (but et exigences).

nouvelle constitution d'une autonomie locale, placées sous la juridiction de la Hongrie. La vocation de la Terre Ancienne de Hungaria était selon Szálasi qu'il y ait « un pouvoir d'équilibre » entre est et ouest, nord et sud. Szálasi a conclu de la position géopolitique de la Hongrie/Terre Ancienne de Hungaria que le pays et son chef, le guide politique, étaient prédestinés à plus que ce qu'impliquaient sa taille géographique ou sa force économique. Il est certain qu'il n'est pas venu à l'esprit de Szálasi que sa « justice » ne serait pas acceptée comme justice uniquement salutaire par la Haute Hongrie, la Ruthénie, la Transylvanie, la Croatie-Slavonie et le Burgenland, c'est-à-dire la population de la Tchécoslovaquie, la Roumanie, la Yougoslavie et l'Autriche. Comme la brochure établit l'« annulation du diktat » de Trianon en tant qu'objectif, ceux qui le voulaient, pouvaient comprendre que Szálasi s'attendait lui-même à ce que sa « Justice » ne serait pas acceptée par les pays voisins et leurs habitants de leur plein gré, et que donc en vue de ce grand objectif il faudrait (peut-être) une autre guerre. Cette considération n'a été ouvertement et honnêtement exposée que dans un communiqué que Szálasi a accordé le 25 novembre 1937 à deux journalistes américains, les dr. Ackerson et Williams. Dans cette interview Szálasi a esquissé le projet d'une fédération – probablement pour que les journalistes venus de loin le comprennent mieux – dont le noyau (le « nucleus ») serait la Hongrie. L'Autriche et la Tchéquie appartiendraient à l'Allemagne, la Haute Hongrie, la Transylvanie et certaines parties de la Yougoslavie reviendraient à la Hongrie. Cette fédération hongroise conclurait une alliance étroite – selon Szálasi – avec l'Allemagne et la puissante Pologne. La Roumanie pourrait également se joindre à l'alliance germano-ungaro-polonaise, ou pourrait rester indépendante, se débattant seule, à l'écart. A la réflexion du dr. Ackerson, que tout cela ne pourrait se réaliser sans action militaire, Szálasi a répondu que des modifications de territoire ne sont pas susceptibles de se réaliser sans guerre.[33]

Jusqu'à l'automne 1936, Szálasi organisait très assidûment mais sans grands résultats son NAP, faisait des tournées à travers le pays, essayait de recruter des fidèles et attendait la mort du grand malade Premier ministre, Gyula Gömbös. La déclaration de Gyula Gömbös, qu'il aurait faite devant le grand public, comme quoi il voit, il sait que son successeur serait Szálasi, constitue une partie importante de la mythologie Szálasi.[34] Ernő Gömbös a entendu des aides de camp de son père qu'au cours d'un conseil de ministres il aurait déclaré : « Cet homme (Szálasi) occupera un jour ma place ».[35] C'est probablement pour cette raison que Szálasi pensait qu'après la mort de Gömbös, la nomination à la fonction de Premier ministre lui était « due ». Il pensait qu'il lui suffirait de se présenter devant le régent Horthy pour prendre la position de Gömbös, étant son héritier politique légitime. Si Szálasi pensait sérieusement que Horthy le nommerait Premier ministre dès que Gömbös serait mort, ou dès que, pour toute autre raison, il y aurait besoin d'un nouveau chef de gouvernement, alors il devait être

[33] NARA-RG-59-M1206-864-1-764. N. 894, rapport de l'ambassadeur américain à Budapest J. F. Montgomery au Ministère des Affaires étrangères, 15 décembre 1937.

[34] Le 4 décembre 1944 à Berlin, lorsque Hitler a mentionné à quel point il estimait Gömbös, le premier chef de gouvernement étranger qui lui avait rendu visite officielle, Kemény a raconté au Führer que Gömbös a une fois appelé Szálasi son successeur. OL-K814-Mf-X-7076-16718-35 (Document des Archives Nationales), rapport sur la visite au quartier général allemand, 10 décembre 1944.

[35] BFL-XXV-1-a-293/1946-7842 (Archives de Budapest), interrogatoire de Ernő Gömbös au Département de la Police politique, 4 octobre 1945.

fortement déçu. Il n'a même pas réussi à être reçu par le régent, et il était sûrement choqué lorsque le régent a nommé Károly Darányi Premier ministre. Szálasi a maintes fois ouvertement déclaré : s'il pouvait être reçu par le régent, il pourrait le convaincre de le nommer Premier ministre, puis cette décision devrait recevoir « consécration » par voie référendaire. C'est ce que Szálasi appelait la solution Victor-Emmanuel III-Mussolini et Hindenburg-Hitler. En octobre 1936, pendant qu'il luttait pour être reçu par le régent Miklós Horthy, afin de le convaincre de sa nomination, il n'était absolument pas capable de confronter la situation italienne d'octobre 1922 ou la situation allemande de janvier 1933 à la situation hongroise d'octobre 1936. Mussolini menaçait de guerre civile, et est arrivé au pouvoir dans une situation de marée basse révolutionnaire. Par une partie de l'élite politique allemande Hitler était considéré comme un anticommuniste féroce, mais tout de même maniable. Szálasi ne pouvait pas avoir le même rôle en Hongrie que celui réservé à Hitler dans l'Allemagne de 1933, c'est-à-dire la destruction d'un parti communiste fort et du mouvement syndical social-démocrate, également très puissant. Le Parti social-démocrate hongrois ne menaçait pas la stabilité du régime et le mouvement communiste n'existait pratiquement pas. En 1936 il n'y avait pas toute une foule rassemblée derrière Szálasi, il n'était en aucun cas un facteur politique déterminant. Dans ces conditions, Szálasi ne pouvait s'appuyer sur rien d'autre que sa justice, ou plutôt sa Justice.

En octobre 1936 Szálasi a fait un court voyage d'études en Allemagne. S'appuyant sur ces expériences, Szálasi a changé ses méthodes de propagande, et son contenu. La propagande des Croix fléchées est devenue plus radicale, plus antisémite, plus intensive, plus agressive et surtout : plus efficace. Dans ses mémoires Horthy soutient – à tort – que sur Szálasi la période de 1938 à 1940 passée dans la prison Csillag de Szeged a eu le même effet que la captivité à Landsberg sur Hitler, dans la mesure où Szálasi est devenu après sa libération le diffuseur du mouvement et de la propagande nationale-socialiste en Hongrie.[36] En fait Szálasi était dès les premiers mois de 1937 l'employeur le plus efficace des méthodes de propagande nazie en Hongrie. A ce moment les autorités ont commencé à le prendre plus au sérieux, il a été cité devant le tribunal où un de ses pamphlets a été déclaré tentative d'agitation contre l'ordre public. Le contenu du pamphlet – selon la justification du jugement – était apte à inciter contre la confession juive car il représentait les Juifs sous un aspect généralement très nuisible. L'avidité qui ravage la nation, précipitant la classe ouvrière au rang de prolétariat, etc. « sont toutes des expressions susceptibles d'inciter à une grande antipathie envers les Juifs, mais également d'éveiller la haine de la confession catholique contre la confession juive. » – est souligné entre autres dans la motivation du jugement. La motivation a explicitement délibéré sur l'argument de défense de Szálasi, selon lequel l'accusé n'a pas visé la confession juive. Le tribunal a rejeté cet argument en disant que – dans le droit pénal – la confession n'est pas constituée des dogmes ou des principes religieux ou de l'organisation religieuse d'une confession, mais « est définie par la totalité des personnes ayant cette religion. » La motivation du jugement a également déclaré au sujet du pamphlet que dans celui-ci Szálasi « n'a pas l'intention de convaincre ; il utilise la voix de la haine contre les Juifs. » Tout cela était vrai. Mais ce que le tribunal pénal royal, présidé par le dr. István Gadó ne pouvait pas prévoir, était

---

[36] Horthy, *Emlékirataim* (Mémoires), 231.

que dans quelques semaines non seulement la presse d'extrême-droite, mais aussi celle du parti du gouvernement, ou celle sponsorisée par le gouvernement allaient entamer une série d'attaques de ce calibre ou encore plus agressives contre les Juifs, préparant la loi connue sous le nom de « première loi sur les Juifs » (XV/1938). Le tribunal pénal a condamné Szálasi en tant que leader des ouvriers, le désignant comme un homme politique qui exige « la création de la domination exclusive de la classe ouvrière par la voie de la force, ...une patrie ouvrière ». Et qui, ce faisant cherchait à démolir l'ordre social et l'organisation de l'État, et à détruire d'autres classes sociales.[37]

Le 15 mars 1937, dans les colonnes du journal *Új Magyar Munkás* (le nouvel ouvrier hongrois) Szálasi a accusé les Juifs d'attaquer et d'essayer de détruire Dieu et la patrie – c'est-à-dire les piliers de l'existence nationale. Selon Szálasi, les Juifs rendaient le peuple hongrois esclave du matérialisme, ils privent les paysans de leurs terres, les ouvriers de leur patrie et rendent les intellectuels impies. Répétant les « arguments » favoris de la propagande antisémite nazie, Szálasi a affirmé que les Juifs mettent en ligne de bataille contre Dieu et la Patrie la « trinité » libéral-communiste-franc-maçon – l'égoïsme, le matérialisme, le sacrilège. Dans son « analyse » on retrouve les phrases sur la puissance aliénante de l'argent, formulées auparavant dans le *Capital* de Marx. Selon lui les Juifs sont convaincus que « l'on peut tout acheter et vendre pour de l'argent : Dieu, nation, patrie, pays et pouvoir, connaissance, le talent et l'absolution. » Szálasi a annoncé un combat contre l'ordre existant juif-féodal-capitaliste, à la place duquel il voulait construire l'ordre social national-socialiste. Les autorités ont été indignées par cette déclaration de Szálasi : « depuis 1867, tous nos gouvernements se sont avérés n'être que des moyens exécutifs aveugles, obéissants et commodes des objectifs cachés des Juifs .» A cette époque Szálasi ne considère pas encore que tous les Juifs devraient être expulsés du pays. Au printemps 1937 il ne fait que quelques menaces prudentes : « Nous ne voulons pas et nous n'allons pas négocier avec les Juifs. Nous allons commander. Soit ils acceptent nos lois, soit ils abandonnent la terre qui n'était la Terre promise pour personne d'autre qu'eux, nous allons les arracher du corps de la nation hongroise. »[38] Ici, Szálasi offre la possibilité aux Juifs d'obéir aux ordres des Croix fléchées. S'ils le font, ils peuvent rester dans le pays, ils ne seront arrachés du corps de la nation que s'ils résistent.

A partir du printemps 1937, Szálasi a été de plus en plus souvent arrêté et condamné à des réclusions plus ou moins longues. A cause des appels les jugements définitifs ont été prononcés relativement lentement ; ce que le grand public voyait était que Szálasi était à un moment arrêté, à un autre relâché. Sa persécution et ses procès de 1937-1938 l'ont rendu célèbre, c'était l'effet contraire de ce qui était dans l'intention du gouvernement. Beaucoup commençaient à croire qu'il y a avait des forces politiques importantes derrière Szálasi, peut-être même Hitler, et que pour cette raison les autorités ne pouvaient ou n'osaient pas le condamner. En 1937-1938 le gouvernement Darányi a essayé en même temps de se gagner ou de maîtriser Szálasi, mais la stratégie de la carotte et du bâton a échoué. Darányi n'avait rien à offrir à Szálasi qui prétendait aux

---

[37] BFL-VII-5-c-3762/a-2710/1937 (Archives de Budapest).
[38] Szálasi, Ferenc: « Szabadságharcunk hitvallása » (le credo de notre lutte pour l'indépendance), *Új Magyar Munkás*, 15 marc 1937, 1.

pleins pouvoirs ou au moins à une nomination de Premier ministre, mais il ne recevait pas assez de support de son parti pour casser le mouvement par la force. La littérature antérieure attribue les succès de Szálasi à ce qu'il organisait sciemment les éléments « radicaux », terroristes des différents groupes fascistes. En automne 1937, la garde « militante » prétorienne la plus active a adhéré à son Mouvement, et Szálasi avait les meilleurs contacts dans l'armée et surtout dans l'état major.[39]

En cherchant la réponse à la question de savoir comment Szálasi a réussi à organiser un parti et un mouvement de masse et pourquoi cela n'a pas réussi à d'autres hommes politiques de l'extrême-droite qui l'avaient tenté des années plus tôt, nous nous retrouvons face à une tâche difficile. Szálasi était sous de nombreux aspects différent de ses précurseurs d'extrême-droite. Il n'était pas un propriétaire foncier aristocrate, comme Sándor Festetics ou Fidél Pálffy. Gömbös avait toutes les raisons de se moquer des propriétaires fonciers radicaux d'extrême-droite qui possédaient 40000 acres de terres comme Festetics. Ce dernier n'avait pas le droit de laisser le mot réforme agraire échapper de sa bouche, car il il aurait eu comme réponse de réfléchir à qui devait la commencer en distribuant son propre domaine. Szálasi n'avait pas un passé politique varié et il n'était pas corrompu non plus, contrairement à Zoltán Meskó, un des premiers hitlériens hongrois. Il n'avait pas de passé anti-révolutionnaire, mais celui d'un héro immaculé et brave de la Première Guerre mondiale, un ascète modeste qui prend soin de son peuple. Szálasi s'efforçait d'organiser les ouvriers sciemment et il était entouré d'une garde prétorienne enthousiaste qui se serait jetée au feu pour lui. Sándor Csia, Emil Kovarcz, Gábor Vajna, Ferenc Kassai et beaucoup d'autres de ses lieutenants ne l'ont jamais laissé tomber, ils le suivaient, ils avaient confiance en lui. Son programme n'était pas plus radical que celui de Zoltán Böszörmény, mais il n'a pas organisé de putsch non plus. Böszörmény n'a pu acquérir de la popularité qu'au sein des paysans pauvres, alors que Szálasi avait des choses à dire à toutes les classes sociales pauvres. Avant que Szálasi ne soit entré en scène, Meskó, Pálffy, Festetich et Böszörmény avaient à de nombreuses occasions essayé de s'associer et bien souvent ils ont rompu de façon spectaculaire, se traitant ensuite de tous les noms. Après ces « guides » qui se battaient entre eux est arrivé Szálasi, dont il est très vite devenu évident que si quelqu'un voulait s'allier à lui, il devait l'accepter en tant que chef. Szálasi voulait le pouvoir, croyait en lui-même et en sa justice plus fortement que n'importe qui d'autre. Pour cette raison ses fidèles le voyaient comme un leader charismatique, alors qu'il n'était pas bon orateur, il écrivait peu et dans un style difficilement compréhensible, et qu'il laissait les tâches quotidiennes d'organisation du parti et du mouvement à ses lieutenants.

Szálasi et ses fidèles croyaient qu'il était le Messie du peuple hongrois. Dans un des journaux des Croix fléchées a été publiée l'image d'un homme musclé, moustachu, crucifié – représentant la nation hongroise – accompagnée d'un article intitulé « Tenez bon ! Nous arrivons ! » (Kitartás ! Jövünk !). Ainsi, le libérateur du peuple chrétien hongrois ne pouvait être que le parti des Croix fléchées – construit sur une idéologie nationale-socialiste, et son Guide (Vezér), le Messie, Ferenc Szálasi. Lui et les Croix fléchées vont arracher les cordes unies par « la salive dégoûtante de

---

[39] Lackó, 1966, 91.

l'égoïsme, de l'avidité, de l'infamie, de la traîtrise et du judaïsme ». « Nous arrivons et nous libérerons Hungaria de la croix ! Nous arrivons et nous ferons de la corde de la honte un fouet pour chasser du Temple de Hungaria les marchands et les pharisiens qui y font des ravages... Nos Pâques arrivent car moi, toi et tous nos frères hongrois irons sur la Golgota et s'il le faut nous déchirerons de nos dents les cordes de la captivité qui retiennent la nation attachée à la croix! » – annonçait le journal des Croix fléchées.[40]

En 1938 Szálasi est arrivé à l'idée de régler la question juive de façon radicale. Il ne prônait pas la privation de leurs droits ou la spoliation des Juifs, mais a déclaré que tous les Juifs devaient être expulsés du pays. Concourant avec les antisémites du gouvernement, Szálasi a exposé à de nombreuses occasions en les critiquant, que lui-même n'était pas antisémite, mais « asémite », c'est-à-dire qu'il luttait pour une Hongrie entièrement purifiée de Juifs. Quoi qu'il ait dit de lui-même, de ses points de vue concernant les Juifs, il était un antisémite invétéré. Tout de même, pour lui, il n'existait pas de races, ni de peuples, ou de nations supérieures ou inférieures, il ne détestait que les Juifs. En 1945, dans son journal de prison il a constaté que la recherche raciale allemande n'avait aucun fondement scientifique, « et même qu'elle contredisait toute recherche scientifique selon laquelle leur race était supérieure, et que toutes les autres étaient positionnées en-dessous, donc devaient les servir. »[41] Szálasi, le fier nationaliste hongrois ne pouvait accepter ce point de vue.

Dans sa plus grande oeuvre idéologique de 61 pages imprimées, écrite en 1938 et intitulée *Út és Cél* (Chemin et But), il a défini un programme de caractère national et socialiste et ses « principes de base » idéologiques. La brochure est composée de deux parties et de six chapitres. Dans son « Introduction » Szálasi résume les points les plus importants, très brièvement, par des mots-clés, dans beaucoup de phrases exclamatives, comme s'il était écrit pour des faibles d'esprit. De sa propre idéologie, le Hungarisme, il a déclaré que ce n'était ni « Hitlérisme », ni fascisme, ni (seulement) antisémitisme. Ici, il s'est gardé les commentaires sur le hitlérisme et le fascisme, il s'est contenté d'expliquer son propre système de pensée. Dans les parties ultérieures, il a une seule fois osé – non pas juger – mais définir la place historique de Hitler. Il a réfuté ceux qui pensaient que le national-socialisme avait été découvert par Hitler en 1919. Il n'a pas donné raison non plus à ceux qui pensaient que le national-socialisme hongrois était né dans la période suivant la contre-révolution. Selon Szálasi la situation était beaucoup plus simple, car l'esssence du national-socialisme est tout bonnement : « Ma chère Patrie ! ». Dans « l'Introduction » Szálasi a annoncé le ralliement des familles nationales « capables d'avoir une patrie (honképes) et enracinées au sol (talajgyökeres) du Bassin des Carpates et du Danube », sous l'égide de la nation hongroise. L'expression « enraciné au sol » est devenu l'un des produits le plus connus de l'imagination « néologue » de Szálasi. Ces expressions étaient la risée de ses opposants politiques déjà dans les années 1930-1940. Szálasi a réitéré son point de vue déjà trois ans auparavant : les Croix fléchées veulent un État paysan de niveau possédant une industrie. Il a défendu l'idée d'une distribution sociale des revenus juste, il voulait assurer à l'État le droit, la possibilité et les moyens afin « d'influencer de façon

---

[40] Onyi [Massányi, Árpád]: Kitartás! Jövünk! (Tenez bon! Nous arrivons!), *Palotai Kurír*, 6 février 1938, 1.
[41] BFL-XXV-1-a-293/1946 (Archives de Budapest), *Gondolatok jegyzéke* (Catalogues des idées), 417.

régulatrice la production, la commercialisation, l'utilisation, la rentabilisation et la jouissance du capital accumulé par la force commune et d'attribuer une part adéquate des avantages bienfaisants de ce capital aux participants. » Szálasi envisageait une « économie socialiste libre » qui exclurait « l'accumulation privée, cupide, sans limites du capital. »[42] Il considérait le travail d'information très important, mais a prévenu que : « là où cela n'était pas suffisant...nous utiliserons le fouet. »

Szálasi a déclaré la suppression des classes privilégiées, ainsi que « Trianon n'existe pas ! ». Il était certain que dans le Bassin des Carpates, par les expressions de Szálasi : les peuples et nations vivant dans « la communauté des familles nationales du Bassin des Carpates et du Danube » suivraient les Hongrois sur la base du principe de l'égalité. C'est cette coalition des peuples que Szálasi appelait « co-nationalisme », par lequel il comprenait que les différents peuples nationaux-socialistes et nationalistes s'uniraient sous l'égide de la nation hongroise. La Pax Hungarica – c'est-a-dire le Hungarisme – unirait ces nations-sœurs, tandis que la décision finale sera « consacrée par la manifestation de la volonté libre » des nations-sœurs, donc par référendum.

En 1938 Szálasi pensait sûrement que ceux qui comprenaient ses raisonnements, comprendraient par eux-mêmes que le national-socialisme allemand était seulement l'idéologie et la pratique de la race totalitaire, que le fascisme italien était seulement celle de l'État totalitaire, alors que son propre régime était supérieur au fascisme et au nazisme car il était l'idéologie et la pratique de la nation totalitaire. Là (encore), il s'est trompé, et en voyant son erreur il a mis sur papier la note critique ci-dessous plusieurs fois en 1942-1943. Dans le premier chapitre de son oeuvre « Pax Hungarica », Szálasi a annoncé la paix économique qui n'adviendrait que si les résultats du travail et de la production étaient distribués proportionnellement « entre les facteurs de production ». Dans « Chemin et But » la paix sociale n'adviendra que si les classes privilégiées disparaissaient et serait créée la « communauté socialiste unie des travailleurs ». La paix politique peut être atteinte si au lieu des intérêts égoïstes des partis « une seule pensée politique menait la communauté. »[43] Il déclarait que le capitalisme privé était dépassé et que l'on ne pouvait lutter contre ce régime avec succès qu'en résolvant la question juive. Ce qui était bien et compréhensible pour les lecteurs antisémites d'extrême-droite de « Chemin et But » était déjà formulé dans les pamphlets, brochures et discours antérieurs. Ce qui était nouveau, par exemple le co-nationalisme, était exposé à l'aide d'enchaînements d'idées tellement brouillés et chaotiques qu'il n'avait guère de fidèle enthousiaste – ou opposant – qui aurait pu les comprendre à la première lecture. Dans sa brochure il ne disait rien des questions les plus importantes. Il n'a pas esquissé comment, par quels moyens son Parti et Mouvement allait ou voulait arriver au pouvoir. Le nom du régent Miklós Horthy n'est guère mentionné, la question de la forme de l'État – entre autres – est soigneusement évitée. Il ne dit pas un seul mot à propos des autres partis hongrois que le prologue caractérise comme étant « dépassés ». Le problème avec sa conception économique n'est pas qu'elle est brouillée et chaotique. De ce que l'on peut en comprendre, il est évident que Szálasi raisonnait vraiment en termes d'un État totalitaire où la production

---

[42] Szálasi, Ferenc: *Út és Cél* (Chemin et But), 1938, 27-28.
[43] Szálasi, Ferenc: *Út és Cél* (Chemin et But), 1938, 11.

et la distribution seraient organisées par le Centre, qui assurerait du travail à tout le monde et garantirait un bien-être correct. C'était un « programme » électoral tout à fait diffusable, mais Szálasi n'avait aucune idée sur les moyens de sa réalisation. Il croyait qu'il suffisait de le vouloir et que l'on pouvait vraiment organiser la société et l'économie sur une base hungariste.

A ce moment, en 1938, Szálasi était tout aussi loin d'arriver au pouvoir qu'en 1935, lorsqu'il a pris sa retraitre de l'armée et est devenu homme politique. Hitler, Goebbels et leurs frères combattants entretenaient sciemment la mémoire de leurs « martyrs », morts dans les combats (de rue) pour le pouvoir. Szálasi et ses fidèles n'ont même pas essayé d'arriver au pouvoir par la force, ou par un putsch. Les Croix fléchées qui faisaient des ravages dans les rues, insultaient les Juifs ou cassaient les vitrines de leurs boutiques étaient rapidement et facilement maîtrisés par les policiers et les gendarmes, les coupables étaient vite fait condamnés, internés et/ou envoyées en compagnie disciplinaire. Mais on ne pouvait orner la tête de ces Croix fléchées « persécutés » de la gloire des martyrs, leur Guide devait donc aller en prison. Peut-être que Szálasi, tout au fond de lui, était content lorsque le 17 août 1938 il a été condamné à trois ans de réclusion et envoyé à la prison Csillag de Szeged.

Il est possible qu'il y ait eu des pressions politiques sur les juges afin d'obtenir le jugement le plus sévère contre Szálasi. Mais si une partie de l'élite politique voulait enfermer Szálasi pour une période donnée afin d'envoyer un signal vers l'Allemagne, cette action n'était pas seulement contre-productive, mais aussi sans effets. A cette époque les autorités n'étaient en possession d'aucune preuve concrète qui aurait pu certifier que Szálasi était financé de façon significative par l'Allemagne nazie. Paradoxalement, Szálasi était beaucoup plus utile pour son Parti et Mouvement en prison, qu'en liberté. Au printemps 1939, les députés-candidats des Croix fléchées et d'extrême-droite ont remporté un énorme succès aux élections parlementaires en arrivant avec le nom du « martyr » Szálasi et un programme radical et populiste : 46 d'entre eux sont entrés dans l'Assemblée qui comptait 260 députés, et plus d'un demi-million de personnes ont voté pour eux. Un succès encore plus grand a été empêché à cause d'un manque de financement. S'ils avaient pu présenter un candidat et une liste de parti dans chacune des circonscriptions électorales, ils auraient pu compromettre la victoire du parti du gouvernement.

Szálasi a été libéré le 17 septembre 1940, par l'amnistie déclarée après la récupération de la Transylvanie du Nord le 11 septembre 1940. A ce moment les Croix fléchées pensaient qu'ils étaient arrivés au seuil du pouvoir. Mais Szálasi savait qu'il n'avait pas le droit d'organiser un soulèvement, parce qu'il se retrouverait à nouveau à la prison Csillag. L'attente nerveuse, la foi et l'espérance que Szálasi allait rapidement arriver au pouvoir se sont très vite révélées n'être qu'une illusion. Plus fort les simples membres du parti attendaient, espéraient que maintenant, sous l'égide de Szálasi leur Parti et Mouvement allait arriver au pouvoir, plus ils devaient être déçus. Szálasi était confiant de son succès mais il trouvait – et il continua à le penser plus tard – que la seule voie possible, la plus certaine était celle que Hitler et Mussolini avaient également emprunté, même si c'était dans des circonstances socio-politiques différentes : il devait être reçu par le chef d'État et nommé Premier ministre. Mais jusqu'au 3 mai 1944 Horthy a refusé de recevoir le guide des « bolcheviques en chemise verte ».

Dans ces conditions Szálasi ne pouvait rien faire d'autre qu'attendre et espérer. Comme dans d'autres pays, de nouvelles élections n'ont pas été organisées pendant la guerre mondiale en Hongrie non plus. Szálasi ne pouvait plus espérer l'appui des Allemands, pour plusieurs raisons, mais surtout parce qu'il essayait d'attirer les Allemands de Hongrie dans son propre parti. Il a critiqué maintes fois la politique impérialiste, expansionniste de l'Allemagne. Parmi ses lieutenants beaucoup (par exemple : Kálmán Hubay ou László Baky) ont essayé de le convaincre de s'associer à Béla Imrédy, le Premier ministre déchu, un germanophile sans scrupules, qui avait été à la tête du gouvernement entre 1938 et 1939. Comme Szálasi a rejeté cette possibilité, plusieurs de ses lieutenants ont quitté le Parti ; Szálasi en a exclu d'autres qui ont osé le critiquer. Le Parti des Croix fléchées, travaillé par des hostilités internes, a rapidement perdu de sa popularité entre 1941 et 1944, et Szálasi a été le seul à être surpris que durant les semaines qui ont suivi le 19 mars 1944 – l'occupation de la Hongrie par les Allemands – les personnes compétentes allemandes ne l'ont même pas contacté. Il a été très angoissé en apprenant que l'un de ses anciens ennemis, László Baky est devenu secrétaire d'État du Ministre de l'Intérieur. Baky n'avait pas de temps à consacrer aux Croix fléchées, car il était trop occupé à déjudaïser la Hongrie. On doit entre autres à Baky, à la gendarmerie et au corps administratif qui étaient sous son commandement que la Sondereinsatzgruppe d'Adolf Eichmann a pu établir son « record d'Europe » : du 15 mai au 9 juillet 1944 ils ont déporté 437000 Juifs du pays, la plupart vers le camp de concentration d'Auschwitz-Birkenau.

Tous ces événements ont été suivis par Szálasi et ses fidèles de loin, coincés derrière les remparts du pouvoir. Szálasi refusait d'entrer dans le gouvernement Sztójay, ce qu'il a également interdit à ses lieutenants. Dans les premiers mois de l'occupation, les Allemands lui ont à peine adressé quelques mots. Ils ont commencé à le prendre plus au sérieux lorsqu'ils ont appris que le gouverneur Horthy s'était résolu à sortir de la guerre. Le 15 octobre, après la tentative de sortie, mal préparée, condamnée peut-être dès le début à la défaite, les Nazis ont enfin placé Szálasi au pouvoir. Il n'a rien pu réaliser de son projet ambitieux de construction de l'État. Jusqu'en avril 1945 il était occupé à rédiger l'histoire de son Mouvement et Parti, d'abord au Château Royal de Buda, puis à la frontière ouest du pays. Sa plus importante décision était probablement l'organisation des deux ghettos de Budapest. Le 17 novembre 1944 il a ordonné l'organisation du ghetto international, ou « protégé ». C'est ici qu'ont été transférés les Juifs désignés « protégés », c'est-à-dire pourvus de différents sauf-conduits, accordés par les diplomates des pays neutres accrédités en Hongrie durant la Seconde Guerre mondiale. Fin novembre, il a organisé le grand ghetto du 7ème arrondissement. Dans le premier 35000, dans ce deuxième à peu près 70000 Juifs ont survécu au siège de Budapest. Contrairement à Sztójay, Szálasi a entamé la déportation des Juifs à contrecœur et le 21 novembre il a stoppé les marches de la mort allant de Budapest vers la frontière ouest. Il est vrai que les bandits Croix fléchées et les éléments criminels qui les ont rejoints ont commis des meurtres et pillé presque librement dans la capitale, mais on peut déclarer que la terreur des Croix fléchées a été une période moins dévastatrice pour les Juifs que la politique juive « légitime », organisée et coordonnée du gouvernement « Horthy-Sztójay ». Environ 10000 Juifs ont été tués ou sont morts à Budapest entre octobre 1944 et janvier 1945. Durant le règne des Croix fléchées plusieurs dizaines de milliers de Juifs sont morts dans les marches de la mort et le travail forcé organisé près des frontières ouest du pays. En même temps, on estime à 320000-350000 le nombre de Juifs hongrois assassinés en printemps-été 1944 à Auschwitz-Birkenau.

Nous ne pouvons expliquer la politique juive relativement souple de Szálasi par le fait qu'il aurait eu peur des représailles après la guerre. Malgré sa formation militaire, même en mars 1945, il croyait toujours dans la victoire de l'Allemagne nazie et de ses alliés. En même temps, il aspirait à tout prix – pour lui et pour son régime – à la reconnaissance diplomatique des pays neutres. Il savait qu'il était très important pour la Suède, la Suisse, le Vatican, etc. que « leurs » Juifs « protégés » survivent à la guerre. Il pensait qu'il aurait largement le temps de s'occuper de la déjudaïsation de la Hongrie après la guerre. En échange il espérait que les pays neutres allaient le reconnaître en tant que chef d'État légitime.[44]

Le 4 mai 1945, Szálasi s'est rendu à l'armée américaine et le 3 octobre, il a été transféré à Budapest où lui et six membres de son gouvernement ont été traduits devant le Tribunal populaire le 5 février 1946. Ils ont tous été condamnés à mort dans un procès qui était indigne, même pour Szálasi. Il a été pendu le 12 mars.[45]

Il nous serait très difficile de répondre à la question de savoir dans quelle mesure l'idéologie et la politique représentées par Szálasi pourraient être considérées modernes. Szálasi n'était pas un homme politique indépendant, créateur de programme, ou penseur politique. C'était un catholique fidèle qui haïssait l'Eglise catholique et les prêtres. Il croyait en sa propre justice et que par la force de la croyance il allait pouvoir résoudre tous les problèmes économiques, politiques et sociaux. Il voulait le pouvoir passionnément et croyait pouvoir créér un pays, un empire d'Europe Centrale dans lequel il n'y aurait n'y exploitation, où il n'y aurait ni pauvres, ni riches. Il était tout-à-fait dans son caractère de nier l'existence des faits qui l'incommodaient, et les relations de force réelles qui existaient dans le monde. Il a esquissé des projets, il a laissé des notes qui pourraient remplir plusieurs monographies, mais il n'en a finalement entamé aucune. Il est mort en croyant solidement que la justice du Hungarisme, tôt ou tard, vaincrait. Heureusement, là encore, il s'est trompé.

---

[44] Pour plus de détails, voir Randolph L. Braham: *A népirtás politikája. A Holocaust Magyarországon* (La politique du génocide. L'Holocauste en Hongrie), Budapest, Belvárosi K., 1997, chapitres 25-32.
[45] Karsai, Elek – László Karsai: *A Szálasi per* (Le procès Szálasi), Budapest, Reform K., 1988.

Alexander KORB
Université Humboldt de Berlin

Le fascisme de l'Oustacha

Désintégration, guerre civile et massacres n'étaient certes pas le destin inéluctable de l'État yougoslave avant le déclenchement de la Seconde Guerre mondiale. Pourtant, la Yougoslavie s'écroula comme un château de cartes lorsque les Allemands et les Italiens envahirent le pays en avril 1941. Au cours des quatre années suivantes, plus d'un million de personnes devaient mourir de mort violente en Yougoslavie – la majorité d'entre elles de la main de leurs concitoyens yougoslaves. La société yougoslave se désintégra selon des lignes ethniques.

L'attaque des puissances de l'Axe alluma l'étincelle qui provoqua un enfer de quatre ans, un enfer fait de terreur due à l'occupation, de guerre de partisans, de résistance et de guerre civile. Au cœur de cette évolution, on trouve l'Etat indépendant de Croatie (USK), dirigé entre 1941 et 1945 par le mouvement oustachi croate. Celui-ci causa au cours de son gouvernement la mort de jusqu'à 400000 personnes.[1] L'USK constitue un champ particulièrement riche sur le plan de la recherche comparative sur les fascismes, puisqu'il était partagé en un territoire sous domination allemande d'une part, et un autre sous domination italienne d'autre part, constituant ainsi l'aire de jeux de trois fascismes qui coopéraient tout en se faisant concurrence. Toutefois, des débats opposant historiens serbes et croates ont bloqué pendant des décennies entières toute recherche sérieuse autour de la nature du régime croate. Certes, il existe quelques travaux plus récents portant aussi bien sur l'idéologie que sur les pratiques violentes de l'Oustacha, mais aucun consensus n'existe encore sur sa nature fasciste même.[2]

Cet article a pour but de déterminer la relation au fascisme de l'Oustacha. Comme l'Oustacha – semblable en cela à d'autres fascismes – se caractérise par sa capacité d'évolution et de transformation, nous ne privilégierons pas dans ce qui suit un modèle de fascisme particulier, mais nous verrons que divers éléments d'explication s'appliquent à l'Oustacha.[3] L'idéologie oustachie conjuguait des approches diverses et en partie contradictoires, et le contenu de son programme restait vague et flou. C'est dans la pratique que la structure hiérarchique raciste de l'Oustacha et que l'importance réelle de la violence et du consensus se manifestèrent avec le plus de force.[4]

Pour replacer dans son contexte historique l'époque à laquelle est née l'Oustacha, nous allons dans une première partie décrire son histoire, laquelle fait

---

[1] Ce sont jusqu'à 600000 hommes en tout qui trouvèrent la mort sur le sol de l'Etat croate, à cause de la guerre ou des violences commises. Cf. Tomislav Dulić, *Utopias of nation. Local mass killing in Bosnia and Herzegovina, 1941-1942*, Uppsala, 2005, pp.312 et suiv..

[2] Cela repose aussi sur la raison que l'on n'a pas encore pu se mettre d'accord sur une définition du fascisme, cf. Stanley Payne, *A history of fascisme, 1914-1945*, Madison, 1995, et aussi Arndt Bauerkämper, *Der Faschismus in Europa 1918-1945*, Stuttgart, 2006.

[3] Bien qu'une autre approche ait été choisie ici, cela vaut la peine d'appliquer aussi à l'Oustacha les modèles des degrés de fascismes proposés par la recherche : cf. Robert Paxton, *The anatomy of fascism*, Londres, 2004, de même que Wolfgang Schieder, *Faschistische Diktaturen. Studien zu Italien und Deutschland*, Göttingen, 2008.

[4] Cf. Michael Mann, *Fascists*, Cambridge, 2004, p.13.

clairement apparaître, lorsqu'on considère les phases d'exil et de migration, le caractère paramilitaire de ce mouvement, ainsi que la voie de la radicalisation qu'il a empruntée.[5] Nous décrirons dans un second temps l'État autoritaire créé par l'Oustacha, avec ses structures polycratiques.

La deuxième partie de l'article posera la question du fascisme de l'Oustacha au vu de son idéologie et de ses pratiques. Avant tout, nous rejetterons le classement de l'Oustacha parmi les mouvements proto-, crypto- et clérico-fascistes comme inopérants et sans fondement empirique plausible. Cela correspond aussi à la place d'importance que l'Oustacha lui-même s'octroyait, puisqu'il se considérait fièrement comme partie d'une Internationale fasciste participant à la construction de l'Europe Nouvelle.[6]

Les utopies nourries par l'Oustacha contiennent la plupart des éléments centraux que les historiens du fascisme européen considèrent comme fondamentaux pour l'analyse de ce dernier. Sur le plan idéologique, cela concerne en premier chef la conception du peuple et de la nation de l'Oustacha. Son nationalisme organique et intégral avait pour objectif la purification de la nation et l'unité du peuple.[7] Et pour atteindre cette unité, et, pour ainsi dire, la renaissance de la nation, il fallait employer la force, une force purificatrice.[8] L'unité du peuple, de la nation et de la communauté était érigée en primat absolu. La plupart des projets lancés concrètement par l'Oustacha avaient pour but la réalisation de cet objectif. L'Oustacha prétendait vouloir en finir avec le libéralisme et les conflits de classe.[9] Selon l'interprétation que l'on donne à ces termes, il s'agissait soit d'établir un corporatisme au sein du capitalisme, soit d'une troisième voie entre capitalisme et socialisme.

L'Oustacha eut tout juste quatre ans pour réaliser concrètement ces projets, et ce en temps de guerre. Il était par conséquent inévitable que bien des éléments restent sur le papier. Il en va tout autrement des pratiques fascistes de l'Oustacha, en particulier de l'usage de la violence. Celle-ci caractérisait déjà le mouvement dans la décennie précédant 1941, c'est pourquoi elle fit ressentir tout particulièrement ses effets. L'Oustacha vouait un culte à la mort, aux victimes et aux martyrs, et glorifiait la force. C'est également autour de ces axes que s'articula la pratique politique et sociale de l'Oustacha. Cette violence connut après 1941 une radicalisation et une intensification typique des fascismes en temps de guerre. La question se pose toutefois de savoir si l'assimilation de l'Oustacha aux fascismes apporte une plus-value conceptuelle – compte tenu des dynamiques de guerre et de violence prévalant de 1941 à 1945, et plus longtemps encore dans la partie occidentale des Balkans. La question est donc la suivante : le fait que l'Oustacha ait été un mouvement fasciste a-t-il joué un rôle dans les violences commises par l'Oustacha ?

Pour finir, et en nous fondant sur les relations de l'Oustacha avec l'Allemagne et l'Italie, nous fournirons des arguments montrant qu'il s'agissait d'un mouvement séculier, fasciste, fortement influencé par ses deux tuteurs, le fascisme italien et le

---

[5] Cf. Armin Nolzen, « Le fascisme en Italie et en Allemagne. Études sur le transfert et la comparaison », éd. par Sven Reichardt, Göttingen, 2005, p.27.
[6] Cf. Roger Griffin, *The nature of fascism*, Londres, New-York, 1991.
[7] Cf. Paxton, *op. cit.*.
[8] Cf Griffin, *op. cit.*, ainsi que Mann, *op. cit.*.
[9] Cf. Roger Eatwell, « The Nature of 'Generic Fascism': 'the Fascist Minimum' and the 'Fascist Matrix' », in *Rechtsextreme Ideologien in Geschichte und Gegenwart*, éd. par Uwe Backes, Cologne, 2003, pp.93-137.

national-socialisme allemand.[10] La recherche d'éléments fascistes dans l'Oustacha ne peut pas, bien-sûr, aboutir à l'affirmation que l'Oustacha aurait suivi inconditionnellement le fascisme et le national-socialisme : l'Oustacha s'est frayé son propre chemin, n'échappant pas, de la sorte, à des conflits avec l'Allemagne ou bien l'Italie.

I

L'Oustacha, 1930-1941

En 1930, un avocat de Zagreb, Ante Pavelić, fonde l'« Oustacha » – « Organisation Révolutionnaire Croate » (UHRO). Son but était de mettre un terme à la prétendue domination étrangère serbe en Croatie « par tous les moyens, y compris l'insurrection armée », « afin de créer un État totalement libre et indépendant sur le territoire ethnique et historique » du peuple croate. Pavelić, qui avait déjà représenté des intérêts particuliers croates depuis la période austro-hongroise, autant au sein du Parlement qu'à l'extérieur de celui-ci, appartenait au Parti croate du Droit (HSP), parti séparatiste qui avait adopté des positions de plus en plus extrémistes au cours des années 1920. La proclamation de la dictature monarchique par le roi Alexandre I en 1929 fut pour certains membres de parti, dont Pavelić, le déclencheur des hostilités ouvertes contre la Yougoslavie. Les mesures de rétorsion du régime obligèrent les nationalistes croates à chercher asile à Sofia, Budapest ou encore Vienne. Sur place, Pavelić chercha à nouer des contacts avec des puissances qui étaient intéressées à la révision du traité de Versailles, et par conséquent à la destruction de l'intégrité territoriale yougoslave. Pour ces activités, Pavelić fut très vite condamné à mort par contumace pour haute trahison par un tribunal yougoslave. Plus encore que des mouvements d'extrême droite d'autres pays, l'Oustacha fut contraint d'opérer depuis l'étranger. Dans certaines métropoles européennes tout comme dans les centres de la diaspora croate en Amérique, les nationalistes croates entreprirent de tisser un réseau et de collecter de l'argent pour l'Oustacha. Une partie de l'ancien personnel croate de l'Empire austro-hongrois, qui voyait surtout dans la Serbie son ancien adversaire pendant la guerre, résidait à Vienne, et appelait de ses vœux l'indépendance croate. Mais avant 1941, la vie des Oustachis se déroula surtout dans les États limitrophes hostiles à la Yougoslavie, à savoir l'Italie, la Hongrie et la Bulgarie. Des centaines de nationalistes croates trouvèrent refuge en Italie, et furent traités selon le climat politique, tantôt chichement, tantôt avec générosité. L'Oustacha dirigeait, en Italie comme en Hongrie, des camps d'entraînement par lesquels près de 1000 hommes passèrent jusqu'en 1941.

Avec le meurtre du roi de Yougoslavie Alexandre à Marseille en 1934, l'Oustacha réussit un coup d'éclat qui accrut brusquement sa notoriété. Sa marge de manœuvre s'en trouva toutefois réduite, car partout commencèrent les répressions exigées par la Yougoslavie contre le mouvement. Les activités légales de l'Oustacha furent interdites, par exemple, dans le Reich allemand, et en Italie, les exilés furent transférés sur l'île Lipari, un lieu de bannissement traditionnel. Les activités de

---

¹⁰ On trouve des arguments semblables chez Dulić, *op. cit.*, de même que chez Nevenko Bartulin, « The Ideology of Nation and Race. The Croatian Ustasha regime and its policies toward the Serbs in the Independent State of Croatia », in *Radovi Zavoda za Hrvatsku Povijest 39*, 2007, pp.209-241.

l'Oustacha se réduisaient désormais à leurs bases situées en l'Amérique du Nord et du Sud.[11]

> « Le désœuvrement, une persécution constante de la part des Italiens, un avenir sombre et sans perspective d'amélioration, tout cela aboutit à des effondrements nerveux chez bien des prisonniers, et on assista souvent à des cabales, des reproches mutuels, des manifestations de mécontentement, et même des menaces contre la garde italienne ».[12]

Voici ce que rapporte, après-guerre, un ancien exilé oustachi. Sept années pendant lesquelles plusieurs centaines d'activistes oustachis ont été internés sur l'île Lipari, sept années qui ont du marquer ces jeunes gens de manière extraordinaire. C'est moins le programme, somme toute peu peaufiné, qu'au contraire l'ennui, la maladie, la camaraderie et la violence au sein d'un groupe masculin fortement hiérarchisé, qui constituèrent leur quotidien pendant des années à l'intérieur du camp, dans un espace réduit.[13] Soumis à l'extérieur à la surveillance de la police italienne, et à l'intérieur à celle de leurs propres dirigeants, ils étaient exposés en permanence à l'intrusion idéologique de leurs chefs et à la violence du groupe, sans possibilité de quitter l'île. Plus d'une fois ils durent connaître le doute, face à des dirigeants auxquels ils étaient enchaînés, quant au chemin qui, selon ceux-ci, devait les mener à la victoire. Quant à leurs chefs, ils leurs répétaient quotidiennement que c'était le régime serbe qui était responsable de leur sort, et ils attisèrent en eux la soif de vengeance et de représailles pendant toute la période d'internement, une période de privations et pauvre en événements. Le régime rendit la pareille aux militants nationalistes croates. Les répressions exercées contre l'Oustacha par la police yougoslave et les services secrets puisaient dans l'arsenal complet des méthodes à leur disposition, qu'elles fussent légales ou bien illégales, ce qui incluait détentions, peines de mort, interrogatoires, torture, le recours aux espions et les mesures de rétorsion contre les familles des révolutionnaires.[14] C'est de manière draconienne, mais aussi désemparée et confuse que le régime riposta au terrorisme oustachi, et les méthodes brutales utilisées aliénèrent beaucoup de Croates à l'État yougoslave et aboutirent à une solidarité accrue avec l'Oustacha. Aux yeux de beaucoup de contemporains et de plus d'un historien, le régime se servait des mêmes méthodes que l'Oustacha.[15]

Le gouvernement d'Yougoslavie promulgua cependant une loi d'amnistie, dans l'espoir d'apaiser la situation politique en Yougoslavie. Environ la moitié des exilés oustachis décida de rentrer en Croatie, et ce malgré la pression que faisait régner la dépression économique mondiale. Or, le gouvernement yougoslave n'avait pas prévu

---

[11] Au sujet de l'exil, cf. Fikreta Jelić-Butić, *Ustaše i NDH 1941-1945*, Zagreb, 1977, p.47; Bogdan Krizman, *Ante Pavelić i Ustaše*, Zagreb, 1978, pp.564 et suiv.; Jozo Tomasevich, *War and Revolution in Yugoslavia, 1941-1945. Occupation and Collaboration*, Stanford, 2001, pp.17 et suiv. ; Mario Jareb, *Ustaško-domobranski pokret od nastanka do travnja 1941. godine*, Zagreb, 2006 ; sur l'exil en Italie, cf. Pasquale Iuso, *Il fascismo e gli Ustacia 1929-1941. Il separatismo Croato in Italia*, Rome, 1998, voir surtout pp.66 et suiv. ; James Sadkovich, « Terrorism in Croatia, 1929-1934 », in : *East European Quarterly* 22, 1988/1, pp.55-79 ; Eric Gobetti, « Da Marsiglia a Zagabria. Ante Pavelić e il movimento ustaša in Italia (1929-1941) », in *Quelestoria 30*, 2002/1, pp.103-115.

[12] Cité d'après Bogdan Krizman, *Ustaše i treći Reich*, Zagreb, 1983, p.424.

[13] C'est ainsi qu'une épidémie de typhus se déclara dans le camp en 1936 : cf. Jere Jarb, *Eugen Dido Kvaternik. Sjećanja i zapažanja, 1925-1945*, Zagreb, 1995, p.279.

[14] Cf. *ibid.*, pp.287 et suiv..

[15] Cf. Sadkovich, *op. cit.*, pp.66 et suiv..

que cela aboutirait à une intensification de l'activisme oustachi en Croatie et à un renforcement du mouvement. Dans un premier temps, l'accueil des exilés de retour sur le territoire croate autonome depuis août 1939 ne fut pas hostile.[16]

L'Oustacha ne réussit cependant jamais à prendre l'ampleur d'un mouvement de masse. Le fait que, comparé à d'autres mouvements fascistes, l'Oustacha constitue une exception en raison de sa taille, avait pour premier motif la répression efficace menée par l'État yougoslave, à la destruction duquel l'Oustacha appelait, précisément. Dans d'autres pays, la marge de manœuvre des fascistes dépendait le plus souvent de l'espace que leur concédait leurs partenaires ou concurrents de la droite conservatrice. En Croatie, au contraire, où des partis croates de couleurs diverses travaillent ensemble contre l'État yougoslave, l'Oustacha dépendait moins de la bienveillance des conservateurs. Le Parti paysan croate recouvrait cependant le spectre politique dans toute sa largeur, ce qui poussa les nationalistes les plus radicaux et les mécontents à rallier l'Oustacha. Les revendications d'indépendance intransigeantes de l'Oustacha lui conférèrent cependant une stature et un respect particuliers aux yeux des nationalistes croates.[17] Les recherches visant à connaître le nombre des activistes, des membres et des sympathisants de l'Oustacha, ainsi que leurs origines sociales respectives, n'en sont encore qu'à leurs balbutiements.[18] L'historiographie yougoslave a eu tendance à les représenter comme un mouvement de déclassés sociaux, dont les dirigeants formaient un petit groupe de débauchés au comportement social déviant et excessif.[19] Or, même si de nombreux criminels, exclus de la société et auteurs de violence ont rejoint l'Oustacha, ce ne sont pas eux qui dessinaient le profil du mouvement. Martin Broszat a, déjà, insisté sur la part élevée d'étudiants, d'universitaires et de membres de la bourgeoisie et des classes moyennes menacées de déchéance sociale dans les rangs mêmes des dirigeants oustachis.[20] En effet, des éléments de la bourgeoisie catholique nationale, qui craignaient pour leur avenir en voyant l'augmentation du nombre de fonctionnaires serbes au sein de l'Etat yougoslave, se montraient sensibles aux idées de l'Oustacha. Une partie du milieu universitaire et des unions de jeunesse nationalistes vinrent grossir là-dessus les rangs de l'Oustacha. Des lycées, des universités, des associations culturelles et des coopératives constituaient des centres d'agitation de l'Oustacha. De plus, l'Oustacha bénéficiait d'un certain soutien dans le clergé et parmi des membres du mouvement laïc catholique. Activistes et sympathisants provenaient toutefois de toutes les couches sociales. Avant la guerre, l'Oustacha pouvait compter sur environ 4000 membres assermentés et environ 30000 à 40000 sympathisants. Toujours est-il que, sur la fin, le bulletin d'information de l'Oustacha était tiré à 80000

---

[16] Cf. Dejan Djokić, *Elusive compromise. A history of interwar Yugoslavia*, New-York, 2007, p.220.

[17] Concernant le nombre de membres, cf. Jareb, *op. cit.*, de même que Sundhaussen, *op. cit.*, p.502. D'après Ivo Goldstein et Nikolina Jovanović, *Croatia: a history*, Londres, 1999, p.134, 100000 hommes avaient déjà prêté serment à l'Oustacha en mai 1941. Sur l'origine sociale des partisans de l'Oustacha, cf. Jelić-Butić, *op. cit.*; Martin Broszat et Ladislaus Hory, *Der kroatische Ustascha-Staat 1941-1945*, Stuttgart, 1964, pp.82-84 ; Peter Sugar, *Native Fascism in the Successor States: 1918-1945*, Santa Barbara, 1977, p140 ; Yeshayahu Jelinek, « Clergy and Fascism: The Hlinka Party in Slovakia and the Croatian Ustasha Movement », in Larsen et al. (éd.), *Who were the Fascists*, Bergen, 1980, pp.367-378, ici p.371 ; Dulić, *op. cit.*, pp.80 et suiv..

[18] Cf. James Sadkovich, « La composizione degli Ustacia : Una evaluazione preliminare », in *Storia contemporanea 11*, 1980, pp.989-1001.

[19] Cf. Holm Sundhausen, « Der Ustascha-Staat: Anatomie eines Herrschaftssystems », in *Österreichische Osthefte 37*, 1995/2, pp.497-533, p.503.

[20] Cf. Broszat et Hory, *op. cit.*, p.176.

exemplaires. Après l'arrivée au pouvoir de l'Oustacha, des milliers d'autres personnes adhérèrent au mouvement. Or, si l'Oustacha parvenait à susciter la passion chez ses membres, elle se heurtait clairement à des obstacles lorsqu'il s'agissait de mobiliser la population, en particulier dans le milieu rural. C'est grâce à un mélange de répression et d'offres d'intégration que l'Oustacha tenta de trouver le bon dosage entre contrôle d'une part et mobilisation de la population d'autre part.[21]

La construction de l'État oustachi

La Wehrmacht envahit la Yougoslavie le 6 avril 1941. L'armée yougoslave capitula après seulement douze jours. Le 10 avril 1941, l'un des représentants principaux de l'Oustacha à Zagreb, Slavko Kvaternik, proclama sous la direction de représentants allemands l'Etat indépendant de Croatie. Les dirigeants de la Wehrmacht auraient certes préféré laisser la région croate sous administration militaire, mais cela aurait constitué un affront à l'Italie qui avait soutenu le mouvement sur plus d'une décennie.[22]

Ante Pavelić se trouvait toujours en Italie, d'où il annonça lors de discours radiophoniques que, désormais, « les fils de la Croatie et l'armée oustachie croate », allaient défaire l'armée serbe, « en combattant courageusement, l'arme à la main ».[23] Mais malgré cette propagande, les combattants oustachis furent condamnés à rester spectateurs des événements. Ce n'est qu'à la fin des combats proprement dits qu'ils furent escortés par autobus en Croatie par l'armée italienne. Cela pesa lourdement sur la perception que les jeunes nationalistes avaient d'eux-mêmes : leur patrie avait été libérée sans qu'ils aient pu tirer un seul coup de feu. Ante Pavelić revint à Zagreb le 15 avril 1941. Les cellules oustachies fusionnèrent rapidement et tentèrent de combler le vide apparu dans les instances de pouvoir. A beaucoup d'endroits ils reçurent le soutien d'activistes du Parti paysan. Presque tout l'appareil administratif croate se mit à la disposition du nouveau régime. La prise du pouvoir dura cependant des semaines dans les régions dominées par les Serbes et les Musulmans et dans lesquelles il n'y avait pas de fonctionnaires croates.

Dans un premier temps, la création de l'Etat croate s'accompagna d'un climat d'euphorie des débuts. A leur entrée en Croatie, les troupes allemandes furent acclamées comme des libérateurs par des gens en liesse. La fin de la Yougoslavie fut accueillie avec joie par la majorité de la population non-serbe, et la fondation d'une Croatie indépendante fut ressentie par beaucoup comme un tournant positif dans l'histoire croate.[24] Les nationalistes pouvaient laisser éclater leur satisfaction : un État indépendant venait de voir le jour, un État auquel on avait annexé la Bosnie, réclamée au titre de territoire de population croate, ainsi que l'Herzégovine. Si l'indépendance

---

[21] Ce procédé est généralement reconnu comme un critère permettant de juger du caractère fasciste d'un mouvement, cf. Sven Reichardt, « Neue Wege der vergleichenden Faschismusforschung », in *Mittelweg 36* 16, 2007/1, pp.9-25, ainsi que Wolfgang Wippermann, *Faschismus. Eine Weltgeschichte vom 19. Jahrhundert bis heute*, Darmstadt, 2009.

[22] Cf. Broszat et Hory, *op.cit.*, pp.51 et suiv. ; Tomasevich, *op.cit.*, p.55.

[23] Cité d'après Tomasevich, *op.cit.*, p.60.

[24] Des photos de Zagrebois en liesse se trouvent dans la *Deutsche Zeitung in Kroatien (DZK)* du 10 octobre 1941 ; cf. en outre les rapports du consul suisse Kästli, cité d'après Igor Paponja, *Der „Unabhängige Staat Kroatien" zur Zeit des Zweiten Weltkrieges (1941-1945) in den der Berichten des schweizerischen Vertreters in Zagreb*. Travail de licence, université de Zurich, 2000 [en ligne à l'adresse : http://www.paponja.com/index1.html].

avait été obtenue grâce à l'aide étrangère, elle s'était faite en revanche relativement sans heurts, de lourdes opérations militaires ayant été épargnées au territoire croate. Des messages de solidarité adressés par le Parti paysan (HSS) et par l'Église catholique vinrent manifester de leur soutien. La propagande célébrait en Pavelić l'homme qui avait libéré du joug serbe le peuple croate.[25] L'Oustacha ne bénéficiait cependant que d'un soutien réservé au sein de la population musulmane, et d'aucun soutien auprès de la population serbe.[26] Sur environ 6,5 millions d'habitants que comptait l'USK, les quelques 3,3 millions de Croates catholiques formaient tout juste la moitié de la population. Par ailleurs, 1,9 millions de Serbes orthodoxes, 800000 Bosniaques musulmans, 175000 Allemands et environ 250000 Hongrois, Slaves, Juifs, Tsiganes et Italiens vivaient dans le pays.[27]

En cumulant les positions de chef d'État, Premier ministre, Commandant en chef des armées, ministre des Affaires étrangères intérimaire et leader du mouvement oustachi, Pavelić parvint à se réserver le premier rôle au sein de l'État. Un culte personnel intensif se mit en place autour de lui afin d'asseoir la légitimité de son pouvoir personnel et lui gagner les loyautés. Le titre le « Poglavnik » (chef de clan) conférait ainsi à sa position une résonance mystique et historicisante.[28] Des organes de décision conçus sur mesure lui permettaient de déterminer le cours des affaires politiques. Pavelić déléguait son pouvoir à ses fidèles, qu'il dotait de pouvoirs considérables afin qu'ils puissent agir de façon autonome. De jeunes gens qui avaient passé des années marquantes de leur vie en exil dans le combat pour le mouvement oustachi, tous des nationalistes dévoués, furent promus à la tête de missions ou de camps, levèrent des milices et prirent les commandes de villes ou de régions entières. Un rapport dialectique fait de confiance et de méfiance caractérisait la classe dirigeante de l'Oustacha. D'une part les sous-chefs avaient prouvé leur loyauté en participant à des attentats et en prenant des mesures contre les dissidents oustachis. Ils étaient prêts à tuer pour le dictateur, et voyaient dans les nationalistes moins radicaux qu'eux-mêmes des lâches efféminés s'ils n'étaient pas passés par la dure école de l'exil. D'autre part, l'hétérogénéité du mouvement oustachi et la concurrence interne débouchèrent aussi sur un degré élevé de méfiance dans les rangs des dirigeants oustachis. Le fait que des dirigeants de l'Oustacha étaient susceptibles à tout moment de s'allier aux Allemands ou aux Italiens plaçait Pavelić dans une situation qu'il jugeait extrêmement dangereuse pour lui-même, raison pour laquelle les hauts dignitaires oustachis restaient rarement longtemps en fonction. Il leur suffisait de déplaire au dictateur pour être destitués, quand ce n'étaient pas l'Italie ou l'Allemagne qui imposaient le retrait d'hommes politiques qu'elles voyaient d'un mauvais œil.[29]

---

[25] Tract : « Pourquoi sommes-nous pour le Poglavnik ? », HR HDA, Zbirka Štampata, 96/46.

[26] Cf. Sundhaussen, *op. cit.*, p.506.

[27] Concernant la totalité de la population, cf. Dulić, *op. cit.*, p.79 ; cf. également la publication dans : *Die Gliederung der Bevölkerung des ehemaligen Jugoslawien nach Muttersprache und Konfession nach den unveröffentlichten Angaben der Zählung von 1931*, Vienne, 1943.

[28] Cf. Ivo Goldstein, « Ante Pavelić, Charisma and National Mission in Wartime Croatia », in Roger Eatwell et al. (éd.), *Charisma and Fascism in Interwar Europe, Totalitarian Movements and Political Religions 7*, 2006/2, pp.225-234, p.228.

[29] Sur la structure du pouvoir de l'Oustacha, cf. Broszat et Hory, *op. cit.*, p.177; Sundhaussen, *op. cit.*, p.503; Nada Kisić-Kolanović, *Mladen Lorković. Ministar urotnik*, Zagreb, 1998, p.41 ; Tomasevich, *op. cit.*, p.336 ; Ivo Goldstein, « The Independent State of Croatia in 1941: On the Road to Catastrophe », in *Totalitarian*

Les nombreuses voies de recrutement ou manières possibles de rejoindre les troupes armées oustachies firent qu'il fut difficile d'établir au cours des premières semaines qui appartenait ou pas à l'Oustacha et aux ordres de qui obéissait telle ou telle troupe. Il fallait que l'Oustacha élargisse de toute urgence ses bases de pouvoir locales, ce qui aboutit à ce que le mouvement prît par endroits des formes très hybrides, puisque des représentants de directions politiques diverses aussi bien que des opportunistes espéraient parvenir à leurs fins à l'intérieur de l'Oustacha. On assista souvent à une lutte acharnée autour des distributions de postes, qui entraînèrent parfois des déchirements profonds.[30] Au cours de ses années mouvementées, l'Oustacha recouvrait un large spectre de milieux nationalistes, qui allaient des révolutionnaires nationalistes aux cléricaux en passant par les républicains, et qui arrivaient à cohabiter au sein du mouvement parce qu'ils voyaient tous l'Etat yougoslave comme leur ennemi commun. Les frontières séparant le mouvement des autres camps politiques croates étaient, elles aussi, parfois fluctuantes. Dans les années 1930, il y avait des chevauchements entre l'Oustacha et les communistes croates d'un côté et le Parti paysan croate de l'autre. Dans le cas des communistes, c'était dû au fait que les activistes des deux camps étaient enfermés ensemble dans les geôles yougoslaves.[31] Pour ce qui est des contacts avec le Parti paysan, les représentants de l'Oustacha restés en Croatie coopéraient souvent avec l'HSS sur le plan politique, et s'engageaient dans ses groupes armés.[32] Avec l'arrivée au pouvoir de l'Oustacha, il devint difficile de satisfaire de manière égale toutes les fractions à l'intérieur du mouvement indépendantiste. Après avoir plongé l'État croate dans une crise quelque temps à peine après sa création, l'Oustacha perdit à nouveau une grande partie de ses partisans.[33]

Tout comme le NSDAP, l'Oustacha était subdivisé en une branche politique, un service de police et de services secrets, et une branche armée. La tâche prioritaire de la branche politique fut de mobiliser et de rassembler de larges tranches de la population dans ses unions pour la jeunesse, les femmes, et dans ses coopératives professionnelles. Tous les jeunes âgés de 7 à 21 ans devaient intégrer par exemple les jeunesses oustachies, où ils étaient soumis à un entraînement militaire et à un endoctrinement idéologique.[34] La police secrète et de sécurité de l'USK était dirigée par Eugen

---

Movements and Political Religions 7, 2006/4, pp.417-427, pp.423 et suiv. ; Stevan Pavlowitch, *Hitler's New Disorder: The Second World War in Yugoslavia*, Londres, 2008, p.25 ; Jere Jareb, « The Croatian Nation During World War II, 1941-1945 », in *Journal of Croatian Studies 38*, 1997, pp.115-143.

[30] Au sujet de la concurrence entre les Oustachis exilés et ceux restés au pays, cf. Rory Yeomans, « 'For Us, Beloved Commander You Will Never Die!'. Mourning, Ritual and the Funeral of Jure Francetić, Ustasha Death Squad Leader », in Rebecca Haynes (éd.), *Hitler's Friends. Extreme Personalities in Eastern Europe, 1918-1945*, Londres, 2008, p.2.

[31] Cf. Milovan Djilas, *Memoiren 1929-1941*, Vienne, 1973, p.116, ainsi que Aleksandar Jakir, *Dalmatien zwischen den Weltkriegen: agrarische und urbane Lebenswelt und das Scheitern der jugoslawischen Integration*, Munich, 1999, pp.440 et suiv..

[32] Cf. Jakir, *op. cit.*, p.439.

[33] Cf. Sundhaussen, *op. cit.*, de même que des rapports d'ambassade français, cité d'après Brigit Farley, « Aleksandar Karadjorjević and the Royal Dictatorship in Yugoslavia », in Bernd J. Fischer (éd.), *Balkan strongmen: dictators and authoritarian rulers of South Eastern Europe*, West Lafayette, Ind, 2007, pp.51-86, p.80.

[34] Cf. Sundhaussen, *op. cit.*, p.516.

Kvaternik, né en 1910.[35] Sa mission était d'empêcher toute action dirigée « contre la liberté et l'indépendance de l'USK, contre la paix et la sécurité du peuple croate ainsi que contre les bases du combat de libération mené par le mouvement oustachi ». Cela revenait à lui laisser carte blanche pour poursuivre tous ceux qui étaient « non croates » (nehrvatsko) du point de vue de l'Oustacha.[36] L'Oustacha fusionna par la suite avec certaines fonctions de l'État et parvint, comme l'avaient fait les nationaux-socialistes, à dominer l'appareil d'État grâce à une structure parallèle semi étatique. L'Oustacha était étroitement imbriquée dans les structures de l'État, et l'Oustacha, la police, la gendarmerie, l'armée et les milices irrégulières collaboraient souvent étroitement, ce qui n'excluait naturellement pas des conflits. Du service de surveillance policière de l'Oustacha (UNS) dépendait tout un système de camps de rassemblement et de concentration dans lesquels étaient internées les victimes de persécutions raciales et politiques. Au cours des campagnes contre les partisans, des dizaines des milliers de non combattants furent déportés dans des camps. La situation se dégradant, surtout en raison du surpeuplement, des milliers de prisonniers trouvèrent la mort dans les camps de l'Oustacha. Certaines catégories de prisonniers, en particulier les Tsiganes, furent livrées à un traitement particulièrement meurtrier auquel les soumit le personnel des camps oustachi.[37]

Le bras armé de l'Oustacha était constitué d'unités et de milices aussi bien irrégulières que régulières, qui opéraient surtout dans les zones peuplées majoritairement de non Croates.[38] Les responsables d'une grande partie des massacres étaient des milices et des bandes armées irrégulières paramilitaires que des dirigeants oustachis locaux avaient levées depuis le printemps 1941, et qui pouvaient compter jusqu'à 25-30000 hommes.[39] Les contemporains donnèrent le nom d'« Oustachis sauvages » à ces unités armées hybrides, qui se dispersaient pour se reformer plus tard, et que la centrale de Zagreb n'était pas toujours en mesure de contrôler, comme le suggère le terme d'« Oustachis sauvages » que les pouvoirs politiques employaient à leur sujet. Ceci dit, la mise en place et l'activité des irréguliers correspondaient dans l'ensemble à la volonté de l'Oustacha, et dans une certaine mesure aussi à celle des dirigeants de l'armée.[40]

II

Cléricalo, proto, crypto ?

L'Europe des années 20 et 30 connut divers mouvements de libération nationalistes qui prétendaient obtenir l'indépendance nationale en faisant usage de violences terroristes. On n'a pas encore suffisamment étudié d'un point de vue comparatif pourquoi l'Oustacha finit par se transformer en mouvement fasciste, alors que l'UPA ukrainien, le VMRO macédonien ou encore l'IRA par exemple ont emprunté des chemins différents. Les historiens classent l'Oustacha dans trois catégories

---

[35] *DZK* du 28 août 1941 ; cf. également Sundhaussen, *op. cit*, p.517.

[36] Cf. *ibid*, p.518.

[37] Cf. *Dulić*, pp.89 et suiv., et 243 et suiv..

[38] Cf. Broszat et Hory, *op. cit.*, p.87, ainsi que Pavlowitch, *op. cit*, p.29.

[39] Cf. Sundhaussen, *op. cit.*, p.505.

[40] Cf. Damir Jug, *Oružane snage NDH*, Zagreb, 2004, p.261.

différentes : mouvement fasciste, non fasciste, ou bien partiellement fasciste.[41] Le classement dans la deuxième catégorie souligne le caractère d'union secrète nationaliste et révolutionnaire de l'Oustacha, dans la tradition des mouvements de libération militants et des francs-tireurs balkaniques. Souligner les racines historiques de son idéologie et de son organisation n'est pas un critère qui exclut toutefois le caractère fachiste de l'Oustacha.[42]

Si de telles classifications – semi-, proto- ou crypto-fasciste – sont censées montrer la proximité de l'Oustacha avec les mouvements fascistes, elles dénotent cependant un manque de maturité du mouvement. Martin Broszat, par exemple, définissait comme « sous-développée » l'idéologie de l'Oustacha : son anticommunisme ne serait pas suffisamment prononcé, et les Serbes seraient l'ennemi prédominant de l'Oustacha. Par conséquent son caractère fasciste ne serait pas complètement marqué.[43] Bien sûr, il n'est plus guère de mise de partir d'une perception aussi statique du fascisme, on souligne beaucoup au contraire son potentiel d'évolution et son caractère variable.[44] En outre, des spécificités nationales apparaissent en règle générale entre les divers fascismes européens, spécificités liées aux contextes historiques respectifs.[45]

On a dit aussi de manière exagérée que l'Oustacha était un mouvement clérical fasciste.[46] On voulait surtout souligner par là le rôle de l'Eglise catholique au sein de l'Oustacha. Les allégations formulées par des nationalistes serbes ou par des anticléricaux communistes, selon lesquelles l'Eglise catholique contrôlait l'Oustacha, sont cependant intenables. Même si le catholicisme politique a soutenu presque sans aucune réserve en Croatie l'indépendance croate, et bien qu'une partie du clergé et des communautés religieuses se soient jointes à l'Oustacha, il n'en reste pas moins que les conflits étaient prédominants entre le clergé et le parti. Une raison à cela, et non des moindres, était que l'Oustacha était fondamentalement un mouvement séculier.[47]

Certains individus ou fractions isolés peuvent certes tout-à-fait être classés comme cléricaux fascistes dans leur tentative de recouper leur foi catholique avec leurs convictions fascistes – plus d'un fut mêlé à des actes terroristes. Il n'en reste pas moins

---

[41] Il existe aussi par ailleurs des classsifications qui considèrent par exemple le régime yougoslave comme un régime royal-fasciste, cf. Sadkovich, *op. cit.*, p.58.

[42] Cf. Sundhaussen, *op. cit.*. Juan Linz souligne le peu de distance qui sépare les nationalismes intégraux d'Europe centre-orientale et le fascisme dans « Some Notes Towards a Comparative Study of Fascism in Sociological Historical Perspective », in *Fascism: A Reader's Guide. Analyses, Interpretations, Bibliography*, éd. par Walter Laqueur, Royaume-Uni, 1979, pp.29-39.

[43] Cf. Broszat et Hory, *op. cit.*, pp.177-179 ; de même que chez Griffin, *op. cit.*, p.120 ; Griffin ayant toutefois révisé sa première position, cf. Roger Griffin et Matthew Feldman, *A fascist century. Essays*, Basingstoke, 2008. Cf. enfin Menachem Shelah, « Genocide in Satellite Croatia during World War », in *A Mosaic of Victims. Non-Jews Persecuted and Murdered by the Nazis*, in Michael Berenbaum (éd), New York, 1990, pp.74-79.

[44] Cf. Paxton, *op. cit.*.

[45] Cf. Philip Morgan, *Fascism in Europe, 1919-1945*, Londres, 2002 ; Paxton, *op. cit.*.

[46] Cf. entre autres Viktor Novak, *Magnum Crimen : pola vijeka klerikalizma u Hrvatskoj*, Zagreb, 1948 : Hervé Laurière, *Assassins au nom de Dieu*, Paris, 1951 ; Edmond Paris, *Genocide in Satellite Croatia 1941-1945. A record of Racial and Religious Persecutions and Massacres*, Chicago, 1961 ; Karl Pfeifer, « Kroatien, der Vatikan und die Juden », in Klaus Bettelheim (éd), *Antisemitismus in Osteuropa: Aspekte einer historischen Kontinuität*, Vienne, 1992, pp.83-103.

[47] Cf. Melissa Bokovoy, « Croatia », in Kevin Passmore (éd), *Women, gender and fascism in Europe, 1919-1945*, Manchester, 2003, p.117; Goldstein, *op. cit*, p.232; Bartulin, *op. cit.*; Mark Biodich, « Radical Catholicism and Fascism in Croatia », in Matthew Feldman (éd.), *Clerical Fascism in interwar Europe*, Londres, 2008, pp.383-399.

que les ecclésiastiques ne représentaient qu'une petite minorité au sein de l'Oustacha.[48] Le lien étroit unissant le fascisme croate à l'Eglise catholique montre cependant que le premier ne visait pas à établir une religion de remplacement. Le culte de l'Oustacha était bien trop faible pour évincer de la vie publique la doctrine catholique en tant qu'idéologie profane. Au lieu de cela, l'autorité de l'Eglise devait garantir la légitimité du pouvoir oustachi – une tactique commune aux fascismes croate et italien. De même, l'hostilité contre l'identité serbe dans son ensemble avait une motivation nationale et non religieuse. Les relations avec d'autres nations orthodoxes telles la Roumanie, l'Ukraine ou bien la Bulgarie ne posaient par conséquent pas de problèmes.[49] Pavelić lui-même insistait pour que les divergences religieuses ne jouent pas de rôle au sein de la population, voulant dire par là que c'étaient les Serbes en tant qu'ethnie qui devaient être exclus.[50] Les baptêmes forcés de Chrétiens orthodoxes visaient en premier lieu à les croatiser, et non pas à renforcer l'Eglise catholique. Les louanges adressées à l'Islamisme bosniaque par des nationalistes croates montrent également leur souplesse dans le domaine religieux.[51]

Les utopies de la nation et de l'ethnicité

Le message essentiel contenu dans le bref programme fondateur de l'Oustacha spécifiait que les Croates formaient un peuple ethniquement autonome, et que le terrritoire qu'ils peuplaient leur revenait historiquement de droit. L'une des exigeances fondamentales des nationalistes croates stipulait que les Musulmans de Bosnie-Hérzégovine et de la région du Sandjak faisaient partie intégrante de la nation croate.[52] Par contraste, la grandeur historique de la Croatie était menacée par la vilénie et la dangerosité de ses ennemis extérieurs. La presse nationale de droite croate insista à maintes reprises sur le prétendu combat entre la Croatie et ses ennemis.[53] La raison de ce danger inouï subi par le peuple croate ? Le fait que le peuple croate « vivait au bord précis de cet abîme qui sépare respectivement l'Est et l'Ouest, l'Europe d'une part et les Balkans et l'Asie d'autre part ». Cette frontière séparait depuis l'époque romaine des conceptions divergentes de la morale et de la culture.[54] La mission historique de la Croatie tenait tout entière dans cette phrase : elle représentait le rempart de l'Europe contre ses ennemis, une place forte de la civilisation occidentale, l'*Antemurale Christianitatis*.[55] Contre ce rempart s'étaient déjà jetés les Ottomans, l'Orthodoxie panserbe, le panslavisme et le bolchévisme, mais tous aveient échoué contre la solidité du mur croate.[56] Le fleuve Drina acquit une dimension mythique, celle de l'endroit historique par ou passait la frontière entre l'Est et l'Ouest.[57] Toutes les populations non croates à l'ouest de la Drina étaient considérées comme des envahisseurs menaçant la

---

[48] Cf. John Pollard, « Clerical fascism » : Context, Overview and Conclusion, in Feldman, *op. cit.*, p.434.

[49] Circulaire de la DRP du 9 août 1941, YVA M. 70/47, Bl.9.

[50] Cité d'après Ivan Košutic, *Hrvatsko domobranstvo u drugom svjetskom ratu*, Zagreb, 1992.

[51] « Wer waren die Bogumilen ? », *Neue Ordnung* no 27 du 1ᵉʳ janvier 1942, p.5.

[52] Principes de la Domobran Oustacha, 1933, reproduits dans Jareb, *op. cit.*, pp.124-128.

[53] Cf. Bokovoy, *op. cit.*, p.117.

[54] Memorandum d'origine croate datant du 22 mai 1943 et destiné aux services allemands, Hoover Institution Archives, Karl von Loesch Collection/8, pp.1-14 ; cf. également les écrits de Milan Šufflay.

[55] Cf. Julius Makanec, *Die Entwicklung des kroatischen Nationalismus*, Zagreb, 1944, pp.67 et 70.

[56] *Novi List* du 25 juin 1941, cité dans le *DZK* no 64 du 26 juin 1941, p.4.

[57] Ivo Goldstein, « The boundary on the Drina – the meaning and the development of the mythologem », in *Myths and Boundaries in South Eastern Europe*, Peter Kolsto (éd), Londres 2005, pp.77-105.

Croatie. C'est surtout la fondation de la Yougoslavie qui avait entraîné le fait que les Croates n'étaient plus maîtres chez eux, mais « enfermés dans une prison des peuples balkanique sous administration judéo-communiste », pour citer le Maréchal Slavko Kvaternik.[58] Ce mélange de stylisation de la grandeur nationale d'une part et de sentiment de victimisation et de menace subies par la nation d'autre part est certes typique de bien des idéologies fascistes, cependant il est loin d'être une caractéristique exclusive du fascisme. La plupart des idéologies nationales d'Europe centrale et orientale se forgèrent une mythologie semblable, comme en Pologne et en Hongrie par exemple[59], sans toutefois que les idéologies développées par les pays frontaliers de la Croatie soient enracinées aussi fortement que dans le cas croate dans le monde présent, ni liées à la perception d'une attaque imminente de leurs ennemis.

L'Oustacha concevait le peuple croate de façon « génétiquement objective » : la nation était pour lui une communauté unie par l'origine ethnique des différents groupes la composant, lesquels, malgré des fluctuations de religion, de langue, de culture ou d'identité, fluctuations fréquentes dans les Balkans, gardaient néanmoins et comme par le passé leur appartenance ethnique au peuple croate.[60] Cette conception permettait aussi à l'Oustacha de résoudre la difficulté consistant à différencier Serbes et Croates. L'affirmation d'un noyau ethnique était pour les nationalistes, semble-t-il, garante de l'existence et de l'importance de leur nation. Les éléments composant la communauté croate primitive étaient une origine commune, une culture ainsi qu'une mission géopolitique. Le critère religieux n'était que peu déterminant, puisqu'aussi bien des Musulmans que des Catholiques faisaient partie du peuple croate aux yeux des nationalistes, et que ceux-ci partaient par ailleurs du principe que les habitants orthodoxes de la Croatie étaient de véritables Croates. Enfin, l'Oustacha reconnut d'elle-même la variabilité du critère linguistique, et finit par affirmer que les Croates avaient adapté au cours des grandes invasions une langue slave du sud.[61] L'Oustacha voyait dans la palingénèse de la nation croate le seul moyen lui permettant d'acquérir à l'avenir sa souveraineté. Mais il fallait pour cela que la communauté croate fût purifiée des ennemis de la Croatie. Aucune personne « qui n'appartenait pas au peuple croate par le sang ou par sa naissance » ne pouvait y avoir sa place.[62]

Dans leur rapport obsessionnel à l'histoire nationale et dans leur besoin impérieux de la différencier de l'histoire serbe, les nationalistes encouragèrent des théories scientifiques postulant l'origine non slave des Croates.[63] Du point de vue de

---

[58] Cité d'après Nikica Barić, *op. cit.*, *Ustroj kopnene vojske domobranstva Nezavisne Države Hrvatske*, 1941-1945, Zagreb, 2003, p.449.

[59] Pour la Hongrie, cf. Paul Hanebrink, *In Defense of Christian Hungary. Religion, Nationalism, and Antisemitism, 1890-1944*, Ithaca, 2006 ; pour la Pologne, cf. Piotr Wróbel, « Clash of Collective Memories: Polish Eastern Borderlands in the 20th Century », Conference paper, *Borderlands*: « Ethnicity, Identity and Violence in the Shatter-Zone of Empires Since 1848 », final Conference, Herder Institute, Marbourg, 2007.

[60] Cf. Holm Sundhaussen, « Ethnonationale Gewalt auf dem Balkan im Spiegel der Goldhagendebatte », in *Politische und ethnische Gewalt in Südosteuropa und Lateinamerika*, Wolfgang Höpken et al. (éd), Cologne, 2001, pp.37-51, pp.38 et suiv..

[61] Mladen Lorkovič, *Das Volk und das Land der Kroaten*, Vienne, 1941 ; Karl C. Von Loesch et al. : *Die Völker und Rassen Südosteuropas*, Berlin, 1943, p.31 ; Filip Lukas, *Eseji, govori, članci*, Zagreb, 1944, p.23.

[62] *Prinzipen der Kroatischen Heimwehr (Domobran-Ustaša)*, 1933, reproduit dans Jareb, *op. cit.*, pp.124-128.

[63] Cf. Cherubin Šegvić, « Die gotische Abstammung der Kroaten », in *Nordische Welt. Zeitschrift der Gesellschaft für germanische Ur- und Vorgeschichte* 9, 1935/3, pp.447-436, ainsi que Stjepan Bućs dans la série parue à partir de mai 1941 dans la *DZK* : « Die amtliche Geschichtsschreibung und die Frage der

l'Oustacha, il existait un « malentendu » fondamental entre les Serbes et les Croates. Même si les deux peuples parlaient la même langue, « une distance [infranchissable] séparait cependant leurs sensibilités, leurs traditions spirituelles et leurs représentations de l'Histoire ».[64] Les Croates seraient « en tant que membres de la race nordique, un peuple tourné vers la construction », alors que « les Serbes, issus de races méditerranéennes ou orientales, [étaient] imprégnés d'une vision matérialiste de la vie. Créer n'avait pas d'importance à leurs yeux. »[65] De telles représentations de leur propre nation et de la nation étrangère éclairent sur le contenu fasciste de l'idéologie des oustachis, car voilà en quoi consistaient leurs méthodes : se tenir prêts à user de violence pour mettre en pratique leur vision de l'ordre des choses.

Révisionnisme

Les principes politiques de l'Oustacha étaient de tous points de vue révisionnistes, ce que montrent non seulement les références appuyées au passé du nationalisme oustachi ainsi que leurs revendications en faveur d'une révision du traité de Versailles et de la fondation de la Yougoslavie en vue de restaurer la grandeur médiévale de la Croatie, mais également leur politique linguistique et envers la population. La politique de conversions forcées menée à l'encontre de Serbes avait pour but de rendre leur prétendue confession d'origine à de « véritables Croates » qu'on avait obligés au cours des siècles à adopter l'orthodoxie serbe.[66] Leur politique linguistique rigide, dans son insistance sur de prétendues formes originelles de la langue croate, revenait également à du révisionnisme.[67]

Les aspects démographiques n'étaient pas les seuls toutefois devant faire l'objet d'une révision sous la direction autoritaire et dans le sens voulu par l'Oustacha : les éléments indésirables de la modernité toute entière étaient eux aussi concernés. La mobilisation des énergies collectives de tous les Croates devait permettre de réaliser l'utopie d'une communauté croate indépendante et forte, qui excluerait tous les éléments non croates.[68] Les promesses de salut de l'Oustacha montraient le peuple sous l'image d'une cellule familiale liée à des valeurs traditionnelles.[69] Le corporatisme, une organisation collective sous le signe du patriarcat, devaient régir aussi bien la vie sociale que l'ordre économique, qui se différencierait ainsi autant du capitalisme que du bolchévisme.[70] L'importance de l'État dans la direction de l'économie était considérable au sein de l'État indépendant de Croatie. L'organisation par états de l'économie était censée défendre les intérêts des travailleurs et des paysans croates, et protéger le peuple contre des crises anonymes et imprévisibles. Dans cette vision structurellement antisémite des conditions de production, il fallait trouver quelqu'un pour jouer le rôle de l'exploiteur, rôle qui fut dévolu aux Juifs et aux Serbes.

Abstammung der Kroaten ». Hitler semble ne pas s'être opposé à la thèse gothique : cf. Peter Broucek, *Ein General im Zwielicht. Die Erinnerungen Edmund Glaises von Horstenau*, vol. 3, Vienne, 1988, p.82.

[64] Mladen Lorkovič, « Kroatien in der europäischen Gemeinschaft », *DZK* du 30 novembre 1941.

[65] *Hrvatska Gruda* (feuille hebdomadaire de l'Oustacha), Zagreb, 1er novembre 1941.

[66] Mark Biondich, « Religion and Nation in Wartime Croatia: Reflections on the Ustaša Policy of Forced Religious Conversions, 1941-1942 », in *The Slavonic and East European Review* no 83, 2005/1, pp.71-116.

[67] Marko Samardžija, *Hrvatski Jezik u NDH*, Zagreb, 1993.

[68] Cf. Matthew Feldman, « Genocide between Political Religion and Religious Politics », in Sabrina P. Ramet (éd.) *NDH, 1941-1945*, Zagreb, 2008.

[69] Aleksandar Seitz, *Put do hrvatskog socializma*, Zagreb, 1943, p.45. Cf. aussi Bokovoy, *op. cit.*, p.117.

[70] Éditorial de Mladen Lorković, *DZK* no 1 du 28 juin 1941.

Racisme et antisémitisme

Ceci nous amène au rôle joué par l'antisémitisme et la xénophobie dans l'idéologie oustachie. On a parlé à maintes reprises de l'antisémitisme fondé sur des thèses biologisantes comme d'une caractéristique propre au national-socialisme, qui le différencie des autres fascismes. En se référant au fascisme italien, Wolfgang Schieder contredit une telle thèse qui « [...] ne tient pas compte, en effet, du fait qu'un racisme militant se trouvait déjà tout-à-fait au cœur du fascisme italien, et ce dès sa première période. Dans un premier temps, ce racisme fut moins dirigé contre les Juifs que contre les Slaves ou les Africains. Antislavisme et antiafricanisme doivent par conséquent être considérés comme des équivalents fonctionnels de l'antisémitisme. »[71]

Cela vaut également pour la manière dont l'Oustacha posa la Serbie en ennemie de la Croatie. On n'en assista pas moins aussi au cours des années trente, en Yougoslavie en général et en Croatie en particulier, à une intensification de l'antisémitisme fondé sur des thèses biologisantes, comme dans beaucoup d'autres pays européens. Ce racisme dirigé contre la race sémite était en pleine croissance en Europe, en raison tout d'abord du prétendu pouvoir de rayonnement de l'exemple allemand. Le gouvernement de Belgrade adopta en 1940 des lois antisémites, de même qu'on assista dans une certaine mesure dans la presse à une aggravation du dénigrement des Juifs.[72] La Croatie ne connut pas toutefois de mouvement de masse antisémite, et on ne trouvait dans les thèses oustachi que relativement peu d'éléments biologisants de l'antisémitisme. Les préjugés et les antipathies répandus à l'encontre des Juifs puisaient leurs racines dans la tradition, et ce n'est que de manière isolée qu'on rencontre, comme chez les nationaux-socialistes, un « antisémitisme rédempteur »[73], sans que cela conduise, toutefois, à une brouille avec les Allemands. Le fait que certains membres de l'Oustacha d'origine juive, ou que des Juifs particulièrement méritants du point de vue oustachi, aient échappé avant 1941 à la plupart des règlementations contre les Juifs, en tant qu'Aryens d'honneur, comme on les appelait, fit certes l'objet de critiques dans les rapports internes allemands, mais ne posa cependant pas de problème dans les relations germano-croates dans leur ensemble.[74]

Avant même son retour d'Italie, Pavelić lança néanmoins un appel radio à l'Oustacha pour faire arrêter les traîtres et les ennemis de la Croatie, et ordonna à son chef de la sécurité de prendre « des mesures contre les Serbes et les Juifs ».[75] Or, c'est justement l'association de ces deux catégories d'ennemis qui montre que l'on n'avait pas à faire à une racisme aux fondements biologisants, mais à une tentative pour atteindre l'ethnie autre, d'autant plus que les Juifs étaient perçus comme des agents au service des intérêts serbes en Croatie. Dans un premier temps, cela n'arrêta pourtant en rien les actes de violence.

---

[71] Schieder, *op. cit.*, p.17.

[72] Cf. Ivo Goldstein et Slavko Goldstein, *Holokaust u Zagrebu*, Zagreb, 2001.

[73] Cf. Mark Biondich, *Stjepan Radic, the Croat Peasant Party, and the politics of mass mobilization, 1904-1928*, Toronto, 2000, pp.52 et suiv. et 76. Concernant l'antisémitisme rédempteur, cf. Saul Friedländer, *Die Jahre der Verfolgung. 1933-1939*, Munich, 1998.

[74] Cf. Nada Kisić-Kolanović, *Vojskovoda i politika. Sjećanja Slavka Kvaternika*, Zagreb, 1997, p.25.

[75] Citation d'après Slavko Goldstein, *1941. Godina koja se vraća*, Zagreb, 2007, p.91.

Apologie de la violence

L'Oustacha faisait avec fierté l'apologie de la violence. Elle était non seulement considérée comme nécessaire, mais aussi comme le devoir sacré de chacun de ses membres. A l'intérieur de son "U", le blason de l'Oustacha arborait une bombe au détonateur rougeoyant, tandis que les couteaux, les revolvers, les mitrailleuses et les bombes à retardement étaient les cloches qui allaient sonner l'heure de la renaissance d'une Croatie indépendante. Un tract du mouvement oustachi affirmait que, sitôt sonnée l'heure de la vengeance, il faudrait que le sang se mette à couler à flots.[76] Les Oustachi vouaient à la mort un culte qui glorifiait le sacrifice de ses martyrs.[77]

Dans les camps d'entraînement de l'Oustacha en exil, on enseignait le maniement des couteaux et l'usage des armes à feu, car l'Oustacha se considérait comme le bras armé du peuple croate, comme une armée d'insurgés. Ses membres portaient l'uniforme, et les attaques terroristes étaient considérées comme faisant partie de la guerre qu'ils menaient. La violence était employée contre les dissidents oustachis dans les rangs mêmes du mouvement. De nombreux auteurs des actes de violence commis par la suite sont passés par ces camps. Cette formation destinée à développer chez eux une affinité à la violence fait écho à des recherches récentes sur les SS des camps de concentration. Celles-ci ont clairement montré à plusieurs reprises l'importance du dressage auquel étaient soumis les criminels nazis des camps lors de leur formation.[78]

Au cours des années 1941 et 1942 essentiellement, l'Oustacha et le gouvernement croate perpétrèrent, de façon autonome et sans avoir subi de pression particulière de la part des Allemands, des massacres contre les Serbes, les Juifs et les Tziganes dans l'Etat indépendant de Croatie.[79] Les massacres ne sont pas en soi, bien sûr, des traits distinctifs des fascistes, comme le montre, précisément, la participation de différents régimes autoritaires à la politique de persécution nationale-socialiste. Toutefois, l'usage de la violence est une façon de donner de soi, dans une certaine mesure, une image fasciste, et de lier l'idéologie à la pratique. L'usage à grande échelle de la violence fut l'outil de l'Oustacha qui lui permit de transformer la société de la façon la plus efficace. En outre, elle lui attacha par la force la loyauté des populations croate et musulmane, qui devaient se défendre contre les soulèvements d'unités serbes nationalistes.

Mimétisme ? L'Oustacha entre fascisme et national-socialisme

Comment situer l'Oustacha dans le contexte du national-socialisme allemand et du fascisme italien ? Stanley Payne qualifiait de « mimétique » le fascisme de

---

[76] Cf. les éditions de l'organe du parti : *Ustaša, Vjesnik hrvatskih revolucionara* de l'année 1932, cité d'après Goldstein, *op. cit.*, p.90.

[77] Cf. Rory Yeomans, « Cults of Death and Fantasies of Annihilation: The Croatian Ustasha Movement in Power, 1941-1945 », in *Central Europe* 3, 2005/2, pp.121-142.

[78] Sur l'Oustacha considéré comme un mouvement terroriste, cf. Sadkovitch, *op. cit.*, pp.55 et 60. Sur l'importance idéologique démesurée du couteau chez les Oustachis, cf. Rolf Wörsdörfer, *Krisenherd Adria 1915-1955*, Paderborn, 2004, p.80, ainsi que Dulić, *op. cit.*, pp.355 et suiv.. Sur le rôle de l'entraînement dans la formation des SS, cf. Karin Orth, *Die Konzentrationslager-SS. Sozialstrukturelle Analysen und biographische Studien,* Munich, 2004, p.129.

[79] Il est impossible d'exposer ici en détail la génèse des massacres commis par l'Oustacha. Cf. à ce sujet Alexander Korb, « La construction nationale et la Shoah. Les déportations dans l'Etat indépendant de Croatie (1941-1945) », in Tal Bruttmann et al. (éd.), *Qu'est-ce qu'un déporté. Histoire et mémoires des déportations de la Seconde Guerre Mondiale*, Paris, 2009, pp.197-224.

l'Oustacha, en se fondant sur sa proximité avec le fascisme italien et le national-socialisme allemand.[80] Or, si l'on suit cette logique, ce sont tous les fascismes d'Europe (centre-)orientale qui seraient des copies ou des imitations du fascisme italien originel ou bien de son modèle le plus abouti. Les voies empruntées respectivement par chaque pays et qui les ont conduit au fascisme, adaptées chacune à un environnement spécifique, mériteraient au contraire qu'on s'y intéresse sérieusement.

Un premier constat s'impose : pour la plupart des fascistes, les réalités politiques avaient à l'évidence davantage d'importance que le contenu idéologique de leur programme.[81] C'est vrai aussi en ce qui concerne l'Oustacha. A l'image des fascistes italiens, l'Oustacha se percevait comme un mouvement et non comme un parti. Ses principes se résumaient à un document long de seulement deux pages rédigé en 1933, et se révélèrent peu représentatifs. On retrouve peu de choses dans le programme de ce qui devait marquer la politique oustachie pendant la guerre, de même que bien des éléments du programme sont devenus obsolètes dans la pratique. La recherche a balayé d'un revers de main les prétendues différences entre l'Oustacha et les fascismes italien et allemand[82], ce que contredit la perception que l'Oustacha avait d'elle-même à l'époque : en 1936, Ante Pavelić insistait sur l'appartenance de l'Oustacha aux mouvements européens ayant pour volonté de mettre en place en Europe un Ordre Nouveau sous direction fasciste et nationale-socialiste.[83] Ce qui fait encore défaut toutefois, c'est une définition plus précise des transferts pratiques et idéologiques entre les trois fascismes dont il est question ici, en particulier en ce qui concerne les groupes d'exilés réfugiés en Allemagne et en Italie.[84] En plus des éléments présents dans les fascismes de ces deux Etats, on retrouve aussi des composantes autochtones : le contexte yougoslave et l'antagonisme serbo-croate, qui ont imprégné l'idéologie oustachi bien plus fortement que, par exemple, la peur du communisme au sein de la bourgeoisie.[85]

Bien sûr, en cette période de guerre, l'Oustacha eut à peine le temps de construire un État fasciste. Dans l'Etat indépendant de Croatie, le fascisme se résuma surtout finalement à la guerre civile et à la terreur engendrée par l'occupation, situation qui généra à son tour des conflits entre l'Oustacha d'une part, et les dispositifs d'occupation italien et allemand d'autre part. Ces conflits ne portaient toutefois pas sur des points idéologiques, mais étaient motivés par des questions de pouvoir politique. Cela est vrai aussi de l'alignement de la Croatie sur l'Allemagne nationale-socialiste, après que les fascistes italiens et l'Oustacha soient devenus ennemis.

---

[80] Cf. Payne, *op. cit.*, pp.405-411 ; de même chez Sabrina Ramet, *The three Yugoslavias. State-building and legitimation, 1918-2005*, Washington DC, 2006, pp.113 et suiv., de même Emily Balič, *A city apart. Sarajevo in the Second World War*. Dissertation, Stanford University, 2008.

[81] Cf. Sven Reichardt, *Faschistische Kampfbünde: Gewalt und Gemeinschaft im italienischen Squadrismus und in der deutschen SA*, Cologne, 2002, p.11 ; de même Schieder, *op. cit.*, p.20.

[82] Nevenko Bartulin tenta ainsi d'établir des différences idéologiques en se référant aux représentations divergentes du passé chez les Croates et chez les Italiens, cf. Bartulin, *op. cit.*, p.69.

[83] Cf. Ante Pavelić, *La question croate*, Berlin, 1941.

[84] Cf. Stanley Payne, « The NDH State in Comparative Perspective », in *Totalitarian Movements and Political Religions* 7, 2006/4, pp.409-415, p410.

[85] Cf. John Armstrong, « Collaborationism in World War II. The Integral Nationalist Variant in Eastern Europe », in *Journal of Modern History* 40, 1968/3, pp.396-410, p.404.

Bilan

L'Oustacha était un mouvement fasciste et séculier, qui partageait de nombreuses valeurs des fascismes italien et allemand, tout en étant marqué par des spécificités nationales et régionales. Il se caractérisait par son utopisme ethnique, ses fantasmes de pureté et sa propension à la violence. Si les activistes oustachis se heurtèrent à des difficultés pour mobiliser les populations rurales croate et bosniaque, l'Oustacha sut créer en période de guerre les conditions favorables à sa diffusion. C'est dans la lutte armée que les combattants oustachis se réalisèrent le plus pleinement. Les violences perpétrées sur le territoire croate entre 1941 et 1945 furent déclenchées par un radicalisme d'origine fasciste propre à l'Oustacha. L'analyse des dynamiques de la guerre, de la violence et des rispostes qu'elle engendre, montre cependant les limites de l'éclairage apporté par le caractère fasciste de l'Oustacha. En effet, la comparaison des violences commises par des groupes aussi différents que les oustachis, les tchetniks, les Partisans ou bien les milices musulmanes sur le sol de l'État indépendant de Croatie, cette comparaison montre aussi que les frontières ont tendance à s'estomper. Ces groupes se rapprochèrent l'un de l'autre aussi bien qualitativement que par le nombre lorsqu'il s'agit d'anéantir l'ennemi, une situation qui fut toutefois la conséquence des agissements fascistes.

Vesa VARES
Université de Turku

Fascism in Finland

The Political Concepts and Terms

When looking at the period between the two world wars, terminology is often controversial. "Fascist" and "Conservative" are two terms that are usually used as vague stereotypes or political abuse by fervent opponents rather than used as accurate concepts.

In international scientific discourse it is possible to detect at least two main streams in using the term "Fascist". The strict interpretation of Fascism does not include anyone else than those who actually called themselves Fascists and advocated the corporate system for society. This definition likes to point out that the most visible signs of Nazism – racial ideology, racism and especially anti-Semitism – did not originally belong to Fascism, but were rather latecomers in the 1930s and were adapted mainly because of its foreign policy influence. The strict definition rejects the way to use the term "Fascism" in any wider sense in other ways too – for example throwing other right-wing radical, ultraconservative, military etc. dictators to the same basket.

For example in one of the classics, *Fascism: A Reader's Guide* (edited by Walter Laqueur, 1976), Francis L. Carsten rejects in the chapter "Interpretations of Fascism" specifically the convention to "call every dictatorship from Greece to Latin America 'fascist'" and states that "to equate the terms 'reactionary' and 'fascist', or to identify military dictatorship with fascism, is to misunderstand the nature of fascism". [1] Also Juan J. Linz uses, as he calls it, "narrow" definition of Fascism, excluding "proto-fascist" movements of the 19th century and "the typical official single dominant or privileged parties of the royal military-bureaucratic-oligarchic dictatorships" in Hungary, Rumania, Yugoslavia, Spain, Portugal, Austria, Poland and Japan. "All imitations of fascism and its style could not hide the essentially different spirit."[2] Thus he does not even define Austria of the 1930s as Fascism, even though it was typical to refer to the "Ständestaat" system as "Austrofascism" (just like referring to the SPÖ as "Austromarxism").

The more wide interpretation takes another view. It deals with Fascism and National Socialism as phenomena in which there was more in common than there was separating them, and it may also see "Fascist elements" in, for example, ultraconservative and religiously motivated right-wing movements, even though these did not create an ideology called Fascism or any ideology of coherence at all (like Zeev Sternhell's view of pre-WWI French right-wing radicalism as protofascism). This might induce the temptation to point out similarities between actual Fascism and later Populist

---

[1] Francis L. Carsten, "Interpretations of Fascism". In: *Fascism. A Reader's Guide. Analyses, Interpretations, Bibliography.* Ed. by Walter Laqueur (University of California Press, Berkeley and Los Angeles 1976), pp.427-431; Juan J. Linz, "Some Notes Toward a Comparative Study of Fascism in Socilogical Historical Perspective". In: *Fascism. A Reader's Guide* (1976), p.9.

[2] Juan J. Linz, "Some Notes Toward a Comparative Study of Fascism in Socilogical Historical Perspective". In: *Fascism. A Reader's Guide* (1976), p.9.

movements. However, even the wide interpretation does not accept the Soviet-inherited tradition to try to avoid the term "National Socialism" altogether by labelling almost anything that fits the enemy's image as "Fascist".

Eric Hobsbawm, in his classical book *The Age of Extremes*, for example, writes about German "Fascism", when he deals with National Socialism. He strictly separates Fascism, however, from authoritarian systems that did not make an effort to present a plebeian facade and were based on old Conservative traditions and elites: Franco in Spain, Horthy in Hungary etc. The Japanese system resembled, according to Hobsbawm, Fascism, but did not adapt Fascism because it simply did not need it: the old Japanese military tradition was sufficient. The Latin American systems after the World War II essentially belonged to another mentality besides the systems of Hitler and Mussolini.[3]

Of course, there are also other interpretations on these issues. The most up-to-date anthology of research on Fascism, *Fascism, Critical Concepts in Political Science* (edited by Roger Griffin and Matthew Feldman) includes, for example Tetsunari Matsuzawa's and Gregory J. Kasza's articles about the Japanese system and Fascism. These articles totally contradict each other in their conclusions when they analyze the Japanese system and especially the tradition of the Japanese right of the 1930s and ponder whether these could be labelled as "Fascism" or not.[4]

It is possible to detect *Hobsbawm*'s Leftist tendency in defining Fascism, and it is indeed a valid argument that separating Fascism and National Socialism from each other was equally important for the Fascists and National Socialists of the 1930s as for the different creeds of the Left-wing was to these at the same time. After all, labelling them all as just "Marxists" (as the Fascists, National Socialists and even Conservatives in fact often did) just because they had same ideological roots and basically the same enemies would not be considered a very analyzing or intellectual approach.

However, there seems to have developed a "new consensus", as Roger Griffin calls it[5], in which scholars treat Fascism and National Socialism as parts of the same phenomenon, even though their differences are recognized. This attitude is clear in the above-mentioned *Fascism: A Reader's Guide*. For example, at the same time that Carsten rejects equating Fascism with reactionaries, he categorizes National Socialism as Fascism.[6] Linz (and he regards this as the standpoint of the volume) states that the distinction between Fascism and National Socialism, traditionally emphasized by for example Stanley Payne and Eugen Weber, is not accepted in the anthology. He likes to emphasize more on what Fascism was against, not what it stood for. The starting-point

---

[3] Eric Hobsbawm, *Äärimmäisyyksien aika. Lyhyt 1900-luku (1914-1991)*, (vastapaino, Tampere 1999), p.172, 173.

[4] Tetsunari Matsuzawa, "Japanese Fascism and the Tenno Imperial state". Source: Papers of the Japanese Studies Centre 10 (1984): 1-15. Translated into English by Valerie McGown. In: *Fascism. Critical Concepts in Political Science*. Edited by Roger Griffin with Matthew Feldman. Volume IV. *The "Fascist Epoch"* (Routledge, London and New York 2004), pp. 403-418; Gregory J. Kasza, "Fascism from below? A comparative perspective on the Japanese right, 1931-1936". Source: *Journal of Contemporary History* 19 (3) (1984), pp.607-29. In: *Fascism. Critical Concepts in Political Science*. Edited by Roger Griffin with Matthew Feldman. Volume IV. *The "Fascist Epoch"* (Routledge, London and New York 2004), pp.419-437.

[5] Roger Griffin, "General Introduction". In: *Fascism. Critical Concepts in Political Science*. Edited by Roger Griffin with Matthew Feldman. Volume I. *The Nature of Fascism* (Routledge, London and New York) 2004a, pp.4, 5.

[6] Carsten 1976, pp.427-431.

of the whole book, if one thinks about its title, is Fascism; National Socialism as a phenomenon is part of something wider that is called "Fascism" – there is no "and National Socialism" – part in the title.[7] The same applies to another classic study of the time, *Who were the Fascists?*[8] and to *the Fascism: Critical Concepts in Political Science*, already mentioned above.

Even *Mommsen*, who has written an article about National Socialism in *Fascism: A Reader's Guide*, used expressions like "fascist party" and "fascist power", even though he almost uses the term "National Socialism" exclusively when he wrote about the National Socialist Party and ideology.[9]

These classics date primarily from the 1970s and 1980s. *Fascism: Critical Concepts in Political Science* includes both old and quite new articles, and it includes National Socialism without mentioning it separately in the series' title. However, reading these articles shows that this is not a political statement, but a sign of "the new consensus" mentioned by Griffin: it is considered possible to write simultaneously about two political orientations that had different names and many different features, to use these different names and still consider them part of the same phenomenon.

Perhaps one of the best illustrations of this is Ian Kershaw's article *The Essence of Nazism*. Its subtitle includes the relevant alternatives for interpretation (form of Fascism, brand of totalitarianism or a unique phenomenon) and his conclusions also provide the answer: "The concept of fascism is more satisfactory and applicable than that of totalitarianism in explaining the character of Nazism, the circumstances of its growth, the nature of its rule and its place in a European context in the inter-war period." However, at the same time Kershaw does not eliminate the uniqueness and the influence of the person of Hitler altogether nor tries to avoid the word "Nazism".[10] To the spirit of the "new consensus," Griffin includes one of the classic authorities of the genre, Emilio Gentile.[11]

In the opening introduction of the series, Griffin calls National Socialism the "Nazi permutation" of Fascism and the most important "variant of Fascism", "the German equivalent of any national fascism".[12] This interpretation is of course still debatable, but it is far from any traditional politically or ideologically motivated attempt to push National Socialism into a mould of "Fascism as the capitalists' tool" and to try to avoid the word "National Socialism" altogether because it would tarnish Socialism as well. It seems that academic scholars have passed the point where it seemed to be important to the "Leftist" or "Liberal" orientation to call National Socialism "Fascism" and equally important for the "Conservatives" or "apologists" to deny that the two

---

[7] Linz 1976, pp.10-23.

[8] *Who Were the Fascists? Social Roots of European Fascism* (Bergen – Oslo – Tromsö 1980).

[9] Hans Mommsen, "National Socialism – Continuity and Change". In: *Fascism. A Reader's Guide* (1976), pp.179-204.

[10] Ian Kershaw, "The Essence of Nazism. Form of fascism, brand of totalitarianism, or unique phenomenon?" Source: Ian Kershaw, *The Nazi Dictatorship: Problems and Perspectives of Interpretation*, 4th edn, London: Arnold 2000, pp.20-46. In: *Fascism. Critical Concepts in Political Science*. Edited by Roger Griffin with Matthew Feldman. Volume IV. *The "Fascist Epoch"* (Routledge, London and New York 2004), pp.47-69.

[11] See for example Emilio Gentile, "Fascism in power. The totalitarian experiment". Source: Adrian Lyttleton (ed.), *Liberal and Fascist Italy 1900-1945*, Oxford: Oxford University Press, 2002,. pp.139-174. In: *Fascism. Critical Concepts in Political Science*. Edited by Roger Griffin with Matthew Feldman. Volume IV. *The "Fascist Epoch"* (Routledge, London and New York 2004), pp. 403-418

[12] Griffin 2004, p.1, 5, 7.

belonged to the same wider perception of the world, even if the contemporaries used different versions of the same phenomenon in Germany and Italy. Griffin's key term for recognizing "Fascist" movements seems to be that there is the sense of *palingenes* – a rebirth or new birth – in the movement.[13] Otherwise these do not qualify as Fascist.

It must be born in mind, that both Fascism and National Socialism did nevertheless consider themselves as some sort of ideological brethren in relation to the outside world, and the difference between them was not as wide as between Social Democracy and Communism. In the latter case, the social democracy had accepted political pluralism while communism had not. Fascism and National Socialism both belonged to the same camp, to the authoritarian and missionary rule, in this division. Authoritarian Conservatism had some same features, but there were still considerable – and qualitative – differences in the mentality.

This other border of Fascism, the relations to the authoritarian right-wing parties and movements, gets more diffuse in the "new consensus" as well. The authoritarian Conservative systems of Europe in the 1920s and 1930s are, according to Griffin, "putative fascisms"[14] – which stretches Fascism a bit longer than Linz did 30 years earlier, or Martin Blinkhorn in his introduction to the anthology *Fascists and Conservatives* (1990). Blinkhorn pointed out the importance of the subjective experience of the Fascists and authoritarian Conservatives: both considered the other side different, and inferior, compared to themselves.[15]

These differences should be neither exaggerated nor belittled. In practice, when it came to the differences between Fascism and Conservative authoritarianism, it was clear to see that there was also interaction between them. Fascists adapted some features that did not originally belong to their starting-points, like some sort of recognition of the importance of religion and the experience of the older middle class and elite in politics, administration and economy. The Conservatives, on the other hand, were eager to adapt some populist facades from the Fascists to make believe that they based their power on the people and did not represent egoistic privileges of the old classes and oligarchies. This is why old Conservatives created their own trade union and youth movements and adapted more populist rhetoric. For example, in Austria Dollfuss's system was called "Austrofascism", although it was mainly Conservative and clerical, and even officially "Ständestaat" – a state of Estates.

The nature of "Fascism" and what should be called "Fascism" – if you want to do justice to the objects – is thus an extremely complex issue. It gets even more complex because it is evident that many right-wing oriented people, and probably also some previous socialists (those who might equally well have become populists), who did not want to call themselves Fascists and were subjectively feeling that they were not Fascists, would probably have abandoned this reluctance if Fascism and National Socialism would in the end have held the day. After all, then it would have seemed that these indeed had been right to claim that they had known the future of the world best.

On the other hand, many features which are now easily recognized – rightly or wrongly – as "Fascist" were not, after all, so singularly Fascist or National Socialist as

---

[13] Griffin 2004, p.5.

[14] Griffin, 2004, p.8.

[15] Martin Blinkhorn, "Introduction: Allies, rivals, or antagonists? Fascists and conservatives in modern Europe". In: *Fascists and Conservatives. The radical right and the establishment in twentieth-century Europe.* Edited by Martin Blinkhorn (Unwin Hyman, London 1990), pp.1-13.

one might believe today. When these features, for example militarism, racism or gender inequality, have become out-of-date and unpopular, it is easy to distance one's own ideology and traditions from them by labelling them features to the Evil and believing that thus one is oneself free from them. However, in the 1920's and 1930's there was in fact surprisingly little that was actually "new" in Fascism or National Socialism. It was the interpretation and implementation which was singular – in its radicalism.

For example traits of anti-Semitism or other racist attitudes, anti-Communism, a belief that democracy had failed, of militarism, of fervent nationalism, of a wish for harmonious *Volksgemeinschaft* (unity and commonwealth), of ultramasculine thinking in the gender issue etc. could be found long before anyone had even heard about Hitler or Mussolini. Even corporatism meant for many returning to the idea of old estates, even though these might now be different and more numerous than in the past and have different names. These features had, however, not previously acquired the status of religious fervour, let alone such practical consequences as Fascism and National Socialism had. They were controlled by what was considered "customary", "rational" and "decent" – or possible. Moreover, if these features came to contrast too boldly the heritage of the Enlightenment, there was bound to be a reaction that you considered impossible to ignore – despite the fact that you thought that the protesters were incompetent and uneducated left-wingers.

What made many Conservatives maintain their distance from Fascism and National Socialism was the notion that the Fascists and the National Socialists had started to resemble Communism too much and simply did not behave as rational political movements and their statesmen should. Even a long-time dictator like Salazar pointed out, when talking about Hitler, that it was always dangerous to adapt the ways of the enemy (the Left).[16] Such authoritative figures like Salazar in Portugal, Metaxas in Greece, Horthy and Bethlen in Hungary or the less powerful and more democratic Mannerheim in Finland were all admirers of the British way of doing policy – not of Germany or Italy.

In other words: when it comes to similarities between Fascists, National Socialists and Conservatives, similarities do not necessarily, nor even as a rule, prove that those similarities would be the result of the Conservatives aping the Fascists and the National Socialites. It was rather a question of different branches of the same tree; the Fascists and National Socialist ones grew more recklessly than others. Some elements of the mentality of the 1930s were so common internationally that, seen from the aspect of today, you can find similarities between Fascists, National Socialists, Liberals and Socialists. For example, in Sweden, the most anti-Nazi state that you can imagine in the 1930s, it has lately been questioned whether phenomena like sterilizations were influenced by National Socialism – or whether you can detect some sort of such influence even in the idea of the holiest ideal, the welfare state. Even so, Liberalism and Socialism were bitter enemies of the other two.

In the Finnish case, it is even more difficult to define who was a "Fascist" or to use the term in any other sense. This is due to many different reasons. I will next look into this by examining first, the position of "open", "self-confessed" Fascism and

---

¹⁶ Tom Gallagher, "Conservatism, dictatorship and fascism in Portugal, 1914-45". In: *Fascists and Conservatives. The radical right and the establishment in twentieth-century Europe.* Edited by Martin Blinkhorn (Unwin Hyman, London 1990), p.168.

National Socialism and the reputation of the terms "Fascism" and "National Socialism" as such in Finland; after that I will describe the potential which there should in principle have been for Fascism; and thirdly, I will describe the only "semi-Fascist" groups which had any political credibility and which were situated in the "grey area" where authoritarian Conservatism and Fascism both converged and differed from each other. Lastly I will briefly try to offer an explanation what it was in the Finnish political culture and mentality that in the end kept Fascism, National Socialism and even the authoritarian right wing in the margins.

Finland: Open Fascism in the margins...

The reputation of the Finnish right-wing between the world wars is generally not very positive. It is considered to have been pro-German – an image that was reinforced during the brothers-in-arms period of 1941–1944 against the Soviet Union –, reactionary, illiberal, undemocratic at least in Scandinavian terms, and generally old-fashioned. Since the right-wing, although allowed to live on in its parliamentary form even after 1944, was also ostracized from any power position after that year, and also the academic world, previously extremely nationalist and right-wing, turned Left in the 1970's, this stereotype now has firm roots. On the other hand, if you look at it from present-day values, it is by far not only a stereotype.

The stigma of Fascism was particularly used during the 1970s also about the parliamentary right wing of the 1920's and 1930's. This seems to have been abandoned, but even now the right-wing is not usually evaluated from its own starting-points, and it is not recognized that Fascism / Nazism was almost equally "lower-class" and "revolutionary" in its eyes as Socialism and Communism were. However, at the end of the day, while the likes of the Social Democrats were best equipped to stop Communism in Western Europe, Conservatives were the first that stood in front of the various shades of Fascists or National Socialists in Finland.

Actually the question about "Finnish Fascism" is at least in one sense almost irrelevant. It is almost irrelevant because the phenomenon, strictly interpreted, was almost nonexistent. There were very few political circles that would have called themselves Fascist or National Socialists – so few that they did not have any significance, and more often than not chose names in which the word "Fascist" or "National Socialist" did not appear.

As Ekberg has shown in his doctoral thesis, the National Socialist groups were small splinter groups, which were first established, soon split and refounded under new names and were completely marginal. When they took part in parliamentary elections in 1936, they got – all together – about 2000 votes.[17] Once there was a daily the name of which was *Fascisti*, but the only thing for which it is remembered in Finnish history is the fact that its editor, a bizarre nobleman who came of the Swedish-speaking minority, once hinted that the Liberal Presidential candidate should be shot. The *Fascisti* was miniscule in size and promptly confiscated and cancelled.

The word "Fascist" was actually a political abuse in the Finnish political culture in the early 1920's, when Mussolini came to power. It was a term used by the Left and partly by the Liberals in order to label the Conservatives in the same way as

---

[17] Henrik Ekberg, *Führers trogna följeslagare: den finländska nazismen 1932-1944* (Schildts, Helsingfors 1991).

these used the word "Marxism". Those who had any positive interest in the ideology were intellectuals who were not able to gather any following, since Finnish Nationalism was a much more traditional, homegrown "home, religion, fatherland" movement.

The Conservatives were not at all keen to adapt the "Fascist" label. As the strongman of the National Coalition Party, roughly the equivalent of Conservatives parties elsewhere in Europe, Lauri Ingman (twice Prime Minister, clergyman by profession, died in 1934 as the Archbishop of Finland) expressed in the Parliament in 1922: he did not have much confidence in Italian Fascists, although he was sure that they were not interested in his opinions. But the main point was, according to him, that there were so many converts, previous Socialists, among the Fascists, and these were more Popish than the Pope "and advocated using such measures, which the older and more experienced politicians do not trust at all". And he emphasized, that the Finnish Civic Guards could not be used to any party political purpose, not to anything which would resemble the events in Italy.[18]

Ingman's party, the National Coalition Party, was the only right-wing party in Finland in the 1920's. It would have had plenty of time between the world wars to express any sympathy towards Fascism if it had wanted to. However, throughout the entire 1920's there was, according to the protocols of the party (party meetings and the central organs of the party), exactly one speech which recommended Fascism to Finland, and even the person who gave this speech, forecast that the Finnish people was not ready for Fascism yet.[19] The press of the party might give credence to some features of Fascism and later National Socialism, like quelling Communism or reviving Nationalism, but this did not extend to ideological praise.

Fascism and National Socialism were only "counter-poison systems" to the Finnish Conservatives – maybe necessary in some extreme circumstances to remedy, in order to avoid the even worse destiny, Bolshevism. But they were not something to be desired – and in all cases it was crystal clear that it would be a political suicide to advocate Fascism.[20]

The conduct of J. K. Paasikivi, who had been Prime Minister in 1918, advocating German Monarchy to Finland, was very illuminating in this sense. In the 1920s, he was a frustrated banker on the sidelines of politics. In 1932, he noted in his diary, that democracy had gone so astray, that the society was in a chaos and only the incompetent politicians could advance their careers. He noted that this was bound to lead to Fascism and maybe that was the best solution out of the misery.[21]

However, when Paasikivi became chairman of the National Coalition Party in 1934, and remained one until 1936, he did exactly the opposite. He expelled all right-wing radicals (who were not even Fascists in the strict sense of the word) and used National Socialist Germany and Fascist Italy as examples what Conservatives should *not* do. According to him and the Conservative press, which supported him, these systems were akin to Socialism, because they suppressed all liberty and individualism,

---

[18] Vesa Vares, *Vanhasuomalainen. Lauri Ingman ja hänen poliittinen toimintansa* (WSOY, Juva 1996), p.263, 264.

[19] Vesa Vares, "Kokoomus ja demokratian kriisi 1929–1939". In: *Suomalaiskansallinen kokoomus. Kansallisen kokoomuspuolueen historia 1929-1944* (Edita, Helsinki 2007), p.23.

[20] Vares 2007, pp.168-172, 210-216.

[21] Paasikivi diaries 25.11.1933. In: *"Olen tullut jo kovin kiukkuiseksi." J.K. Paasikiven päiväkirjoja 1914-1934*. Toim. Kauko Rumpunen (Kansallisarkiston ystävät – Riksarkivets vänner ry), p.303.

whereas Conservatism and Liberalism were in reality close to each other, advocating these values. If Conservatives would make common cause with Fascism and Nazism, these would destroy them – as had happened in Italy and Germany.[22]

In addition to this, Paasikivi as a bankman, and other representatives of the big business as well, abhorred the social political program of the right-wing radicals, let alone the Fascists. They had financially supported the predecessor, the so-called Lapua Movement (1929–32) when this had attacked Communism. But the social political programme of the successor organization – People's Patriotic Movement – seemed almost Socialist in their eyes, since they believed in practically pure laissez-faire Capitalism. Any Fascist economic policy was considered at least half-, if not wholly Socialist and in all cases a troublemaker.[23]

At one point the term "Hitlerite" was used in a positive sense even in a fraction of the Conservative camp. When the moderate and radical wings were struggling for power in the National Coalition Party, some radicals openly advocated "Hitler's tactics". By this they meant that the Finnish right-wing should do as Hitler had done (or rather as they thought Hitler had done): it should not make any compromise even with the Centrists and Liberals, but bide its time, stay adamant in its demands and wait for the inevitable moment, when things would have gone so bad that the Centrists and Liberals would be compelled to ask for help from the right wing. And then the right wing would be able to name its own terms.[24]

But this was already in 1932, when there was no experience of National Socialist rule anywhere, and the recommendation applied only to tactics. The radicals did not refer to the contents of National Socialism as a model, and the term "Hitler's tactics" was used more by the moderate Conservatives disapprovingly, as a warning example, than by its champions approvingly. And when the radicals briefly had the upper hand in the National Coalition Party (before Paasikivi's time) and were preparing for the elections of 1933, even they had had no wish to identify themselves with the National Socialist ideology. Quite the opposite: when writing about candidates of some National Socialist splinter movements they wrote in the National Coalition Party's main organ: "Do not sacrifice even one thought to these lists."[25]

It is of course true that the Finnish Conservatives flirted with ideas that in retrospect seem to be Fascist influence. For example, in the early 1930s even the more moderate leaders of the National Coalition Party advocated a parliamentary reform, which would have limited the power of the Parliament considerably and introduced some sort of corporatism into it. They entertained and even adapted some of the ideas, like the idea of creating another chamber in the Parliament. This chamber would consist of representatives that would be chosen by their professions – and mainly by professions who represented the educated middle class. Also the prerogatives of the President should be considerably strengthened.[26]

However, the Conservatives needed no Fascist models for this. They had already entertained the same idea in 1918 (although they did not dare to try to

<hr>

22 Vares 2007, pp.210-216, 220-229.
23 Vares 2007, pp.227-229, 320-327.
24 Vares 2007, p.147.
25 Vares 2007, p.170.
26 Vares 2007, pp.48-53.

implement it then) when they tried to introduce Monarchism to Finland.[27] It was a question of traditional meritocracy which partly based to the estate system of the past – not to anything that would be adapted from Fascism.

Thus open Fascism and National Socialism were in fact extremely unpopular in the Finnish political culture during the 1930s. During this decade, when democracy in most European countries fell and the political systems became authoritarian, Finland went to the Left – ending up with an Agrarian President and an Agrarian-Social Democratic-Liberal Government.

There was even a further inconvenient point for Finnish Nazis. If you were a convinced National Socialist, you had to live with the fact that all racial theories concerning the "Aryans" considered the Finns an extremely low race – lower than the Slavs, on the same level as Eskimoes, Indians and Mongols.[28] This fact was not a very good starting-point for a Finnish National Socialist, even if he had based his principles on the feeling of racial superiority towards the Russian menace.

However, the nonexistant importance of the tiny movements that openly called themselves Fascist or National Socialist and could also ideologically be considered as such, does not reveal the whole truth. The picture is a bit different if you consider the "Fascist potential" in Finland – because this potential found other expressions, which resembled European authoritarian Conservatism and were more or less akin to Fascism.

The convergence and differences between European authoritarian Conservatives and Fascists have been studied, for example, in the already mentioned anthology *Fascists and Conservatives* (edited by Martin Blinkhorn). This opens up many cases in which Conservatives either failed or managed to use Fascists and the Fascist potential to their own advantage by adopting some features of Fascism as more or less a facade, in order to get rid of Socialism, after that of democracy, and, as they hoped, after that of Fascism itself. In Italy and Germany the tiger was too wild to be tamed; but in other countries, like in Greece, Portugal and Austria the Conservatives were in fact successful in harnessing the Fascist potential and using it against Socialism and democracy and even containing it at the same time.[29]

There was potential for the same kind of goal in Finland as well, especially among the military, civic guards and academic intellectuals, and this was politically far more relevant than the actual, self-confessed Fascism and National Socialism in Finland.

Peculiar Conservatism and Fascist potential in Finland

As already mentioned, the dividing line between "Fascists/National Socialists" on the one hand and the reactionary rightists on the other has been much discussed. For example Linz, along with many other theoreticians who have concentrated on Fascism,

---

[27] Vesa Vares, *Kuninkaan tekijät. Suomalainen monarkia 1917-1919. Myytti ja todellisuus* (WSOY, Juva 1998), pp.85-105.

[28] About the Finnish image in race theories, see for example *Mongoleja vai germaaneja? Rotuteorioiden suomalaiset.* Ed. Aira Kemiläinen, Marjatta Hietala, Pekka Suvanto. Historiallinen Arkisto 86 (Suomen Historiallinen Seura, Vammala 1986); Aira Kemiläinen, *Suomalaiset, outo Pohjolan kansa: rotuteoriat ja kansallinen identiteetti.* Historiallisia Tutkimuksia 177 (Suomen Historiallinen Seura, Helsinki 1993); Aira Kemiläinen, *Finns in the shadow of the "Aryans": race theories and racism.* Studia historica 59 (Finnish Historical Society, Helsinki 1998).

[29] *Fascist and Conservatives* 1990, *passim.*

has maintained that authoritarians or reactionaries (or, to use an even more debatable term, counter-revolutionaries) differed from actual Fascists. The former came "von oben" and represented old elites and bureaucracies and wanted to maintain traditional social hierarchies and to spread paternalistic values among the masses. Fascists came "von unten", and they wanted to mobilize the masses and supplant the old elites, which was politically a scaring prospect for the reactionaries.[30]

Not as much attention, however, is paid to what separated these authoritarians on one hand and the democratic Conservatives on the other. Conservatism in the Europe of the 1920's and 1930's had at least two main creeds: the parliamentary one and the autocratic one. Parliamentary Conservatism was the stronger creed in Northern and Western Europe, that is in the old established democracies, which had long traditions of liberal democracy and whose aristocrats were relatively moderate.

The main feature of parliamentary Conservatism was adapting to parliamentary methods and democracy, especially to those democratic reforms which had already in some way been institutionalized (for example republicanism and universal suffrage), even though often not without much grumbling. It was also accepted that social and political reforms would continue, but it was hoped that the methods would be moderate and that they would be based on traditions, not on theories.

Social mobility could not be contested either, although elitism gladly sneaked in from the door, which had "meritocracy" written on it. According to this perception, politicians should be men of quality, with a certain social standing, education and experience which had been acquired through the traditional way; the support of the masses was not in itself enough. It was considered – or hoped – that the strong Conservative influence in the army, church, civil service etc. would give more weight to the Conservatives' arguments than their votes merited. But it was primarily accepted that such institutions would eventually be depoliticized. If they would actively drive the right-wing cause, they would be attacked from the Left and the Centre and be politicized and conquered by them.

This Conservatism became more "Liberal" in the sense that the interests of the individual came more to the forefront and that economic theories adapted, either classical or Keynesian, were of Liberal origin. To the same category belonged the notion of human interests, which was important especially in the case of the relation towards anti-Semitism: the Conservatives had negative feelings about cosmopolitan Jewry, but they rejected the conclusions of the extreme right, because in the end, equal rights of the citizens in front of the law could not be defied. The conclusions of the extreme right would not be the conduct of an educated gentleman or civilized society. Instead, it was accepted to shun the Jews from your club. The Conservatives also held suspicion against Fascists and Nazis because the latter were so openly hostile to democracy, pluralism and equal rights – and also because these new, violent forces lacked basic merits and education and were decidedly plebeian.[31]

---

[30] Linz 1976, 9, 23; Juan J. Linz, "Political Space and Fascism as a Late-Comer". In: *Who Were the Fascists?* (1980), pp.158-169.

[31] See for example *Fascists and Conservatives* 1990, *passim*, or Vesa Vares, "Defiers and Compliers. Conservative Parties and Movements, Their Different Mentalities and Lines of Action in Hungary and Finland between the World Wars". In: *Hungary and Finland in the 20th Century*. Eds. Olli Vehviläinen and Attila Pók. Studia Historica 68 (Finnish Literature Society, Helsinki 2002, pp.22-24.

It might be said that – applying an old Jewish sarcastic definition of anti-Semitism – that, according to the Conservatives, Fascists and Nazis hated democracy and Socialism more than was absolutely necessary.

In the end, after hesitation, grumbling and unsuccessfulness, the Finnish Conservatives adapted this line, which also was better suited to their past as a Finnish-speaking people's movement (during the 19th century).

The mainstream of Finnish Conservatism was constituted by the Old Finns, who represented about 15-20% of the electorate, and they were a unique case in the history of European Conservatism. Their roots, their reformist, meritocratic, moderate; even pacifistic traditions were completely different from those of Conservatives in other parts of Europe. True, they had always had many Conservative values: home, religion, fatherland, loyalty to the crown (in the 19th century). But their tradition was not an aristocratic one. On the contrary, in the 19th century they had been a people's movement, the movement of the social under classes who had risen from below to challenge the power of the Swedish-speaking lords.

Even though the Old Finns had become very Conservative by 1918, they simply lacked the tradition and mentality to be real reactionaries; they were mere beginners in defending the established order. To the Old Finns the mobilization of the masses had not been a menace before the rise of Socialism. The great names of Finnish Nationalism, J.W. Snellman and Y.S. Yrjö-Koskinen, had stressed that Finland would achieve nothing by violence. Culture and education were the only weapons for a small and rising nation. Up until 1918, the Old Finns lacked the experience of using armed forces and other repressive methods – all that had been under Russian control.

The Old Finn mentality, which was manifested in its successor party, the National Coalition Party after 1918, was a peculiar mixture of social reformism and Conservative values. In addition, it had also had one really democratic experience: the Great Strike of 1905, which had ended the first period of Russification and established universal suffrage. After this event the Finnish Conservatives always showed a certain respect for the power of the masses and refused to believe that a rightist reaction would ever have a chance of success. On the contrary, they felt that in the long run militant Conservatism would only make Socialism stronger. In 1919 they even prevented the plans of the right-wing radicals (the Activists) and the Regent, C.G.E. Mannerheim, to seize power and attack Bolshevik St. Petersburg.

The Finnish Conservatives thus had a nationalist self-awareness which stressed that Finland was not the Balkans or Eastern Europe. They talked pejoratively of "the Balkans" and "Polish elections", and proclaimed "Finland is no Albania". The border between them and authoritarian Conservatism was occasionally blurred, but for the mainstream Conservatives it remained uncrossed.[32]

Due to the 1918 Civil War, however, there was the influence of a movement that would have been called authoritarian Conservatism elsewhere in Europe.

Authoritarian Conservatives, who could also be called reactionary, shared many of the basic principles of their parliamentary brothers. But they tended to draw far

---

[32] About the Old Finns, see Seikko Eskola, *Sosiaalipolitiikka Suomalaisen puolueen ohjelmassa vuonna 1906*. Studia Historica Jyväskyläensia I, *Historica I* (Jyväskylä 1962); Pirkko Leino-Kaukiainen, "Suomalainen Puolue 1905-1918". In: *Suomalaiskansallinen kokoomus. Suomalaisen Puolueen ja Kansallisen Kokoomuspuolueen historia vuoteen 1929* (Vammala 1994); Vares 1996, pp.42-81, 202-213.

more radical conclusions about aims, measures and possibilities. The main features of these Conservatives were that they did not reject the idea that those who were "called" to lead could stand up against the majority. On the contrary, the competent and right-minded could use non-parliamentary, repressive measures if the votes were insufficient, provided the situation and the interests of the fatherland demanded it, and the old institutions – church, army, monarchy, civil service etc. – could be used to achieve political ends. The main goal was to restore the pre-1914 values of "the good old days". Even though there had to be some popular facade, more important were the notions of "noblesse oblige" and the aristocratic reluctance to recruit new members from the masses.

The question of anti-Semitism was ambivalent. Authoritarian Conservatives rejected the Jew with more vehemence than the parliamentary conservatives did. This, however, was a question of political appropriateness rather than of Nazism's racial ideology. The Jew was also useful to conduct such business that was below the stature of a gentleman. The authoritarian Conservatives held suspicions against Fascism and Nazism, not because of any faith in democratic pluralism, but because the latter originated from the masses and were uncivilized, a second manifestation of Socialism.[33]

It was here where the actual interesting dividing line in Finnish policy took place: in a "grey area", where you could find features of both authoritarian Conservatism and Fascism. "Pure" Fascism and National Socialism were too marginal and never had any hope in Finland, but the effect of 1918 had drove many Conservatives far to the right. The younger generation, which had no experience of the Old Finn mentality, tended to find the more radical and authoritarian interpretations more appealing than the dire, parliamentary Conservatism. And this made the "Fascist potential" available also in Finland.

Linz defines the following circumstances and the model for the emergence of a Fascist avant-garde:

- the effect of the First World War on the society and the generation and the sense that the fruits of the victory had been deprived,
- revolution attempts of the Extreme Left and the emergence of a Marxist Party which was rather radical than moderate and reformist,
- risen Nationalism and the irredenta-feelings and the sense that one's own country had not acquired the place in the world which it would have deserved among other nations and states,
- there were unsolved cultural conflicts in the country, especially conflicts between national majority and minorities, and about the position of the Jews,
- there was an ongoing economic and structural change in the society after the World War,
- parliamentary administration was unstable and in crisis,
- elections occurred at times, which were suitable for the Extreme Right.[34]

---

[33] Vesa Vares, "Rajankäyntiä sivistyksen nimissä. Suomalaiset ja Väli-Eurooppa maailmansotien välillä". *Historiallinen Aikakauskirja* 2/2003, pp.248-262.
[34] Linz 1980, pp.158-169.

Seen from this angle, there was much potential for Fascism and National Socialism in Finland and even more for authoritarian Conservatism. The country had experienced a bloody civil war, which had started as a red-wing coup bringing about a Red rule for a few months, and the Left continued to get about 40% of the votes even in the 1920s and 1930s. In the 1920s, there existed also an openly pro-Soviet Extreme radical Left Party.

The right-wing Finns had cause to feel that the fruits of victory (1918) were robbed when Germany collapsed and Finland became a Western-orientated, centrist Republic, rather than a monarchy and ally of a European Great Power. And even for those non-Socialists who would not have appreciated the friendship of Imperial Germany, there was still the question of irredentism in Eastern Carelia – this ethnically Finnish area that should be annexed to Finland. Finland also had a minority problem, since 10 % of the population was Swedish-speaking.

Also the criteria of the change of the society was partly fulfilled. The Finnish society was gradually, albeit slowly, changing, since the extremely agrarian country (85 % of the population in the countryside) was slowly becoming more urbanized and industrialized. And you could hardly call Finnish domestic policy stable and confident either, because the governments were mostly short-living minority governments; even the non-Socialists could very seldom form a majority coalition Government together. This instability was yet more underlined during the time of the so-called Lapua movement (1929–32), which attacked first the Communists and then the Social Democrats and even some Liberals and Agrarians. Largely due to the violence of the movement, the Parliament banned all Communist activity in 1930 by law.

As elsewhere in Europe, in Finland the conservatives thought that their duty and manifest destiny was to protect and preserve culture, civilization and the interest of the whole country and society. There was, in their view, ample proof of the shortcomings and dangers of ultra democracy and the rule of masses. Some kind of meritocratic impediments would be needed, so that "immature", "incompetent" and "selfish elements" would not get another chance and that the experience of January 1918 would not be repeated. The reactionary Conservatism of spring 1918 and the Lapua Movement in 1929-32 were a kind of "enough is enough" reaction.

The problem for the right-wing radicals or ultraconservatives was that the bulk of the Conservatives recognized the structural and mental obstacles against them in the Finnish political culture. Thus their conclusions were different from the authoritarian Conservatives or Fascists, as already described above. But in 1932, there emerged a party, which could in some sense be called Fascist or at least semi-Fascist and the aim of which was to fulfil the potentiality and the kind of vacuum which Linz has modelled: Isänmaallinen Kansanliike (IKL), People's Patriotic Movement.

This movement admired both Hitler and Mussolini and had ideological goals, whereas the Lapua Movement had been very ad hoc and agrarian. The leader of the Lapua movement had not even been able to define what a dictator was or even to pronounce the term correctly; he had only had a vague idea that this would be someone who did not have to obey the law.[35]

---

[35] Juha Siltala, *Lapuan liike ja kyyditykset 1930* (Otava, Keuruu 1930), p.169.

The People's Patriotic Movement was different – but as it soon turned out that this movement had to find out how inadequate its own muscles were and how unpopular Fascism and National Socialism were in Finland.

People's Patriotic Movement

Finnish historiography has never been unanimous concerning whether the People's Patriotic Movement or some other organizations with a high profile (like the student organization Academic Carelia Society, Akateeminen Karjala-Seura) should be called Fascist or not. For example Professor Risto Alapuro considered the AKS (Academic Carelia Society) in many of his publications close or akin to Fascism[36], as did Lauri Karvonen when analyzing the Lapua Movement and People's Patriotic Movement. Karvonen is fairly categorical in his expressions: "In practice, it was already during the summer months of 1930 that the movement's activities crossed the border to clear-cut fascist policies. All in all, the Lapua Movement had an impressive list of achievements, and it can be characterized as one of the more influential fascist movements in Europe. The IKL, by contrast, never reached the same kind of influential position as Lapua. It was a political party with a nearly classical fascist program bearing clear marks of impulses from the 'fascist core countries' in continental Europe."[37]

Jorma Kalela, for his part, made a thoroughly Marxist-orientated analysis of the right-wing in the 1930's: he saw the radical right-wing mainly as Fascists, and according to his interpretation the Conservatives abandoned right-wing radicalism only due to their economic class interests.[38] Juha Siltala, who represents psychohistory, did not exactly equal the Lapua Movement with Fascism, but rather saw the movement as ultrareactionary.[39]

Carsten equates, though only haphazardly and in one sentence, the AKS to Fascism, when he states: "From Finland to Spain, from Flanders to Italy, students were among the most ardent and convinced fighters in the fascist cause."[40] He is of course only trying to make a very broad generalization, and that is usually the only aspect that non-Finnish scholars have had on Finnish right-wing movements and parties. The peripheral nature, the geographical remoteness of the country and the language make this almost inevitable if you do not specifically decide to specialize in Finnish affairs. However, it is very debatable whether the Finnish case is just the same fruit in a basket, which bears only one label – or whether the other cases necessarily qualify to the same basket either.

---

[36] See for example Risto Alapuro, *Akateeminen Karjala-seura: ylioppilasliike ja kansa 1920- ja 1930-luvulla.* Politiikan tutkimuksia 14, Valtiotieteellisen yhdistyksen julkaisusarja (WSOY, Helsinki 1973); Risto Alapuro, "Mass Support for Fascism in Finland". In: *Who Were the Fascists* (1980).

[37] Lauri Karvonen, "From White to Blue-and-Black: Finnish Fascism in the Inter-war Era". Source: Commentationes Scientiarum Socialium 36 (1988), pp. 18-29. In: *Fascism. Critical Concepts in Political Science.* Ed. by Roger Griffin and Matthew Feldman. Volume IV, *The "Fascist Epoch"* (Routledge, London – New York 2004), pp.172-174; Göran Djupsund – Lauri Karvonen, *Fascismen i Finland. Högerextremismens förankring hos väljarkåren 1929–1939.* Meddelanden från Stiftelsen för Åbo Akademi Forskningsinstitut Nr 94 (Åbo Akademi, Åbo 1994), p.12, 13.

[38] Jorma Kalela, "Right-wing Radicalism in Finland during the Inter-War Period". *Scandinavian Journal of History* 1/1976.

[39] Siltala 1985, for example pp.109-134, 443-476.

[40] Carsten 1976, p.418.

The analysis mentioned above bear some tendency of the 1970's–80's when the new Left-wing academic generation was pushing its way into the mainstream and to the chairs of academic history. The only monograph on the People's Patriotic Movement, Mikko Uola's study *Sinimusta Veljeskunta*[41], however, not only disagrees with these interpretations, but also bears the opposite tendency – at least in the sense that the basic attitude towards the object of the study is not a condemning, but rather an emphatic one (though in essence scientifically valid).

The nature of the People's Patriotic Movement has not raised very much interest among the scholars lately, and nobody has made a very serious effort to find the movement's accurate place between authoritarian Conservatism and Fascism. For example, the main problem with Karvonen's somewhat categorical expressions is that he does not link the Lapua Movement and People's Patriotic Movement enough to the trait of authoritative Conservatism which is as recognizable in them as Fascism. In addition, it had much more of a social basis and political tradition to build on in these movements than actual Fascism. Any success the movements might have had was due not to Fascism but to times when the movements expressed a goal that was not connected to Fascism by public opinion. However, this is undoubtedly the area where the movement is most generally situated, and with good cause: it has features of both authoritarian Conservatism and Fascism.

People's Patriotic Movement did not declare itself Fascist in the sense that this would have been stated in the party programme or even more than marginally in the newspapers of the movement. However, it quite openly advocated the Corporatist system, admired Mussolini and sent its representatives to greet him in the 1930s. The social policy programme of the movement – which had infuriated the Conservatives – also represented populism and plebeyism customary to the Fascist movements, as did criticism of plutocrats, capitalists and Conservatives. Among its press, Conservatism was a totally stagnated system, a lethal poison, which represented only the interests of the upper class and was in the end unable to resist Marxism, because it lacked all dynamism.

Even Hitler and National Socialism were respected, although it is easy to see that the movement soon found out that pro-Nazism was the worst possible vote-getter in the Finland of the 1930's, and acted accordingly. It was safer to present Italian Fascism as an ideological model. But Germany, as such, was supported when it tried to break the "chains of Versailles", and also the anti-Semitism of Nazism seemed to moderately make its way to the movement. The Jewish population was too small in Finland to be turned into a credible image of an enemy (only about 2000), but at least vicious caricatures and a tendency to add the word "Jewish" to the word "Bolshevism" increased by the end of the 1930s.

The radical social program is a traditional criterion for Fascism in a right-wing extremist party. Here Karvonen's conclusion would indicate that this might not be as important as one might think. He assumes that the anti-Swedish nature of the People's Patriotic Movement would have explained its poor contacts towards the business circles better than its "vague anti-capitalism".[42] This explanation, however, does not hold water

---

[41] Mikko Uola, *Sinimusta veljeskunta. Isänmaallinen kansanliike 1932-1944* (Otava, Keuruu 1982).
[42] Karvonen 2004 (1988), p.173.

191

particularly well, since the movement managed to infuriate the Finnish-speaking big business which hurried to support the traditional Conservatives in the National Coalition Party because of the movement's economic and social programme and because it was a real threat: who would control the right-wing in Finland? Here the movement at least tried to present itself with slogans that are usually found among Fascists.

However, there were other features that shift the balance from Fascism to some sort of authoritarian Conservatism.

Authoritarian Conservatism or Fascism?

A Finnish author, whose political mentality might be described as Liberal or Left wing, but perhaps best as easily fascinated and egocentric, Olavi Paavolainen, visited the Nuremberg party rally in 1936. Paavolainen was fascinated by it and wrote a book *Kolmannen valtakunnan vieraana* (As a Guest in the Third Reich) about the visit. The image he painted was electric but also confusing; some people wondered whether Paavolainen had been taken on by the festivities, others thought his description was extremely critical, and the German Legation at Helsinki considered the book the most dangerous piece that had been written about the Third Reich in Finland.

Paavolainen's book still fascinates many and is the subject of research. However, hereespecially one point is of interest. Paavolainen noted the almost pagan character of National Socialism and that ideology had conquered the place of religion. In his opinion, this was typical to the radical right-wing movements in Europe. "Our People's Patriotic Movement is a unique Fascist movement in the world in the sense that it wants to cooperate with the 'holy church, inherited from our fathers'."[43] Let it also be added that Paavolainen did not mean this to be praise; he had no esteem for the People's Patriotic Movement, nor for traditional religion.

But the point was valid. People's Patriotic Movement differed from actual Fascist movements; at least from those you might call "Fascist proper" (Italy and Germany), in the sense that it was extremely religious, extremely Lutheran, both in principle and in practice. It emphasized religion almost as often as nationality, and about half of its MPs were priests. The whole church did not approve this; for example the killjoy of all Finnish right-wing radicals, the already mentioned Lauri Ingman was, in 1930, through with his political career and had been elected Archbishop the same year. He forbade the priests to take part in too extreme politics. He could not stop priests from running for Parliament and getting elected, but both himself and members of his generation discouraged this. However, the younger generation was different, and religion – and especially the nature and extent of it – was perhaps the most important part that remained decidedly a Conservative feature in the movement. It was also the only theme for which the members of the movement openly criticized Hitler's Germany.[44]

There were also other signs which were more Conservative than Fascist. The nostalgic memory of the experience of the Civil War of 1918, emphasizing the protection of the society (relatively little was talked about the future society compared

---

[43] Olavi Paavolainen, *Kolmannen valtakunnan vieraana*. 6. painos (Gummerus, Jyväskylä 1975), p.141.
[44] Eino Murtorinne *Risti hakaristin varjossa. Saksan ja Pohjoismaiden kirkkojen suhteet Kolmannen valtakunnan aikana 1933–1940*. Suomen Kirkkohistoriallisen Seuran toimituksia 86 (Helsinki 1972), *passim*; Vares 1996, pp.479-529.

to this) and defending the "White Workers", who were harassed at the workplaces by former Reds in the 1920's, were such features. This is especially so because the "White Workers" issue had more to do with 1918 than with typical Fascist populism.

Moreover, the People's Patriotic Movement and the Academian Carelia Society differed from Fascism in the sense that it is very difficult to detect any sort of admiration for modernity, for being avantgarde (in the society, arts etc.), for urbanism or for technical development in them. Far from it; the ideal was very Conservative and based in the countryside, where traditional virtues and the true, unspoiled Finnishness resided. One should not exaggerate this feeling in the sense that it would have been extremely passionately felt or mystical; but nevertheless it was the past and the old culture that was glorified, not the future.

Closely linked with this was also the image of the United States, of Americanism, which Gentile has studied. The Italian Fascist perception was a mixture of admiration and contempt.[45] Among the Finnish Radical Right there was almost nothing but contempt, because it did not appreciate the things in the United States which the Italians did: modernity, vitality, technical advancement etc. The Finns criticized the same things as the Italians, but had hardly anything positive to say about Americanism. To them America was only an uncivilized and artificial, non-natural nation, run only by big business interests and to a large extent by Jews. American urbanism and vitality were only signs of degeneration to them.

Academic Carelia Society, for its part, had too many phases to be considered a clean-cut Fascist case. First, in the beginning of the 1920s, when the Society was founded, it emphasized help for the ethnically Finnish Carelians on the other side of the border and a Greater Finland. After that, it tried to get contact to the working class and did not consider itself actually rightist. Then it shifted its policies against the Swedish-speaking Finns, and was supported in this policy by the clearly anti-rightist Agrarian Union, which was the leading political party in Finland. Then it supported the anti-Communist Lapua movement and after that the People's Patriotic Movement. By the end, frustrated by the unsuccessfulness of the previous phase, it realized that the course of right wing had reached a dead end, and concentrated to promote national defence towards Russia, which in fact rehabilitated it again also in the eyes of the political system.[46]

If you compare the AKS to the Rumanian Iron Guard[47], there are some similarities, but also crucial differences. You can find the emphasis on religion, sense of the unspoiled countryside and national virtues, anti-socialism, anti-liberalism, anti-capitalism, anti-secularization, even the fact that many representatives of both movements were first- or second-generation students in their kin. But whereas the Iron Guard also violently challenged the whole political system, committed political murders and was itself suppressed by the Government, the nearest thing the AKS got to political

---

⁴⁵ Emilio Gentile, "Impending modernity: fascism and the ambivalent image of the United States". In: *Fascism. Critical Concepts in Political Science*. Edited by Roger Griffin with Matthew Feldman. Volume II. *The Social Dynamics of Fascism* (Routledge, London and New York 2004). Source: *Journal of Contemporary History* 28 (1) 1993: pp.7-29. Pp.288-304.
⁴⁶ See for example Heikki Eskelinen, *Me tahdoimme suureksi Suomenmaan. Akateemisen Karjala-Seuran historia I. Tausta, organisaatio, aatteet ja asema yhteiskunnassa 1922-1939* (WSOY, Juva 2004).
⁴⁷ Irina Livezeanu, *Fascists and conservatives in Romania: two generations of nationalists* 1990, pp.218-237; Zev Barbu, "Rumania". In: *Fascism in Europe*. Ed. S.J. Woolf (London 1981).

violence was that one of its students sent a threatening letter the Minister for Education (who happened to be the Conservative Ingman) in 1926 and hinted to the possibility of a political assassination. Everything was milder in Scandinavia.

Why did the potentiality fail?

The Finns have often pointed out that Finland remained, besides Czechoslovakia, the only newly independent democratic state between the wars and rejected both Communism and Fascism / Nazism. Why? There were many reasons, some of them having to do with the structure of the society, some with the political tradition and mentality.

Firstly, there was the heritage of constitutionalism from the days of autonomy and its state institutions, the overall political culture of autonomy, and the experience of the "Great Strike" in 1905, which remained a key positive experience (in the *Mannheim* sense of the word) for the majority and as an example also with the discontented minority. It was an example of what would happen if the people would be defied with undemocratic means.

This also led to the fact that even after 1918 the number of those who would be ready to challenge the whole system by violent means was very limited. It is somehow typical for the Finnish political culture, that though the Civil War had been bloody – especially if you took into consideration how small the population of Finland was, only 3 million –, the defeated party (the Social Democrats) was allowed to participate in municipal elections in six months, in parliamentary elections in less than a year and it even formed a government in 1926-27. Even though there was a steady non-Socialist majority in the Parliament, this was so heterogeneous and quarrelsome that between the World Wars it was only for four years that the country had a non-Socialist majority Government. In 1937 it got a coalition Government of Agrarians, Liberals and Social Democrats.

It was also important that the national minority in Finland was loyal and pro-State, compared for example to the German and Hungarian minorities in Central and Eastern Europe, and there were no real grounds for a "Jewish question". The "Fascist potentiality" remained both structurally and mentally lower than elsewhere, especially since the Conservatives were no former upper-class gentry but descendants of a people's movement (Fennomans), the Social Democrats were stronger than the Communists and the strong centre balanced the power constellation. Especially crucial was the power position of the Agrarian Union, which was the most influential Party in Finland between the wars, getting 25–30% of the electorate, benefiting from its centrist position and entering the Government always when it wanted to; it even won the Presidential election twice.

What was of equal importance was that those who had leanings towards Fascism or authoritarian Conservatism recognized these limits. Only in 1930 did it seem that an unscrupulous minority would be able to drive its policy through almost at will – and even then it lost its momentum after its main goal, abolition of Communism, had been dealt with.

Moreover, there was an arrogant flavour in Finnish democracy. The Finns were deeply convinced they were more "mature" and "civilized" than the Balkan or Baltic states. Scandinavia was near, the "Us", no matter how much you would quarrel with

Sweden – not the Balkans. And even Finnish foreign policy stressed neutralism and Scandinavia, not Germany (still less Hitler Germany) – until 1940.

Ville LAAMANEN
Université de Turku

Olavi Paavolainen, a Finnish writer with a vision
of the reformative force of fascism

Introduction

Olavi Paavolainen was born to a moderately wealthy bourgeois family in the town of Kivennapa on the Karelian Isthmus, on territory that was ceded to the Soviet Union during the Second World War. For most of his life, Paavolainen resided in Kivennapa and Helsinki. During the late 1920's, he wrote poetry, critics and essays, and quickly established his position as a leading figure in the young Finnish modernist movement *tulenkantajat* ("torch-bearers"). When the modernist movement disintegrated in the early 1930's, Paavolainen went through a brief period of literary inactivity. It was however brought to an end in the early autumn of 1936, when he was summoned by the Writers' Union of Finland to travel to National Socialist Germany.

Paavolainen's visit to Lübeck and Nuremberg was organised by the *Nordische Gesellschaft* ("Nordic Society") that was responsible for Germany's cultural relations to the Nordic Countries at the time. Paavolainen was chosen as a representative among Finnish writers by a matter of coincidence, as he was a last-minute replacement to the further nobelist F. E. Sillanpää who had declined the invitation. Nevertheless, the visit which included e.g. the annual Nuremberg Rally and a tour of the Schwartau *Arbeitsdienst* camp had a lasting effect on Paavolainen. After returning home, he became one of Finland's eminent commentators not only on German National Socialism, but also on the two other major European totalitarian movements of the inter-war period, Italian Fascism and Soviet Communism.[1] Paavolainen also travelled to Argentina in 1937 and visited the Soviet Union in 1939, just before the outbreak of the Second World War.

There are two main arguments in this article. The first one is that for Paavolainen, "fascism", by which he often referred to both Italian Fascism and German Nazism, was not only a political phenomenon, but a new tide in culture. Paavolainen was one of those who from early on considered that the totalitarian ideologies were essentially functioning by the methods of religions, and that a clash of cultures between the old and the new was inevitable. He anticipated that the most impressive product of the new religious culture was the so-called "new man" which could challenge the modernised, liberalised and secularised type of man, and thus begin a reform in

---

[1] For the purposes of this article, totalitarianism is defined in a similar way the Italian Fascists did, as a system where a great leader would employ his skill to bring about social and political transformation so that "everything would be within the state, nothing outside the state, and, above all, nothing against the state." The term "totalitarianism" as used by the Fascists was also familiar to Olavi Paavolainen and many of his Finnish contemporaries. For more on the Fascists' definition(s) of totalitarianism, see e.g. Roger Eatwell, *Fascism. A History*, London, Pimlico, 2003, pp.74–76, and A. James Gregor, *Mussolini's Intellectuals*, Princeton, Princeton University Press, 2005, pp.107–110.

European culture. In his writings from the late 1930's, Paavolainen perceives his time as a battleground of old and new culture – in other words liberalism and totalitarianism. His focus in the reformative and revolutionary nature of religion-like fascism is interesting also because it shares common elements with the recent "new consensus" in the study of fascism and fascist movements, in which a wide number of scholars including Roger Eatwell, Emilio Gentile and Roger Griffin have contributed, commented and debated on.

The position Paavolainen gave to Soviet Communism will also be briefly mentioned, although the issue is somewhat problematic. Despite spending several weeks touring the Soviet Union, Paavolainen never managed to write a similar overview of Communism than he did with National Socialism and Fascism. Ultimately, the breaking of the Second World War interrupted the project. Because of this, Paavolainen's position on Communism and its nature as a totalitarian movement remains somewhat hard to determine.

The second important argument of this article is that the cultural analysis of Olavi Paavolainen was, first and foremost, that of an artist. He was not an expert on history, philosophy, or social science. He did not give much attention to e.g. the social background of fascism. His writings mostly lack the convincing down-to-earth social arguments that are present in someone like André Gide's writings about the Soviet Union.[2] Paavolainen was not an academic but an artist, and thus looked upon fascism from an artists' point of view. It is necessary to stress that in spite of this, he is even today well-known in Finland. His cultural analysis from over seven decades ago still remains worthy of a closer look. It also offers an interesting perspective to the Finnish intellectual ambience of the interwar period.

Paavolainen among Finnish intellectuals in the inter-war period
Paavolainen is, both in contemporary writings and later studies, often defined as almost a unique figure among Finland's intellectuals. It is indeed not easy to position Paavolainen, because categories of politically, academically or philosophically oriented intellectuals in interwar Finland all seem too narrow for him. Therefore, it should also be examined if Paavolainen's peers are found somewhere else in Europe rather than in Finland. Before discussing that, I will briefly look into the Finnish intellectual ambience surrounding Paavolainen before the Second World War. In this article, the term "intellectual" is not given an exact definition. It is used here to refer broadly to those literally active philosophers, writers, poets, journalists, and even politicians who have contributed to social and cultural debates in their society.

In interwar Finland, intellectuals and cultural figures formed three main groups. All of these groups were internally heterogeneous and partly overlapped with another. The largest of these was the nationalist–conservatives, whose leading figure was poet, writer and academic Veikko Antero Koskenniemi (1885–1962). The ideas of the nationalist-conservatives were a heritage of the so-called Fennoman movement. It

---

[2] Namely Gide's two books *Retour de l'U.R.S.S.*, Paris, Gallimard, 1936, and *Retouches à mon Retour de l'U.R.S.S.*, Paris, Gallimard, 1937.

was based on Hegelian–Snellmanian[3] ideas of a strong and ideologically unified nation-state. These ideas were greatly influenced by German intellectual tradition and were first used in the 1840s in the project of construing Finnish national identity when the country was still a Grand Duchy of Russia.

The nationalist-conservative group preserved its dominant role throughout the interwar period. The gaining of independence in December of 1917 and the victory of the nationalist-conservative side in the Finnish civil war helped it to establish its supremacy, which was further strengthened during the culmination of political tensions both in Finland and elsewhere in Europe in the late 1930's. The Fennomans regarded most foreign influences (in some cases also Swedish and other Scandinavian) with suspicion, especially those originating from Soviet Russia. In this respect, the conditions in Finland were similar to other newly independent states in Central and Eastern Europe. In day-to-day politics, however, unlike in almost all of these newly independent states, the Finnish extreme nationalists groups that most resembled the fascist and right-wing extremist movements of mainland Europe, never succeeded in breaking through from marginality. The most prominent of these groups was the anti-communist *Lapuanliike* ("Lapua Movement"), but it was banned and successfully disbanded in 1932 after threatening the government with revolutionary action. The Lapua Movement transformed into the *Isänmaallinen Kansanliike* (IKL, "People's Patriotic Movement") that tried to accumulate support through parliamentary elections, but it remained a small party that during the course of the 1930's became more distanced with the nationalist-conservative moderate majority.[4]

The leftist-intellectual group in Finland consisted of a wide range of Marxist-internationalists who were mostly visible through their literary and other cultural activities. However, the nationalist-conservatives had control over the Finnish Parliament and were successful in banning most of the radical socialists' public political actions through strict legislation. Especially the clearly cultural-oriented leftist intellectuals were often genuinely surprised by the harsh means taken against them. The Marxist-internationalists were a fairly visible but small group that was driven underground and East across the border, and all but smothered by the first years of the Second World War. Today, it is widely agreed upon that the dominance and effective actions against the communists by the nationalist-conservatives largely contributed to the fact that radical, German- or Italian-oriented right-wing extremism gained but little support in Finland.

The third, smallest and the most non-uniform group of intellectuals were the young modernists. Modernism as a cultural agenda found its supporters in Finland only after the Great War, and the identity of the modernists was based more on their age than coherent ideas or a cultural program. Olavi Paavolainen was the leading figure among the so called "torch-bearers", who had the leading role in the movement in ca. 1928–

---

[3] Johan Vilhelm Snellman (1806–1881), often called the father of Finnish state and civil society, was Finland's most influential philosopher and statesman in the 19th century.

[4] For more on the fascist and pseudo-fascist movements in Finland, see e.g. David Kirby, *A Concise History of Finland*, Cambridge, Cambridge University Press, 2006, pp.174–186, and Roger Griffin, *The Nature of Fascism*, Abingdon, Routledge, 1993, pp.129–130, 140.

1932. They wanted to open Finland for international, European and North American influences, such as urban culture, and tried to oppose the dominance of nationalist-conservatism with young vigour. Still, they also were nationally oriented and hoped for a revival of *Finnish* cultural identity. The Marxist–internationalists were the only one of the three groups mentioned here that clearly differentiated themselves from this Finnish national project.

In Paavolainen's case it is especially interesting that he is even today remembered mainly as a young, liberal modernist. As that group disintegrated after 1933, most of its members found their way either to the nationalist–conservative political right or the Marxist-internationalist left. Accordingly, most of them are remembered by their later affiliations and significance.

Paavolainen's analysis on fascism and totalitarianism

It is known that Paavolainen was a well-informed observer when he visited the Nuremberg Rally (*"Reichsparteitag"*) in 1936. However, details of e.g. his literary influences have stayed partly unknown. He had probably read the essential works of National Socialist writers such as Hitler and Rosenberg, but he makes his sources known only occasionally. His earlier, strong influences from the 1920's are however very different from that, as they include authors like D. H. Lawrence and André Gide. These influences, as well as his liberal background as a poet and essayist, are also visible in his writings on totalitarianism. He was clearly inspired more by works about art and the "politics of culture" than the politics of society in general. He has been insightfully described as being "an artist and politician combined", but I argue that he still was first and foremost an artist.

In the following pages, I attempt to summarize the key points of Paavolainen's analysis of fascism and totalitarianism, and through that try to specify his position towards them from an international point of view. I will also briefly look into the similarities that Paavolainen's interpretations on fascism share with contemporary academic studies regarding the "new consensus". Paavolainen's vision of the nature and meaning of totalitarian ideologies consists of several elements, which he presented in three essayistic books published in the second half of the 1930's: *Kolmannen Valtakunnan vieraana* ("As a Guest of the Third Reich", 1936), *Lähtö ja loitsu* ("Departure and Spell", 1937) and *Risti ja hakaristi* ("Cross and Swastika", 1938).[5]

Firstly, Paavolainen was very interested in the relations, similarities and differences between Fascism and National Socialism and their projects of raising a "new man". He welcomed the idea of a cultural and ideological revolution, but remained sceptical towards the new man's collective nature, one of the key elements of totalitarianism and one of its most significant differences with liberal-democratic European culture. For Paavolainen, collectivism did also have appealing elements, of

---

[5] Each of these three books was also translated into Swedish, with the titles *Som gäst I Tredje Riket*, *Flykten till en ny värld*, and *Korset och hakkorset*. They were published by Stockholm-based Natur och Kultur in 1937, 1938, and 1939 respectively. When in this article there are references to certain aspects of Paavolainen's analysis of totalitarianism, I have chosen not to include footnotes because the analysis is found scattered throughout these three books.

which aesthetics was perhaps the most important one. Already since the 1920's Paavolainen had been a great admirer of bodily culture, and thus he was mostly charmed by the way fascism was in its visual propaganda using the male body doing collective work. Still, he remained undecided when it came to embracing the totalitarian man, and the reason for his indecisiveness was shared by many of his contemporary intellectuals: The idea of a collective people in service of a "greater cause" was appealing, but the totalitarian manifestations of collective culture turned out to be frightening as it became clear that the masses were not able to choose to serve this cause consciously and by their own free will.

Secondly, while Paavolainen had a great attention to detail, his interpretations were often sporadic and mainly focused on the utopian and aesthetical elements of totalitarian politics and culture. The most defining element of his analysis was his interest in the religiousness of fascism and totalitarianism. Paavolainen wrote about an anti-Christian front of ideologies led by National Socialism. Actually, Paavolainen called German National Socialism as "neo-paganism" and as "the first religion Europe has given birth to". He was tempted by the way how National Socialism, Fascism and Communism alike proclaimed to bring back self-confidence and joy to people, especially the youth.

For the former cultural avant-garde Paavolainen, the idea of a revolutionary, mobilized and joyous youth that would revitalise culture was both nostalgic and exciting. However, as well as in the case of collectivism, the manifestations of these new religions revealed also darker shades. Paavolainen had a strong dislike of anti-Semitism, an integral element of German National Socialism. He clearly stated that it was an ungrounded and unpleasant feature and especially shunned the concepts of Aryan supremacy or a "chosen people". He also called the "Nordic ideas" associated with National Socialism an "irrational fairy-tale".[6]

Mainly because of these aforementioned reasons Paavolainen was unwilling, and perhaps even unable, to choose sides between the "great confrontation of cultures" during the years leading to the Second World War; thus some elements remained fascinating and others disagreeable for him both in liberal and totalitarian cultures. Overall, Paavolainen had a general vision of a cultural breaking point of revolution on an historical scale: The project of raising a "new man", which had begun in Italy and Germany and also in Soviet Russia, challenged the modernised, liberalized and Christian (but secularised) man. In Paavolainen's vision, this paved way for a possible reform in culture.

The prospect of a cultural *palingenesis* captured Paavolainen's interest so comprehensively that it became the single most central theme in all of his writings

---

[6] For even those in Finland who generally had a positive view of National Socialism, anti-Semitism was the hardest bite to swallow. For the vast majority of Finns its legitimation in Germany was not acceptable, even if the stereotypes and suspicions concerning Jews were familiar. This was caused mainly by the fact that social tensions between Finland's small Jewish minority of some 2000 people and the majority of the population had always stayed minimal. When Olavi Paavolainen visited a racial exhibition in Nuremberg, he also sarcastically noted that the racial theories didn't value Finns much higher than Slavs.

about National Socialism and Fascism. The modernist Paavolainen had been waiting for a revolution in culture since the 1920's, and by 1936, signs showing that the wait could be over were numerous. Paavolainen is an interesting example of a contemporary observer who chose to approach fascism as an *alternative form of modernism* – very much in the sense defined by Roger Griffin.[7] When defining and analysing generic fascism, Paavolainen presents an interesting but still an internationally unknown case. Until now, academic texts in major European languages about Paavolainen's writings have been nonexistent.

Paavolainen's vision of an unequalled clash of cultures and a potential breaking point in the evolution of modern man shared numerous aspects in common with many European intellectuals, for example the enthusiasm and attention directed to the distinctively utopian aspects of totalitarianism and the ambivalent attitude to collectivism. Still, Paavolainen specifically avoided being identified with political parties or other interest groups.

Most of the well-known European intellectuals that commented on authoritarian ideologies in the inter-war period, including writers such as André Gide, Percy Wyndham Lewis and William Butler Yeats, did not avoid pledging their loyalties. Their interests or dislikes considering a totalitarian ideology has usually been identified to originate from the right-wing left-wing polarity of extremist ideologies and an outspoken political stance taken towards them. For example, the interest in Fascism shared writers Yeats and Lewis originated much from their antipathy to socialism. Vice versa, the leftist intellectuals who in some point showed their support for the Soviet cause, such as Gide, mainly had a clear stance against Fascism and National Socialism.

This is where Paavolainen differs. He found both interesting and disturbing traits of totalitarian ideologies equally in Germany, Italy and also Russia. He did not – possibly even could not – choose his own political sympathies. Therefore, also many myths surround him. As much as he in fact stayed undecided, he has both in his time and afterwards been labelled a fascist by some and a communist by others. However, none of these attempts have been very convincing.

4. Conclusion
When political tensions – both in Finland and elsewhere in Europe – grew in the late 1930's, Paavolainen still retained most of his politically-radicalised friends both from the right and the left. However, he preferred to not being publicly seen with them. He also never openly supported, let alone joined, any political party. Paavolainen had a reputation of being a narcissistic personality who was worried about his public image. Consequently, the ambivalence and obscurity of his ideological affiliations especially before the Second World War has been explained by some by his need to be "in the winners' camp".[8]

---

[7] Roger Griffin, *Modernism and Fascism. The Sense of a Beginning under Mussolini and Hitler*, Basingstoke and New York, Palgrave Macmillan, 2007, pp.31, 38, 68–69.
[8] During the Second World War Paavolainen served as an army correspondent and propaganda officer. From the years 1940 and 1941 there is evidence that he had some reserved contacts with two separate Finnish fascist groups that imitated German National Socialism. It seems that at the time when Germany's victory in the war

In spite of this, Paavolainen's writings on totalitarianism are well-known and still read today. Their insightfulness and especially stylish attractiveness have rarely been disputed. Obviously, a huge number of books on National Socialism, Fascism and Communism alike appeared in almost every European country and in almost all European languages before the Second World War. Paavolainen's strong point is that while his "analysis of an artist" is somewhat one-sided, he was able to convincingly point out how totalitarian ideologies were able to appeal to both intellectuals and the general population and, consequently, gain so much public support. He also was able to point out facts that showed the perils of the implementation of totalitarian rule and the dominance of a totalitarian "new man".

Studies comparing Paavolainen's writings on European totalitarian regimes in the interwar period to those of his contemporaries, both Finnish and foreign, are unfortunately still lacking. Probably the most productive approach would be to examine his analysis on totalitarianism and its challenge to liberal democracy as part of a vastly larger phenomenon, the global crisis of modernism between the world wars. Fascism and National Socialism seized the moment and took advantage of this crisis. For many, the declarations of "new man" and the tempting, utopian promises of solving the many problems of society through a cultural *palingenesis* were hard to resist at a time when there was no shortage of easily-recognisable weaknesses and failures of common politics. Paavolainen, an enthusiast of the modern and liberal cultural movements of the inter-war period that themselves envisioned a "new" man and society, pondered if National Socialism and Fascism also could be manifestations of a new, revolutionary and, above all, vital period in culture despite all of their obvious drawbacks. There is no indication that Paavolainen was familiar with e.g. the "Integralism" of Brazilian Plínio Salgado, but had he been aware of it, he would most probably have been interested also in its ideas of a "new age" and the way it embraced indigenous Brazilian culture.[9]

In this article, I have attempted to briefly introduce Paavolainen as a Finnish example of a cultural observer and intellectual who in his time influenced both the academic and general debate on Fascism, National Socialism, and to some extent also Communism. Even today he continues to keep contemporary readers occupied, and most of his major works have been reprinted in recent years. It is not hard to name other European authors – such as Gide with his books about the Soviet Union – whose writings have elements in common with Paavolainen. Still, a combination of three things stand him out among many similar authors that are even nowadays still well-known in their own countries: firstly, the emphasis put on the reformative, revolutionary and even utopian aspects of fascism that is especially interesting from a modern academic point of view that acknowledges definitions of a "generic fascism"; secondly, the reluctance to choose his side between totalitarianism and liberalism; and thirdly, the fact that his three books on totalitarian movements were well-liked and widely read by critics and the general public alike.

---

still seemed very much possible, Paavolainen wanted to "cover his back". After the war, Paavolainen quickly reassessed the situation and privately drew himself closer to the political left. He even had a long-lasting affair with Hertta Kuusinen, a prominent Finnish communist and Member of Parliament (between 1945 and 1972).

[9] For more on Salgado and Integralism see Robert M. Levine, *The Vargas Regime: The Critical Years 1934–1938*, New York and London, Columbia University Press, 1970, pp.81–99, and Griffin, 1993, pp.150–152.

Between the years 1936–1938, Paavolainen was the *de facto* leading Finnish commentator of fascism. Qualified academics and philosophers naturally also wrote their analysis on totalitarianism, but they had a much more limited audience.

Les fascismes centre-européens: pratiques

Valentin SĂNDULESCU
Central European University

"Taming the Spirit":
Notes on the Shaping of the Legionary "New Man"

In the introduction of his book *The Fascist Revolution*, acclaimed historian George L. Mosse summed up the gist of his cultural approach to the study of fascism, an approach that he advocated for decades, even when it stood against prevailing historiographical orthodoxies:

"Fascism considered as a cultural movement means seeing fascism as it saw itself and as its followers saw it, to attempt to understand the movement on its own terms. Only then, when we have grasped fascism from the inside out, can we truly judge it appeal and its power."[1]

In the same context, Mosse also underlined that this approach began to be favored by some contemporary historians, mentioning the names of scholars such as Stanley G. Payne, Roger Griffin and Roger Eatwell. Taking things a step forward, British historian Roger Griffin argued in favor of the emergence of a growing consensus in the field of fascist studies, based precisely on the "primacy of culture".[2] The idea of a "new consensus" in fascist studies is still debated by historians[3], but even scholars who do not necessarily come from the aforementioned trend or embrace the consensus, such as Michael Mann[4], have found Mosse's approach useful for constructing their own theories.

This historiographical development permeated Romanian historiography of the Iron Guard quite recently, especially through the works of several young historians who have written within close proximity to the "new consensus" and debated its application to the Romanian case.[5] However, the Romanian mainstream historiography is hardly aware of the thriving debates that animated the field of fascist studies in the last two decades, and remains untouched by their benefits.

Drawing on the heuristic value of the theoretical and methodological insights of the cultural approach to the study of fascism, the present work focuses on the spiritual components used by the Romanian Iron Guard in order to shape the profile of its followers, with the final goal of creating a "new man". The process of spiritually

---

[1] George L. Mosse, *The Fascist Revolution: Toward a General Theory of Fascism*, (New York: Howard Fertig, 1999), p.X.

[2] Roger Griffin, "The Primacy of Culture: The Current Growth (or Manufacture) of Consensus within Fascist Studies" in *Journal of Contemporary History*, Vol. 37, No. 1 (April 2002), pp.21-43.

[3] For a lengthy debate between a sizable number of scholars regarding Roger Griffin's work on fascism (including the idea of a "new consensus"), please see the issue published by the German journal *Erwägen, Wissen, Ethik*, Vol. 15, Issue 3, 2004. It was later reprinted as a book under the title *Fascism Past and Present, West and East: International Debate on Concepts and Cases in the Comparative Study of the Extreme Right*, ed. by Roger Griffin, Werner Loh, and Andreas Umland, (Stuttgart: Ibidem-Verlag, 2006).

[4] Michael Mann, *Fascists*, (Cambridge: Cambridge University Press, 2004), p.2.

[5] For just one recent example, please see Traian Sandu's discussion of Constantin Iordachi's work in the article "De l'antisémitisme au fascisme en Roumanie: naissance du Roumain nouveau régénéré par la révolution de droite"in *Analele Universită□ii Bucure□ti. Seria □tiin□e Politice*, Vol. X, 2008, pp.31-32.

taming the young legionaries was realized with the help of elements such as songs, poetry, marches, and military and religious education. The greatest achievement of the legionary spirit was considered the new culture, based on the primacy of nationalism. It was a spiritual construct destined to support the state and to be the privilege of ethnic Romanians.

Taming the Spirit

According to the Legion's principles, in order to complete the creation of the "new man," a process of spiritual education had to take place. The spirit of the young legionaries needed to be transformed in order to achieve the goal of regenerating a decaying nation. This taming of the spirit was closely connected with the taming of the body, and these two processes often interacted inside the nests or the legionary work camps.[6]

The Legion, however, advocated the primacy of the spiritual. Codreanu considered his movement as a reaction against the materialistic concepts that dominated Romanian political life. The very founding of the movement was considered an act meant to "overthrow the absolute reign of the matter, and to replace it with the reign of spirit and moral values."[7] As a consequence, not reason nor political platforms stood at the foundation of the movement, but a group of people who "felt the same."[8] The legionaries asserted that a reformation of the soul was necessary. They considered the human soul as something that could be worked on and molded, and the Legion's goal was to do just that. As Ion Banea, a legionary leader and one of Codreanu's apologists, pointed out "the Legion is not *a political movement*, the way many could believe, thinking superficially. *It is, more than anything, a spiritual movement which acts on the soul and especially on the soul.*"[9]

Therefore, the Legion concentrated its educational process on many spiritual ingredients such as songs, religion, art and culture. All of these aspects were considered salient for the inner development of the young legionaries on their way towards transforming the country.

Songs, Marches and Military Education inside the Nest

Songs played an important role in the spiritual life of the Legion. It was argued that the non-rational essence of the Legion could be best expressed through singing, and not through programs, writings or other conventional methods. As Codreanu stated, the songs expressed *feelings* and not *thoughts*, and they constituted one of the first guiding lines for the Legion:

---

[6] I have mapped in a previous contribution the process of the taming of the legionary body, mainly through the development of a work camps system. For this, please see Valentin Săndulescu, "Taming the Body": Preliminary Considerations Regarding the Legionary Work Camps System (1933 - 1937)" in *Historical Yearbook*, Vol. V, 2008, pp.85-94. The importance of the taming of the revolt for the development of fascism has been highlighted by George Mosse in an article published more than four decades ago: "Introduction: The Genesis of Fascism," in *Journal of Contemporary History*, Vol. 1, Issue 1 (1966), p.15.
[7] Corneliu Zelea Codreanu, *Pentru Legionari*, 9th edition, (Bucharest: Editura Scara, 1999), pp.231-232, first published in 1936.
[8] *Ibid.*, p.232.
[9] Ion Banea, *Căpitanul*, (Timișoara: Editura Gordian, 1995), p.110, first published in 1936.

"Probably, not basing our path on reason, with programs, contradictory discussions, philosophical argumentations, conferences, the only option to manifest *our inner state* was the song. We sang those songs in which our feelings found satisfaction."[10]

Ion Banea spoke of the new world promised by the Legion as one emerging through musical accords, "this 'birth in song' of the legionary new world showcases all its beauty and purity of the soul, being concordant with the entire Romanian temper."[11]

Indeed, patriotic songs that were sung by Codreanu and his followers accompanied the founding act of the Legion in the summer of 1927. The first song performed in that day was "Get Up Romanians," written by Justin Ilieșu, a song that became the anthem of the Legion.[12] Along with the further development of the movement, the importance of songs for legionary rituals and manifestations, inside the nests, work camps or in the public sphere, also grew. The announced emergence of the "new world" needed to be expressed through singing, as many legionaries believed. In a 1936 article entitled "The Legionary Song," which claimed that the Romanians wrote their history with blood and songs, it was argued that "today, when from the bottom of the Romanian character, a new world is emerging, the legionary world, its birth and the turmoil of its infancy have to be sung."[13]

The legionary songs played their part in the taming of the spirit of those young legionaries who were active in the nests and took part in the work camps. They were not songs to be performed by individuals, but by a chorus. Thus, their effect was more profound and they enhanced the feeling of solidarity among the performers. Almost every meeting of a legionary nest included singing. The activities of the work camps also included performances of the most important legionary songs such as "The Anthem of the Legionary Youth" by Radu Gyr, a well-known poet, "The Song of the Fallen Legionaries" by Simion Lefter or "The Death Squad March" by Nicu Iancu.

The songs presented the message that the Legion wanted to convey to its younger followers or to public opinion, in a comprehensible manner. The ideological construct regarding a "new man" and a "new Romania," published in journals and magazines, was often too sophisticated for the public and did not reach a wide audience. Through songs, the message was simplified and put in a lyrical format that was easier to comprehend. When songs were performed in public, at religious holidays, public manifestations or electoral meetings, they carried the political message of the Legion to a broad audience.

The major themes of the songs were inspired from what legionaries considered essential features of their movement. They praised the heroism and spirit of sacrifice within the Legion, acknowledged the importance of historical personalities and also promoted and exalted Codreanu's personality cult. His image was omnipresent in the legionary songs, as an example of faith, devotion and courage: "You Codreanu are the hope/ Sent to us from up above/ You sweep away our disdain / You and your Iron Guard."[14]

---

[10] Codreanu, *Pentru legionari*, p.235.
[11] Ion Banea, *Căpitanul*, p.132.
[12] Codreanu, *Pentru legionari*, p.235. Ion Banea, *Căpitanul*, p.133.
[13] *Cuvântul Argeșului*, II, No. 14, (January 20, 1936), p.2.
[14] Ion Banea, *Căpitanul*, p.136.

Lyrical expressions of the Legion's ideology were popularized inside the movement and carried the message in a straightforward manner. Simion Lefter's poem "Come with us" included a call to heroism addressed to the Romanians, by summoning them to come and join the Legion and its quest for a new, regenerated country:

"Wake up from mountains and valleys
Followers of the holly heroes
The Iron Guards await you,
And a new country and a new heaven
Come with us."[15]

Songs and poems such as these brief examples were a salient component of the spiritual education conducted inside the nest. Besides physical activities, the nests often focused on lectures on ultranationalist or anti-Semite topics, poems and songs about the legionary activity. In order to meaningfully grasp how this type of spiritual education was conducted at the micro-level of the nest, one should pay attention to how a nest meeting took place. A report published in the newspaper *Garda Bucovinei*, entitled "From the activity of the legionary nest from Cernăuți, Dumbrava Roșie", offered a glimpse of such an event:

"This nest organized in the current month two gatherings, one at Cuciurul Mare on January 6th and the second one in Horecea-Mânăstioara on January 15th. The Program: Our songs, poems and lectures. In Cuciurul-Mare comrade Popadiuc gave a lecture on "The Jewish Threat" and comrade Stelli Iosif lectured on "how our nation is falling apart" (Main ideas: fighting against political parties, free-masonry, communism). In Horecea-Mânăstioara comrade Bendescu lectured on "The danger of political parties" and comrade Popadiuc also lectured on the above mentioned topic, while comrade Gh. Pitician distinguished himself by reciting the poem "The Bolshevik Madness." The moral result, in both localities, was a splendid one."[16]

Such a description would be appropriate for many other nest meetings, too. The anti-Semite and anti democratic lectures were pigmented with anticommunist poems and songs. The political message perpetrated by legionary doctrinaires in some elitist publications was, at the micro-level of the nest, simplified and explained to adherents in a comprehensible manner: "main ideas: fighting against political parties, free-masonry, communism." The emphasis on the "falling apart of the nation" alludes to a need for its salvation, through the legionary political project.

This spiritual education was completed by some physical activities as well. The most common of such activities was the legionary march that took place every Sunday and on holidays. The legionaries from the nest had to march in order, going through the villages and singing songs. They also had to stop at a church for the religious service. These marches sought to promote the Legion as a well-ordered and well-behaved movement. They also enhanced feelings of solidarity and comradeship. As Codreanu pointed out, "the march is healthy, it respites and restores the human pep and soul. But most of all, the march is a symbol of action, of exploration, of *legionary conquest*."[17]

The marches were a starting point for military education conducted inside the nest. As many fascist movements did, the Legion praised the military spirit and sought

---

[15] *Legionarii,* II, No. 8, (October 11, 1931), p.1.

[16] *Garda Bucovinei,* II, No. 2, (January 27, 1933), p.4.

[17] Corneliu Zelea Codreanu, *Cărticica Șefului de cuib,* 13th edition, (Bucharest: 2000), p.29, first published in 1933.

to enforce it among its members. Thus, starting with 1933, Codreanu introduced a system of ranks within the movement, starting with that of "legionary" and ending with "legionary commandant" and *"Buna Vestire* (Annunciation) commandant."[18] The legionary uniform was also a part of the "militarization" of the movement. The green shirt and the leather diagonal became symbols of the movement that particularized it among other political organizations.

Together with this assimilation of the military structure and organization, the Legion also cultivated a military spirit. This spirit was the response of the Legion to the democratic, pluralistic political game it rejected from its very beginnings. Codreanu considered the military style closer to his vision of a totalitarian society: a homogenous society grouped around a leader, educated in the spirit of obedience and whose aim was to achieve a higher goal. Codreanu argued that this was the new spirit of the time. He stated that "instead of democratic comities which talk, quarrel and make no decisions, people want a *chief and everyone's discipline ... instead of discouragement*, people want trust, joy, soldierly pride."[19] For him, the model to follow was clear: *"instead of discord and quarrels*, we place the beautiful camaraderie of the soldier and the perfect *unity* of the whole nation."[20]

The military education, the instilment of a well-ordered military spirit, was of great importance for the physical and spiritual taming of the young legionaries. However, along with this spirit also came a passion for violence, which the legionaries never hesitated to use. The assassinations of I.G. Duca and Mihail Stelescu were just two eloquent acts in this direction, but they could be placed among other acts of violence committed against ethnic minorities (especially Jews) or political opponents. Nevertheless, Codreanu thought that the order and obedience presupposed by the military were essential qualities for accomplishing the task of regenerating the nation. The "new man" had to be diligent and faithful and the military spirit provided just that.

Religion and the Legion

In the complex process of taming the spirit of the young legionaries, an important part was played by religious education. Various fascist movements attempted to ascribe a religious-like attitude to their political discourse, and with the help of symbols, rituals and aesthetics devices pushed for a gradual "sacralization of politics."[21] Recent academic endeavors have also fruitfully explored the connection between the religion, the clergy and European fascism, in order to illuminate this entangled relationship.[22]

Romanian fascism, embodied by the Legionary movement, had a specific attitude towards religion. It was not rejected but skillfully incorporated in the politics of the movement. According to Codreanu, a religious act resided at the foundation of the Legionary movement. It was a revelation that he had while he was in prison in 1923

---

[18] *Buna Vestire* (Annunciation) commandant was the highest rank a legionary could achieve and was inspired by the religious holiday regarding the announcement of the Incarnation to the Virgin Mary.

[19] Codreanu, *Cărticica □efului de cuib*, pp.48-49.

[20] *Ibid.*, p.49.

[21] For the Italian case, an excellent analysis is provided by Emilio Gentile in his work *The Sacralization of Politics in Fascist Italy*, trans. by Keith Botsford, (Cambridge: Harvard University Press, 1996).

[22] Matthew Feldman, Marius Turda, Tudor Georgescu (eds.), *Clerical Fascism in Interwar Europe*, (London and New York: Routledge, 2008).

(when he first thought of the idea of founding the Legion) in front of an icon representing the Archangel Michael.[23] He envisaged a movement that would fight evil in the same way the Archangel did. The display of religious mysticism soon became one of the main characteristics of the movement and it engendered much popularity for the Legion, especially in the pious rural areas. Every legionary meeting started with a prayer and was conducted in front of an icon. Larger gatherings that took place in the villages were usually conducted near a church. Many priests joined the Legion, making it even more popular among believers.[24]

The presence of this religious mysticism was underlined by major scholars of fascism such as Stanley Payne. He wrote that Codreanu "became sort of a religious mystic, and though the Legion had the same general political goals as other fascist movements, its final aims were spiritual and transcendental."[25] Indeed, Codreanu considered that God destined the legionaries to build the "new Romania."[26] For him, the regeneration of the country was also a rebirth in a Christian sense. Codreanu considered that assuring the support from "spiritual powers" was the key to the victory he wanted for the Legion. In his vision, the lack of material power can only be compensated by greater spiritual power. That is why Codreanu emphasized the necessity of prayers and faith in God as essential for a legionary.[27] However, Roger Griffin has recently added to this discussion a point of view that is contrary to the prevalent image regarding the relationship between religion and the Iron Guard. He argued that religion was in fact subordinated by the Legion to its political project of creating Romanianess and the "new man".[28] Some political moments of the Iron Guard, such as the burial of the two legionary leaders Ion Mo□a and Vasile Marin, do indeed point out the complexity of the interaction between religious rituals and the legionary version of "sacralised politics", where the latter becomes a competitor that gains the upper hand over the former.[29]

The religious aspect attracted many priests to the Legion, which attempted to pose as the only movement truly concerned about the faith of the Church. In a 1936 article entitled "The Priest and Politics," the presumably destructive attitude of other parties against the church was emphasized. The liberals were accused of closing down churches and terminating the salary of the priests, while the National Peasants Party was "guilty" of having too many freemasons and caring too much about the Catholic Church.[30] Instead, the Legion was considered the only movement that helped the church through its system of voluntary work camps.[31]

---

[23] Codreanu, *Pentru legionari*, p.138.

[24] I have written elsewhere about a revealing episode from the relationship between the clergy of the Romanian Orthodox Church and the politics of the Iron Guard: Valentin Săndulescu, "Sacralised Politics in Action: the February 1937 Burial of the Romanian Legionary Leaders Ion Moța and Vasile Marin," in *Totalitarian Movements and Political Religions*, Vol. 8, Issue 2, (2007), pp.259-269.

[25] Stanley Payne, *A history of Fascism*, (Madison: The University of Wisconsin Press, 1995), pp.279-280.

[26] Codreanu, *Cărticica □efului de cuib*, p.145.

[27] *Ibid.*, p.66.

[28] Roger Griffin, *Modernism and Fascism: the Sense of a Beginning under Mussolini and Hitler*, (Houndmills: Palgrave Macmillan, 2007), p.356.

[29] Valentin Săndulescu, "Sacralised Politics in Action ...", pp.263 – 267.

[30] *Bra□ul de Fier*, II, No. 9, (February 1936), p.2.

[31] *Ibid.*.

The close association with the Church and religious education paid off for the Legion. Thus, the legionaries added an important spiritual component to their ideology, portraying their regenerative project as one close to Christian beliefs. The religious element was used to emphasize the constructive and benign character of the Legion. It also helped the movement to penetrate easier in rural areas and to earn the trust of large masses of people. Thus, one may state that the religious side of the "new man" was of great importance for the regenerative project of the legionary movement, and remained one of its major goals.

Towards a New Culture: the Primacy of Ethnic Nationalism

Describing fascism from the point of view of culture, Emilio Gentile argued that it "implies a totalitarian view of the primacy of politics, as integral experience and continuous revolution, to enact through the fascist state the fusion of the individual and of the masses in the organic and mystic union of the nation as a racial and moral community."[32]

The spiritual taming of the young legionaries had a final and higher goal. All the spiritual energies of the Legion had to generate a new type of culture, based on the primacy of nationalism. Thus, the regenerative project had to transform the cultural realm as well. The Legion's ethnically exclusivist ultra-nationalism had a huge impact on this proposed transformation. Their concept of the nation was an organic one.[33] As Codreanu stated, the nation represented a whole that included all Romanians, those who were alive, those who would be born, the souls of the dead and the tombs of the ancestors.[34] Nevertheless, it excluded the ethnic minorities, who were regarded as foreign elements and were not considered a natural component of the "nation's body." The world was seen as "a closed community"[35] in which minorities were perceived as outsiders that should be either assimilated or rejected. The Romanians were considered as organically growing from Romanian soil, and as having a natural right over it. Thus, the new culture had to be purged from what the legionaries perceived as foreign elements and influences. Culture had to become the privilege of Romanians, and to serve the newly envisaged ethnocentric state.

In a 1937 article dealing with the relationship between the Legion and national culture, entitled "The Legionary Writing – Corner Stone for the Resurrection of Romanian Culture," writer Mircea Streinul argued that "for the first time, maybe, the issue of a clear cut Romanian culture is being posed."[36] He went on to state that up until that moment, a unitary Romanian culture never existed. It was the duty of the young generation of legionary intellectuals to achieve this goal through their writings, According to Streinu:

---

[32] Emilio Gentile, "Fascism and the Italian Road to Totalitarianism," *Constellations*, Vol. 15, No. 3 (2008), p.295.

[33] Eugen Weber, "The Man of the Archangel," *Journal of Contemporary History*, Vol. 1, Issue 1, (1966), p.104.

[34] Radu Ioanid, *The Sword of the Archangel: fascist ideology in Romania*, (Boulder, Colo.: East European Monographs, 1990), p.110.

[35] Zeev Barbu, "Psycho–Historical and Sociological Perspectives on the Iron Guard, the Fascist Movement of Romania" in Stein U. Larsen, Bernt Hagtvet and Jan Petter Myklebust (ed.) *Who Were the Fascists: social roots of European Fascism*, (Bergen: Universitetsforlaget, 1980), p.384.

[36] *Cuvântul Arge☐ului*, II, No. 33, (May 1, 1937), p.2.

The legionary writing, simple and stately in form, true and stirring in substance, by addressing all the country's readers, abolishes intellectual categories, totalizing them in a single community, which will be capable of understanding everything that is created in the country's spirituality.[37]

The "single community" Streinu was alluding to, was the ethnically circumscribed Romanian community, the only one able to comprehend the new, "clear cut Romanian culture." The same way sociologist Ernest Bernea argued for the existence of a "legionary style," characterized by simplicity, strength and harmony[38], Streinu spoke of a new legionary spirituality based on the ancient devoutness, the impetuosity of the present and of the Romanian imperialist tendency of the future.

The idea of a "true Romanian national culture" became a favorite topic for debate among intellectuals close to the Legion. The new culture had to support the state in his actions and to be based on the ethnical nation. Legionary leader Vasile Marin dealt with the relationship between state, nation and culture in a 1936 article:

> **"Nation–state–culture**, these are the foundations on which the Romanian phenomenon has to be based. The nation already exists, and it is one of the most wonderful in the world. Until now, it lacked a state and could not promote a culture to the full strength of its capabilities."[39]

According to Marin, the nation's aim was to build a state that had to develop a superior culture of its own in order to promote Romania at a worldwide scale. It came as no surprise that Marin envisaged this process within the Legion's regenerative project. For him, this higher stage was reachable only within "the boundaries of the national-Christian-Romanian, and *legionary* state of tomorrow."[40] Analyzing this discourse, one may observe the direct relationship between ethnicity and culture emphasized by the legionaries. Thus, the understanding of cultural and spiritual phenomena depended directly on one's ethnicity. The final goal was a new Romanian culture, for Romanians only. Culture had to represent the Romanian, ethnically based state. This ultra nationalist aim came as a result of the apocalyptic vision regarding a "moral and spiritual crisis" that affected Romania. Again, the "new men" of tomorrow had to solve this crisis, as part of building their own cultural identity.

However, according to legionary intellectuals, the important cultural presence of ethnic minorities hampered the development of the new, nationalist culture. Ethnic minorities were again the eternal "scapegoats," with the Jewish community as the front-runner. The new culture was based on an overt anti-Semitism, blaming Jews for monopolizing the Romanian cultural life, thus altering its spirit. An eloquent example was the 1936 article published by Mihail Polihroniade and entitled "The Publishing House and the Press as Factors of Cultural Denationalization."[41] Polihroniade, an intellectual who was active in the pro-legionary press, attempted to answer one of his questions about "what are the causes which determine the impassiveness of present day

---

[37] *Ibid..*

[38] Ernest Bernea, *Stil Legionar*, (Bucharest: Rânduiala, 1937), pp.7-9.

[39] Vasile Marin, *Crez de genera□ie*, (Bucharest : Editura Majadahona, 1997), p.140, first published in 1937.

[40] *Ibid..*

[41] *Revista Mea*, II, No. 1, (January 1936), p.1.

Romanian culture regarding the pains, stirrings and whishes of the Romanian nation."[42] In other words, he wanted to find out why the mainstream Romanian cultural life was rejecting the Legion's plea for a new, ethnocentric and ultra-nationalist culture.

Polihroniade found the answer by looking at two important factors such as publishing houses and the press, which he considered were under a strong Jewish influence. He enumerated all major publishing houses in Romania, and stated that only one or two of them are free from Jewish influence, while the others were either entirely Jewish or sympathized with them. Polihroniade painted a similar portrait as far as the press was concerned, considering that from 25 major newspapers, more that a half of them were Jewish or under Jewish influence. He reached such conclusions after an oversimplifying judgment, considering that the sole presence of one or several Jewish persons in an institution automatically turned that place into one hostile for Romanian culture. Thus, the new nationalist Romanian culture was a necessity for the Legionary project.

After setting the boundaries of the new Romanian culture under the primacy of ethnic nationalism, legionary intellectuals started using art and culture as weapons for accomplishing their political goals. In order for any work of art to be taken into consideration by the Legion, it had to have a nationalist character. As well-known sociologist and university professor Traian Brăileanu, a member of the Legionary Senate[43], argued: "what we want to prove is that the work of art, the true work of art, can only be moral and nationalist, without becoming tendentious that is without losing its specific character."[44] The lack of nationalism in arts and culture was also the main concern for the legionary leader Ion Moța. He lamented over the artists and men of letters who fail to take into consideration "the great Romanian expectations of today", thus contributing to the "material AND MORAL collapse of Romanians under the Jewish domination."[45] Faced with this situation, the Legion argued that it needed the input of young intellectuals in order to redirect the cultural stream in what it considered the "right way", i.e. towards the primacy of ethnic nationalism.

The regenerative project of the Legion, together with its quest for the „new man", was often presented as a works of art, dealing more with spiritual values than with reason. Rejecting reason as way of doing politics, the Legion felt closer to arts when it came to expressing its opinions. For young intellectual Haig Acterian, "man creates *art* when through his means he occasions an encounter between natural and supernatural."[46] In order to exemplify this definition, he cites the founding act of the Legion, as written by Codreanu. Thus, the founding of the Legion occasioned "an honest pledge between the Archangel and the nation,"[47] that is, between the supernatural and the natural. In this way, the very genesis of the Legion was considered to be a work of art.

---

[42] *Ibid.*.

[43] Codreanu, *Pentru legionari*, p.275. Founded in 1929, the *Legionary Senate* was an advising body formed by praiseworthy legionaries over 50 years of age, named by Codreanu himself, and served as a consultative organism within the Legion.

[44] "Arta pentru artă…" in *Revista Mea*, I, No. 7-8, (July – August 1935), p.1.

[45] I. Moța, *Cranii de lemn. Articole 1922 – 1936*, (Sibiu: Editura „Totul pentru Țară", 1936), pp.232-233.

[46] Haig Acterian, "Arta și Națiunea" in *Rânduiala*, II, No. 2, (1937), p.75.

[47] *Ibid.*, p. 77.

The creation of the "new man" and especially the taming of the spirit of young legionaries were also conceived as a work of art. In a 1935 article entitled "Art and Struggle," Ion I. Moța clearly expressed the view that "the creation of the new man, through legionary education, is the most miraculous work of spiritual creation, accomplished by the Captain. Such a creation is also a work of art."[48] Thus, the Legion struggled for a new, Romanian culture under the primacy of nationalism, while in the same time it conceived its own regenerative project of creating a "new man" and a "new Romania" as a spiritual work of art.

The taming of the spirit completed the educational process initiated by the Legion through the taming of the body. Both phases were essential in the process of creating a "new man," taking care of different aspects of this endeavor. The spiritual side of legionary life, manifested through songs, poems, marches and religious education culminated with a new vision of culture, which was based on the primacy of ethnic nationalism and was considered the model for the future Romania. Although the legionary revolutionary project of creating a "new man" failed, its attempts of becoming reality as well as its ideological construction had a powerful impact in the interwar period and, thus, prove to be highly relevant for historical research, present and forthcoming. The systematic use of the theoretical and methodological tools developed by the historiography of the study of fascism in the last two decades can only enrich such an academic endeavor.

---

[48] Ion I. Moța, *Cranii de lemn*, p.246.

Traian SANDU
Paris 3-Sorbonne Nouvelle,

Le fascisme, révolution spatio-temporelle chez les Roumains

« Toutes les grandes cultures sont nées d'un combat victorieux contre l'espace et le temps. … Ne nous étant pas lancés dans le processus inconscient de la lutte contre l'espace et le temps, nous n'avons pas, nous autres Roumains, de physionomie propre. »
Emile Cioran, *La Transfiguration de la Roumanie*, Paris, L'Herne, 2009
(éd. originale, 1936)

« Avant Corneliu Codreanu, la Roumanie était un Sahara peuplé. »
Emile Cioran, « Le profil intérieur du Capitaine », discours radiodiffusé
du 27 novembre 1940

La Première Guerre mondiale a arraché brutalement les sociétés européennes à leur rythme de développement pourtant rapide depuis la Révolution industrielle. Elle les a projetées dans un conflit où les protagonistes étaient les nations constituées en masses armées, gérées par des États exceptionnellement omnipotents. Mais l'exception tendit à se perpétuer après la guerre avec certains mouvements et régimes politiques qui exigeaient de la société à la fois une soumission totale aux chefs politiques et une mobilisation totale dans les organisations qu'ils dirigeaient.[1] Le choc fut encore plus saisissant pour les sociétés traditionnelles balkaniques et même centre-européennes[2], exposées au déplacement sur des fronts de guerre parfois lointains – que l'on songe à l'Anabase des soldats serbes entraînés de leurs villages vers leur refuge de Corfou, aux mouvements de troupes ou des réfugiés consécutifs aux combats et aux « règlements » des guerres roumano-hongroise ou polono-soviétique de 1919-1920 ; pour les futures élites politiques, au retour de Russie des prisonniers de guerre Béla Kun ou Josip Broz Tito – et soumis à une accélération de leur rythme de vie représenté et critiqué comme lent, sinon cyclique[3] et saisonnier à l'image de leur principale activité, une agriculture retardataire.

---

[1] L'auteur s'inspire ici des théories néo-totalitariste d'Emilio Gentile – *Qu'est-ce que le fascisme ? Histoire et interprétation*, Paris, Gallimard, Folio Histoire, 528pp., notamment pp.107-119 (« Le fascisme comme expérience totalitaire »), plus précisément sa définition synthétique p.114 –, ainsi que de la définition « palingénétique » de Roger Griffin du fascisme comme populisme régénérateur de la nation introduisant une rupture de la temporalité – *Modernism and Fascism, the Sense of a Beginning under Mussolini and Hitler*, Londres, Palgrave Macmillan, 2007, 470pp., voir notamment la définition synthétique du fascisme pp.181-182. Voir aussi son article principal de ce volume. Pour deux synthèses récentes des théories modernes du fascisme, voir Constantin Iordachi (dir.), *Comparative Fascist Studies, new Perspectives*, Londres, Routledge, 2010, 367pp, et Mihai Chioveanu, *Feţele fascismului. Politică, ideologie şi scrisul istoric în secolul XX* (Les visages du fascisme. Politique, idéologie et écriture historique au XXe siècle), Bucarest, Ed. Universităţii Bucureşti, 2005, 369pp.
[2] Traian Sandu et Vojislav Pavlović, « Guerre et société en Hongrie, Yougoslavie et Roumanie, 1911-1946 », *Cahiers d'Histoire de Saint Cyr-Coëtquidan* n°2, Paris, L'Harmattan, 2005, pp49-74.
[3] Voir le débat tacite entre le jeune Cioran et le philosophe Lucian Blaga. Ce dernier répond implicitement aux projections révolutionnaires fascistes dans son discours « organiciste » de réception à l'Académie roumaine en

217

De la guerre, une jeune génération surgit, qui trancha sur l'autosatisfaction générale de la Roumanie agrandie ; elle exigeait, au-delà du simple élargissement territorial au nom d'un nationalisme ethnolinguistique hérité du XIXe, une révolution spirituelle inspirée par le rejet de la génération précédente qui avait fait la Grande Roumanie[4], par un ultranationalisme agressif et impérialiste, qui constituait le mouvement politique violent et exclusif à l'intérieur, la guerre d'agression à l'extérieur, en pierre de touche de la nouvelle adhésion à une véritable religion de la nation.[5] Que l'origine de la radicalisation fasciste provînt d'une conscience aiguë et frustrante de la situation périphérique et de la lenteur du rythme de développement de la Roumanie comme dans l'« occidentalisme » passablement déchristianisé de Cioran ou même de Vasile Marin[6], ou au contraire d'un fondamentalisme orthodoxe exigeant, insistant sur la centralité de la nation roumaine structurée autour de l'Église orthodoxe autocéphale comme chez Nichifor Crainic[7], Mircea Eliade[8] et même Ion Moța[9], l'appel à une régénération nationale prend la plupart du temps une consonance de rupture spatio-temporelle à plusieurs échelles. Au-delà de l'échelle continentale que nous venons d'évoquer rapidement et qui place la Roumanie à la périphérie orthodoxe – donc de temporalité saisonnière/cyclique/ génératrice de fatalisme – de l'Europe, pour le meilleur – Eliade – ou pour le pire – Cioran –, le légionarisme promeut à échelle

---

1937, intitulé « éloge du village roumain » : il en fait le réceptacle d'une civilisation « mineure », enserrée dans l'horizon de la vallée et en prise harmonique avec le sentiment d'éternité que donne la temporalité cyclique de la vie agraire. Il avait déjà précisé en 1936, dans « l'espace mioritique » – du nom de la Miorița, une jeune agnelle victime consentante, paradigmatique du destin roumain – le mode mineur de l'ethos roumain, caractérisé par un « boycott de l'histoire » et d'impossibles « horizons impériaux ». Blaga conclut par un refus de l'ultranationalisme lors du retour de la Roumanie à la Grande Histoire en 1918 : « Espérons que nous pourrons honnêtement accomplir notre rôle sous ce bout de ciel et sans revêtir le manteau messianique. Depuis quelque temps ce manteau paraît un vêtement de confection qui n'emprunte pas une trop belle figure » (*Éloge du village roumain*, textes traduits du roumain, rassemblés par Valérie Rusu, Ed. de l'Aube, 1990, 266pp.). Comparer avec la révolte de Cioran dans *La Transfiguration de la Roumanie* (original de 1936, ici dans l'édition de L'Herne, 2009, 344pp) : « La conception organiciste de l'évolution naturelle nous condamne à l'inertie, à la lenteur et à la somnolence qui sont notre lot depuis un millénaire d'anonymat. … Si la pensée nationale et politique de la Roumanie est si peu révolutionnaire, c'est en raison d'une contamination organiciste excessive ». (p.106) Le lecteur français peut approcher ce débat grâce au livre d'Alexandra Laignel-Lavastine, *Cioran, Eliade, Ionesco, l'oubli du fascisme*, Paris, PUF, 2002, 553pp.

[4] Traian Sandu, « Mémoire de la Première Guerre mondiale au sein des jeunes droites roumaines de l'entre les deux guerres », actes du colloque *La mémoire de la Première Guerre mondiale en Europe médiane*, dans *Guerres mondiales et conflits contemporains* n°228 d'octobre 2007, Paris, 158pp, pp7-21, dir. Antoine Marès.

[5] Outre les textes de Mihai Chioveanu et de Stelu Şerban dans le présent volume, l'ouvrage le plus complet et approfondi sur l'idéologie légionnaire est celui de Constantin Iordachi, *Charisma, Politics and Violence : The Legion of the « Archangel Michael » in Inter-war Romania*, Trondheim Studies on East European Cultures & Societies, décembre 2004, 190pp. Voir aussi les chapitres correspondants dans Florin Müller, *Metamorfoze ale politicului românesc, 1938-1944* (métamorphoses du politique roumain, 1938-1944), Bucarest, Ed. Universității din Bucureştti, 2005, 359pp., ainsi que les brefs essais de Valentin Săndulescu, « On the ideological characteristics of the Romanian Legionary Movement : a synthetic account », dans *Studia Universitatis Petru Maior*, Series Historia, 2005, 272pp., pp.141-154, et de Traian Sandu, « De l'antisémitisme au fascisme en Roumanie ; naissance du Roumain nouveau régénéré par la révolution de droite », dans *Analele Universității Bucureşti*, Année X, 2008, pp.32-46 (consultable en ligne sur : http://www.fspub.ro/Home/analele-stiinte-politice).

[6] Vasile Marin, *Crez de generație* (Credo d'une génération), Bucarest, Ed. Majadajonda, 1997, 195pp.

[7] Nichifor Crainic, *Zile albe, zile negre, Memorii* (jours blancs, jours noirs, mémoires), Bucarest, Casa editorială Gândirea, 1991.

[8] Mircea Eliade, *Textele 'legionare' şi despre 'românism'* (les textes 'légionnaires' et sur le 'roumanisme'), Cluj-Napoca, Ed. Dacia, 2001, 158pp.

[9] Ion Moța, *Cranii de lemn* (Crânes de bois), Bucarest, 1937.

nationale un activisme politique destiné à désenclaver et à mobiliser une population sans culture politique moderne – le suffrage universel fonctionne à partir de 1919 – et appuyé sur des moyens modernes de communication. Il permet dans un premier temps de former, sur des fondements idéologiques ultranationalistes et antisémites, l'unité des jeunes élites d'une nation récemment unifiée. Ce faisant, les « opérateurs » de ce travail recevraient, à l'échelle locale, le ralliement actif de la population et son adhésion à des formes de mobilisation qui supposent le déplacement des cadres affectifs, fidéistes et éducationnels – la famille, l'Église, l'école et l'État monarchique, progressivement désinvestis – au profit de nouveaux lieux chargés de valeur symbolique et intime.

Le nouveau consensus sur le fascisme comme révolution et renaissance nationales sous la forme d'une nouvelle religion politique souligne l'importance de l'occupation de l'espace national par de nouvelles structures et la modification de la temporalité qu'elles induisent par leurs manifestations dans la construction de la nouvelle religiosité de masse centrée autour du chef charismatique. Il n'existe pas, en effet, de sentiment spirituel pérenne sans structure ecclésiale concrète pour l'accueillir, sans rites pour l'exprimer, sans prêtres pour l'officier et sans impression d'un nouveau rythme et d'une nouvelle ère imprimés à la vie pour justifier la révolution totalitaire fasciste. Or, dans une société traditionnelle, l'État moderne n'a que médiocrement marqué les modes de pensée et les rythmes de vie d'une population à 80% rurale. Heureusement pour lui, la hiérarchie de l'Église orthodoxe autocéphale lui est encore en partie soumise en échange de son association à la définition de l'identité nationale depuis le tournant conservateur de 1866, et à la campagne son magistère domine les esprits et les cœurs, tandis que l'État se fait tout de même sentir par la contrainte du gendarme et de l'armée, par les avantages ambivalents de l'école (trop) émancipatrice[10] et éphémères d'une réforme agraire qui épuise ses effets.

La révolution légionnaire de la jeune génération urbaine affronte donc une double structure en allant chercher militants et électeurs à la campagne dès 1929 – lorsque Codreanu s'assigne pour but la « marche vers le peuple » et son embrigadement total dans les structures et les rythmes nouveaux du mouvement.[11] Avec l'État, concurrent moderne, le combat fut ouvert et violent, ce qui faisait explicitement partie de la popularisation du mouvement auprès de masses certes socialement frustrées, mais hésitant encore entre révoltes agraires brutales et brèves, et mouvements révolutionnaires organisés, avec un projet de longue haleine de prise du pouvoir impliquant les masses. Ces manifestations et violences programmées prirent souvent un aspect festif propre à mobiliser la jeunesse selon des clivages à la fois sociopolitiques et générationnels. Avec l'Église, la concurrence prit la forme tacite plus ambiguë d'un phagocytage des fonctions spirituelles et sociales par les nouvelles structures et manifestations légionnaires, théoriquement au nom du même Dieu, en réalité pour

---

[10] Voir les développements éclairants d'Irina LIVEZEANU dans *Cultural Politics in Greater Romania: Regionalism, Nation Building, and Ethnic Struggle, 1918–1930*, Cornell University Press, 1995, au sujet du rôle structurant des instituteurs de campagne dans la mobilisation et la conduite de la grande jacquerie de 1907, sauvagement et massivement réprimée par le pouvoir.

[11] Codreanu, *op. cit.*, p.339 : « Mais l'action politique supposait un contact entre nous et les masses populaires. » Voir aussi *Cărticica şefului de cuib* (bréviaire du chef de nid), Sibiu, 1937 (ed. originale juillet 1933), consultable sur le site néo-légionnaire www.miscarea.net/carti2.htm : « Que la terre roumaine devienne une fourmilière où l'on rencontrera sur tous les chemins des milliers de nids courant dans toutes les directions. » (point 16 bis)

l'avènement d'un nouveau Messie, porteur d'une résurrection nationale dans le siècle, dans le cadre d'une nouvelle Église politique dont la matérialisation fait l'objet de cet exposé.

Précisément, le projet totalitaire de Codreanu est de synthétiser, au bénéfice du Mouvement légionnaire, ces deux cadres de vie sociale : d'une part, les contenus agressifs de l'État moderne – police, fiscalité, armée, justice –, d'autant plus illégitimes au sein d'un État corrompu et insuffisamment protecteur malgré ses prétentions modernistes ; d'autre part, les cadres traditionnels, organiques et légitimes de la société traditionnelle que la jeune génération veut subvertir après le choc émancipateur de la Grande guerre. Cette sortie révolutionnaire de la tradition s'effectue par la nation comme syncrétisme de l'identité organique traditionnelle, de l'État moderne incomplètement mis en place depuis le XIXe siècle et d'une amorce de racisme biologique promu par les sciences exactes et sociales. Le mouvement politique radical et moderne prétend être le lieu de la nation vivante, grâce aux nouveaux espaces et au changement de rythme qui socialisent des masses peu cultivées politiquement.

Nous verrons la fonction du nid légionnaire, qui est la cellule de base du mouvement et le lieu d'endoctrinement dans la nouvelle foi politique. L'activisme social des légionnaires tend ensuite à créer une société parallèle prestataire de services et lieu de promotion et d'ingénierie sociales dans de nouveaux espaces destinés à la réalisation prométhéenne d'une Roumanie nouvelle. Enfin, l'usage des moyens de communication modernes relève d'une accélération de la vie politique et civile : outre le culte ostentatoire de la vitesse du vitalisme fasciste et les nécessités pratiques de la propagande dans une société rurale, la véritable prise de possession des communications anticipe de la capacité à exercer de façon moderne le pouvoir d'État.

À homme nouveau église nouvelle : le « nid » comme espace de socialisation politique

La propagation de l'idéologie en vue de la massification passe par les structures d'encadrement dont il a doté le mouvement lorsqu'il se trouvait à l'état de groupuscule. Très tôt, Codreanu imagina la cellule du nid, un espace polyvalent durable destiné à recevoir et à former cadres et militants dans son esprit ultranationaliste.

Avant même la création de la Légion, il avait prévu des « noyaux » (*nuclee*) dont le principe d'attraction restait la circulation charismatique de l'idéologie : « Dans l'organisation il y a une discipline issue de l'amour et de la conviction, et non une discipline rigide et froide. »[12] Le mécanisme est le même à plus petite échelle : un homme qui a subi la fascination du chef et qui possède un rayonnement local se livre à l'essaimage par la propagande d'homme à homme et forme un nid dont il informe ensuite le centre dans une logique *bottom up*, en attendant la reprise en main *up down* et la confirmation par le centre.

Codreanu choisit une organisation décentralisée à initiative locale, s'effectuant par une sorte de sélection naturelle inspirée par le darwinisme social selon les aptitudes à diriger un « nid » de fidèles qui rappelait ses propos sur le chef naturellement « consenti » et non élu[13] :

---

[12] Rapport de l'Inspection générale de Police et de Sûreté du 20 décembre 1926, avec en annexe l'appel de la LANC (Ligue de Défense nationale chrétienne), *ibid*, doc. n°152, p575-581.
[13] Codreanu, *La Garde de Fer*, p311 : « dans les régimes nationaux, le chef n'est pas élu, *il est consenti* ».

« Moi, je les consacrais chefs dans les situations auxquelles ils s'élevaient eux-mêmes, par leurs qualités et leurs aptitudes. Et c'est progressivement, en partant du chef de nid et en passant par des chefs du village, de l'arrondissement, de la ville et du département, que je suis arrivé à reconnaître le grade de chef de région, à peine en 1934, c'est-à-dire après 7 ans. »[14]

Le nid combine donc rôle de sélection des élites et fonctionnalité organisationnelle adaptée à un pays rural et récemment unifié, marqué par la rareté et la désarticulation des communications, donc la faible capacité d'un centre de rayonner sur sa périphérie. L'analphabétisme et le manque de culture politique moderne valorisent aussi les solidarités locales, que Codreanu utilise, y compris l'organisation en « vallées ».[15] Il insistait sur les qualités fonctionnelles et locales du nid – faire travailler tous les membres, résoudre les problèmes locaux, être polyvalent et se transformer en unité de combat.[16]

Mais ces vertus de mobilisation locale s'articulaient à la centralisation et à l'autorité du chef suprême qui arbitrait, consacrait et promouvait le chef local. C'étaient ces qualités que suggérait Codreanu lorsqu'il se félicitait que le système « cré[ât] un grand nombre de cadres » et que « l'effet d'une défection ou d'une trahison rest[ât] circonscrit ».[17]

La dimension de relais transmettant les idées et le rayonnement du chef était claire. Sa composition était symbolique, entre trois et treize membres, pour des raisons organisationnelles, mais aussi par rappel biblique de la Trinité ou des apôtres plus Jésus. Pour le jeune en quête de son identité individuelle et sociale, il s'agissait d'un *compele intrare* plus subtil que la force, car il s'insinuait dans son intimité par une prise en charge chaleureuse de l'ensemble de son être social et affectif :

« Faites de votre nid un refuge de consolation et de communion dans la joie. Une séance est réussie, lorsque chacun rentre chez soi débarrassé du poids de ses peines et plein d'une nouvelle confiance en son pays. »[18]

L'aspect cathartique et le vocabulaire religieux, mais aussi thérapeutique moderne, renvoyaient au soulagement de la communion et de l'absolution. Dans ce type d'organisation, l'individualité n'avait plus sa place. Il faut reconnaître que la cohésion des nids n'était pas seulement due à l'aspiration idéologique et au rituel communs, mais aussi à la solidarité sociale, locale et générationnelle :

« L'éducation, voilà ce qui nous intéressait. Quand nous nous rencontrions, il y avait une telle fraternité entre nous… avec les garçons des autres écoles, que nous rencontrions, nous partagions les mêmes sentiments, nous nous sentions bien ! »[19]

---

[14] *Ibid.*, p313-314.

[15] Rapport de la brigade de la Sûreté de Bistriţa à la Direction générale de la Police et à la Sûreté du 19 mars 1925, dans Ioan Scurtu, *Totalitarismul de dreapta în România. Origini, manifestări, evoluţie* (le totalitarisme de droite en Roumanie. Origines, manifestations, évolution), vol. I, 1919-1927 ; *Ideologie si formaţiuni de dreapta în România* (idéologie et formations de droite en Roumanie), 663p, doc. n°113, p506-507.

[16] *Ibid.*, p.314.

[17] *Ibid.*, p.314-315.

[18] *Ibid.*, p.316.

[19] Témoignage de Nicolae Itul du 7 septembre 1995, dans *Ţara, Legiunea, căpitanul, Mişcarea legionară în documente de istorie orală* (le pays, le Légion, le capitaine, le Mouvement légionnaire dans les documents

Deux cérémonies témoignent de l'abandon par les entrants de toutes autres déterminations morales, idéologiques et sociales que celles proposées par le nid : les épreuves initiatiques d'entrée et les rituels religieux qui s'y déroulaient lors des séances hebdomadaires. Les épreuves d'entrée furent mises en place dès 1926 pour l'aile jeune de la LANC. Entre plusieurs épreuves, dont la capacité à donner son argent sans s'enquérir de son usage, voici la version extrême de cette initiation placée sous le vocable : « crois et ne cherche pas » :

> « Dis-lui qu'il faut prendre le révolver, le couteau ou toute autre arme (ce qui ne sera pas) et qu'il faut tirer sur quelqu'un. Tu le lui dis avec un air de grande discrétion et tu exiges de lui la discrétion. Tu vois immédiatement ce qu'il te répond. S'il te répond qu'il est prêt à le faire, alors tu prétends qu'il se procure le révolver et qu'il te l'apporte pour que tu le voies, ou si c'est une femme tu exiges qu'elle t'apporte un poison que tu lui indiques. Quand il te les a apportés, tu les lui rends, lui disant que le moment n'est pas encore arrivé ou que tu as trouvé une autre voie pour lutter contre cet ennemi. »[20]

La prière commune, tenue à une heure fixe « dans le pays entier tous les samedis soir » – le dimanche matin étant encore concédé à l'Église traditionnelle, mais pas pour longtemps… –, devait « attirer les forces spirituelles » pour assurer la victoire politique[21] :

> « Le nid réuni est une église. En entrant dans le nid tu te dépouilles de toutes les questions menues et tu consacres une heure de tes pensées pures à la Patrie. L'heure de séance du nid est l'heure de la Patrie. … Là dans le nid s'élèveront les prières à Dieu pour la victoire de la Légion… »[22].

La simultanéité et l'effet de masse de la prière sur tout le territoire national introduisaient une fête et un rythme hebdomadaires nouveaux spécifiquement légionnaires. De même, la résurrection du parti après l'interdiction du 10 décembre 1933 intervint un an après jour pour jour – par ailleurs jour anniversaire des grèves antisémites estudiantines de 1922 – « jour des souffrances légionnaires »[23]. L'aspiration révolutionnaire à inaugurer une nouvelle temporalité rythmée par de nouvelles fêtes est une pratique habituelle.[24]

La cérémonie d'ouverture souligne cette politisation partisane du patriotisme et le détournement politique de la foi religieuse au sein du serment déposé à Dieu, au « Capitaine » Codreanu, aux morts de la Légion, à la résurrection de la Roumanie légionnaire et à l'engagement de ne jamais trahir la Légion.[25] L'appel aux légionnaires morts par lequel chaque chef de nid débute la réunion et auquel les membres répondent par l'invocation « présent ! » relève d'un double conditionnement – l'appel militaire de l'État moderne et l'évocation des morts en pays orthodoxe. Enchaînant sur ce rituel spirituel, morbide et guerrier, le contenu des réunions nous plonge dans deux types de

---

d'histoire orale), sous la direction de Mariana Conovici, Silvia Iliescu et Octavian Silivestru, introduction de Mihai Chioveanu, Bucarest, Ed. Humanitas, coll. Radio România, 2008, 383pp, pp.69-70.

[20] Rapport de l'Inspection générale de Police et de Sûreté du 20 décembre 1926, *loc. cit.*, ici p.581.

[21] *Ibid.*, p.317.

[22] Codreanu, *Bréviaire…, op. cit.*, point 7 (« la vie du nid »).

[23] Circulaire de Codreanu du 1er décembre 1934, dans Corneliu Codreanu, *Circulări şi manifeste 1927-1938* (Circulaires et manifestes 1927-1938) 5e éd., Munich, coll. Europa, 1981, 294pp., p. 23-24.

[24] Mona Ozouf, *La Fête révolutionnaire, 1789-1799*, Paris, Gallimard, 1976, 340pp. et Emilio Gentile, *La religion fasciste,* Paris, Perrin, 2002, 354pp.

[25] Codreanu, *Bréviaire…, op. cit.*, point 10 (« le début de la séance »).

déterminations propres au fascisme : le quotidien jusque dans ses moindres détails et sa totale politisation[26], témoins de la création d'une société parallèle totalement prise en charge par le mouvement.

L'activité au sein du nid visait d'abord à arracher l'homme à son cadre familier et à lui fournir de nouvelles structures et activités, donc à restructurer son espace. L'homme nouveau qui se fabrique au sein du nid n'entretient ainsi qu'un rapport second avec l'Église instituée et avec la religion traditionnelle, subordonnés aux impératifs de la Légion. Le légionnaire enchâsse la messe du dimanche matin dans une marche paramilitaire en compagnie de ses camarades de nid. Le *Bréviaire* traitait la question de façon fugace :

> « Le dimanche et les jours de fête les nids de toutes les catégories… doivent s'habituer à partir en marche. … »
> « Durant la messe, qu'ils s'arrêtent à l'église qu'ils trouvent sur le chemin. Qu'ils s'arrêtent chez leurs camarades des villages voisins. La marche est saine. La marche repose et refait le nerf et l'âme humains. Mais par-dessus tout, la marche est le symbole de l'action, de l'exploration, de la conquête légionnaires. »[27]

Le dimanche n'est certainement pas le jour du Seigneur ; le légionnaire a connu la tension spirituelle la veille, dans la séance du nid, à la fois église et école concrètes au village. Le dimanche est le jour des travaux pratiques, qui ne se déroulent qu'accessoirement dans l'église traditionnelle, plus pour dévaloriser cet espace en montrant aux chrétiens ordinaires la supériorité des croisés légionnaires que pour vivre une impossible deuxième expérience spirituelle.[28] Entretenant le sentiment complaisant de rejet d'une société corrompue, les légionnaires consolident et radicalisent leur projet de révolution sociale au bénéfice des nids, contre l'Église et l'école traditionnelles.

Le nid suppléait aussi les éventuelles carences ou rejets familiaux envers ses membres, ou la famille tout court, même si elle était simplement indifférente sans être hostile à la Légion. C'est au nid, « petite famille légionnaire », que revient la charge d'inculquer les règles de la discipline, du travail, de l'éducation, de l'aide mutuelle et de l'honneur.[29] Le témoignage oral supplée la langue de bois traditionnaliste qui veut que la Légion protégerait la famille :

> « Je voyais cet esprit, disons, héroïque, cet esprit de lutte, cet esprit qui exigeait une rupture avec la tradition familiale dans laquelle j'avais été élevé. Moi j'étais élevé, disons, assez sévèrement. »[30]

---

[26] Voir la contribution de Mihai Chioveanu à ce volume.

[27] Codreanu, *Le Bréviaire…, op. cit.*, point 16bis.

[28] Evidemment, cette règle connaissait de sérieuses inflexions en milieu rural : voir le témoignage de Constantin Teja du 10 mai 2000 : « Je voyais ce que faisaient les légionnaires, à la campagne on pouvait les voir le dimanche habillés de leur belle chemise verte, une fois qu'ils quittaient l'église, car ils n'avaient pas le droit de manquer la messe. » (dans *Ţara, Legiunea, căpitanul, op. cit.*, p89-90, ici p89) Mais en ville, les témoignages confirment l'occupation paramilitaire (voir le témoignage de Tudor Bradu, « Printre legionarii muşchetari » (parmi les légionnaires mousquetaires), dans Corneliu Zelea Codreanu şi epoca sa (Corneliu Zelea Codreanu et son époque), textes rassemblés par Gabriel Stănescu, Bucarest, Ed. Criterion, 2001, 407pp, p.25).

[29] Codreanu, *La Garde de Fer, op. cit.*, p.315.

[30] Traian Popescu, interview du 3 juillet 1998, dans *Ţara, Legiunea, căpitanul… op. cit.*, p.66.

Comme tout légionnaire était aussi un prosélyte, il se devait d'entraîner sa famille : son choix politique était un choix global qui ne pouvait laisser indifférent son entourage : « Dans la famille, l'épouse doit convaincre son mari, le père son enfant, l'enfant sa mère. Tout ce qui est roumain doit être une seule âme. »[31] Le recrutement parmi les femmes et les jeunes renversait parfois les relations d'autorité, lorsque épouses ou enfants entraînaient les maris et les pères dans la Légion, les baptisant dans la nouvelle religion nationale.[32]

Tacitement, l'embrigadement dans les structures de la Légion détournait *de facto* les jeunes du cadre scolaire. Explicitement, Codreanu incitait « ses » jeunes à passer leurs examens avec succès, donc à réussir au nom de l'exemplarité légionnaire.[33] Dans les faits, leur « élitisme » ombrageux les isolait au sein de la communauté estudiantine : sans même parler des épisodes violents en vue de prendre le contrôle des associations d'étudiants ou de s'imposer lors des congrès, leur ethos sectaire constituait une évidence et les exercices paramilitaires – y compris nocturnes – les soustrayaient à l'activité scolaire.[34]

Les activités physiques en groupe ont non seulement un rôle d'entraînement régénérateur, mais aussi de prise de possession symbolique du corps de la nation par des marches et des chants. La marche paramilitaire est un des modes de création du Roumain nouveau :

« Nous ne connaissons pas notre pays. Certains ne connaissent même pas le village voisin. Les jours de fête, qu'il pleuve ou qu'il fasse beau, hiver comme été, sortons au milieu de la nature. Que la terre roumaine devienne une fourmilière où l'on rencontrera sur tous les chemins des milliers de nids courant dans toutes les directions. La marche est saine. La marche repose et refait le nerf et l'âme de l'homme. Mais par dessus tout, la marche est le symbole de l'action, de l'exploration, de la conquête légionnaire. »[35]

Empruntée à la double tradition scoute et militaire, elle reçoit dans cette gradation de Codreanu toute sa charge idéologique de renouvellement national. Sa triple caractérisation renvoie d'abord à la réfection de la santé morale par la militarisation de la société ; l'argument hygiénique oppose ensuite le quadrillage ordonné du territoire en milieu rural à la vie urbaine trépidante et malsaine, censée épuiser l'esprit – Codreanu reprenant ici des analyses réactionnaires et organicistes à la Spengler ou à la Maurras, acclimatées en Roumanie par le fondamentaliste orthodoxe Nichifor Crainic.[36] La spécificité fasciste réside dans le troisième terme : le dynamisme combatif et victorieux représente un stade supérieur du simple rejet de la modernité : il s'agit de sa reprise grâce à la synthèse fasciste et à la réconciliation entre organicisme réactionnaire et modernité urbaine grâce à la mise en ordre et à la révolution anthropologique fasciste – thème qui est au cœur de l'ouvrage de Roger Griffin déjà mentionné. La direction de la

---

[31] Rapport de synthèse du Service secret d'informations de janvier 1930, dans Scurtu et al., *Ideologie si formaţiuni de dreapta în România* (idéologie et formations de droite en Roumanie), Institutul naţional pentru studiul totalitarismului, vol. II, 25 juin 1927-2 janvier 1931, 304pp., 2000, doc. n°100, pp.204-219, ici p.212.
[32] Le meilleur exemple est la conversion du père de Codreanu au mouvement dirigé par son fils en 1930 (Codreanu, *La Garde de Fer*, *op. cit.*, p.350).
[33] Circulaire de Codreanu du 16 mai1937, Codreanu, *Manifeste şi circulare, op. cit.*, p.139.
[34] Témoignage de Gheorghe Ungureanu du 29 juillet 1998, dans *Ţara, Legiunea, căpitanul... op. cit.*, pp.36-37.
[35] *Bréviaire...*, point 16bis, *loc. cit.*.
[36] Crainic, *Puncte cardinale în haos* (points cardinaux dans le chaos), Iaşi, Ed. Timpul, 1996.

marche n'a en l'occurrence aucune importance, l'activité seule compte, comme rituel d'intégration dans la Légion, confondue avec le corps même de l'espace national récemment formé, couvert par l'agitation unificatrice de la jeune génération organisée par son chef charismatique.

Le chant est à la fois un moyen d'inscrire l'espace de la marche dans le temps mesuré à l'aune du texte nationaliste, de souder le groupe, d'éviter le débat rationnel et de signifier à un public parfois fruste cette cohésion et la mission dont le groupe est investi :

> « N'ayant pas suivi la voie de la raison, avec ses programmes, ses débats contradictoires, ses argumentations philosophiques et ses conférences, le chant nous offrait le seul moyen de manifester la profondeur de notre état d'âme. ... Si vous ne pouvez pas chanter, c'est qu'une maladie vous mine au plus profond de votre être, ou bien que la vie a noirci de péchés votre âme innocente. Et si vous ne pouvez guérir, effacez-vous et laissez la place à ceux qui sont capables de chanter. »[37]

Parfois, la répression et les limites que les pouvoirs publics apportaient aux discours et aux réunions des légionnaires obligeaient ceux-ci de se limiter à des marches ou à des chevauchées rythmées par les chants et les prières. Mais au fond, ils avaient eux-mêmes fait le choix de ce dynamisme spatio-temporel simpliste, bien plus démonstratif et plus efficace idéologiquement que tous les discours.

Création d'un espace public parallèle et d'une contre-société légionnaires

L'unité nucléaire du nid garda longtemps un aspect discret, sinon secret ; marches et chevauchées étaient parfois elles-mêmes frappées d'interdit et accompagnaient des campagnes électorales violentes. Ce dynamisme partiellement souterrain comportait aussi ses manifestations officielles, ouvertes, organisant un dualisme qui reflétait celui du sommet entre le « mouvement » dynamique et éducatif de la Légion de l'archange Michel – ou Mouvement légionnaire – et sa vitrine politique de la Garde de Fer, créée en 1930 afin de participer aux élections et de s'inscrire dans le paysage politique des droites nationales en vue de la prise du pouvoir. Les manifestations officielles de la Légion avaient donc un but de propagande pour le monde extérieur et gardaient leur valeur propédeutique pour les militants, car elles supposaient, derrière les activités sociales, une socialisation du Roumain nouveau créé dans l'ombre du nid et une anticipation de l'avènement de la Roumanie nouvelle légionnaire.

Les camps de travail[38], qui fleurissaient notamment durant les vacances d'été, cumulaient une valeur de symbole et de pratique de la cohésion, l'action hygiénique et sociale dans un pays retardé et mal géré, le tout accompagné d'un puissant travail de propagande et d'entraînement paramilitaire. Les camps tels que la briqueterie d'Ungheni en Moldavie et le potager attenant destinés à la construction du foyer étudiant de Iaşi, créés dès 1924, connurent un certain succès, surtout après l'acquittement consécutif à l'assassinat par Codreanu du préfet de Police de Iaşi en 1925. Plusieurs raisons se combinaient dans cet engouement. Les élites conservatrices y trouvaient une activité

---

[37] Codreanu, *La Garde de Fer, op. cit.*, p.279.
[38] Voir Valentin Săndulescu, « 'Taming the body': preliminary considerations regarding the legionary work camp system (1933-1937) », *Historical Yearbook*, vol. V, 2008, pp.85-94.

sociale « saine » pour le milieu étudiant nationaliste ; les paysans aidaient une œuvre dont bénéficiaient les enfants qu'ils envoyaient, avec de grands sacrifices, étudier en ville ; quant aux fonctionnaires, ils contribuaient à pallier la carence des investissements publics. Enfin, comme le rappelle Codreanu, ces camps mobilisaient la bonne volonté gratuite de chacun dans un but de propagande en faveur de la fusion interclasses et transrégionale, concernant notamment les provinces nouvellement annexées :

> « Ces dons étaient autant de témoignages de la sympathie que notre mouvement suscitait dans toutes les classes sociales. De nombreuses photographies représentaient des scènes de nos camps de travail, montrant comment les étudiants et les étudiantes construisaient leur maison. ... Ce camp de travail fut une occasion de rencontre pour les étudiants de Bucarest, de Bucovine, de Bessarabie et de Transylvanie. »[39]

Ce mélange de propagande moderne et de travaux traditionnels dans un but d'unité nationale obtenue à travers le mouvement politico-éducatif possédait donc un rôle similaire à celui des marches, avec l'avantage de marquer dans la durée le territoire.

Avec le succès enregistré auprès des élites bucarestoises et provinciales, faisant suite à l'assassinat du Premier ministre Ion Duca en décembre 1933, le slogan de l'unification nationale, interclasses et intergénérationnelle dans le creuset légionnaire prenait corps. Une série de circulaires de Codreanu en 1935 précisa l'organisation et réglementa l'activité des camps de travail[40], dont le nombre passa de 4 en 1934 à 50 en 1936 – sans compter les 500 chantiers plus modestes – et dont certains prirent une allure de permanence comme le camp de Carmen Sylva sur les bords de la Mer Noire – actuellement Eforie Nord. Ainsi, les terrassements cyclopéens de Carmen Sylva ou la construction d'ampleur de la Maison Verte – le nouveau siège de la Légion construit dans le quartier du Nouveau Bucarest – sont photographiés avec des lignes de crête ou des faîtes formées par les volontaires saluant le bras tendu et soulignant la victoire de la volonté héroïque sur les éléments ou sur la difficulté de l'œuvre.[41]

Les organisations estudiantines étaient depuis longtemps des foyers de recrutement légionnaire, et les Congrès d'étudiants pouvaient être assimilés à des réunions de légionnaires pour la simple raison qu'ils avaient peu à peu éliminé leurs concurrents par la violence ou par l'assimilation. En construisant des foyers d'étudiants, la Légion ne faisait au fond que se rendre service à elle-même[42], puisque les lieux de rassemblement de la jeunesse pauvre, instruite – dans un esprit nationaliste –, donc frustrée, devenaient autant de nids légionnaires potentiels. L'Union nationale des étudiants chrétiens de Roumanie (UNSCR) avait été progressivement conquise par la Légion. Le prestige des étudiants s'était naturellement étendu à l'enseignement

---

[39] Codreanu, *La Garde de Fer*, p.237.

[40] Voir la circulaire de Codreanu du 31 mai 1935 sur l'activité des étudiants et sur les camps de travail, dans Codreanu, *Circulări şi manifeste...*, *op. cit.*, pp.39-42.

[41] Pour un accès aisé aux sources iconographiques, voir le site néo-légionnaire www.miscarea.net dont nous nous sommes largement servi pour l'illustration de l'article « Signes et couleurs de la mobilisation fasciste dans un pays majoritairement agraire : le Mouvement légionnaire roumain », actes du colloque *Signes et couleurs des identités politiques du Moyen Âge à nos jours* organisé par l'Université de Poitiers du 14 au 16 juin 2007, sous la direction de Denise Turrel, Martin Aurell, Christine Manigand, Jérôme Grévy, Laurent Hablot et Catalina Gîrbea, Presses universitaires de Rennes, 2008, 537pp, pp.71-88, notamment p.88 pour les camps.

[42] Voir, par exemple, le règlement du 26 septembre 1927 de Codreanu concernant le foyer de Iaşi, dans *Ideologie si formaţiuni de dreapta...*, *op. cit.*, vol.II, pp.68-69.

secondaire qui devint également, après l'assassinat de Duca, un vivier pour les fraternités de croix regroupant les adolescents : à l'été 1936, il existait plus de 200 organisations dans 67 départements (sur 71). Si les Congrès estudiantins n'étaient, contrairement aux camps, que des manifestations temporaires, ils témoignaient aussi de la capacité légionnaire à s'emparer des espaces urbains et à les contrôler quelques jours dans une quasi absence des autorités publiques dépassées et parfois complaisantes.

Le recrutement militant se fit souvent, durant la crise, grâce aux avantages matériels que la Légion pouvait offrir à une nomenklatura naissante, notamment au monde ouvrier, autre pôle de concentration et de politisation que le communisme, interdit, abandonnait à la propagande légionnaire. Le témoignage du futur chef du Corps légionnaire ouvrier[43], simple ouvrier à l'origine, est parlant :

> « A un certain moment, durant mes errances dans la capitale, je me trouvais sur le boulevard Ștefan cel Mare. Tout d'un coup, j'entends derrière moi une colonne de jeunes, de mon âge, chantant : 'Nous voulons justice, pain et paix/ pour la nation roumaine !' C'était exactement ce que je voulais, moi aussi ! Sans m'en rendre compte, quand ils sont arrivés sur la droite à ma hauteur, je les ai rejoints et … ne sachant comment procéder, j'ai commencé à marcher aussi à la suite de cette colonne. »
> « … »
> *« Avez-vous trouvé du travail en 1932 ? La Légion vous a-t-elle aidé en ce sens ? »*
> « Eh, oui … évidemment qu'elle m'a aidé ! »[44]

Avec la crise et la massification, la Légion a donc dû trouver d'autres moyens de propagande. Elle les a trouvés en ouvrant un commerce légionnaire de détail – présenté bruyamment comme le début de la reconquête sur le négoce juif[45] –, une cantine à prix fixe et à nourriture théoriquement saine, ainsi que des entreprises artisanales. Codreanu envisageait de créer au sein des grandes entreprises des nids élargis qui pussent combattre l'influence des syndicats. Il employa la recette allemande des soupes populaires, ouvrant des cantines ouvrières et des magasins à bas prix dans les quartiers défavorisés. A Bucarest, la Légion réussit à pénétrer dans la Société des Tramways de Bucarest (STB) et parmi les ouvriers des ateliers ferroviaires de Grivița, ainsi que chez certains grands industriels complaisants de la camarilla royale comme le métallurgiste Nicolae Malaxa.

Tout ce travail de mise en place d'une société civile parallèle et en même temps d'une élite légionnaire intégrée culmina avec la circulaire du 17 octobre 1935 sur « la famille légionnaire », qui prévoyait son entretien par les coopératives et les services légionnaires.[46] La massification du parti servait ainsi à créer une sorte de nomenklatura restreinte. Plus encore, les légionnaires détenant des fonctions publiques ou au sein d'entreprises privées, étaient soumis au « contrôle légionnaire » réglementé par une circulaire du même nom du 11 novembre 1935[47] : il s'agissait de l'ambition du

---

[43] Créé par la circulaire de Codreanu du 25 octobre 1936, voir *Circulări și manifeste…, op. cit.*, pp.95-96.

[44] Témoignage de Dumitru Groza du 24 mai 1994, dans *Țara, Legiunea, căpitanul, op. cit.*, pp.38-39.

[45] Circulaire de Codreanu du 29 septembre 1935 sur le commerce légionnaire, dans Codreanu, *Circulări și manifeste…, op. cit.*, pp.129-130.

[46] *Ibid.*, pp.41-46.

[47] *Ibid.*, pp.49-50.

mouvement totalitaire à contrôler l'État grâce à sa nouvelle puissance liée à l'organisation et à la mobilisation efficace des masses.[48]

Le changement de vitesse d'une Roumanie mobilisée par le fascisme

La vitesse de communication est essentielle dans la maîtrise d'un territoire rural, désarticulé par la disparité des réseaux de provinces récemment unies et à la société encore suiviste des évolutions imprimées par les nœuds urbains de décision.

Le train est le lieu pratique et symbolique de l'activité des jeunes adeptes de Codreanu. Les étudiants l'empruntaient fréquemment, car le faible nombre des Universités les obligeait à des déplacements parfois longs ; ils possédaient des réductions de 50% sur les tarifs normaux, si bien que les périodes des vacances ou des congrès estudiantins ressemblaient à de véritables transhumances de jeunes. Les étudiants nationalistes avaient déjà l'habitude de s'emparer de rames entières afin de distribuer des documents de propagande[49] et d'y faire régner la violence antisémite. L'usage de ce moyen de transport se chargeait aussi d'une valeur symbolique de modernité grâce à l'arrachement au village traditionnel – avec la conscription ou avec les convois militaires – et à la vitesse. L'image des jeunes étudiants, déjà valorisée en tant que futures élites de la Roumanie unifiée, acquerrait ainsi son véhicule fait de puissance et de vitesse, mais aussi de violence politique révolutionnaire. Enfin, le train générait une maîtrise du territoire sélective et moderne : elle créait une sorte d'effet-tunnel qui laissait de côté l'espace rural enclavé que son discours traditionaliste prétendait promouvoir et centrait sa présence et son action sur les villes et notamment sur les nœuds de communication susceptibles de devenir des démultiplicateurs de puissance pour les organisations légionnaires et pour la communication avec le centre.

L'usage du train était donc massif au moment des congrès estudiantins, lorsque certains convois étaient spécialement formés. Les congrès des années trente, plus spécialement le congrès de Târgu Mureş d'avril 1936, donnèrent lieu à des scènes hésitant entre carnaval et révolution. Les descriptions d'histoire orale et les journaux personnels sont plus diserts qu'une documentation officielle qui peine à reconnaître la déliquescence de l'État miné par l'activisme fasciste :

« ... Qu'est-ce qui s'est passé ? Disons, un miracle : le train qui venait avec les étudiants de Cernăuţi et qui dans la gare Paşcani avait pris les étudiants de Chişinău et de Iaşi – c'était un train aussi grand que le nôtre, plein d'étudiants – ..., au même moment ils ont essayé de leur prendre aussi la locomotive de leur train ..., mais ceux-là ont été plus vifs que nous, les Bucarestois, et ils les en ont empêché et ont trouvé des mécaniciens qui, peut-être de peur, mais je crois plutôt de bon gré, ont assumé leur responsabilité de conduire leur train plus loin. ... Quand il [le chef des étudiants de Cernăuţi] nous a vus, il a arrêté, et nous tous, 3000 Bucarestois, nous sommes montés dans leur train, nous étions environ 2000 ou 3000... Je sais que nous étions aussi sur les voitures, sur leurs toits et sur les tampons et sur les marches. Et nous avons roulé tout doucement et sommes arrivés le matin à six heures à Târgu-Mureş. »[50]

---

[48] Note de synthèse pour 1935 du ministère de l'Intérieur, « Garda de Fier ('Totul pentru Ţară') », *Ideologie şi formaţiuni de dreapta, op. cit.*, vol.IV, pp.146-153.

[49] Voir, par exemple, la circulaire n°71.722/S du ministère de l'Intérieur, direction de la Police et de la Sûreté générale du 1er décembre 1927, en vue de l'interdiction de la propagande antisémite dans les trains. Scurtu et al., *Ideologie şi formaţiuni de dreapta..., op. cit.*, doc. n°36, p.87.

[50] *Ţara, Legiunea, căpitanul... op. cit.*, témoignage de Şerban Milcoveanu, pp.109-110.

Des chefs étudiants désignent les convois avec le possessif « mon train ».[51] Ce charivari se distingue néanmoins du simple carnaval estudiantin par le fait de sa structuration au sein du Mouvement légionnaire et de la mainmise, même temporaire, sur le bien et sur l'ordre publics.[52]

L'automobile est un objet encore plus rare dans la Roumanie des années vingt. Pourtant, dès les premiers mois de l'existence de la Légion, Codreanu estime que le mouvement a besoin d'une camionnette, au nom de sa survie, donc de celle de la nation :

« Nous devons donc faire nos liaisons avec les légionnaires, partout, en plaçant des fondements solides aux quatre sections et deux sous-sections de la Légion. »

« Pour cela il est nécessaire que nous nous mouvions. La seule voie qui peut nous apporter une économie de temps, une économie d'argent et une économie d'énergie, dans notre mouvement, est l'achat d'une camionnette (15-16 personnes). »

« … »

« Pour cela, accrochez-vous tous pour la deuxième bataille [la première avait été celle de l'hebdomadaire, *Pământul strămoşesc*, la terre des ancêtres] de la Légion : la bataille pour la vitesse. »[53]

Au-delà du rôle fonctionnel, le véhicule appelait le vocabulaire vitaliste de la modernité (les fameuses batailles mussoliniennes) et la volonté d'occupation dynamique du territoire national.

Les camps de travail concentraient une profusion de moyens de diffusion, notamment photographiques, dès 1923-1924. Dans la Roumanie rurale, la fête du mariage de Codreanu en juin 1925 prit des proportions hors du commun. 2300 véhicules et plus de 80000 invités auraient fait le déplacement; deux manifestations particulières, une traditionnelle et l'autre moderne, accompagnèrent cette inhabituelle démonstration en l'honneur d'un jeune homme de vingt-six ans :

« La cérémonie entière avec son magnifique déploiement de chars de mariage et de costumes nationaux, avec les danses et les manifestations de joie et de l'enthousiasme des invités, fut filmée. »

« [...] »

« Le 10 août, à Ciorăşti, à côté de Focşani, j'ai tenu sur les fonts baptismaux plus de 100 enfants, nés les derniers mois, dans le département de Putna et des environs. »[54]

Le style du fascisme « à la roumaine », mêlant tradition – rurale et religieuse, ainsi que la fonction clientéliste du parrain en témoigne – et modernité – avec cet épisode du film, incroyable dans la Roumanie de l'époque – s'associe ici intimement au culte religieux du chef. Par la suite, Codreanu développa les moyens audiovisuels, en enregistrant en juin 1937 une allocution pour le dixième anniversaire de la création de la

---

[51] *Ibid.*, témoignage de Lauric Filon, p.111.

[52] Constantin Argetoianu, *Însemnări zilnice* (Notes journalières), vol I, Bucarest, Ed. Machiavelli, 466pp., p.271 : « Cela a été une véritable prise de possession des chemins de fer, sous le nez des gendarmes, un acte d'anarchie sans précédent. Le train des étudiants est finalement arrivé sans accidents à Târgu-Mureş. Par deux communiqués idiots, le Gouvernement nie purement et simplement tout ce qui s'est passé. La politique de l'autruche – et des faibles. Il nie de même les vitres brisées, les passages à tabac et tout le scandale auxquels les étudiants se sont adonnés à Cernăuţi, avant le départ. »

[53] Appel de Codreanu aux légionnaires du 1er novembre 1927, dans SCURTU et alii, *Ideologie şi formaţiuni de dreapta..., op. cit.*, doc. n°28, p77-78.

[54] *Ibid.*, pp.235-236.

Légion[55], disque que les propagandistes faisaient jouer dans les villages lors de la campagne électorale de décembre 1937 ; le mouvement recrutait aussi parmi les élèves dont les parents aisés possédaient des téléphones, ou parmi les ingénieurs de la Radio.

Conclusion

Le Mouvement légionnaire est ainsi redevable de plusieurs lectures : pleinement fasciste, il tend à remplacer un État défaillant face à la crise et une Église, une école, une armée soumises à cet État et qui ne satisfont plus une jeune génération urbaine hésitant entre émancipation intellectuelle et embrigadement fidéiste aveugle. Pleinement fasciste, le légionarisme véhicule un discours agressivement moderniste contre la modernité agressive de l'État et du progrès technologique, au nom de valeurs et de formes traditionnelles qu'en fait il violente pour mobiliser les jeunes dans la foi d'un futur État, résultat d'un changement complet de régime, d'une révolution globale menée par l'homme nouveau modelé dans le nid légionnaire. Mais c'est précisément le caractère englobant du légionarisme qui lui offre la possibilité de jouer sur une palette très large de sentiments, d'idées, de besoins sociaux insatisfaits. La construction d'une maison pour une veuve dans un village, la soupe populaire des cantines légionnaires servie en ville sont, au-delà des services rendus, les vecteurs d'une communication politique chaleureuse visant à attirer la jeune génération dans un nouveau réseau de solidarités et à l'éduquer dans la foi d'une régénérescence nationale au sein des cellules du mouvement. Cette emprise sur le pays passe par une maîtrise sélective d'un territoire national encore largement rural grâce à des militants souvent urbains, jeunes et bien formés, capables donc de mettre en œuvre ces techniques accélératrices, symboliques du saut dans la Grande Histoire exigé par la révolution fasciste et plus précisément par certains de ses hérauts les plus impatients, tels Cioran.

---

[55] Accessible sur le site www.miscarea.net

Florin MÜLLER,
Université de Bucarest

En démocratie, vers la dictature.
La Monarchie et le Mouvement légionnaire en 1937

L'année 1937 a été évoquée dans la littérature de spécialité comme une séquence temporelle essentielle pour la compréhension du passage du régime de la démocratie parlementaire vers la dictature.[1] Les causes du blocage du système démocratique résident dans une synthèse d'événements et de mécanismes politiques qui ont érodé, peu à peu, dans les années trente, le système démocratique et ont trouvé un terrain fertile, surtout après le résultat des élections parlementaires de décembre 1937. Les adversaires de la démocratie et de la Monarchie ont été classés, même après décembre 1989, parmi les fascistes de toute couleur. Même le Parti national paysan et surtout son chef, Iuliu Maniu, ont été tenus pour responsables du « Pacte de non-agression électorale » de novembre 1937 signé surtout avec le Parti Tout pour le Pays

---

[1] Conformément à l'interprétation de Ioan Scurtu, le résultat des élections a permis au roi Carol II d'imposer « la solution la plus convenable pour lui et pour le groupe qu'il représentait » tout en profitant de « la crise du système des partis, du manque d'unité des forces démocratiques », et tout cela sans que sa solution puisse être nommée explicitement dictatoriale, conformément à cette explication ; dans les séquences suivantes de l'analyse, le régime qui a succédé au régime démocratique est nommé « le régime du pouvoir personnel », dans : Ioan Scurtu, *Istoria României în anii 1918 – 1940. Evoluția regimului politic de la democrație la dictatură*, Edit. Didactică și Pedagogică, București, 1996, pp.156-157 ; Hans Christian Maner, dans son ouvrage *Parlamentarismul în România (1930-1940)*, București, Edit. Enciclopedică, 2004, propose une interprétation plus sophistiquée : les grands partis politiques n'ont pas réussi à convaincre « la plus grande partie de la population à participer au processus politique », les organisations et les cadres actifs nouveaux ont été, en échange, capables d'attirer « beaucoup d'électorat mécontent » ; l'auteur cite un article de N. Carandino, paru dans les journaux de l'époque, article qui soutient l'idée de l'assimilation des pratiques démocratiques ; Maner admet que le système politique existant se confrontait avec des transformations radicales et n'évite/hésite pas à reconnaître l'importance de plus en plus significative du « radical T.p.Ț. (Tout pour le Pays) » ; mais l'auteur allemand ne choisit pas, dans son analyse, les éléments qui expliquent avec plus de cohérence les mécanismes de l'érosion du système démocratique ; l'évaluation stricte des resultats indique un soutien limité des projets radicaux antisystème comme, par exemple, celui du Mouvement légionnaire, ou bien antisémites et nationalistes comme celui du Parti National Chrétien. L'impossibilité de réaliser un front démocratique réside dans l'incapacité d'évaluation, qui caractérisait les libéraux, de la destinée politique de la démocratie. Une autre raison serait l'espace de manœuvre très restreint dans lequel était placé Iuliu Maniu avec sa tentative de construire un bloc trans-partis et trans-idéologique pour l'opposer de manière efficace à la dictature carliste, et non pas à côté des légionnaires, mais avec l'appui du plus fort parti à l'époque, le PNL. Certainement, ce ne sont que des conditions de circonstance de l'instauration d'un système antidémocratique, quel qu'en fût le nom. Al. Gh. Savu propose l'explication la plus cohérente de la situation créée par le résultat ambigu des élections, bien qu'elle soit assez marquée par les contraintes idéologiques de l'époque ; après avoir parlé de l'absence d'un Front populaire, orienté contre la dictature royale et contre le fascisme, l'hostilité entre PNL et PNȚ qui a servi les autres membres de l'opposition, surtout ceux de droite, « la tendance objective des masses vers le renouvèlement de la démocratie, vers la liquidation des limites du système parlementaire, encore confus » mais « instrumenté pour leur propre intérêt par les forces politiques les plus réactionnaires, camouflées dans les vêtements du nouveau », l'incapacité de créer une majorité parlementaire qui désigne un nouveau cabinet, de provenance interne et, surtout, comme ultime, mais très importante particularité des élections, selon nous, l'ouverture de la perspective de la dictature pour Carol II: Al. Gh. Savu, *Sistemul partidelor politice din România 1919 – 1940*, Bucarest, Editura Științifică și Enciclopedică, 1976, pp.100-101.

/Totul pentru Ţară (plus loin, TpŢ), un autre nom du Mouvement Légionnaire. L'objet de cette étude n'est pas une discussion détaillée de toutes les opinions historiographiques, qui sont, le plus souvent, l'expression savante de certains commandements idéologiques ; de même, l'échec de la démocratie comme processus et comme type de régime politique dans les années trente, surtout après décembre 1933. Nous allons proposer, sur le fondement de documents pas suffisamment exploités jusqu'à présent, et même qui n'ont pas circulé dans les milieux scientifiques, la compréhension de différentes limitations idéologiques, les inconséquences politiques de type pragmatique et, finalement, les lectures univoques des options électorales de la dernière consultation démocratique de l'entre-deux-guerres. Le binôme démocratie-dictature apparaît, de la sorte, mieux circonscrit au contexte réel dans lequel il a existé.

Plusieurs types d'attitudes du système des partis politiques ont camouflé à l'époque, même pour les militants engagés, le sens réel des faits et des options : 1) la lutte pour la démocratie cherche un appui chez les adversaires les plus acharnés, en raison du fait que ceux-ci, n'ayant pas d'accès au pouvoir, peuvent être contrôlés, manipulés, désarmés plus facilement – c'était la logique du chef de PNT, Iuliu Maniu ; 2) le fait d'adopter le langage et la pratique politique militante de type dictatorial n'offre pas une stratégie cohérente par rapport à celui qui détient le pouvoir et au présumé ennemi de la démocratie – c'est la façon de s'exprimer de Corneliu Zelea Codreanu ; 3) les fascistes prouvent, en réalité, une capacité restreinte d'influencer les événements et d'en générer des nouveaux – c'est justement la manière de se manifester du Mouvement légionnaire, qui a plutôt, à l'époque, un caractère réactif et passif[2] ; 4) en ce qui concerne les autres acteurs du système politique, la priorité des stratégies par rapport aux idéologies[3] leur reste étrangère ou bien ceux-ci dissimulent leurs intentions tout en invoquant la solidarité nationaliste – c'est, par exemple, le choix du Parti National Chrétien et l'expression ambigüe de certains chefs légionnaires – et 5) il n'y a pas une option évidente des électeurs contre la démocratie.

Dans la deuxième moitié du mois de mars 1937, Corneliu Zelea Codreanu a discuté, dans un cadre restreint avec quelques-uns des intellectuels légionnaires de son entourage. Le thème de la discussion concernait les événements politiques du moment, les mesures prises par le gouvernement pour maintenir l'ordre et les rapports qui existaient entre le Mouvement Légionnaire et les divers groupements nationalistes et entre les différentes personnalités politiques.[4] Un autre thème de discussion a été « l'intervention directe du roi Carol II à propos de l'acte de gouvernement ». Le chef du Mouvement a précisé sa tactique dans le sens qu'il envisageait la possibilité de l'action commune des forces de droite et de centre-gauche, du Front Roumain (Frontul Românesc) d'Alexandru Vaida-Voevod jusqu'au Parti national paysan (Partidul

---

[2] Nous envisageons, dans ce cas, la banalité des actions du Mouvement légionnaire après l'enterrement des deux leaders légionnaires Ion Moţa et Vasile Marin, morts pendant la guerre civile de l'Espagne. L'opinion publique a retenu l'activisme caractéristique du mouvement et, en même temps, le radicalisme de ses publications.
[3] Les idéologies obligent les leaders comme Iuliu Maniu à une construction politique contre le pragmatisme ; nous pensons au « front démocratique, trans-partis et trans-idéologique » évoqué à notre note numéro 1.
[4] Les Archives Nationales Historiques Centrales, fond du Ministère de l'Intérieur/Divers, volume 5/1937, folio 2.

național țărănesc d'Iuliu Maniu, sans avoir l'intention de conclure un accord avec le leader national-paysan ou bien « un combat avec ses partisans ».[5]

Il est possible, en conformité avec certains documents, qu'à la même époque, Corneliu Zelea Codreanu se fût trouvé au milieu des négociations avec Iuliu Maniu, et que ces négociations fussent concrétisées par un manifeste « à propos de la question constitutionnelle ».[6] Ce document politique allait prouver son efficience publique « in extremis, au moment où on aurait constaté que la persécution déclenchée contre le Mouvement légionnaire, à la suggestion du souverain, aurait atteint son apogée, quand les rapports naturels entre les représentants de la Constitution et la Légion seraient apparemment impossibles. »[7]

Selon le chef de la Légion, la publicité du manifeste aurait été inefficace à cause du fait que Iuliu Maniu avait dévoilé des détails de la discussion « qui auraient du rester secrets ».[8] Corneliu Zelea Codreanu a transmis des instructions, à caractère secret, aux chefs d'organisations et de régions du Parti Tout pour le Pays ; il a indiqué les options à adopter pendant les élections communales : favoriser des représentants du Front Roumain et des représentants de PNL (Partidul național liberal) de Gheorghe Brătianu. En même temps, le chef de la Légion a sollicité les structures provinciales de préparer l'opinion publique, le plus discrètement possible, « dans le sens que le Souverain est responsable de la situation actuelle du pays ». Le chef de la Légion attirait l'attention, dans ses instructions, sur l'imminence de nouvelles mesures répressives de la part des autorités. Par la suite, s'imposaient des mesures pour cacher l'archive secrète de la Légion.[9]

Nicolae Mareș, un intime du général Cantacuzino-Grănicerul et du publiciste Stelian Popescu, a discuté longuement avec le chef officiel de la Légion et il a attiré l'attention de celui-ci sur le fait qu'il était nécessaire que la Légion ait auprès d'elle, dans ses efforts politiques, le directeur du journal *Universul*. Le directeur du plus grand quotidien d'information du pays aurait pu utiliser l'instrument journalistique pour « la cause légionnaire », une action de la plus grande importance dans les circonstances où, sclon Mareș, « tous veulent frapper la Légion ».[10]

Nicolae Mareș avait l'intention d'arranger un tête-à-tête du chef de la Légion et du directeur de l'*Universul* pour prouver que celui-ci n'était pas coupable du conflit existant et, bien au contraire, c'étaient des personnages de l'entourage de Corneliu Zelea Codreanu qui étaient derrière les intrigues. Les groupes de légionnaires et de proches de Stelian Popescu suggéraient ainsi la nécessite du rapprochement : les légionnaires appréciaient comme extrêmement efficace de point de vue politique l'appui d'un quotidien comme *Universul*, pendant que le directeur du quotidien cherchait à « gagner

---

[5] Les Archives Nationales Historiques Centrales, fond du Ministère de l'Intérieur/Divers, dossier 5/1937, folio 2, document du 26 mars 1937.

[6] Ibid., folio 4.

[7] Ibid..

[8] Ibid..

[9] Ibid., folio 5.

[10] Les Archives Nationales Historiques Centrales, Fond du Ministère de l'Intérieur/Divers, dossier 5/1937, f.6, le 27 mars 1937.

à sa cause un allié fort et brave pour commencer la lutte contre Gabriel Marinescu » qui aurait établi les récentes actions de censure.[11]

Les informations qui circulaient (et qui, implicitement, entraient dans l'analyse des structures de la police ou du corps des détectives) indiquaient des « conciliabules » entre Corneliu Zelea Codreanu et Mihail Manoilescu ; cela se passait de manière directe ou bien par l'intermédiaire du professeur Dragoş Protopopescu et de l'avoué Victor Vojen. Le sens de ces discussions secrètes était « d'établir des modalités qui allaient générer de meilleurs rapports entre la Légion et le Palais ».[12] Le problème des relations avec la Monarchie préoccupait intensément Corneliu Zelea Codreanu, qui sondait et évaluait l'attitude des alliés virtuels. Alexandru Vaida-Voevod était assimilé, plutôt, à un allié conjoncturel qui aurait défendu la Légion « si les persécutions étaient déclenchées par les représentants de la Constitution ».[13] L'accord signé avec Alexandru Vaida-Voevod en mai 1936 était valide, selon le chef de la Légion, tant que le Front Roumain restait une organisation fermée à des politiciens « déclarés comme ennemis » du Mouvement légionnaire. Armand Călinescu était directement concerné par cette vision nuancée. Codreanu croyait à l'honnêteté du sous-secrétaire d'État à l'Intérieur Gabriel Marinescu, « *homo regius* » dans le gouvernement Tătărescu, et il était même convaincu du fait qu'il n'était pas derrière « la terreur déclenchée contre nous ». Marinescu se serait même opposé aux mesures anti-légionnaires adoptées par le gouvernement.

Un autre hypothétique allié politique de la Légion était, à l'époque, Octavian Goga, le chef du Parti National Chrétien. Le leader de PNC aurait proposé au chef de la Légion « un accord politique urgent, l'ordre immédiat que les membres des deux formations portent les chemises bleues et vertes », des « listes communes aux élections », l'offre politique impliquant même une fusion de PNC et du Mouvement Légionnaire, y compris la séparation de Goga avec A.C. Cuza.[14] Cette sorte de « projet révolutionnaire » ne semblait pas viable du point de vue du chef de la Légion. Le problème principal était l'incompatibilité structurale entre la Légion (Parti TpŢ) et le reste du spectre politique nationaliste. L'impossibilité de l'unification des organisations était en rapport avec l'aspect plus particulier du refus de toute forme de collaboration avec l'ancien mentor politique A.C. Cuza.[15] Comme la fusion était impossible, dans

---

[11] Une autre explication serait celle d'un possible conflit avec Gabriel Marinescu, qui était à l'époque sous-secrétaire d'État au Ministère de l'Intérieur, justement pour créer l'image de journal « persécuté » et, par la suite, de prouver l'implication des légionnaires dans ce conflit, ibid., folio 7.

[12] Ibid., folio 8, le 31 mars 1937 ; il est évident que Zelea Codreanu essayait de garder (encore) des apparences de normalité avec la Monarchie ; d'un côté, il est possible que le chef du Mouvement légionnaire comprenne – ou soit convaincu de – la faiblesse de son Mouvement dans l'éventualité d'un conflit ouvert avec les organes de l'État, qui auraient agi à l'incitation du roi. Ce type d'action pacifique de Corneliu Zelea Codreanu est explicable par la conscience de sa position faible dans un conflit ouvert avec les autorités de l'État, ou, autrement dit, par la perte de plus en plus accentuée, vers la fin de l'année 1937, de la confiance dans ses propres forces (pourtant, le Mouvement légionnaire avait des milliers de membres actifs, beaucoup d'entre eux capables d'agir violemment par les armes, et allait jouir de l'appui, comme la fin de l'année allait le démontrer, de presque 500.000 voix).

[13] Ibid., folio 9.

[14] Ibid., folio 9.

[15] « De plus, Monsieur Goga ne peut pas se séparer de M le professeur A.C. Cuza, fait qui nuirait au nationalisme, en général, et un accord dans lequel mon nom apparaisse a côté de celui du professeur Cuza, est impossible, de mon vivant, en ce qui concerne la collaboration pour les élections ou dans le gouvernement », ibid., folio 10 ; cet aspect est confirmé, d'ailleurs, par l'évolution des événements.

l'opinion du chef légionnaire, toutes les organisations de droite avaient le « devoir » de mener la lutte de manière indépendante, tout en gardant leur identité. Si Zelea Codreanu avait raison en ce qui concernait les différences structurales (qui étaient en effet doublées par l'orgueil de maintenir l'opposition contre l'ancien mentor) et si les évènements allaient confirmer le choix de maintenir la différenciation hostile, par cette tactique, la possibilité de former un front commun de la droite contre les tendances autoritaristes de la monarchie a été liquidée. La même attitude, qui manquait de constance et de vision serait adoptée à l'égard de la tactique difficile à accepter du leader de PNȚ, Iuliu Maniu. « Le pacte de non-agression électorale » sera dépourvu de « la continuité dans l'effort » invoquée par C.Z. Codreanu comme un attribut absent de la démocratie. L'absence de cette continuité caractérisait même le chef du Mouvement, au cours de cette année difficile pour la politique roumaine.[16]

Codreanu essayait de garder certaines apparences dans sa relation avec la Monarchie, tout en préparant la « résistance » (plutôt passive), et en faisant la mention que le roi Carol II était responsable de la forme que prenaient les événements internes et du manque de respect concernant la vie des citoyens. Cette sorte de causalités négatives, très générales, dans le rapport qui existait entre la situation réelle et la capacité d'influence du roi, n'étaient pas, pourtant, capables d'assurer une stratégie cohérente. Impossible de pouvoir construire, sur cette base à éléments friables, une plate-forme anticarliste.

Les documents disponibles donnent beaucoup de crédit au fait que dans les milieux légionnaires circulait la rumeur de l'intention d'Octavian Goga de collaborer avec C.Z.Codreanu aux élections générales suivantes. Ces milieux montraient que, jusqu'à ce moment-là, on n'avait pas fait de proposition formelle ; pourtant, Octavian Goga aurait eu un entretien important avec un leader du Parti TpȚ à Predeal, pour mettre en place une collaboration légionnaire - nationale chrétienne pour une future action politique.[17] Par son intention de créer des camps de travail nationaux chrétiens, avec le Mouvement légionnaire, Octavian Goga aurait érodé les mesures gouvernementales dirigées contre ces formes de mobilisation politique et organisationnelle typiquement antidémocratiques.[18] La collaboration, à ce moment-là, était considérée comme possible grâce à l'existence de relations « assez amicales » entre les membres des deux formations politiques.[19]

Le chef du Mouvement légionnaire tentait de faire une brèche dans la solidité de la Monarchie, en soutenant l'attitude non conformiste (adoptée en réalité par le roi Carol II lui-même lors de son divorce de la reine Elena et de sa relation, de notoriété publique, avec Elena Lupescu) du prince Nicolae. Après l'exclusion du prince du sein

---

[16]. En anticipant, nous rappelons la retraite précipitée de C.Z. Codreanu d'une action vraiment révolutionnaire de contestation démocratique, dans la rue, des tentatives du roi d'introduire, après les élections, un régime dictatorial. Le véritable révolutionnaire, après les élections, sera, au niveau des intentions, Iuliu Maniu et non pas C.Z. Codreanu, la retraite de celui-ci à Predeal, avec le retour à « la liberté de mouvement » signifiant, en réalité, le début de sa fin politique et, plus tard, physique.

[17] On ne devrait pas négliger l'hypothèse conformément à laquelle ces milieux légionnaires eussent eux-mêmes anticipé, en réalité, une idée qui n'entrait pas dans les vues d'Octavian Goga.

[18] Les camps de travail représentent des formes d'éducation politique caractérisées par un fort ethos anti-démocratique, spécifique des totalitarismes de droite aussi bien que de ceux de type staliniste.

[19] Ibid., folio 13.

de la famille royale[20], Corneliu Zelea Codreanu a eu l'intention de rééditer un manifeste qui renvoyait au problème du prince et qui datait du début du mois de mars. Le chef du Mouvement soutenait[21] que le problème du prince Nicolae ne pouvait pas rester fermé, le Parti TpȚ « adoptant comme un idéal et comme une question d'honneur la lutte pour obtenir une révision de la décision du Conseil de Couronne du 9 avril 1937 ». Toujours dans le but d'éroder la position du roi Carol II et sur l'ordre de C.Z.Codreanu, trois membres de direction du Mouvement légionnaire, Alexandru Cantacuzino, Sima Simulescu et Ion Victor Vojen, travaillaient à une brochure dans laquelle on expliquait en détail la question d'Elena Lupescu, l'influence de la franc-maçonnerie dans les affaires publiques, le rôle d'Elena Lupescu auprès de la direction du Parti national libéral, la lutte de celle-ci pour introduire Ion Mihalache dans les cercles du pouvoir, le conflit avec le prince Nicolae.[22] Mais les idées de cette ébauche de brochure politique légionnaire sont contradictoires. L'influence d'Elena Lupescu auprès du PNL n'est pas documentée, et encore moins son intention de faire avancer politiquement Ion Mihalache. Excepté le manque de véridicité, ce qui frappe c'est le manque de logique (à part le conflit du prince Nicolae avec le roi Carol) : le Mouvement légionnaire n'aurait pas gagné du capital politique de la propagande sur le fait que la plus proche personne du roi désirait que Ion Mihalache accède au pouvoir ; de plus, Ion Mihalache n'a pas utilisé cet « instrument » féminin pour assurer sa succession et le parti qu'il conduisait luttait, surtout par l'intermédiaire de Maniu, contre la coterie royale et contre Elena Lupescu. De plus, les légionnaires misaient sur une carte perdante en soutenant le prince Nicolas. Il ne jouissait même pas d'une sympathie comparable à celle dont jouissait le roi. La vie personnelle scandaleuse du frère du roi[23] ne s'accordait pas avec la doctrine moralisatrice et ascétique du Mouvement et, de la sorte, ne pouvait pas constituer un levier pour conquérir le soutien populaire.

A l'inverse, Iuliu Maniu était considéré, à juste titre, un leader authentique avec un maximum d'autorité parmi les étudiants légionnaires. Au début du mois d'avril

---

[20] A voir, dans ce sens, Ion Mamina : *Consilii de Coroană*, Bucarest, Editura Enciclopedică, 1997, pp.134-161 ; le général Cantacuzino-Grănicerul a exprimé son point de vue, en qualité de chef du Parti Tout pour le Pays dans la circulaire - communiqué numéro 67 du 11 avril 1937. Après avoir mentionné son indignation de ne pas avoir été invité (en qualité de chef de parti), il précisait : « La vérité est que, depuis six années, le Prince n'a pas voulu s'incliner devant madame Lupescu et il n'a pas compris que sa femme légitime, roumaine et chrétienne, devienne la servante de l'importune étrangère... Le pays frémit d'indignation et d'anxiété. Il ne s'agit pas du pays de Monsieur Tătărescu composé par la police, les agents libéraux et les espions ; il y a bien un autre pays à part celui-là. » Aucun courant de sympathie n'était apparu dans le pays qui pût soutenir la qualité de membre de la famille royale du prince Nicolae, même dans les conditions de son mariage, qui contrevenait au statut de la Maison Royale (et, surtout, à la volonté du roi) ; aucun des participants du Conseil de Couronne du 9 avril 1937 ne s'est montré révolté du statut scabreux dans lequel se trouvait, de ce point de vue, le roi Carol II (son concubinage avec Elena Lupescu). Du point de vue juridique, le mariage légal, au cas où il contrevenait au statut de la Maison Royale, était plus blâmé que le concubinage. Cantacuzino-Grănicerul et le Mouvement légionnaire, C.Z. Codreanu en tête, désiraient la constitution d'un point d'appui anti-carliste, grâce au soutien du prince Nicolae. Mais celui-ci n'était pas intéressé de s'engager dans la lutte quasi-clandestine et semi-légale contre la Monarchie, tandis que le Mouvement légionnaire était obligé de le faire.

[21] Les documents ne donnent pas à comprendre, de manière sans équivoque, si le manifeste a été réalisé et diffusé ; les documents de la police politique précisent, dans la plupart des cas, les intentions des hommes politiques.

[22] ANIC, Fond du Ministère de l'Intérieur, Divers, volume 5/1937, folio 19.

[23] C'est valable aussi pour ce dernier ; pourtant, Carol jouissait de l'immunité assurée par sa qualité monarchique.

1937, Iuliu Maniu a discuté avec quelques leaders des étudiants légionnaires, parmi lesquels Şerban Milcoveanu, le président de l'Union Nationale des Etudiants Chrétiens Roumains.[24] Au cours de leur collaboration[25], les étudiants légionnaires devaient représenter l'élément dynamique et Maniu « l'inspirateur et le mentor ». Milcoveanu a demandé aux étudiants légionnaires de s'abstenir de toute action qui aurait eu pour conséquence leur arrestation, parce que de « grands événements » allaient se produire. La confusion et les rumeurs les plus fantaisistes circulaient dans les milieux légionnaires ou bien étaient créées de manière délibérée par les structures de la police d'État qui rédigeaient ce type d'informations. Les légionnaires auraient décidé de répondre par l'exécution des chefs national-paysans si ces derniers, après avoir conquis le pouvoir, auraient déclenché la suppression du Mouvement. Après la chute du gouvernement Tătărescu, les légionnaires auraient eu l'intention de remercier, par l'intermédiaire d'une délégation, le premier ministre Tătărescu du fait que sous son gouvernement, l'organisation et la reconstruction du Mouvement avaient été possibles.[26]

Le groupe du maréchal Averescu élaborait des évaluations plus substantielles de la Légion ; de même les cadres d'élite du PNŢ. Ces évaluations concernaient la nature de la violence comme moyen de propagande, l'efficacité de cet instrument, la nature interne « occulte » de la Légion, les influences externes :

« Nous ne savons pas la mesure dans laquelle le « Parti Tout pour le Pays » envisage d'utiliser la violence comme arme de propagande. Mais un parti qui assume le droit de formuler la peine de mort ne peut pas s'encadrer dans une vie constitutionnelle ; nous apprécions qu'il aurait valu mieux que ce parti ne fût pas annihilé et voué à une vie quasi-occulte, instrumenté soit par un gouvernement, soit par un autre, comme une masse de manœuvre. Il serait autrement incompréhensible comment une organisation telle que la Garde de Fer soit constamment gênée dans ses mouvements, tandis que, ceux qui propagent l'humanitarisme d'occasion par intérêt, c'est-à-dire les Juifs, qui sont en réalité les racistes les plus anciens et les plus féroces, aient l'opportunité de promouvoir, pour leur intérêt, des politiciens, le plus souvent des nullités patentées. L'explication pourrait résider dans l'occultisme dans lequel on a jeté la Garde de Fer. À cause de cet occultisme dans l'âme nationale des gardistes, ont pu pénétrer les influences terroristes-dynamiques-extrémistes de l'Allemagne et de l'Italie. Les rejetons, les représentants de la jeunesse roumaine, continuent à représenter le sol propice pour les racines des idéaux étrangers, parvenus jusqu'à eux à travers un prisme totalement déformé et tout-à-fait au détriment de l'État roumain. Il faut beaucoup travailler pour que ces nationalistes soient guéris des influences maléfiques de l'étranger et, surtout, pour qu'ils abandonnent les actions occultes, anticonstitutionnelles. En ce qui concerne les liens que la Garde de Fer essaie de réaliser avec les autres partis politiques, ils ne peuvent pas être envisagés autrement qu'à travers le prisme des intérêts gardistes, qui dictent à la Garde de Fer ... qu'elle signe certains armistices avec le gouvernement ou avec les partis puissants du pays, derrière lesquels elle puisse achever son organisation. Mais le but de certains contacts que la Garde de Fer entretient avec certains chefs de la vie politique de chez nous est bien le chantage politique que cette organisation cherche à exercer sur ceux-ci, en les intimidant, avec l'intérêt évident de gagner du temps pour s'organiser.

La Garde de Fer refuse la collaboration politique avec les partis nationalistes qu'elle considère comme trop tempérés par rapport au programme nationaliste radical ; d'autres partis nationalistes acceptent des compromis et une tutelle politique que la Garde de Fer déteste. »[27]

---

[24] Ibid., folio 21.

[25] Nous n'avons pas d'informations qui attestent la manière dans laquelle celle-ci s'est concrétisée.

[26] Ibid., folio 27.

[27] Dans cette analyse des leaders du PNŢ et des alliés d'Alexandru Averescu, les éléments de finesse côtoient les exagérations, les surenchères ; le jugement concernant l'influence des caractéristiques violentes externes (nationales-socialistes et fascistes italiennes) sur le Mouvement légionnaire sont objectives mais, en même temps, le Mouvement a utilisé la violence comme instrument naturel, « organique », issu de son ambition de structuration et dynamique internes, localement, sans l'importer d'Allemagne ou d'Italie. Les influences externes se sont superposées à une technique politique déjà formée qui est devenue, de la sorte, équivalente

Comme il était nécessaire de bâtir un groupe d'alliés aussi solide que possible, tout en maintenant l'organisation de type militaire, en raison surtout du respect qu'elle imposait aux civils, C.Z. Codreanu a rencontré, au début du mois de mai 1937, à Predeal, le général Ion Antonescu. Le but de cet entretien était de se rendre compte quelle était l'opinion du général en ce qui concerne le Conseil de Couronne du 9 avril. Au cours de la discussion, le général Ion Antonescu a précisé que le seul problème du Conseil de Couronne était que celui-ci n'avait pas adopté la décision plus tôt pour éviter les commérages, « qui ont nui au pays ».[28] La décision du roi de blâmer le frère et de ne pas accepter le mariage morganatique signifiait, dans l'opinion d'Ion Antonescu, que le roi n'aurait pas agi de la même manière, dans une situation pareille.[29] La réponse dilatoire, réservée et même procarliste du général, a indisposé le chef de la Légion, qui voyait maintenant que son action de contestation de la décision du Conseil de Couronne était isolée malgré son désir que les officiers supérieurs soient solidaires avec lui.

La « recommandation » d'Ion Antonescu fut d'abandonner les assassinats des adversaires politiques, « ce qui rendait le Mouvement Légionnaire désagréable, vu que les assassinats politiques n'ont pas été une pratique courante dans l'histoire des Pays Roumains ». Ion Antonescu a averti que le chef lui-même risquait une fin pareille, chose regrettable du moment que « le pays lui faisait confiance ». La réplique de Codreanu a été la suivante : au cas où il serait assassiné, les légionnaires déclencheraient l'action d'exécution massive des politiciens qui étaient coupables de sa mort. De nouveau, Ion Antonescu s'est distancé du chef de la Légion et a affirmé que dans ce type de vendetta « des hommes politiques absolument innocents pourraient mourir ».[30] Ce serait plus utile d'adopter « un système de lutte qui suive les voies légales et qui le rende plus populaire ».

---

des fascismes génériques externes ; « l'occultisme » légionnaire n'est pas engendré par l'attitude de la couche politique roumaine, et encore moins est-il déterminé par l'attitude de la minorité juive ; ce type de cristallisation est issu de la nécessité de Codreanu d'imprimer à son Mouvement un caractère obscur et fermé justement pour pouvoir gagner la population intéressée et motivée par « l'obscurité », « le charisme », « le silence », « l'idéologie de l'action » ; les techniques démocratiques qu'il considérait comme excessivement discursives et bureaucratiques n'ont pas intéressé C.Z. Codreanu et cela du fait de son incapacité d'attirer et d'accueillir des adeptes par ce type d'instruments. La mobilisation légionnaire se rapprochait de celle nationale-socialiste, excepté la rhétorique et la propagande verbale et le rapport du leader charismatique avec celles-ci ; Hitler et Mussolini (surtout) sont des chefs politiques discursifs avec une forte éloquence. Des différences sont évidentes même entre les deux. Les liens du Mouvement avec d'autres partis (roumains) ne sont pas suffisamment expliqués. Le mouvement « négocié » pendant les années 1935-1936, surtout avec le Front Roumain et moins avec l'État libéral et avec les grands partis démocratiques ; d'ailleurs le Mouvement n'a pas la force de les faire chanter. Le gouvernement plutôt, la Monarchie et les grands partis nourrissaient l'espoir que le Mouvement pût être contrôlé et utilisé (à voir, dans ce sens, le Congrès étudiant de Târgu-Mureș), ibid., folios 50-52.

[28] Ibid., folio 53.

[29] Donc, il ne se serait pas marié avec Elena Lupescu ; Ion Antonescu désirait, probablement, maintenir de bonnes relations avec le roi, ou bien il témoignait d'un évident infantilisme dans l'évaluation du comportement du roi ; la relation de celui-ci avec Elena Lupescu avait, d'ailleurs, tous les attributs d'un mariage ; la décision d'exclure l'ancien prince de la famille royale était un signe que le roi ne voulait pas avoir des prétendants virtuels à la couronne de la Roumanie, même si Nicolae n'avait pas de telles aptitudes ou ambitions.

[30] Cela ne s'est pas passé ; le Mouvement légionnaire, bien qu'il n'ait pas exécuté, en 1937, aucun adversaire politique, a maintenu pourtant une apparence de violence politique très accentuée, surtout à l'égard de ses adversaires. Ceux-ci n'ont pas répondu au Mouvement de manière hostile évidente mais, dans la logique contradictoire qui caractérise toute démocratie, ils ont soutenu des points de vue différents en ce qui

Quoique dans la deuxième moitié du mois de mai 1937 l'opposition légionnaire publique contre la décision du Conseil de Couronne et même contre le roi Carol II semblait épuisée, Corneliu Zelea Codreanu continuait à cultiver dans les cercles des élites intellectuelles légionnaires une attitude et une atmosphère explicitement hostile. Dans ces cercles, Corneliu Zelea Codreanu ne se gênait pas d'attaquer sans trêve le roi, ou même d'affirmer qu'il était sûr du fait que la situation négative qui régnait dans le pays ne pourrait pas être remédiée si le roi Carol II continue à régner. Cette attitude a semé de l'inquiétude parmi les chefs des légionnaires intellectuels auxquels C.Z. Codreanu avait fait ce genre de confidences. Ces chefs, s'ils acceptaient la lutte politique pour la « question constitutionnelle » et la lutte contre les cercles du Palais, étaient bien réservés en ce qui concernait la lutte contre le Roi. D'ailleurs, C.Z. Codreanu, pour démontrer aux organisations légionnaires qu'il avait adopté une attitude hostile envers le roi, a disposé que le syntagme traditionnel « pour la Croix, le Peuple et le Roi » soit banni des publications et des feuilles légionnaires et remplacé par : « pour la Croix et le Peuple ».[31]

Les cercles gardistes ont lancé l'information selon laquelle le chef du Mouvement légionnaire serait disposé à faire infiltrer ses gens lors de n'importe quelle manifestation, de n'importe quelle nature ; ces gens auraient eu la mission de propager les idées et les slogans de la Légion.[32]

Les mesures que le gouvernement prenait contre les fonctionnaires de l'État qui auraient abusé de leur position professionnelle pour faire de la propagande politique étaient excessivement répressives. Après l'application des mesures pénales les autorités rayaient des états des salaires les noms de tout fonctionnaire d'État, curé ou maître d'école, qui aurait fait de la propagande politique pour « accomplir sa mission » ; ceux qui auraient diffusé des ordres, des circulaires et des informations à caractère secret étaient directement concernés.[33]

Tandis que la direction centrale du Mouvement légionnaire avait disposé que les chefs d'organisations locales envoient des listes avec les légionnaires aptes à travailler pour construire le Palais légionnaire, en travaillant par séries, Corneliu Zelea Codreanu avait l'intention d'expliquer au chef du Front Roumain l'attitude que la Légion devrait adopter pendant le mois de mai et au début de juin 1937. L'« explication » que le chef de la plus forte formation politique d'extrême droite de Roumanie aurait dû fournir à Vaida-Voevod, chef d'une organisation insignifiante et qui de plus ne voulait pas une collaboration avec le Mouvement Légionnaire, semble manquer de cohérence et de logique. Il est fort possible que Zelea Codreanu ne fût pas averti de la faiblesse de la formation « partenaire » et, de plus, qu'il ne fût pas conscient du fait que son propre parti avait réellement gagné beaucoup de force. Le chef de la Légion désirait désarmer les potentiels alliés de la Monarchie, situés dans la même zone du spectre politique et même de réaliser un « front commun » de la droite ; cela serait,

---

concernait l'actualité. C'est surtout C.Z. Codreanu qui manifestait de l'hostilité à l'égard de certaines actions politiques qu'il interprétait comme des offenses personnelles ; c'est même le cas des leaders de l'extrême droite (par exemple le conflit avec Istrate Micescu qui, à l'époque, était soutenu par le Parti national chrétien) ; ibidem, folio 54.

[31] Ibid., folio 55.

[32] Ibid., folio 58.

[33] ANIC, fond du Ministère de l'Intérieur/Divers, volume 5/1937, folio 59, Ordre Circulaire du Ministre de l'Intérieur adressé aux préfets de départements et aux inspecteurs régionaux de police.

probablement, une autre explication possible. Les documents de la Sûreté relèvent la raison pour laquelle Alexandru Vaida-Voevod refusait, sans aucune précaution, de rencontrer Zelea Codreanu : « la question nationale ». Le chef de la Légion devait choisir la route « nationale monarchique » ou bien celle du « constitutionnalisme démocratique».[34] Il était obligatoire qu'il assume l'une ou l'autre direction, ce qui était une solution impropre à la vie politique, en général, et incompatible avec la situation dans laquelle se trouvait la Légion. Celle-ci se trouvait en pleine « guerre froide » avec le roi Carol II et, par la suite, le choix de la « ligne nationale monarchique » était illusoire, tardif et pas du tout viable du point de vue politique. L'attitude du chef de la Légion, qui cherchait une sortie du blocage imposé par le Roi, paraissait beaucoup plus cohérente ; il envisageait une route plutôt démocratique, ce qui allait rapprocher la Légion du PNȚ. La route « nationale monarchique » signifiait, en réalité, la transformation du Mouvement dans un satellite dépourvu de valeur de la sphère de la Monarchie et même du Parti national liberal. Ce dernier ne considérait pas sa dépendance du roi comme un poids politique.[35]

Les mesures de rétorsion du chef du Mouvement en conséquence de l'attitude négligente d'Alexandru Vaida-Voevod en ce qui concerne la communication politique ont visé la déclaration de l'accord de mai 1936 comme obsolète au cas où le chef du Front Roumain continuerait à éviter la rencontre avec Zelea Codreanu.

L'intention des chefs politiques, conformément à d'autres documents, n'était pas de négliger le Parti Tout pour le Pays, mais au contraire, de l'intégrer dans un vaste projet politique, initialement secret. Pour le 20 juin 1937, un entretien secret était prévu à l'Académie populaire Dalles ; plusieurs chefs de partis politiques[36] devaient y participer : Alexandru Averescu (Parti du Peuple), Gh. Brătianu (PNL Brătianu), A.C. Cuza et Octavian Goga (PNC), Grigore Iunian (Parti Radical Paysan), Alexandru Vaida-Voevod (le Front Roumain), Constantin Argetoianu (l'Union Agraire). Le projet politique dans lequel le radicalisme antisémite rencontrait des politiciens de l'entourage royal, des chefs de partis dépourvus de signification électorale et des opportunistes de profession peut être caractérisé comme dépourvu de sérieux, de consistance à long terme et d'horizon. L'idée de réaliser un gouvernement « désintéressé, non marqué politiquement », à la place d'un gouvernement de généraux, était réalisable dans le contexte où les grands clivages idéologiques étaient dépassés et les activistes antisémites pouvaient militer à côté des groupes radicaux pro-communistes de Bessarabie dont l'origine était juive et qui soutenaient le Parti Radical Paysan.

Le pacte de non-agression électorale a eu comme résultat la fin des rumeurs (confirmées d'ailleurs après deux mois) concernant les intentions de dissolution du Parti Tout pour le Pays. Si les auteurs de la dissolution étaient faciles à identifier (le gouvernement et la Monarchie), les bénéficiaires en étaient les adversaires de la zone du système des partis qui auraient pu utiliser les voix légionnaires ; un autre effet de la dissolution concernait l'affaiblissement du PNȚ, et surtout celle de son aile maniste ; une identité entre le programme politique de Iuliu Maniu et celui de C.Z. Codreanu est exclue en dépit du fait que certains documents attribuaient au chef du Mouvement l'idée

---

[34] Ibid., folios 60-62.
[35] Corneliu Zelea Codreanu n'a pas développé les arguments plus haut ; en échange, la logique des faits soutient cette interprétation.
[36] Ibid., folios 66-72.

de l'équivalence des deux visions politiques. Les conséquences d'une possible dissolution étaient appréciées, dans les milieux légionnaires, comme beaucoup plus graves qu'en 1933, « en raison du fait que si à l'époque on a trouvé trois individus qui ont été capables de fusiller Duca, cette fois-ci il y aurait au moins trois cents tireurs qui ne perdront pas le temps pour choisir et qui n'hésiteront ni même devant le Souverain qu'ils condamneraient tout comme les autres membres du gouvernement. »[37]

La surenchère des actions de réponse du Mouvement légionnaire tombait dans un contexte d'augmentation du sentiment de peur face aux effets de la mesure de nivellement de la vie politique, y compris la mise en illégalité du plus radical parti anti-systémique, et la déresponsabilisation des autorités face aux effets de son propre geste politique.

Le matin du 26 novembre a eu lieu, au siège du Parti Tout pour le Pays, une assemblée des leaders légionnaires où l'on a donné des explications du pacte de non-agression électorale. Le sens limité de ce document était explicitément reconnu par les légionnaires ; de plus, le document était interprété aussi comme un possible canal de collaboration avec Iuliu Maniu ; le chef du Mouvement légionnaire aurait aussi prouvé au chef du PNȚ la nécessité de l'exclusion des membres juifs du parti, fait qui aurait rendu plus facile la collaboration des organisations.

Mais ce pacte était critiqué par des alliés plus anciens du Mouvement.[38] Mihail Manoilescu aurait cherché à montrer à C.Z. Codreanu les désavantages de la conclusion du Pacte[39], un point de vue critique similaire, mais indépendant de celui du théoricien du corporatisme, étant soutenu par Nae Ionescu. Les documents de la police indiquaient aussi la désorientation qui existait à l'intérieur des organisations locales légionnaires, incapables de formuler une réponse plausible pour le problème de la coalition avec les nationaux-paysans et les Juifs.[40] On avait même signalé l'érosion des positions exclusives de direction détenues par C.Z. Codreanu, même si une telle perspective de compréhension de la situation à l'intérieur de la Légion n'était pas confirmée par le cadre plus large d'évolution du Mouvement.[41]

La collaboration avec le Parti national paysan et, au sein de celui-ci, avec Iuliu Maniu[42], exigeait de C.Z.Codreanu un point de vue plus articulé au sujet de la

---

[37] Ibid., folios 129-130.

[38] Ibid., folios 135-136.

[39] Ibid., folio 137.

[40] Même si le PNȚ n'avait pas assumé des « obligations » face à la minorité juive et même si les légionnaires considéraient que le plus grand parti de gauche était au fait dépendant des Juifs et implicitement du communisme ; ibid., folio 141 : « Les légionnaires sont abattus et certains d'eux reconnaissent le fait que Corneliu Codreanu les a menés vers un bourbier. Au siège central on recevait quotidiennement de nombreuses lettres ou l'on demandait des explications comme ceci : Que répondre aux gens qui nous accusent que, jusqu'à hier, on avait l'habitude de combattre les Juifs et les paysans, et, à présent, on les défend ? »

[41] Autrement dit, les événements de l'hiver 1937-1938 n'indiquent pas la perte d'influence de C.Z. Codreanu dans la Légion. Ce parti était une structure rigide où l'esprit critique avait été complètement annihilé (y compris physiquement). Une attitude indépendante de celle du « Capitaine » étant inconcevable ; l'analyse, pour une plus longue période, de l'évolution/involution de la Légion atteste la mise en évidence des stratégies de type nouveau, qui connectaient la violence subversive aux « liaisons dangereuses » de certains leaders avec les Services Secrets. Il est également possible que la Légion, dans des conditions non-conspiratives, ait suivi une route similaire à celle du national-socialisme au début des années trente. L'imminence de la guerre et la préférence d'Hitler pour les solutions vérifiées (l'option pour des chefs autoritaires provenant de l'armée et de la société conservatrice) a empêché ce cours.

[42] Le pacte de non-agression doit premièrement être considéré comme un acte de volonté des deux leaders politiques et, pour la partie démocrate, l'expression de la volonté de Iuliu Maniu d'empêcher avec le soutien

Monarchie, et en spécial vis-à-vis du roi Carol II. Au début de décembre 1937, le chef du Mouvement travaillait à la rédaction d'une circulaire concernant les relations entre son Mouvement et la Monarchie.[43] Le plan et les idées contenus dans l'ébauche du manuscrit indiquaient les intentions de Codreanu d'imposer au Souverain une vie morale, lui demandant soit de se marier avec son ancienne épouse, soit l'abdication au trône et l'exil d'Elena Lupescu à l'étranger. Ferme dans ses options monarchiques, Codreanu ne pensait pas au remplacement de Carol avec son fils Mihai, celui-ci étant considéré comme trop imprégné par l'atmosphère de son père. La seule option viable était l'ancien prince Nicolas, pour lequel le chef de la Légion montrait devant les militants légionnaires se trouvant à ses côtés « une infine affection ».[44] Dans ce cas aussi, la femme du présomptif monarque, d'origine roumaine, ne devait pas se mêler des affaires de l'État. Le texte définitif de cette circulaire n'a jamais été achevé et prouve, une fois de plus, la naïveté de Codreanu dans l'évaluation des possibilités de collaboration entre la Monarchie et les partis politiques en général, et une organisation comme le Mouvement légionnaire en particulier.

La veille des élections, la solidarité des principaux signataires du Pacte relatif aux problèmes essentiels du pays, et plus particulièrement au problème constitutionnel, semblait être bien manifeste, en spécial dans les groupes légionnaires. Cette attitude légionnaire indique, cependant, l'expression d'un désir projeté dans le futur, et le manque d'arguments que, dans la pratique, on pourra développer des activités politiques d'ampleur, qui concrétiseront le point de vue constitutionnel.[45] Un front commun d'action, qui implique le Parlement, mais aussi une puissante propagande extra-parlementaire, dans les rassemblements et la presse, qui donnent lieu a des procès politiques aurait été plus plausible s'il s'était concrétisé. Les principales différences entre l'idéologie pro-totalitaire et idéologie démocratique, entre l'horizon politique légionnaire et celui exprimé par Iuliu Maniu, auraient empêché une collaboration à long terme. Maniu ne concevait le Pacte que comme un instrument personnel contrôlé exclusivement par lui, avec un but cependant limité : la mise à l'écart de l'instauration de la dictature royale. L'idéologie légionnaire n'acceptait sous aucune forme le type de démocratie contrôlée par un leader de facture politique nettement différente, comme était Maniu. Ni dans l'option politique légionnaire, ni dans celle de C.Z. Codreanu n'entrait la possibilité de l'instauration d'une démocratie contrôlée, qui paraît toutefois avoir mobilisé la société roumaine, en spécial la société rurale. Le projet politique de Maniu, de sabotage de l'instauration de la dictature personnelle du roi Carol II était quand même plus visible et détenait un potentiel de mobilisation et un effet plus puissant sur la société roumaine que l'utopie totalitaire, l'État ethnique et l'antisémitisme légionnaires.

Dans l'attention d'autres leaders légionnaires se trouvaient aussi des documents jugés comme provocateurs ou ayant été envoyés par des personnes instables du point de vue psychique, qui stipulaient la déchéance de la Garde, à la demande d'Ion Inculeț, sur l'instigation du diplomate soviétique Ostrovski, entre le 13 et le 17 décembre 1937. Même si Nicolae Totu, le chef du bureau électoral légionnaire, avait

---

du Mouvement légionnaire, l'instauration d'une dictature personnelle du roi Carol II ; les fonctions du pacte n'ont été comprises ni par les légionnaires, ni par les agrariens et même, ni complètement par C.Z. Codreanu.

[43] Ibid., folio 150.

[44] Ibid., folio 151.

[45] Ibid., folio 154.

envoyé cet acte, le 8 décembre 1937, à Ion Inculeț, sans lui attacher aucune importance[46], il est certain qu'une intentionnalité agressive existait déjà au niveau du roi vis-à-vis du Mouvement légionnaire. Le blocage de l'option électorale, par l'action de ne pas convoquer le Parlement élu à la fin de l'année, témoigne de la volonté du roi et de sa camarilla de gouverner au dessus des partis et, de plus, de se débarrasser du principal contestataire du système constitué. Le jour même où Nicolae Totu envoyait le texte en cause à Ion Inculeț, Codreanu appréciait que, au cas où le gouvernement libéral serait en « minorité » aux élections, le souverain procéderait à l'instauration de la dictature personnelle.[47] Dans cette éventualité, les légionnaires répondraient par l'instauration de leur propre dictature. On n'avait cependant pas précisé les moyens spécifiques par lesquels la Légion instaurerait la dictature propre, et si les forces dont elle disposait suffisaient pour un régime de ce type.

Malgré l'imminence des élections, le type d'action politique du chef légionnaire était toujours cantonné dans la zone des propres militants, lui manquant une stratégie d'action électorale de même qu'un programme cohérent d'action et, aussi bien, un programme de gouvernement (par un système d'alliances inter-partis). Le 10 décembre, Zelea Codreanu s'adressa emphatiquement à un groupe de 200 étudiants conduits par Șerban Milcoveanu, le président de l'Union Nationale des Etudiants Chrétiens Roumains, menaçant les professeurs universitaires qui se seraient alliés aux mesures répressives anti-étudiants (en fait anti-légionnaires).[48] La déclaration de Codreanu indique l'inexistence des engagements sur d'autres trajets politiques que ceux des menaces directes (même physiques), dans l'absence totale d'un projet politique substantiel qui soit offert à son propre électorat. L'intention de Codreanu pouvait être aussi celle de la concentration des forces légionnaires sur des « territoires », sur un espace social déjà contouré et certain. Si la stratégie de la concentration sur des points conquis pouvait être « faisable » jusqu'à un certain point, pour le statut d'homme politique, et surout d'homme d'État, s'imposaient d'autres exigences.

Les actions de Corneliu Zelea Codreanu et du Mouvement légionnaire à la veille et au moment succédant immédiatement aux élections incluent des réactions de satisfaction par rapport aux actes politiques de clarification de Nicolae Titulescu[49], des préparatifs de logistique par l'utilisation d'armement artisanal[50], des discussions politiques avec Gerota et des réactions négatives envers le discours du Premier ministre Gheorghe Tătărescu[51], mais surtout la préparation des mesures de répression violente envers Istrate Micescu et Nicolae Robu, deux militants importants du Parti National Chrétien.[52] Concernant Istrate Micescu, la tactique de la violence était doublée d'une

---

[46] Ibid., folio 155-156.

[47] Ibid., folio 158.

[48] « Dorénavant, devant tant d'obstacles posés aux étudiants, moi, votre capitaine, je serai celui qui va frapper cruellement les professeurs universitaires qui se sont prêtés à des coups et des làchetés contre le mouvement estudiantin, je vais les sanctionner et leur demander des explications, en me fiant à vous ». Ibid., folio 161.

[49] Ibid., folio 163.

[50] Ibid., folio 165.

[51] Ibid., folio 168.

[52] Ibid., folios 169-170 ; Vasile Iașinschi a reçu des dispositions personnelles de Codreanu « de renoncer à prendre des gants et de répondre avec toute l'énergie aux provocateurs, en leur tirant dessus sans pitié, quels qu'ils soient. Par cette disposition, on prévoit d'enregistrer au plus tôt des actes de violence en Bucovine, parce qu'on visait directement Robu en personne, qui était considéré par les légionnaires leur seul obstacle en

tentative de discrédit de la position dirigeante de doyen qu'il détenait dans le Barreau d'Ilfov. On avait l'intention de diffuser un manifeste avec les discours d'Istrate Micescu favorables au Mouvement et aux légionnaires qui avaient pris part à la Guerre Civile d'Espagne.[53] Cette tactique ne pouvait quand même pas être cohérente parce que, au contraire, elle faisait augmenter la confusion en ce qui concernait l'honnêteté de l'action légionnaire. A quoi bon une campagne contre Istrate Micescu si celui-ci s'était déclaré pour le Mouvement légionnaire et pour ceux qui avaient participé à la Guerre Civile d'Espagne ?

Corneliu Zelea Codreanu a refusé d'accorder une interview dans la presse étrangère, invoquant la procession d'enterrement du militant légionnaire Şumuleanu[54], et a jugé inopportune la publication de la circulaire « Les Légionnaires et la Monarchie » avant les élections.[55] En remettant à plus tard la publication de cette circulaire, le chef de la Légion espérait que les adversaires pro-royaux de la Légion n'aient pas d'arguments supplémentaires pour gagner l'opinion publique. Les directions assez fragiles de l'activité de propagande étaient complétées avec les mobilisations des cadres dans le sens de l'application des contre-mesures punitives physiques aux adversaires de la Légion, y compris les assassinats.[56] Il ne manquait pas non plus des actions d'appropriation frauduleuse de cartes électorales, utilisées par les étudiants de la Faculté de Médicine Vétérinaire pour voter.[57]

L'attitude catégoriquement prolégionnaire de *Bună Vestirea* (l'annonciation) a déterminé Toma Vlădescu, le deuxième directeur de la publication, à démissionner.[58] Les mutations dans les publications politiques étaient doublées du bruit qui courait à l'époque sur la réapparition du journal *Cuvântul*, le 10 janvier 1938, journal de facture légionnaire sans être, pour autant, l'officiel du Mouvement.[59] L'évolution des événements, mais aussi des modifications au sein de l'équipe rédactionnelle et même de leurs options idéologiques, engendrèrent une nouvelle physionomie de la publication identifiée, à la fin de l'année 1933, au destin politique du Mouvement.[60]

Le 22 décembre 1937, Zelea Codreanu manifestait son enthousiasme au sujet du résultat des élections, étant décidé à profiter de l'atmosphère favorable.[61] Codreanu était convaincu de la victoire décisive de la Légion aux secondes élections organisées

---

Bucovine. On prévoyait qu'Istrate Micescu ne serait pas fusillé, « mais il sera obligé de ne pas entrer en ville, pour ne pas lui couper la barbe. » (idem, folio 170, 17 décembre 1937)

[53] Ibid., folio 180.

[54] Ibid., folio 171.

[55] Ibid., folio 172.

[56] Dans les milieux légionnaires le bruit courait que le chef de la Légion, de commun accord avec la direction du Parti Tout pour le Pays, aurait décidé que, lorsqu'un légionnaire serait exécuté, on commettrait, le même jour, 8 assassinats, en 8 points différents du pays, contre des personnalités politiques ; même si ce document aussi appartient aux services de police politique, il est difficile de croire que l'intentionnalité de commettre de tels actes aurait fait complètement défaut au Mouvement et à Zelea Codreanu.

[57] La documentation de la situation se trouve au Tribunal Civil de la Circonscription 5 de Bucarest, le jour de 15 décembre, où un greffier légionnaire a facilité l'obtention des cartes électorales pour les étudiants en médecine affiliés à la Légion, ibid., folio 174.

[58] Ibid., folio 177.

[59] Ibid., folio 179.

[60] Le journal devait plaider pour un rapprochement avec l'Italie et l'Allemagne et pour une hostilité envers la France. Dans l'action de réapparition du *Cuvântul*, Nae Ionescu s'était aussi impliqué, il était parti en Allemagne pour obtenir des directions d'action et surtout des subventions.

[61] Ibid., folio 181-182.

après, aucun parti, y compris le parti de gouvernement, n'étant capable de surpasser en votes la Légion. Codreanu était convaincu que c'étaient les dernières élections en faveur des « partis anciens » et que « dorénavant la victoire est assurée pour la Légion. »[62] Ce qui était urgent c'était d'organiser la Légion pour « correspondre au moment opportun où elle sera[it] appelée à gouverner". La perspective, exagérément optimiste du chef du Mouvement, ne sera pas accompagnée des actions réelles de mobilisation, d'organisation, même dans le sens de l'activisme violent (le seul capable d'affecter sérieusement les organismes de répression de l'État). Mais Codreanu doublait son optimisme avec la démonstration de la double voie dans laquelle la Légion pouvait s'engager, d'une façon délibérée ou non : l'installation au pouvoir, et son élimination violente et forcée du pouvoir (ce qui, en fait, survint) : « En 1939 [plus précisément depuis 1938 : notre note] il n'y aurait que deux possibilités, soit on aura un État légionnaire, soit notre mouvement sera enterré. Je crois à la première possibilité. Je crois qu'en 1939 la Roumanie sera un État légionnaire, et cela même si moi et les chefs du mouvement disparaissaient ».[63] Pendant les fêtes de Noël (immédiatement après les élections) s'est accentuée la ligne défensive et défaitiste de Zelea Codreanu lui-même. Appelé d'urgence à Bucarest, de la ville de villégiature de Predeal où il avait rencontré aussi le général Ion Antonescu, le chef de la Légion a informé par téléphone ses subordonnés qu'« il partait dans une excursion en Transylvanie »[64], comportement complètement inadéquat dans un moment d'extrême tension politique. Le prétexte, où même le motif réel, c'était l'instauration du gouvernement Goga, « un nouveau défi pour la Garde de Fer ». La présence d'Istrate Micescu dans le gouvernement a provoqué les légionnaires sans qu'ils puissent préciser d'une manière cohérente leurs raisons.[65]

Dans ces moments de confusion, où la Monarchie cherchait encore des voies d'action et testait le dégré d'acceptation de la société à l'égard de nouvelles situations exceptionnelles dont le contour se traçait, la tactique de Iuliu Maniu était de mobiliser devant le Palais Royal de la Capitale les militants légionnaires et les nationaux-paysans. Les leaders légionnaires envisageaient même une marche à travers Bucarest, avec 50000 militants de leurs contingents, des ouvriers pour la plupart, qui occuperaint d'une façon concentrique la Capitale. Les légionnaires protestaient, dans des conciliabules secrets, contre le manque de légitimité du PNC d'obtenir l'avis de former le gouvernement ; les libéraux auraient informé les légionnaires de l'hostilité du roi par rapport au grand nombre de mandats obtenus, la Légion étant considérée le parti le plus dangereux.[66]

Les mesures prises par le roi en vue de bloquer l'ascension politique du Mouvement légionnaire se précipitaient avec des dotations pour les unités paramilitaires du PNC (les lanciers)[67], et les mesures gouvernementales consistaient en la nomination de jeunes préfets anti-légionnaires qui auraient souhaité l'éradication du Mouvement dans leurs départements.[68] Les légionnaires visés étaient décidé à réagir « de la façon la plus violente, même au risque de se faire fusiller, car ils n'admettr[aient] pour rien au

---

[62] Ibid..

[63] Ibid., folios 183-184.

[64] Ibid., folios 187-189.

[65] Les documents attestent la neutralité des légionnaires par rapport au gouvernement Tătărescu, causée par la nécessité de s'organiser, fait indifférent aux raisons de l'hostilité envers Istrate Micescu.

[66] Ibid., folios 188-189.

[67] Ibid., folio 192.

[68] Ibid., folio 193.

monde que ces nouveaux préfets déclenchent la terreur contre les légionnaires ».[69] Au dernier jour de l'année 1937 seulement étaient parvenues des informations sur la conviction de Codreanu qu'un front commun s'était réalisé, un front d'action du roi et de ses partisans pour l'extermination du Mouvement légionnaire et de Iuliu Maniu ; ce qui suit c'est la décision secrète de lutter jusqu'à la mort même « contre le souverain, autant que S.M. le Roi ne change pas d'attitude et n'entre pas à nouveau dans le rôle constitutionnel pur de la Couronne. »[70] C'était pour les premiers jours de l'année 1938 qu'on attendait la mise en pratique du plan d'action de C.Z. Codreanu dans les nouvelles conditions politiques.[71]

Le conflit de 1937, encore latent, entre la Monarchie et le Mouvement légionnaire, connut des dimensions radicalement transformées dans le sens de la violence en 1938. La violence entre les deux forces, dont l'une était intéressée par la conservation des propres positions par une dictature personnelle et l'autre par l'instauration d'une dictature de parti avec la possibilité d'évoluer vers le totalitarisme, affecta grièvement la vie politique et civique en Roumanie. Adversaires irréductibles, la dictature du roi Carol et celle des légionnaires, qui lui a succédé, ouvrirent le chemin vers la grande période glaciaire du totalitarisme communiste entre 1945 et 1989.

---

[69] Ibid..

[70] Ibid., folio 198.

[71] Il n'y eut pas, dans le sens qu'on n'avait pas enregistré, les actions concrètes d'aucun chef du Mouvement légionnaire contre le roi et le gouvernement Goga ; les événements prouvèrent d'une manière de plus en plus claire la perte d'initiative politique de Codreanu et de la Légion, et le passage d'un activisme visible, public, à un terrorisme sectaire, clandestin et rejeté par la société, sous la direction du nouveau chef, Horia Sima. Il est certain que Zelea Codreanu a soit perdu le sens politique, soit il a compris que la Légion n'avait pas de moyens légaux suffisants pour s'opposer à Carol II. L'unique chance démocratique, l'insoumission civique, préconisée par Iuliu Maniu, a été traitée avec une inexplicable légèreté par C.Z. Codreanu. Les documents de la police ne font pas référence non plus à la tactique de Iuliu Maniu ; ibid., folio 199.

Olivier BUIRETTE
Paris 3-Sorbonne Nouvelle

La révolution agrarienne de Stambolijski en 1920-1923 :
laboratoire d'un totalitarisme de gauche inédit ?

La Bulgarie au sortir de la Grande guerre était exsangue ; entrée en 1915 aux côtés des puissances centrales dans le but de récupérer ce qu'elle avait perdu après la seconde guerre balkanique, elle devint le seul État des Balkans considéré comme vaincu dans les règlements des traités de paix. Signataire le 27 novembre 1919 du Traité de Neuilly, condamnée à des pertes territoriales assez limitées si on les compare à la situation hongroise, la Bulgarie doit affronter tout de même la nécessité de payer des réparations assez lourdes en nature (fourniture de bétail et de récoltes) à son nouveau voisin yougoslave par exemple, ainsi qu'une mise sous tutelle de son économie par la Commission des Réparations de Guerre alors en cours de formation.[1]

Si la monarchie est maintenue, un régime de type parlementaire n'en est pas moins instauré. C'est dans ce cadre que le leader du parti agrarien, classé à l'extrême gauche, Alexandre Stambolijski, devient à partir du 6 octobre 1919 le Premier ministre appelé par le roi Boris III pour former une coalition. La première de ses actions sera donc de ratifier le Traité de Neuilly. Puis, à la faveur de la victoire de son parti aux élections législatives de mars 1920 avec 40% des voix, il met fin à la coalition et procède à la formation d'un gouvernement agrarien homogène avec pour but l'installation d'un régime autoritaire ayant pour objectif principal « l'anéantissement de la Bourgeoisie ».[2] De nombreuses réformes sont alors mises en œuvre dans un climat de violence[3], et une « révolution agrarienne » est proclamée, différant de celles de type bolchevique comme en Russie ou dans l'éphémère République des Soviets de Hongrie de Béla Kun par le fait que dans l'idéologie agrarienne la propriété privée est maintenue.

On essaiera de voir en quoi le régime qui tenta de créer un culte de l'homme fort de la Bulgarie autour d'Alexandre Stambolijski a pu en effet porter en lui les ferments de ce qu'aurait pu être un État totalitaire, et donc en quoi ces années de violence, de 1920 à 1923, ont vu la création de structures totalitaires, voir fascisantes notamment au travers de l'existence de cette milice du parti agrarien plus connue sous le nom de Garde Orange, et ont généré une forme de religion politique.

---

[1] Une Commission Interalliée Bulgare (CIB) est mise en place afin de gérer de manière spécifique le pays, (voir Olivier Buirette, *La Formation et les premiers travaux de la Commission Interalliée des Réparations de Guerre 1919-1923*, thèse soutenue à Paris III.)

[2] Ivan Iltchev, *La rose des Balkans, histoire de la Bulgarie des origines à nos jours*, Paris-Sofia, éditions Colibri, 2002. (Chapitre consacré au régime de Stambolijski)

[3] *Ibid.* ; voir aussi la note de synthèse du ministre à Sofia Henri Cambon à Louis Barthou du 10 juillet 1934 sur la perception du régime de Stambolijski dix ans après sa chute ; Archives du ministère des Affaires étrangères, Série Bulgarie : Z Europe, vol. 133, folios 35-53.

Si le régime agrarien n'eut pas le temps de s'affirmer totalement, Stambolijski étant éliminé par un coup d'État dès juin 1923, il n'en demeure pas moins que ce moment historique bulgare défini par Stambolijski lui-même comme étant ni de droite, ni de gauche mérite d'être étudié, ne serait-ce que par ce qu'il fut une tentative de Troisième voie en politique au milieu d'un pays devant faire face à une situation de chaos face aux assauts communistes, voire de guerre civile.

Les enjeux de 1920 : un régime réformateur ?

Fraichement élus et fidèles au programme de l'Union agrarienne, le Premier ministre et son gouvernement firent cependant face aux difficultés en respectant autant que possible le programme du parti, ce qui nous amène à mentionner d'abord la face plutôt positive du régime, avec des réformes modernisatrices pour un pays sortant ravagé de la Grande guerre ; ceci nous permettra de mieux voir en quoi les réformateurs agrariens, dans le soucis de rester, face aux dangers, attachés à leurs conquêtes sociales et politiques, furent ainsi amenés à durcir de plus en plus le régime jusqu'au point de rupture qui fit que tout s'effondra en juin 1923 avec le putsch de l'Union militaire d'Alexandre Tsankov.

En premier lieu, véritable emblème du régime nouveau, c'est le lancement de la réforme agraire concernant la redistribution de 90000 ha de terres attribués aux paysans sans terre et aux réfugiés des territoires confisqués, le développement des coopératives étendues à tous les secteurs de la vie agricole et artisanale, la création de banques populaires, la diminution de la durée du travail pour les femmes et les enfants, l'organisation protectionniste du commerce. Celle-ci est suivie de peu par celle du système éducatif afin de l'adapter aux besoins de la modernisation socio-économique du pays et non plus uniquement pour former des fonctionnaires et des hommes de loi. L'école gratuite et obligatoire est ainsi prolongée jusqu'à 14 ans et les Instituts pédagogiques sont développés, un effort est également porté dans le domaine de l'enseignement des langues étrangères et des ouvertures de bibliothèques, le tout en prenant toutefois soin de mettre le Parti communiste à l'écart[4], de demander aux enseignants communistes de respecter la neutralité de l'enseignement et d'expurger les manuels scolaires de toute référence à la doctrine marxiste.[5]

Une réforme de la justice est également lancée afin de rendre celle-ci moins onéreuse et plus proche des justiciables – les tribunaux ruraux furent rétablis pour juger les délits mineurs et de voisinage sans qu'il soit nécessaire de faire appel à des hommes de loi. Enfin, comme le prévoyait le traité de paix, l'armée fut démantelée : la Bulgarie n'avait plus de force armée fiable pour défendre le pays et l'État. Le traité prévoyait une armée de volontaires, engagés pour douze ans, payés par l'État, idée inimaginable dans un pays de petits paysans attachés à leur terre. Cette clause était source d'un grave problème pour reclasser les nombreux anciens officiers devenus sans emplois et qui avaient été particulièrement choyés par l'ancien régime.

---

[4] On notera ici que nous avons un premier signe de radicalisation du régime qui souhaite maintenir à l'écart le PC et, comme bien des États de l'après Première guerre mondiale, se préserver de la contamination de la révolution bolchevique de 1917. L'exemple de l'aventure sanglante en 1919 de l'éphémère République des Conseils en Hongrie devait sans doute également jouer dans ce sens.

[5] Ministère des Finances bulgare : cote 3372 III 579 : Lt-Colonel Nikolov, « Histoire de la Première Guerre Mondiale », 13 février 1931, cité dans l'*Histoire diplomatique de la Bulgarie* de Cyril Popov.

Une loi sur le travail civil obligatoire fut également promulguée ; elle devait être une réflexion originale destinée à faire face aux difficultés structurelles du moment, à développer le sens civique chez les jeunes et à promouvoir une certaine mixité sociale. On notera dans cette mesure, tout comme dans la mise à l'écart des éventuels concurrents communistes vue précédemment, les prémisses d'une certaine volonté d'encadrement et de mobilisation de la société sur laquelle nous reviendrons.

Toujours au chapitre des réformes on s'attaqua également aux Finances avec un budget prévisionnel 1922-1923 du gouvernement Stambolijski qui était en équilibre, chose jamais vue depuis 1879, le tout associé à des accords avantageux pour la Bulgarie, trouvés pour retarder le paiement des annuités de l'indemnité de guerre.[6] Enfin, en matière de politique étrangère, Stambolijski s'employa à réhabiliter la Bulgarie aux yeux des grandes puissances européennes : à ce titre le pays en 1920 fut le premier pays vaincu à être admis à la SDN.

L'année 1922[7] enregistre une radicalisation de la réforme agraire avec pour mot d'ordre « la terre appartient à ceux qui la labourent ». On propose alors de limiter la taille des exploitations à trente hectares avec la condition que tout propriétaire bourgeois non-exploitant et ayant un terrain de plus de dix hectares soit exproprié en faveur des paysans pauvres ; que les bâtiments inoccupés soient réquisitionnés pour loger la population ; que les revenus industriels et financiers soient réduits et le prix du blé stabilisé, ceci permettant aux paysans de s'enrichir.

Rappelons que c'est dès mai 1920 qu'est constitué le gouvernement homogène et resserré du Parti agraire avec neuf portefeuilles et Stambolijski concentrant les fonctions de Premier ministre, de ministre des Affaires étrangères et de ministre de la Défense nationale, avec la volonté de verrouiller ainsi les postes dits sensibles.[8] Bien qu'il n'annonce pas de programme précis, il n'annule pas la loi martiale et la censure, maintenant ainsi la pression pour la mise en place de son régime autoritaire. Les réunions et les manifestations sont limitées, ces mesures extrêmes étant motivées par le danger de l'extérieur. Ainsi, à partir de juillet 1920 les juges voient leurs pouvoirs augmenter considérablement au détriment de la défense[9] ; n'oublions pas qu'ils sont censés assurer « la purge » du pays des éléments responsables de la « catastrophe nationale ». Le régime assied donc son autorité. Nous avons donc bien au travers de cette présentation de la face positive du régime, les ferments de la dérive au moins autoritaire du régime, l'idée de base étant de favoriser de manière parfois excessive une classe sociale – il est vrai, très majoritaire, et seule à pouvoir se réclamer réellement d'une mobilisation des masses – contre une autre.

Cette politique, intégralement « paysannophile », ne pouvait à la longue que commencer à provoquer des troubles dans un pays à peine sorti d'un conflit qui avait

---

[6] A ce titre la Bulgarie, tout comme l'Autriche et la Hongrie, se trouva finalement face au choix des alliés créanciers, de préférer aider ces pays à se reconstruire plutôt que de maintenir leurs économies sous la pression de réparations coûteuses. Le régime de Stambolijski comme celui qui lui succèdera en 1923 fut donc soutenu par les puissances occidentales, notamment afin d'éviter ce que l'on craignait surtout dans les années vingt, à savoir la propagation de la révolution russe de 1917.

[7] Archives Historiques Centrales d'État, f.1445, op.1,a.e.2.

[8] Archives du Ministère de l'Intérieur bulgare, Sofia, t.1620, v.II, p.13, t.92588.

[9] Ibid..

considérablement fragilisé son économie. C'est à partir de ses troubles que le régime va progressivement se raidir et c'est aussi ce qui va causer sa chute.

La radicalisation du régime et la mise au pas de l'opposition

Dès le début de la « révolution agrarienne » on put assister à une dérive certaine dont voici les aspects principaux. Le premier de ces éléments significatifs est la violence électorale et l'intimidation systématique des électeurs lors des premières élections de la période. Ainsi, à la veille du scrutin du 27 mars 1920, et afin de terroriser l'opposition politique, le pouvoir organisa des perquisitions de nuit, parachevant une terreur commencée le 3 mars, lorsqu'il avait fait sauter le théâtre Odéon, lieu de réunion des partis politiques opposés au jeune régime agrarien. Le 28 mars 1920 se déroulent les élections législatives à l'Assemblée Nationale marquées, après ces intimidations, par une nette victoire des agrariens.[10] Le Parti agraire gagne les élections avec 39% des voix, soit 110 sièges sur 229 ; le Parti communiste obtient 50 sièges.

Alexandre Stambolijski déclara alors l'instauration d'un pouvoir « puissant et réformateur », c'est-à-dire selon lui capable de faire des réformes en profondeur. Rapidement la situation est totalement normalisée avec un gouvernement ne comportant que des membres du parti.

De même, les observateurs extérieurs – dont l'ambassade de France – analysent le succès du Parti Agraire comme « relatif »[11], alors que cinq sièges de députés communistes sont pourtant annulés dans l'arbitraire le plus total et dans le but d'instaurer un pouvoir agraire indépendant, malgré toutefois des protestations de l'opposition, qui suit les manières non démocratiques employées et qui s'accompagnent encore de la suppression de treize autres sièges de l'opposition. Après ce qui ressemble à une sorte de coup d'État – qui ne représenterait, nous l'avons vu, pas le dernier de la sorte – le Parlement ne compte plus que 216 sièges officiels au lieu de 229.[12]

L'opposition accuse alors le Parti agraire[13] d'établir littéralement un régime politique pareil à celui de Russie, mais en couleur orange. L'opposition, qui sera réprimée jusqu'au moment où elle contre attaque en 1922 puis plus sûrement avec le putsch de juin 1923, se composait alors des partis suivants : le Parti démocratique ; le Parti populaire progressiste soutenu, nous disent les archives[14], par la Grande Loge de Bulgarie, ce qui est un signe d'indépendance du pouvoir central – bien qu'elle fut reconnue dès 1921 par Stambolijski[15] ; le Parti radical.

Dès les débuts du régime et dans le climat déjà aperçu, l'ensemble de ces forces d'opposition est assimilé aux principaux responsables de la défaite de 1918 et, comme on le verra, bientôt promises aux jugements des tribunaux populaires d'exception qui vont se mettre en place. Seuls les libéraux restent en dehors, ne voulant pas être associés aux autres partis fustigés par le pouvoir.

---

[10] Ibid.

[11] D. Petrova, *Le gouvernement indépendant du Parti agraire, 1920-1923*, Sofia, 1988, pp.90-92.

[12] Archives du Ministère de l'Intérieur bulgare, Sofia, t.1620, v.II, p.13, t.92588.

[13] Ivan Volkov, « Souvenirs, comment nous avons fait tomber le gouvernement Stambolijski », tiré du *Journal Drapeau des Paysans (Zemredeljkolname)* n°161, du 3 août 1990.

[14] Archives du Ministère de l'Intérieur bulgare, Sofia, t.1620, v.II, p.13, t.92588

[15] Daniel Ligou, *Dictionnaire de la Franc-maçonnerie*, Paris, PUF, 1998, p.176.

C'est seulement à compter de 1922 que l'opposition relève la tête[16] ; les partis du Bloc constitutionnel, qui rassemblent l'ensemble des forces adverses au régime agrarien, décident une démonstration de force contre Stambolijski pour le 17 septembre à Tirnovo[17], puis pour le 1er octobre 1922 à Plovdiv et ensuite à Sofia. Pour la première réunion, Tirnovo est tout un symbole : c'est l'ancienne capitale impériale médiévale où en 1879 fut proclamée la première constitution de la Bulgarie moderne. La ville est aussi l'un des principaux refuges des contre-révolutionnaires russes blancs de l'armée Wrangel, défaite lors de la guerre civile russe et réfugiée en Bulgarie depuis la fin de 1919[18] et en transit vers la Turquie. Tout cela marque cette première réunion d'un signe majeur et fortement anti-agrarien.[19] L'activisme de l'opposition redouble à Tirnovo, un journal indépendant est édité : *La Constitution de Tirnovo*. Le leader des démocrates, Alexandre Malinov (1868-1938) y publie son discours. Il y accuse notamment les agrariens d'avoir instauré un régime unique en Bulgarie avec abolition des droits civils, désorganisation de l'industrie et de l'agriculture, chasse aux capitalistes. Malinov considère qu'étant donné la situation il est impossible de renverser par des moyens démocratiques le gouvernement agrarien, puisqu'il contrôle à la fois l'exécutif et le législatif et qu'en plus on soupçonne le roi Boris d'être complice du pouvoir, ou au mieux passif ; mais pouvait sortir de son rôle ? Le monarque, sans grands pouvoirs dans une monarchie constitutionnelle, finira par appeler au « renversement des agrariens par le peuple». Tirnovo devient donc rapidement le symbole de la résistance, des camions d'armement sont attaqués et ce qu'il faut bien appeler désormais des insurgés s'arment.

Les anarchistes finissent à leur tour par rejoindre le Bloc.[20] Sentant une partie du pays lui échapper, Stambolijski décide d'en appeler aux masses paysannes qui soutiennent son régime et de les faire converger vers la ville rebelle. Le pouvoir annonce ainsi pour le 17 septembre 1922[21] à Tirnovo un congrès des producteurs de betterave. Les milices agrariennes commencent alors à converger depuis les villes de Pleven, Chumen et Russé vers la ville, et les premiers incidents ont alors lieu ; l'ambassade de France à Sofia ordonna au consul français à Russé d'aller à Tirnovo, où l'on signalait des agitations, afin d'y observer les événements.[22]

Aux cris du mot d'ordre officiel appelant à l'établissement de « la dictature des paysans en Bulgarie »[23], les masses paysannes convergèrent vers Tirnovo, on réclama la mise à mort des anciens ministres d'opposition qui s'étaient retranchés dans la ville,

---

[16] Nous mentionnerons ici que l'ensemble des consultations électorales entre 1920 et 1923 sont émaillées de trucages en faveur du parti au pouvoir, le comble étant celle de 1923 qui permet à Stambolijski d'annoncer lui-même qu'il était au pouvoir pour encore 25 ans ; le putsch ne devait alors plus tarder.

[17] Archives Scientifiques de l'Académie bulgare, t. IV, a.e.155, p.308.

[18] Piotr N. Wrangel (1878-1928) l'un des chefs des armées antibolcheviques russes blancs est alors vaincu fin 1919 par l'armée rouge, les restes de son armée, soit quelques milliers d'hommes, sont alors accueillis en Bulgarie fin 1919 par le gouvernement de coalition précédant l'arrivée au pouvoir des agrariens. Obligés d'être désarmés par les agrariens à compter du début de 1920, ils furent soupçonnés de vouloir organiser en Bulgarie un putsch d'extrême droite afin de faire du pays une base arrière pour reprendre l'offensive contre les bolcheviques. Bien qu'aucune preuve concrète n'existe de ce plan, ceci ne devait que renforcer le désir de répression contre l'opposition de la part de Stambolijski et ne fit que hâter l'établissement définitif des restes de l'armée Wrangel en Turquie à la fin de 1922.

[19] On comprend mieux alors toute la portée des tragiques événements de l'automne 1922 que nous avons vus.

[20] Archives Historiques Centrales d'État, f.1445, op.1, a.e.2, pp.57-58.

[21] Archives du Ministère de l'Intérieur bulgare, Sofia, t.1620, v.II, p.13 ; t.92588.

[22] Archives Scientifiques de l'Académie bulgare, t.IV, a.e.155, p.308.

[23] Ibid..

ceux-ci ne devant qu'au roi Boris d'éviter la mise à mort. Il n'en demeure pas moins qu'ils furent livrés corps et biens aux tribunaux d'exception du régime comme étant les responsables de la défaite de 1918 (ce que le régime agrarien avait désigné comme « catastrophe nationale »).

Afin de renforcer la pression, Stambolijski écrivit un article intitulé « Bulgares, la patrie est en danger »[24], publié en première page de l'organe du parti *Drapeau agraire*. Organe manifeste de propagande, le journal devait annoncer que le danger de la guerre civile n'était pas passé et qu'il fallait « sauver la Bulgarie à Tirnovo ».[25] Face aux tensions grandissantes et à ce qui ressemble bien à une sorte de purge de la vie politique bulgare décidée par le régime, le 16 septembre 1922 le *Drapeau agraire* annonce la mobilisation générale pour sauver le régime.

Des affrontements sont signalés dès le 16 septembre un peu partout et notamment dans le train Sofia-Tirnovo où se trouvent la plupart des chefs des autres partis politiques. Ceux-ci souhaitent manifester contre la « dictature » de Stambolijski à Tirnovo : ils sont arrêtés et rejoignent bientôt les autres devant les tribunaux d'exception. De même les milices paysannes organisent le blocus de certaines gares comme celles de Mesdra et de Tcherveen-Briag où l'on signale « beaucoup de paysans avec des grands bâtons qui essayent de faire justice ».[26] La répression paysanne redouble et les leaders des partis d'oppositions sont alors faits prisonniers dans la petite gare de Dolni Dabnik[27] ; en échange de leur liberté on leur offre de signer une déclaration annonçant leur retrait de la vie politique.[28] Devant leur refus, les milices paysannes s'en prennent alors à eux physiquement leurs rasant barbes et moustaches : il s'agit d'une atteinte profonde à la dignité de ces hommes, car à cette époque et en terre orthodoxe ces attributs comportaient un sens important.[29] Le 17 septembre 1922 convergent ainsi vers Tirnovo 30000 paysans prêts à éliminer les manifestants anti-agrariens et à les jeter dans la rivière Iantra.[30] Ce que l'on pourrait presque appeler des *corps francs paysans* réclamèrent alors dans diverses proclamations l'établissement d'une véritable dictature paysanne. Face à un tel rassemblement Raiko Daskalov, principal bras droit du leader paysan[31], s'engage à ce que les ministres des cabinets dits responsables de la « catastrophe nationale » passent en jugement, à savoir : Ivan Gechov, Stoyan Danev et Alexandre Malinov.[32] Par ailleurs, et afin de baisser la pression due à ces incidents, Daskalov s'engage à entamer une procédure pour demander à la SDN de diminuer le poids des réparations et d'adoucir les autres clauses du traité de Neuilly.[33]

---

[24] Archives Historiques Centrales d'État : Appel pour établir « la dictature paysanne », avril 1922, Sofia, f.361, op.1, a.e.2o, pp.40-42.

[25] Ibid..

[26] Archives Historiques Centrales d'État, Sofia, f.1298, op.1, a.e.3, pp.135-136.

[27] *Histoire de la Bulgarie de l'antiquité à nos jours*, Versailles, éditions Trimontium, 2003, p.311.

[28] *Ibid.*, note 21.

[29] *Ibid.*.

[30] Archives Historiques Centrales d'État : Les anarchistes bulgares envoient une lettre ouverte à Stambolijski avec protestation contre la dictature paysanne, f.1445, op.1, a.e.2, pp.57-58.

[31] Celui-ci fut nommé le 13 novembre 1922 commandant en chef de la Garde Orange, cité dans le journal *Slovo* du 13 novembre 1922, Archives Historiques Centrales d'État, Sofia.

[32] Ministère des Finances bulgare : cote 3372 III 579 : Lt-Colonel Nikolov, 13 février 1931, *Histoire de la Première Guerre Mondiale*, cité dans l'*Histoire diplomatique de la Bulgarie* de Cyril Popov.

[33] Notons que la Bulgarie fut le seul pays dont les réparations de guerre furent chiffrées directement dans le traité signé à Neuilly le 27 novembre 1919. Ces réparations touchaient de plein fouet la classe paysanne

Cependant, les chefs du parti agrarien n'approuvèrent pas tous les conséquences de l'écrasement de cette tentative de révolte à Tirnovo. Cinq ministres demandèrent au Roi de changer le gouvernement ce qui ne pouvait qu'entraîner là encore une fuite en avant vers la radicalisation du régime. Les instances de contrôle interalliées[34], surtout là pour contrôler la mise en œuvre des réparations et administrer la mise sous tutelle de l'économie bulgare, furent prises à témoin, mais se retranchèrent derrière le rôle du Roi, chargé de nommer le Premier ministre issu de la majorité parlementaire sortie des urnes lors des élections au Sobranié.[35] Cette position ne devait pas changer grand-chose, les élections étant systématiquement truquées par les agrariens comme nous l'avons noté.

Le parti communiste, seule force politique relativement tolérée par le pouvoir paysan, se positionna contre le comportement des paysans à Tirnovo et annonça que le cabinet de Stambolijski était responsable de ces exactions, mais cette condamnation devait rester formelle. De même, l'Église orthodoxe bulgare publia un message pour la paix, et reprocha au gouvernement, ce qui était grave, de ne plus garantir les libertés fondamentales. L'Église orthodoxe, traditionnellement très puissante en Bulgarie, fait alors appel à la « générosité chrétienne » pour les anciens ministres arrêtés et considérés comme responsable de la fameuse « catastrophe nationale ». Là encore comme pour les communistes, cette protestation resta formelle dans la mesure où, en rupture avec le passé, le pouvoir agrarien s'affirmait comme résolument laïc. Dans le domaine des relations diplomatiques, l'ambassade de France n'approuva pas les mesures sévères prises, mais ne souhaita pas se mêler des affaires bulgares. On notera à cet effet qu'une note antérieure émanant de l'ambassade de France à Sofia et à destination de Paris, datant d'avril 1920, recommandait déjà à ce que l'on soutienne le gouvernement et la politique menée par Stambolijski afin que la France ait la meilleure place possible dans la reconstruction de la Bulgarie.[36] Néanmoins, la presse étrangère de l'époque n'hésita pas à montrer les violences du régime bulgare lors de l'écrasement de cette insurrection.[37]

On voit donc bien ici comment de 1920 à la fin de 1922 s'est progressivement mis en place un régime à vocation radicale et exclusiviste, sinon même totalitaire. De la victoire d'un leader qui a finalement apporté la paix au pays en signant le Traité de Neuilly et en fustigeant par des procès les responsables de la défaite, on a évolué vers la mise en place d'une révolution puis d'un régime totalitaire dominé par l'idéologie agrarienne, tout en voulant profondément transformer la société bulgare en un monde où la mobilisation et l'activisme de la classe paysanne en effet majoritaire deviendrait le fer de lance du nouveau régime. Pour ce faire entre 1920 et 1922, on a noté comment

---

puisqu'étant livrables principalement en nature (bestiaux, matières premières agricoles entre autres). Ceci devait peut-être aussi expliquer le succès du mouvement agrarien dans la Bulgarie du début des années 1920, les paysans, classe majoritaire du pays, trouvant ainsi en Alexandre Stambolijski le meilleur de leurs avocats face à la Commission des Réparations et plus tard face à la SDN.

[34] Boris I. Dimitrov, « La diplomatie française et la gestion agraire », in *Alexandre Stambolijski, vie, activité…op. cit.*, p.419.

[35] Assemblée Législative Bulgare.

[36] *Documents Diplomatiques Français*, 1920, Tome I (10 janvier au 18 mai 1920), Paris, Imprimerie Nationale, 1997 : n°399 du 24 avril 1920, soutenir la politique de Stambolijski pour que la France obtienne des marchés en Bulgarie.

[37] I. Dimitrov, *op. cit.*, p.418.

Stambolijski a progressivement doté son pouvoir des instruments pour façonner cette société nouvelle : élimination des partis d'opposition, journaux de propagande, mise en coupe réglée du Parlement, création de tribunaux arbitraires, création d'une milice paysanne etc., le tout entraînant, fin 1922, un raidissement de l'opposition et une série de crises qui aboutirent en 1923 à la liquidation du régime agrarien.[38]

Stambolijski a-t-il personnellement voulu cette course vers la radicalisation de son régime ou non ? Est-ce un entraînement du fait de son entourage ? Il est assez difficile sans doute à ce stade de répondre à cette question ; toutefois, comme nous le verrons dans notre troisième partie, nous avons bien eu durant ces années agrariennes la mise en place des instruments qui caractérisent les régimes totalitaires, même si celui-ci ne put pas se consolider après juin 1923.

L'insurrection de Tirnovo et sa répression violente ne devaient pas être les uniques signes menant au raidissement du régime paysan. Le 31 octobre 1922 les chefs du Parti agraire ordonnent la création d'une « Garde Agraire »[39], que l'on devait appeler aussi littéralement « peloton de voltigeurs ». Cette milice, sans doute assimilable à ce que l'on a retenu sous le terme de « Garde Orange », était avant tout une cavalerie, dont le cheval appartenait à chaque paysan, et dont les buts étaient de garder les réunions et les congrès du parti, de défendre le pouvoir agrarien et de montrer en tout état de cause sa force contre les complots et les coups d'État.[40] Créée autour de chaque groupe de défense paysan, avec chacun à sa tête une femme appelée « chéfesse » qui s'occupait de la discipline et de l'entretien, la Garde Orange était placée sous la responsabilité du Ministre Raiko Daskalov. Nous sommes proches des milices des années trente, chemises noires fascistes, chemises brunes nazies et pourquoi pas, car on y pense moins souvent, chemises vertes françaises, qui étaient la milice des Comités de Défense paysanne fondés en 1934 par Henri Dorgères. Cette organisation violente, qui prônait une troisième voie paysanne, ni fasciste ni communiste, compta jusqu'à 420000 membres et n'est pas sans nous rappeler l'expérience agrarienne bulgare et sa garde orange.

C'est dans ce cadre que d'autres incidents éclatent le 12 novembre 1922, dans la plupart des villes et villages du pays où sont organisées des réunions sous protection de la Garde Orange ayant pour but de monter des actions violentes afin de « liquider la presse bourgeoise »[41] et donc d'achever la mise sous contrôle de l'information dans le pays.

---

[38] Ivan Volkov, *Souvenirs, comment nous avons fait tomber le gouvernement Stambolijski,* tiré du Journal *Drapeau des Paysans* (*Zemredeljkolname*) n°161 du 3 août 1990.

[39] On constate donc bien que nous avons, de 1920 à 1922, affaire à des milices paysannes, relativement inorganisées, qui soutiennent (spontanément) le régime en place et la révolution agrarienne ; masses désordonnées, elles sont manipulées par les agrariens afin de garantir par la terreur les mesures qu'ils prennent. A compter de 1922 et de la montée des périls contre le régime de Stambolijski, ces « masses » sont alors organisées en une Garde Agraire : c'est là que naît ou en tout cas que se formalise définitivement ce que l'on appella la Garde Orange, véritable milice armée au service d'un régime de plus en plus autoritaire, voire totalitaire.

[40] Archives du Ministère de l'Intérieur bulgare, Sofia, t.1620, v.II, p.13 ; t.92588.

[41] Ibid..

C'est alors que le 2 décembre 1922 l'ORIM[42] frappe fortement en organisant la prise armée par 2000 militants de la ville de Kustendil à l'ouest du pays et qu'elle envoie un ultimatum au gouvernement bulgare. Comme dans le cas des incidents de Tirnovo, le gouvernement lance un appel pour sauver la révolution agrarienne et fait converger, non plus ses « masses spontanées », mais cette fois sa Garde, soit 6 à 7000 paysans vers Pleven, puis vers la ville insurgée. Des exactions ont alors lieu en marge à Sofia même, des éléments devenus incontrôlable de la Garde Orange pénètrent dans la ville et y sèment la terreur avec le saccage du siège du Parti démocrate, des clubs politiques des radicaux et des socialistes, de la rédaction du journal *Priaporetz* (drapeau). Une fois encore cette masse encadrée par la milice réclame « officiellement » au gouvernement l'établissement de la dictature paysanne et donc souhaite pousser le pouvoir vers plus de radicalisation encore. Tout cela eut pour effet d'augmenter le nombre des agents de police à Sofia et permit d'établir des troupes de la Garde Orange dans la capitale, ce qui entraîna des obligations d'explication de la part des ministres bulgares sur l'attitude de la Garde Orange auprès des gouvernements alliés.[43]

Là encore on observe bien la conduite d'un régime se radicalisant et faisant appel à sa milice lorsque des crises intérieures ou comme dans ce cas-là, extérieures, menacent. La Garde Orange semble alors avoir gagné en importance et en prestige face au gouvernement. Sa composition après ces épreuves est augmentée et l'organisation encore plus axée sur une ferme discipline. Elle passe alors sous le contrôle direct du Ministre de l'Intérieur Christo Stoyanov, transformant donc cette milice politique en force de sûreté de l'État. Là encore on notera un échelon de plus franchi dans l'élaboration d'un régime totalitaire. Avec 50 gardes par arrondissement dans la capitale, la présence de la Garde est donc visible et constante – chaque garde possède un fusil de 120 cartouches et deux grenades.[44]

Le gouvernement agrarien compte donc beaucoup sur la Garde Orange, en assurant une présence permanente de 600 gardes à Sofia, les autres étant mobilisables à tout moment et à moins d'un jour de marche de la capitale[45] soit, selon certaines sources, une véritable armée de prés de 300000 gardes oranges mobilisables en cas d'urgence.[46] On passe donc à l'intégration directe dans l'État de la milice politique du parti au pouvoir. A la fin de 1922, il reste six mois de vie au régime, mais nous avons là sans conteste probablement une dérive vers une nette tentation totalitaire, la « Garde Orange » en étant la principale force d'encadrement et de mobilisation sociale.

Il faut sans doute retenir à la décharge de Stambolijski lui-même que cette Garde Orange devait faire figure « d'ultra » de la révolution agrarienne, poussant, et surtout à compter de 1922, de plus en plus le régime à se durcir et à réduire les libertés restantes. C'est sans doute de l'impossibilité à contrôler totalement ces jusqu'au-

---

[42] Organisation de la Résistance Intérieure Macédonienne, fondée en 1893, à l'origine de l'indépendance de la Macédoine conquise par les Turcs, elle devint après 1919 une organisation terroriste dont la partie bulgare visait à la restitution de la Macédoine dite bulgare perdue par celle-ci lors du traité de Neuilly.

[43] Archives du Ministère de l'Intérieur bulgare, Sofia, t.1620, v.II, p.13 ; t.92588, p.152.

[44] Archives du Ministère de l'Intérieur bulgare, Sofia, t.1620, v.II, p.13 ; t.92588.

[45] Ibid..

[46] Ce chiffre de 300000 est tout-à-fait considérable et reste à vérifier en croisant les sources sur la Garde Orange elle-même qui sont assez rares ; il n'en demeure pas moins que nous sommes sans aucun doute ici en présence d'une sorte de « levée en masse » de cette milice, disponible à discrétion pour le régime agrarien en cas de troubles comme ceux des insurrections de Tirnovo et de Kustendil.

boutistes de la révolution agrarienne que viendra l'un des éléments qui permettront à toute l'opposition de se fédérer pour, à compter de juin 1923, mettre un terme à l'expérience de gouvernement paysan en Bulgarie.

De l'autoritarisme à la religion politique : particularités du cas bulgare

Après ce parcours rapide des événements qui firent passer la Bulgarie d'une révolution modernisatrice à la mise en place d'un climat de terreur et de répression extrémiste, nous pouvons nous interroger sur la nature même de ce que fut le régime paysan de Stambolijski. Dans un article fondamental[47], Emilio Gentile définit en dix points ce qu'est selon lui la définition du totalitarisme de type fasciste.

En premier lieu il s'agit d'organiser le parti au pouvoir autour d'une classe spécifique, dans le cas du fascisme c'est la fameuse classe moyenne plus ou moins extensible, dans celui des agrariens c'est la classe paysanne, qui se confond en fait largement avec le corps même d'une société encore peu diversifiée. En tout état de cause, et là où le premier point d'Emilio Gentile converge avec le cas bulgare, c'est que cette classe est organisée autour d'un « parti milice »[48] dont l'objectif est de conquérir le pouvoir par la terreur et les compromis parlementaires. Avec sa Garde Orange, sorte de groupe paysan armé, les similarités sont grandes, on l'a bien vu dans le cas des incidents de l'automne 1922 à Tirnovo.[49]

De même le point deux fait appel à une idéologie avant tout pragmatique, antilibérale et antimarxiste[50] ; là encore, la révolution agrarienne se veut une voie originale paysanne rejetant les deux systèmes économiques. Partant de là, la glorification de la création d'une société nouvelle d'un pays traditionnellement paysan autour d'une sorte d'*homo agrarius* nous permet une fois de plus de retrouver un point de convergence troublant.

Pareillement les points trois et quatre[51] concernant la culture fondée sur une pensée mythique et une conception totalitaire du primat de la politique conçue comme expérience intégrale nous ramènent à la politique menée par Stambolijski entre 1920 et 1923. En effet la révolution forge une nouvelle élite autour d'un parti agrarien défendu par sa milice orange et dont le but est de rendre tout le pouvoir politique à cette classe paysanne bulgare mythifiée, considérée en des termes manichéens comme de tout temps majoritaire mais tombée dans la servitude des citadins minoritaires et corrompus. Encore une convergence, un indicateur que nous sommes bien là dans la tentative de mise en place d'un système totalitaire.

Les points cinq sur l'éthique civile, six sur le parti unique et sept sur l'appareil de police[52] sont encore autant de points convergents. En effet, on a vu comment Stambolijski a réussi à mettre progressivement les autres partis hors la loi et surtout comment on se dirige vers un État monolithique protégé par sa police d'origine

---

[47] Emilio Gentile, « Fascisme, totalitarisme et religion politique : définitions et réflexions critiques sur les critiques d'une interprétation », in *Raisons Politiques,* n°22 mai 2006, pp.119-173, Paris, 2006, PNSP.
[48] Ibid., p.138.
[49] Voir la note sur les événements sanglants de Tirnovo de l'automne 1922 in Archives du Ministère de l'Intérieur bulgare, Sofia, t.1620.
[50] Emilio Gentile, op. cit., note 45, p.139.
[51] Ibid..
[52] Ibid..

partisane. Au terme des dernières élections de 1923, le leader agrarien annonçait 25 années de pouvoir sans partage à venir… c'est d'ailleurs cette annonce qui, rappelons-le, fit déborder le vase.

Enfin les points huit, neuf et dix confirment la convergence de l'ensemble. En effet, le système politique ordonné ne fait pas de doute dans le cas de ce que voulait réaliser le leader agrarien ; la volonté de corporatisme est également au centre du système agrarien, en effet promouvoir la classe paysanne en réaction aux classes bourgeoises ou ouvrières ne pouvait que s'organiser de manière traditionnelle en systèmes de corporations (faucheurs, laboureurs, producteurs de bétail, de lait etc.) ; quant à la notion de mythe de la puissance, il était assez simple pour Stambolijski d'associer sa révolution agrarienne aux thèmes d'une seconde renaissance bulgare après la reconstitution de l'État médiéval en 1878, soit quelque quarante ans seulement auparavant. L'iconographie du régime exaltait les fêtes de moissons instrumentalisées par le pouvoir agrarien, rappelant à la même époque des processions déjà presque soviétiques du 1er mai de la République des Conseils en Hongrie. Les sources en l'état ne mentionnent cependant pas de culte de la personnalité autour du chef agrarien, on a par contre et c'est indéniable une véritable propagande de masse avec une presse muselée et des journaux officiels.

Ainsi, si comme le définit Emilio Gentile, à l'origine du totalitarisme nous avons « un parti révolutionnaire à l'idéologie intégriste et palingénésique »[53], c'est-à-dire celui menant à une forme de résurrection et qui « désire le monopole du pouvoir pour conquérir la société », alors l'aventure de la révolution agrarienne à la fois dans ses objectifs, dans son idéologie et dans la façon dont elle se mit violemment en place entre 1920 et 1923 a bien été une tentative d'établissement d'un État de type totalitaire, même si cela ne fut pas totalement accompli et si la tentative resta évidemment différente des réalisations fasciste, nazie et bolchevique dans le domaine. Ce qui retiendra notre intérêt ici est que nous avons là un exemple unique de la réalisation de ce système totalitaire dans le cadre d'un parti agrarien qui a justement tenté de bâtir une société rénovée et donc, comme on l'a vu, à forte tendance totalitaire.

Avons-nous pour autant dans ce cadre ce que l'on appelle une « religion politique », et donc une forme de « religion politique de l'agrarianisme » ? Les trois années durant lesquelles on a tenté de réaliser ce régime furent sans doute trop courtes pour en donner une preuve irréfutable, mais à mon sens les réalisations à caractère inaugural et aux symboliques nouvelles du régime agrarien, la façon dont Stambolijski chercha à mettre en place un pouvoir personnel indéfini – les 25 années de pouvoir généreusement promises ! – tendent évidemment à répondre par l'affirmative.

De même, si on résume les signes manifestant la volonté d'un encadrement de la société (mouvement de jeunesse, presse officielle, tribunaux politiques), la violence (incidents de Tirnovo et Kustendil en 1922) et enfin l'évolution du régime lui-même à compter du début de l'année 1923, on peut sans nul doute parler de la mise en place d'un régime à fondement ou du moins à finalité totalitaires.

---

[53] Emilio Gentile, op. cit., p.155.

En guise de conclusion, une ouverture

La Bulgarie agrarienne fut sans doute le laboratoire de la construction d'un totalitarisme original. En effet, à la différence des expériences connues et que l'historiographie commence à bien connaître des régimes fascistes ou apparentés, nazi et communistes, l'expérience agrarienne présente des originalités certaines.[54] Peu connu, ou encore peu exploité comme souvent ce qui touche au domaine bulgare, nous sommes en présence d'une tentative authentique de mise en place de ce qui serait sans doute devenu un régime totalitaire. En effet, nous espérons avoir montré que les éléments menant à la construction de ce type de régime sont tous mis en place entre 1920 et 1923, avec une nette accélération à partir du raidissement de 1922.

On les rappellera rapidement : élimination de l'opposition parlementaire, élimination des partis politiques, mise en place d'un système à parti unique, création de tribunaux d'exception et donc d'une justice politique mise au service du régime, création d'une presse diffusant la pensée officielle, et enfin création d'une milice populaire au service du régime destinée à encadrer et à mobiliser massivement la population.

Sans doute cet article, écrit assez tard pour des raisons techniques, aurait pu aller plus avant en travaillant davantage sur le développement d'un éventuel culte de la personnalité autour de Stambolijski, plus que sur les stigmates répressifs d'un régime qui passe de l'autoritarisme à une nette tendance totalitaire. Il n'en demeure pas moins que l'originalité de cette voie paysanne dans les aventures totalitaires de l'entre-deux-guerres reste intéressante à étudier car le cas bulgare confirme que finalement c'est bien autour d'un homme ou d'un petit groupe d'hommes décidés et bien organisés, et bien qu'élus et populaires au début, que se cristallise rapidement la volonté autoritariste puis, les menaces aidant, autour du pouvoir que naît la radicalisation du régime pouvant mener ainsi celui-ci au totalitarisme.

On retiendra finalement que dans cet entre-deux-guerres bien troublé qui commence dans les Balkans, le peuple bulgare, ou du moins la société civile, mit un terme sanglant à une aventure sans doute dangereuse, mais c'était sans prévoir hélas que cela mènerait ce petit pays des Balkans orientaux dans des dérives gouvernementales qui furent, quant à elles, de plus en plus autoritaristes, tout en n'étant pas totalitaires, mais qui néanmoins précipitèrent à nouveau la Bulgarie dans les bras de l'Allemagne, mais de l'Allemagne nazie cette fois, avec les conséquences que l'on sait, condamnant ce pays dès 1946 à devenir l'un des pires régimes staliniens du bloc de l'Est, en tout cas l'un des plus fidèles à Moscou.

L'héritage d'Alexandre Stambolijski a été repris par la propagande du régime soviétique de l'après-guerre, le célébrant comme un modernisateur de la société bulgare en opposition à l'avènement du fascisme après juin 1923.[55] On connaissait l'aversion que Stambolijski pouvait avoir pour les communistes, sa révolution se voulant ni capitaliste ni bolchevique ; il n'en demeure pas moins qu'il fut récupéré dès 1946 par le nouveau régime bulgare, en témoigne encore aujourd'hui un grand nombre de monuments célébrant son pouvoir, comme sa gigantesque statue à côté de l'Opéra de

---

[54] Giacomo Brucciani, « Alexandar Stambolijski e il mito del governo del popolo », in *eSamizdat, Rivista di culture dei paesi slavi,* 2003, pp.137-150.

[55] On citera cette définition qui résume tout, tirée du *Guide Nagel de la Bulgarie,* édition de 1968 : « Cette dictature paysanne que la bourgeoisie effrayée par les progrès du communisme, acceptait tant bien que mal... » (p.24)

Sofia[56], ou encore l'imposant monument commémoratif de la ville de Russé sur les bords du Danube, où l'actuel Parti agrarien bulgare a fêté en 2009 les 130 ans de la naissance de Stambolijski le 1er mars.

À terme l'historiographie reconnaîtra sans doute à Alexandre Stambolijski d'avoir été un modernisateur et un réformateur important du pays ; il n'en demeure pas moins, et nous pensons l'avoir esquissé, qu'à trop vouloir soutenir une classe contre une autre, les ferments d'un État totalitaire étaient bien présents dans cette ère agrarienne, exemple rare, voire unique à ce jour d'une expérience de gouvernement paysan dans un pays.

Ni fasciste, ni communiste, le moment bulgare qui se déroule de 1920 à 1923 reste un cas unique où nous assistons à la mise en place d'une expérience originale d'un gouvernement paysan autoritaire à tendance totalitaire. En cela elle est un cas d'école d'une expérience passant de la non religion en politique (puisque le régime s'affirme totalement laïc dès les origines) à l'établissement d'un pouvoir tendant vers la religion politique dans le sens où l'encadrement des masses et la mise au pas de la société bulgare devaient sans doute donner naissance à un État totalitaire si le coup d'État de juin 1923 n'avait mis un terme à un processus dont nous avons ici tenté de démonter les rouages et d'analyser la nature.

---

[56] L'Opéra de Sofia était l'ancien siège officiel du Parti agrarien bulgare.

Traian SANDU
Paris 3-Sorbonne Nouvelle

Conclusion
Un fascisme centre-européen harmonique au sein du *new consensus*, et au-delà : la « nouvelle vague »

Si le *new consensus* désigne à l'origine la convergence de nombreux historiens autour de la définition générique d'un « minimum fasciste », il a besoin des fascismes prétendument « mineurs » d'Europe intermédiaire afin d'étayer la généralisation que toute définition suppose et que le tête-à-tête inconfortable entre le fascisme italien et la monstruosité nazie ne permettait pas d'aboutir.

Toutefois, la spécificité de ces sociétés encore retardées et agraires offrait apparemment un nombre encore réduit de catégories sociales susceptibles de mobilisation au nom d'une idéologie moderne et modela la doctrine et la pratique des formations fascistes putatives. Ainsi, les meilleurs scores électoraux officiellement remportés par un tel mouvement furent les 20% des Croix fléchées en mai 1939 – 25% avec les autres formations de la droite radicale (à comparer avec les 37% du parti nazi en juillet 1932, et si l'on met de côté le trucage à la baisse probable des chiffres du Parti Tout pour le Pays de Codreanu en décembre 1937[1]) – et ces mouvements restent marqués par une allégeance déclaratoire envers la religion traditionnelle (à comparer avec l'athéisme agressif du fascisme italien et avec le paganisme antichrétien du nazisme), ainsi qu'envers le monarchisme des élites traditionnelles (à comparer avec l'atonie du roi d'Italie à l'égard de Mussolini ou avec le mépris ouvert d'Hitler à l'égard des Hohenzollern). La définition produite par le *new consensus* doit donc s'accommoder de variations qu'elle considère à juste titre non discriminantes pour la définition du noumène fasciste indéfiniment approché et jamais totalement saisi, simples permutations au sein de la définition générique, mais qui ont néanmoins leur importance au niveau du phénomène tel qu'il apparaît sur la scène socio-politique.

En effet, le *new consensus* issu du *cultural turn* butte sur ces deux écueils des limites socioéconomiques « quantitatives » et des formes « qualitatives » spécifiques prises par ces trois grands fascismes est-européens. Si ces fascismes sont centraux par rapport à la définition générique et structurellement parents des deux modèles paradigmatiques, ils restent périphériques en raison du retard de développement des pays dans lesquels ils ont éclos, retard qui les a empêchés de l'emporter sur les catégories des droites autoritaires ou conservatrices qui ont fini par les écraser. Ce sont donc des phénomènes importants apparus dans des pays qui ne le sont pas sur la scène européenne, ce qui pose la question de la puissance internationale dans la définition d'un régime fasciste autonome, libre de diriger à volonté son dynamisme agressif en-dehors de toute soumission à une autre puissance, fût-elle fasciste – et à plus forte raison lorsqu'elle est fasciste, car comportant le risque de définition du fascisme autochtone comme un fascisme « mineur », alors qu'il s'agit d'un phénomène majeur

---

[1] Stanley Payne, *A History of Fascism, op. cit.*, p.275 pour les Croix fléchées, pp.286-287 pour la Garde de fer.

dans un pays mineur sous tutelle. Le cas croate, par exemple – et ainsi qu'Alexander Korb l'a démontré –, est encore plus complexe en raison de la cohabitation de trois authentiques fascismes.

La solution consisterait en une « nouvelle vague » des études fascistes que Roger Griffin a esquissée sans la préciser au cours de ce colloque mais qui, dans l'esprit de l'auteur de cette conclusion, ne pourrait pas se réduire seulement au *cultural turn* et à l'école de jeunes chercheurs que Roger Griffin forme à son image, notamment parmi les nombreux spécialistes de l'Europe centrale assoiffés de rattrapage heuristique après les décennies de gel interprétatif. La version roumaine du *cultural turn new consensus* se trouve ainsi chez Constantin Iordachi[2], qui fournit la plus complète analyse de l'idéologie légionnaire, mais qui ne cite même pas en bibliographie les milliers de pages d'archive publiées par l'équipe de Ioan Scurtu sur la Garde de fer[3], sans même songer à les utiliser ! Cette troisième vague que Roger Griffin appelle de ses vœux – après une première qui mettait l'accent sur les cloisonnements nationaux des « variétés de droites », la deuxième du fascisme générique trans-national brillamment synthétisée dans le *cultural turn new consensus* par Roger Griffin – devrait dépasser dialectiquement cette contradiction et revenir également à des études de cas nationales éclairées par un *new consensus* qui aurait libéré toute sa puissance interprétative en intégrant la diversité de l'espace européen, notamment de développement socioéconomique et des formes consécutives de mobilisation politique. En somme, et pour parodier le sketch de l'eau ferrugineuse d'André Bourvil : le fascisme générique oui, l'Europe générique, non !

Il en va donc du *cultural turn new consensus* comme du mystère que le tyrannosaure rex représente encore pour les paléontologues : certains ne sont pas encore totalement sûrs qu'il s'agisse du plus grand prédateur préhistorique car, si sa capacité crânienne lui permet d'analyser une situation grâce à un volume cérébral inégalable à l'époque, si ses yeux très perçants abrités sous de profondes arcades l'informent de loin et avec précision des données de cette situation, si ses membres arrière énormes le portent à une très grande vitesse sur le lieu en question, si sa mâchoire puissante lui permet de broyer les autres animaux, ses membres avant atrophiés lui auraient interdit toutefois de lutter victorieusement contre la proie potentielle et auraient réduit le tyrannosaure à consommer des charognes ou, au mieux, des animaux vivants sous-dimensionnés par rapport à sa masse et à son intelligence. L'une des pistes pour l'avenir du nouveau consensus serait donc, à notre avis, de se dégager en partie du *cultural turn* qui limite la portée de ses analyses et de muscler ses définitions dans la recherche de « raw material » réclamée par Aristotle Kallis, notamment dans les archives des histoires sociale, politique et économique plus traditionnelles, afin de vérifier, à notre avis de façon très concluante, leur grande pertinence.

---

[2] Constantin Iordachi, *Charisma, Politics and Violence : The Legion of the « Archangel Michael » in Inter-war Romania*, Trondheim Studies on East European Cultures & Societies, décembre 2004, 190pp.

[3] Ioan Scurtu et al., *Totalitarismul de dreapta în România. Origini, manifestări, evoluţie* (le totalitarisme de droite en Roumanie. Origines, manifestations, évolution), vol. I, 1919-1927, 663pp. ; *Ideologie şi formaţiuni de dreapta în România* (idéologie et formations de droite en Roumanie), vol. II, 25 juin 1927-2 janvier 1931, 2000, 304pp., vol. III, 5 janvier 1931-7 juin 1934, 2002, 368pp., vol. IV, 7 juillet 1934-30 mars 1938, 2003, 448pp.

Ainsi, en introduction, nous avons rapidement analysé les propos qu'Hitler a tenus à Antonescu à la veille de la répression de la Garde de fer, l'approuvant pour éviter la révolution fasciste permanente, mais lui demandant de ne pas se couper des mouvements mobilisateurs populistes, ce qui confirme sa tendance à garder le contact avec le dynamisme populaire tout en évitant de provoquer les élites dont le régime avait besoin en période de mobilisation totale à la veille de la guerre. L'une des ruses de l'histoire du totalitarisme n'est-ce pas sa plasticité et sa capacité à s'auto-limiter afin de maximiser son effet mobilisateur dans l'ensemble des catégories sociales par des compromis avec les élites traditionnelles ? Mais le compromis social n'est-il pas alors contradictoire avec l'aspiration totalitaire du fascisme ? La théorie de Roger Eatwell du chef charismatique rayonnant sur des cercles sociaux concentriques et inégalement mobilisés n'apparaît pas, dès lors, en totale contradiction avec un noyau de fidèles fanatisés, mais ce noyau apparaît de forte taille, tendant à la massification, et formé dans les cellules du mouvement en tant qu'école et Église.

Codreanu, fascisme générique européen et élitisme populiste

Avant de conclure, je voudrais revenir sur la critique effectuée durant le colloque par Roger Eatwell de deux notions centrales du *new consensus* sur le fascisme, d'une part sa définition générique trans-européenne, d'autre part son caractère populiste.

Un des commentaires de Roger Eatwell porte sur une définition typologique comparatiste des fascismes que Horia Sima avait empruntée en partie au jeune sociologue légionnaire Ernest Bernea et que Codreanu avait également utilisée, notamment lors d'une rencontre avec Julius Evola au début de 1938, après son succès électoral de décembre précédent :

> « D'après moi, dans le cadre du mouvement fasciste prédomine l'élément étatique, l'équivalent de la forme organisée. On ressent alors les valences formatrices de la Rome antique, indépassable en matière de droit et d'organisation politique, et dont le véritable héritier est le peuple italien. Le national-socialisme, à l'inverse, met en évidence ce qui est lié aux forces vitales : la race, l'instinct de la race, l'élément national-ethnique. Dans le mouvement légionnaire roumain, l'accent se porte sur ce qui, dans un organisme, correspond à l'élément âme, donc à l'aspect spirituel et religieux ».[4]

Roger Eatwell souligne donc que Sima – et, en l'occurrence, Codreanu – « voyait plus de différences que de similitudes entre la Garde et le Fascisme » et que « le style [avait] plus en commun avec le Christianisme primitif qu'avec la religion politique ».[5] On peut néanmoins fournir, dans une optique *new consensus*, une interprétation radicalement inverse : Codreanu revendique dans *Pentru legionari/ La Garde de fer* le fond commun du fascisme générique (« je désire démontrer que les mouvements et les régimes nationalistes dans l'Europe actuelle, comme le mouvement légionnaire, le Fascisme, le National-socialisme, etc., ne sont ni dictatoriaux, ni démocratiques »[6]), mais l'ajuste selon la variable socioculturelle d'origine essentiellement développementaliste selon une logique inversement proportionnelle.

---

[4] Julius Evola, *Naţionalism şi asceza* (nationalisme et ascèse), Bucarest, Fronde, 1998, p.42-43.

[5] Roger Eatwell, "Is There a 'New Consensus' in Fascist Studies?", introduction au colloque organisé à Paris par le Centre Interuniversitaire d'Etudes Hongroises de Paris III Sorbonne Nouvelle le 2 avril 2009 et dont le présent volume regroupe les actes.

[6] Corneliu Zelea Codreanu, *Pentru legionari* (pour les légionnaires), Bucarest, 1936, utilisé dans sa traduction française : *La Garde de Fer*, Paris, Ed.Prométhée, 1972, 470pp., ici p.311

Ainsi, la variante la plus primitive, la race, correspond au principe d'intégration fasciste du pays le plus développé, l'Allemagne, dont la société civile est la plus autonome par rapport à un État fédéral récent et a créé des mythes à base de racisme biologique portés par un tissu associatif prolifique au tournant du siècle, en attendant qu'ils soient massifiés, puis institutionnalisés par l'État-mouvement nazi. Moins développée, l'Italie fournit l'image de masses moins cultivées politiquement, donc moins totalement mobilisées par un fascisme qui a besoin de l'institutionnalisation étatique afin de faire face au dynamisme des ras au sein du mouvement, d'où l'insistance mussolinienne sur l'État. Enfin, le Mouvement légionnaire naît parmi la population estudiantine moderne d'un pays européen arriéré, périphérique, mais en voie de développement, dont la communication politique en vue de la massification doit encore passer par les vecteurs traditionnels de la religion et du sentiment monarchique pour atteindre une population majoritairement rurale encore soumise aux pouvoirs de l'Église et de l'État royal. De même, en termes de réalisation majeure concrète, si tous les fascismes ont profondément modifié l'esprit et la culture politique de leur espace national – au point qu'en Roumanie Ceauşescu a largement utilisé les mythes historiques héroïques inventés par Codreanu, a sorti de prison les légionnaires dans les années soixante et a entamé une réhabilitation rampante d'Ion Antonescu – seuls les fascismes-régimes majeurs ont réussi à marquer le destin de l'Europe dans une gradation sanglante décroissante de l'ingénierie sociale totalitaire et éliminationiste des « inadaptés » : le génocide juif procède du fascisme raciste hyper-moderne de la grande puissance allemande[7], l'homogénéisation violente, standardisée et enthousiaste d'un pays très hétérogène en matière de développement par le principal opérateur disponible, l'État italien dynamisé par le mouvement fasciste, et la Roumanie en voie de développement fournissant une synthèse fasciste entre l'État moderne agressif et la religiosité d'une société traditionnelle, mais qui finalement échoue à dépasser le quart de l'électorat et à arracher le pouvoir.

De même, le commentaire de Roger Eatwell sur un passage « élitiste » de Codreanu (« Un peuple n'est pas capable de se conduire lui-même. It doit être conduit par son élite ») signifie-t-il l'annulation du caractère « populiste » du légionarisme ? Roger Eatwell utilise ainsi le chapitre de *Pentru legionari/ La Garde de fer* qui s'intitule « Election, sélection, hérédité »[8] ; outre qu'il aurait pu prendre en considération d'autres écrits de Codreanu, où le programme est tiré des aspirations populaires (« Vous cherchez des programmes ? Ils se trouvent sur les lèvres des foules. Vous feriez mieux de chercher des hommes. »[9]), la suite du chapitre utilisé fournit l'articulation entre populisme et sa gestion par les élites habilitées à la faire. Codreanu reprend au niveau du régime les dynamiques sociales qui lui avaient servi à définir le chef comme la pythie charismatique rejetant à la fois la démagogie démocratique et la dictature arbitraire, et fondant son aura sur l'amour et l'œcuménisme national, en fait le populisme :

---

[7] Zygmunt Bauman, *Modernité et Holocauste*, Paris, Complexe, 2008, 298pp. (1e édition, Cambridge, 1989).
[8] *Op. cit.*, p.388 et suivantes.
[9] Codreanu, *Cărticica şefului de cuib*, point 87 (« le programme et l'âme »). Voir aussi *La Garde de fer... op. cit.*, « notre programme », pp.281-284 : Je n'ai pas ajouté un nouveau programme politique aux trente-six autres existants en Roumanie … . … Ce pays périt faute d'hommes et non de programmes » (p281-282).

« Le peuple ne se conduit pas selon sa propre volonté : formule démocratique ; ni selon la volonté d'une seule personne : formule dictatoriale. Il se conduit d'après *des lois.* »

« Je n'entends pas ici les lois que font les hommes. Mais il y a des principes naturels de vie et des principes naturels de mort : *des lois de vie et des lois de mort.* Une nation va vers la vie ou vers la mort selon qu'elle suit les unes ou les autres de ces lois. »[10]

La tâche de dégager scientifiquement ces lois s'effectue grâce à l'élite nationale, « c'est-à-dire par une catégorie d'hommes nés de son sein, et possédant certaines aptitudes spéciales »[11]. Elle n'est pas sélectionnée par « la foule … capricieuse et instable », élisant « au hasard et à l'aventure »[12] et même *« ce qu'il y a de plus mauvais dans le pays »*[13], mais par « l'élite précédente ».[14] En fait, Codreanu suggère un système de sélection mixte, combinant hérédité et sélection grâce à un système de cooptation de nouveaux membres au sein de l'élite et qui finiraient par remplacer, à terme, les anciennes élites par une sorte de révolution consentie – faute de quoi l'ancienne élite se condamnerait à une sclérose débilitante :

« Il est donc nécessaire *que l'élite nationale se prépare des héritiers.* Mais cette élite de succession *ne sera pas recrutée selon le principe de l'hérédité* ; elle sera recrutée uniquement et strictement *d'après les lois de la sélection sociale.* »

« Le principe de l'hérédité ne se suffit pas à lui-même. »

« Seul le principe de la sélection sociale, par un renouvellement continuel d'éléments triés du sein de la nation, permettra à une élite de se maintenir toujours vigoureuse. »

« … »

« L'abandon du principe de la sélection a eu pour conséquence la formation d'une fausse élite dégénérée, ce qui a mené aux égarements de la démocratie. »[15]

Codreanu surmonte ainsi le dilemme proposé par les deux ennemis sociopolitiques du légionarisme fasciste, le conservatisme élitiste qui bloque les nouvelles « élites » générationnelles fascistes d'une part, et la démocratie élective qui n'assure pas suffisamment leur reconnaissance et leur promotion au sein d'un pays encore retardé, livré à une certaine inertie électorale au bénéfice des élites anciennes. Un des aspects du débat sur la nature élitiste et non-révolutionnaire du fascisme – plutôt soutenue par Roger Eatwell – ou sa définition par un populisme radical et révolutionnaire – défendue par Roger Griffin – trouve ainsi, sinon sa solution, du moins une illustration nuancée. Pour accentuer néanmoins la dimension révolutionnaire et conserver le principe de mobilisation violente en masse, Codreanu envisage la possibilité de nier l'existence d'une élite quelconque, ce que confirment les nombreuses déclarations méprisantes à l'égard du personnel politique « enjuivé » :

« Et si une nation ne possède pas une véritable élite, la première, susceptible de consacrer la seconde ? »

« Je réponds en une seule phrase qui exprime une vérité indiscutable : »

« En ce cas, la vraie élite naîtra d'une guerre entre elle et l'élite fausse ou dégénérée. C'est toujours le principe de la sélection qui joue. »[16]

---

[10] *La Garde de fer, op. cit.*, p.388.

[11] *Ibid.*, p.389 : « *Conclusion* : Un peuple n'est pas capable de se conduire lui-même. *Il doit être conduit par son élite* ».

[12] *Ibid.*, p.390.

[13] *Ibid.*, p.391.

[14] *Ibid.*, p.393.

[15] *Ibid.*.

La documentation d'archive confirme la volonté de renverser le régime par une « sélection naturelle » violente au début des années trente.[17]

Et pour lever toute ambiguïté sur la capacité des légionnaires à représenter cette nouvelle élite nationale qu'il définit comme honnête, travailleuse, désintéressée et dévouée, Codreanu cite dans un accès de fausse modestie un extrait de sa circulaire du 25 novembre 1936 intitulée « le mouvement légionnaire et l'Eglise », où il suggère que seule l'Eglise dépasse en pureté la Légion – en réalité la religion plutôt que l'Eglise, elle-même entachée de soumission au pouvoir politique.[18]

Ainsi, l'analyse des discours, des institutions et des pratiques confirment la capacité explicative du *new consensus* en tant qu'outil heuristique, mais il doit en échange reconnaître l'impact que la diversité de développement de l'Europe a sur le phénomène fasciste. D'ailleurs, ceux qui soutiennent, comme moi, le caractère périphérique du fascisme roumain, hongrois ou croate, ne souhaitent en aucune manière son « orientalisation » ou une quelconque « exoticisation » ou son sous-dimensionnement comme on a pu le dire : au contraire de toute « spécificité » orientale-orthodoxe, j'ai soutenu une « spécification » au sein de la catégorie d'ensemble du fascisme générique, avant même d'avoir eu accès aux définitions anglo-saxonnes du fascisme.[19] Ceux qui prétendent qu'une telle spécification aboutirait à un retour au nominalisme de fascismes tous divers ou à une sous-catégorisation de ces fascismes sont aussi ceux qui ne plongent pas la définition générique du fascisme dans la diversité des cas nationaux avant tout perceptibles dans les archives. D'autres chercheurs, comme Florin Müller à Bucarest ou l'équipe d'Oliver Schmitt à Vienne partagent avec moi ce type d'approche combinant théorie et étude des archives au sujet de la Garde de fer, afin de comprendre les idées, les méthodes et les moyens concrets utilisés par des mouvements de jeunes étudiants et intellectuels modernistes et euro-synchrones pour

---

[16] *Ibid.*, p.394.

[17] Rapport de la Direction générale de la Police d'avril 1932, Scurtu et al., *op. cit.*, vol.3, doc. n°28, pp.92-97 : « Pour atteindre son but est utilisée une nouvelle méthode : l'organisation des cadres d'une façon militaire et instruites comme pour la guerre, en vue d'une éventualité future. Codreanu a déclaré textuellement : 'Je les organise comme pour la guerre, en faisant semblant de plaisanter, mais ils ne savent pas qu'ils devront entrer sérieusement en lutte pour le renversement d'un régime qui a vécu sa vie.' » (p96)

[18] Codreanu, *Circulări...*, *op. cit.*, pp.105-106, ici p.105.

[19] Voici la courte introduction de mon article : « Le conflit entre fascisme et monarchisme en Roumanie : données structurelles et déroulement », dans *La Périphérie du fascisme, spécification d'un modèle fasciste au sein de sociétés agraires ; le cas de l'Europe centrale entre les deux guerres*, actes édités par Catherine Horel, Traian Sandu et Fritz Taubert chez L'Harmattan, coll. *Cahiers de la Nouvelle Europe*, 2006, p.91-109, ici p.91 : « Le principal blocage du fascisme en pays sans tradition démocratique est le mépris des forces traditionnelles à l'égard des masses qui leur permettait d'en ignorer les représentants, parlementaires comme partisans. Reconnaissons toutefois que le roi ne se serait jamais permis d'agir avec tout autre parti comme il a agi avec la Garde de Fer, car le défi qu'elle jetait à la classe politique n'était pas de même nature, et n'appelait pas le même traitement : elle relevait d'une convergence évidente avec les autres fascismes européens. Il s'agissait d'abord d'un parti à idéologie totalitaire, avec la vocation de remplacer toutes les autres références idéologiques et sociales, malgré une révérence de façade à l'Église et à la monarchie, ainsi qu'à la famille. C'était ensuite une formation à recrutement sociologique populaire, avec laquelle les ménagements étaient inutiles, malgré les quelques élites traditionnelles qui y avaient adhéré plus ou moins ouvertement à la suite de leur déclassement consécutif à la réforme agraire de 1921. Enfin, comme le futur maréchal Ion Antonescu, après bien d'autres, l'avait clairement reproché au chef de la Garde de Fer, Corneliu Zelea Codreanu, ce dernier s'était arrogé le droit à la violence de la puissance publique ; certes, cette dernière en abusait en matière politique et policière, mais elle tenait un reste de légitimité des institutions traditionnelles qui la fondaient. Le récit de l'affrontement entre les deux forces ne laisse pas de doute sur l'issue du combat. »

parvenir à avoir du succès auprès de populations encore arriérées, mais en voie d'acculturation et de politisation. On ne propose pas le fascisme générique aux 80% de Roumains vivant en milieu rural et analphabètes pour la moitié d'entre eux comme on le propose aux sociétés développées d'Allemagne ou même d'Italie : la spécificité des moyens employés peut se révéler aussi importante à étudier que l'idéologie générique dont ils assurent la spécification des permutations nationales, sans pour autant être obligés d'abandonner le caractère générique de l'idéologie et de s'en remettre à une approche plus lâche d'une simple matrice commune comme le souhaiterait Roger Eatwell. Codreanu lui-même, on l'a vu, clame le caractère générique « [des] mouvements et [des] régimes nationalistes dans l'Europe actuelle », même s'il faut permuter, selon le degré de développement, race promue par la société civile et son mouvement totalitaire, État mis en avant par un Duce aux prises avec un mouvement trop dynamique, religion invoquée dans un pays trop pauvre et retardé pour se réclamer d'une autre richesse que celle de l'âme… Mais à l'inverse, si on se contente de répéter que l'intérêt à étudier les fascismes roumain, croate et hongrois se réduit à leur idéologie, qui est totalement assimilable à celle des autres fascismes et qu'il est inutile d'étudier les formes de spécification de ces permutations au sein de la grande famille du fascisme générique, alors les adeptes de la diversité des droites, des clérico-fascismes ou d'une matrice plus souple que la définition générique seront toujours susceptibles de pointer les écarts par rapport aux formes majeures des fascismes – discours pseudo-religieux, pseudo-monarchiste, etc..

Il faut donc étudier le phénomène fasciste par les deux bouts, dans une logique théorique *top down*, qui encadre les cas nationaux au sein d'une définition générique issue du comparatisme anglo-américain enrichi des analyses d'Emilio Gentile sur la sacralisation de la politique, et dans une dynamique *bottom up*, qui part des situations spécifiques de chacun des fascismes putatifs sur leur scène politique nationale et dans leurs pratiques atypiques de mobilisation sociale perçues dans les archives et les mémoires des contemporains, pour remonter vers les schémas généraux. Afin d'éviter les travers téléologiques qui assignent à chacune de ces démarches un but prédéfini permettant de trouver opportunément la théorie préalablement choisie dans des archives qui ne « parlent » que rarement d'elles-mêmes, ou de remonter sûrement vers cette même théorie à partir d'une documentation soigneusement sélectionnée, la meilleure méthode reste encore la prise en considération d'une masse étendue et diversifiée de documents d'archive et de mémoires, un respect de la chronologie ainsi qu'une ouverture d'esprit à toutes les théories disponibles. Pour le sujet qui nous préoccupe, la méthode scientifique de la vérification des hypothèses pourrait se centrer sur la notion d'« homme nouveau », qui a l'avantage de se situer au croisement des efforts théoriques et des constatations pratiques enregistrées par la documentation, souvent d'origine mémorialiste, policière, judiciaire ou politique. En effet, la mise à l'écart du spectre politique – par exemple, l'amiral Horthy ou le roi Carol n'accordèrent jamais de rencontre officielle à Szálasi ou à Codreanu – et les jugements portés par les services de l'ordre à l'égard de l'endoctrinement dans les nids légionnaires, qu'ils assimilent paradoxalement aux rites maçonniques[20], confirment la rupture radicale à tous les niveaux, chefs comme militants, avec toutes les formes habituelles de socialisation politiques ou culturelles.

La prolifération des approches théoriques dans le monde anglo-américain

L'appel d'air créé par l'ouverture de la boîte de Pandore de l'idéologie fasciste s'est combiné au goût de nos collègues anglo-saxons pour la théorisation plutôt que pour la description – tout article qui se respecte débute par une section sur le « state of the art » et est suivi par un autre habituellement intitulé « theory » qui commence par un mitigé « they argue » avant d'arriver à un impérial « I argue », apportant enfin la nouvelle vérité sur le fascisme. Aucune publication un peu ambitieuse sur le fascisme n'y échappe, et Roger Griffin, malgré ses dénégations, ne peut nier le ton quasi-messianique de certaines introductions.[21] Mais il n'est pas le seul, loin de là, et dans le monde historique français on cultive aussi l'auto-satisfaction[22], comme si la *terra incognita* de l'idéologie fasciste permettait à chacun d'étaler impunément sa propre importance. Ce qui pourrait ressembler à une amusante martingale d'amours-propres universitaires s'excommuniant mutuellement ou refusant de rendre des papiers lors de colloques où leurs théories n'avaient pas été suffisamment bien comprises et/ou représentées, renvoie néanmoins au travers général de la théorisation à tout prix préalable à la description et à la réticence devant les archives lorsqu'il s'agit d'établir un corpus statistique et documentaire étendu. Si la plupart des théoriciens de l'idéologie fasciste peuvent mettre en avant les sources essentiellement « littéraires » de l'histoire des idées, il n'en va pas de même de ceux qui prétendent faire une histoire sociale des mouvements fascistes. Ainsi, Michael Mann annonce un alléchant chapitre liminaire intitulé « A Sociology of Fascist Movements »[23], mais nous prévient dès la préface qu'il

---

[20] Voir la longue note de synthèse du Service secret d'Informations de janvier 1930 (dans Scurtu et al., *Ideologie si formaţiuni de dreapta…, op. cit.,* vol.II, p.204-219), portant sur l'activité de la Légion entre juillet 1927 et janvier 1930.

[21] Roger Griffin, « The Concept that Came Out of the Cold : the Progressive Historicization of Generic Fascism and its New Relevance to Teaching Twentieth-century History », *History Compass* 1 (2003) EU 039, 1-41 : « This is good news for students who have turned to this article for help with their essay or exam revision, because insight into its relevance to understanding 'real' historical events in modern history should now start to 'kick in'. », p.17.

[22] Pascal Ory, *Du fascisme*, Perrin, 2003, 293pp., dont la première phrase de l'avant propos, donc du livre, est la suivante : « Ce livre est celui que son auteur aurait voulu lire quand il entreprit de mettre au clair ses idées sur le sujet et que, parmi tant d'ouvrages excellents, il ne trouva point. » Signalons immédiatement que Pascal Ory ne cite aucun des auteurs anglo-américains qui, dans la première moitié des années 1990 ont révolutionné la conception que l'on avait de l'idéologie fasciste – le seul ouvrage de Stanley Payne cité est son *Fascism : comparison and definition*, Madison, Wisconsin University Press qui date de 1980. Signalons de même que les auteurs anglo-saxons le lui rendent bien, en ne citant quasiment aucun « fascistologue » de langue française, ni même Philippe Burrin – *Fascisme, nazisme, autoritarisme*, Seuil, 2000, 319pp. –, qui a pourtant donné son avis sur le fascisme comme religion politique dans la revue phare sur le sujet, *Totalitarian Movements and Political Religions*, ni Michel Winock – *Nationalisme, antisémitisme et fascisme en France*, Ed. du Seuil, coll. Points histoire, 2004, 432pp. –, qui a pourtant répondu de façon convaincante dans la polémique qui l'a opposé à Robert Soucy sur le « fascisme » du colonel La Rocque, ni Pierre Milza – *Les Fascismes*, Paris, Le Seuil, 1991, 613pp. Seul Roger Griffin, avec son article à venir dans *Vingtième Siècle* mentionné en introduction – "'Consensus? What consensus?' The Prospects for greater Entente between Francophone and Anglophone Fascist Studies", à paraître en traduction française –, change sérieusement la donne et intègre le débat sur « un » fascisme français au *mainstream* anglophone.

[23] Michael Mann, *Fascists*, Cambridge University Press, 2004, 429pp., pp.1-30.

s'agira essentiellement de développer une nouvelle théorie du phénomène fasciste dans son ensemble, pour des raisons qui paraissent évidentes dans son contexte académique :

« Since I also have pretensions to scholarship, I suppose I must ultimately share this preference for conceptual precision. »[24]

Et nous nous trouvons dès lors embarqués dans un livre théorique de plus sur une « idéolo-sociologie » fasciste rédigée encore à partir de documents de seconde main et fournissant les désormais canoniques définition élargie en quelques pages et leur formulation restreinte en peu de lignes que tous les « fascistologues » se sentent obligés de fournir. L'autre problème de cette sociologie du fascisme, c'est qu'elle reste encore en partie à faire, du moins pour la Roumanie – un des six grands cas de fascisme européen à juste titre étudié aux côtés de l'Italie, de l'Allemagne, de l'Autriche, de la Hongrie et de l'Espagne, mais qui laisse de côté la Croatie. En effet, Michael Mann s'appuie à raison sur la grande thèse d'Arnim Heinen[25], mais cet ouvrage publié avant la chute de Ceaușescu n'avait pas eu accès aux sources d'archive. Or, ainsi que je l'ai montré, celles-ci sont, d'un point de vue sociologique, à la fois riches et précises – des tableaux entiers dénombrent les membres du parti à l'unité près, les classent par professions et par départements –, mais aussi très problématiques à interpréter, car en partie en rupture avec les sources traditionnelles tirées des statistiques effectuées lors des arrestations ou des exécutions de légionnaires.[26] L'équipe d'Oliver Schmitt confirme cette nécessité de renouveler par le travail d'archive les connaissances lacunaires et limitées de la sociologie légionnaire, notamment en milieu rural. Au lieu de cela, Michael Mann nous propose une définition combinant idées politiques et pratiques sociales supposée ancrer les idées dans les réalités développementales européennes, mais qui ne répond pleinement à aucune des deux composantes. Il ne part pas des données – fussent-elles de seconde main – pour tirer des conclusions sociologiques et les combiner éventuellement aux idées politiques des catégories sociales diverses attirées par le fascisme, mais part à l'inverse de sa définition composite du fascisme pour l'imposer aux cas nationaux, non pas tant comme une hypothèse que comme une vérité. Or, si la définition générique exigente de Roger Griffin ou même la matrice plus relativiste de Roger Eatwell respectent la diversité des permutations et des spécifications que l'on va chercher armés de leurs théories auprès de cas nationaux, à l'inverse, les données socio-idéologiques préalablement déterminées de Michael Mann imposent une grille de lecture parfois trop large – en fait des idées politiques plus que des réalités sociales – et parfois trop étroite – généralisant des catégories sociales particulières impliquées dans la dynamique fasciste mais subsumées sous des catégories plus larges.

---

[24] *Ibid.*, pX.
[25] Arnim Heinen, *Die Legion « Erzengel Michael » in Rumänien: soziale Bewegung und politische Organisation, ein Beitrag zum Problem des internationalen Faschismus*, Munich, Oldenburg, 1986, traduction roumaine chez Humanitas, 1999, 546pp.
[26] « Organizațiile politice », Dossier 41/1937 des Archives Nationales historiques centrales (A.N.I.C. en roumain), commenté dans Traian Sandu, « Le conflit entre fascisme et monarchisme en Roumanie : données structurelles et déroulement », dans *La Périphérie du fascisme, op. cit.*, pp.91-109 et « La Garde de Fer : méthodes de mobilisation et d'encadrement », L'Harmattan, *Les Cahiers d'Études hongroises*, 2 volumes, vol.2, pp.395-415.

Les cinq composantes du fascisme selon cette nouvelle théorie sont le nationalisme, l'étatisme, la transcendance, l'épuration (cleansing) et le paramilitarisme[27], longuement déclinés ensuite selon une géographie européenne multi-scalaire. La définition du nationalisme que propose l'auteur, dirigée vers l'organicisme national et contre l'ennemi idéologiquement construit[28], peut correspondre à un organicisme ancré dans la tradition commun à de nombreuses droites, souvent xénophobes, alors que le populisme ultra-nationaliste et palingénétique de Roger Griffin renvoie à une révolution anthropologique de l'homme nouveau préalable à la révolution nationale collective, ce que, malgré les assertions de Michael Mann[29], seul le fascisme propose. L'étatisme et l'État fort sont souvent invoqués par les fascistes, à l'époque du mouvement comme durant la période où ils construisent un régime. Toutefois, si l'auteur reconnaît la faiblesse de l'État fasciste[30], tiraillé entre parti d'une part, bureaucratie et armée plus traditionnelles de l'autre, sans oublier la société civile jamais totalement mobilisée, on comprend mal l'insistance sur un étatisme qui fut ambivalent – avec un idéal de conquête par le mouvement fasciste totalitaire de l'État national du XIXe siècle conçu à la fois comme relique dépassée et comme instrument perfectionné par le dirigisme de guerre. Une analyse similaire à celle du nationalisme fasciste peut donc être produite à propos de l'État, avec des résonances auprès du bolchevisme supposé viser la disparition de l'État au bénéfice de la dynamique révolutionnaire, avant que la fonction étatique ne vienne renforcer la révolution dans un seul pays. Ce que Michael Mann appelle « transcendance »[31] est un mélange de populisme ni droite - ni gauche, de ce que Codreanu appelait ni dictature autoritaire - ni démocratie parlementaire, ni révolution sociale totale - ni compromis cynique avec les élites traditionnelles ou les masses populaires, etc. La solution, on s'en souvient, passait par le « consentement » populaire à l'égard du chef charismatique et des élites porteurs des « lois de vie et de mort » de la nation, bref, de sa promesse de régénérescence ; mais comme Michael Mann ne suit pas Roger Griffin sur ce terrain, il en reste à une « troisième voie » (Roger Eatwell) musclée. Son interprétation de la tendance à l'épuration éliminatrice[32], quatrième composante de son idéologie fasciste, se trouve diminuée par ce refus d'envisager à la fois la radicale supériorité des élites fascistes et leur proximité du peuple, les deux légitimant des choix pris au nom d'intérêts vraiment « supérieurs » de la nation, y compris la suppression de leurs ennemis supposés et construits. Enfin, le paramilitarisme[33], parfaitement évident dans l'influence essentielle de la guerre sur les diverses générations fascistes, sur leur esprit à la fois hiérarchique et de camaraderie, comme moyen de pression politique et d'élimination violente de l'ennemi, ne rend toutefois pas compte de l'aspiration fasciste à un embrigadement total de la société dans sa diversité – femmes et enfants compris – et du caractère ultra-groupusculaire et politique des mouvements fascistes à leurs débuts. Par exemple, lorsque Codreanu fait le bilan dix ans après la création de la Légion, il oppose les cinq membres fondateurs au million de membres très diversifiés socialement qu'il estimait

---

[27] Michael Mann, *Fascists... op. cit.*, pp.13-17.
[28] *Ibid.*, p.13.
[29] *Ibid.*.
[30] *Ibid.*, p.14.
[31] *Ibid.*, pp.14-16.
[32] *Ibid.*, p.16.
[33] *Ibid.*, pp.16-17.

avoir atteint en 1937.[34] Le cœur définitionnel du fascisme ne bat pas avant tout au rythme d'une marche militaire, étatique et masculine.

Bref, cette tentative de sociologie fasciste, pour complète et ambitieuse qu'elle soit dans la catégorisation et le rassemblement des données de seconde main, souffre des lacunes de certaines recherches sur les cas nationaux comme la Roumanie et de la tendance quelque peu artificielle de l'auteur à mêler description sociologique et cadres idéologiques du fascisme. Il impose ainsi une nouvelle théorie de l'idéologie fasciste et ajoute à la complexité des théories anglo-saxonnes dénoncée par Aristotle Kallis – après y avoir lui-même contribué[35] ! – dans sa réaction : « Too many fascisms »[36], qui peut être entendue à la fois comme une réaction à la prolifération des théories du fascisme et un constat, comme nous l'avons vu dans l'introduction, du foisonnement des formes fascistes elles-mêmes. Si toute théorie est une construction heuristique, on est en droit de préférer celle qui rassemble en une définition serrée le cœur de ce phénomène destiné à faire renaître la nation dans son ensemble – social, générique, idéologique – de ses cendres après la Première Guerre mondiale auprès de masses qui avaient été les victimes mais aussi les acteurs progressivement émancipés du processus politique. Soumettre à une nouvelle, totale et consentie, voire enthousiaste, servitude politique la société désabusée par le nationalisme du XIXe siècle, voilà ce dont la théorie du *new consensus* proclamé, sinon réalisé, aspire avec quelques arguments à rendre compte. Son approche par la périphérie en développement plus (la Finlande !) ou moins (la Roumanie, la Bulgarie…) rapide permet d'autant mieux de confirmer son ambition générique, car il est facile de démontrer une théorie à partir des exemples paradigmatiques centraux, mais elle est confirmée surtout grâce aux périphéries hétérogènes et d'autant plus significatives qu'elles s'intègrent aisément à la démonstration d'ensemble.

---

[34] Circulaire n°79 du 18 juin 1937, CODREANU, *Circulări şi manifeste…, op. cit.*, pp.146-148 : « Un million d'âmes, de femmes, d'enfants, d'hommes et de vieux, qui ont une croyance nouvelle, qui vivent, qui luttent, qui se sacrifient sous le drapeau légionnaire, qui attendent la Roumanie légionnaire et croient en elle. » (p.147)

[35] Aristotle Kallis, *Fascist Ideology. Territory and expansionism in Italy and Germany, 1922-1945*, Londres et New York, 2000, 286pp.

[36] Aristotle Kallis, « Too many fascisms ? », dans Roger Griffin, Werner Loh and Andreas Umland, *Fascism past and present, West and East… op. cit.*, pp136-140.

Table des matières

572725 - Juillet 2014
Achevé d'imprimer par